Vertrauensschutz – Neue Entwicklungen in der Rechtsprechung des Bundesverfassungsgerichts zur Rückwirkung im Steuerrecht

Europäische Hochschulschriften Recht

European University Studies in Law

Publications Universitaires Européennes de Droit

Band/ Volume **6291**

Maria Lairich

Vertrauensschutz – Neue Entwicklungen in der Rechtsprechung des Bundesverfassungsgerichts zur Rückwirkung im Steuerrecht

PETER LANG

Bibliografische Information der Deutschen Nationalbibliothek
Die Deutsche Nationalbibliothek verzeichnet diese Publikation in der Deutschen Nationalbibliografie; detaillierte bibliografische Daten sind im Internet über http://dnb.d-nb.de abrufbar.

Zugl.: Würzburg, Univ., Diss., 2020

D 20
ISSN 0531-7312
ISBN 978-3-631-86609-2 (Print)
E-ISBN 978-3-631-87577-3 (E-PDF)
E-ISBN 978-3-631-87578-0 (EPUB)
DOI 10.3726/b19577

Diese Publikation wurde begutachtet.

www.peterlang.com

Vorwort

Die vorliegende Arbeit ist am Lehrstuhl für Öffentliches Recht, Deutsches, Europäisches und Internationales Steuerrecht von Herrn Professor Dr. Ralf P. Schenke entstanden und wurde von der Juristischen Fakultät der Julius-Maximilians-Universität Würzburg im Wintersemester 2019/2020 als Dissertation angenommen.

An erster Stelle möchte ich Herrn Professor Dr. Ralf P. Schenke für die stets konstruktive Betreuung der Arbeit ganz herzlich danken. Mit seinen kritischen Anmerkungen, stetigem Zuspruch und hilfreichen Gesprächen, für die er sich immer Zeit genommen hat, hat er das Entstehen dieser Dissertation begleitet und unterstützt. Herrn Professor Dr. Kyrill-A. Schwarz danke ich für die rasche Erstellung des Zweitgutachtens.

Meinen Kolleginnen und Kollegen Anna Bödigheimer-Christ, Dr. Jessica Flint, LL.M. (Edinburgh), Jörn Kronbach, Sara Lösel, Dr. Cathrin Silberzahn, LL.M. Eur., Dr. Jan Weismantel, Hannah von Wickede und Dr. Niklas Woitok danke ich vielmals für die hilfreichen Korrekturen und anregenden Diskussionen. An die gemeinsame Zeit am Lehrstuhl werde ich mich immer gerne zurückerinnern. Außerdem möchte ich mich bei Frau Sigrid Then herzlich bedanken, die mich mit ihrer liebevollen Art stets ermutigt hat und mir in organisatorischen Fragen eine große Hilfe war. Für die kritische Durchsicht des Manuskripts danke ich Herrn Rechtsanwalt Dr. Hannes Reiher.

Mein besonderer Dank gebührt meiner Familie, auf deren unermüdliche Unterstützung ich immer zählen konnte.

Würzburg, im Januar 2022

Maria Lairich

Inhaltsverzeichnis

Abkürzungsverzeichnis

Die verwendeten Abkürzungen sind im Abkürzungsverzeichnis der Rechtssprache von *Hildebert Kirchner*, 9. Aufl., Berlin 2018 nachgewiesen.

Einleitung

A. Problemaufriss

„Vertrauen ist der Anfang von allem." Mit diesem Satz warb in den 1990er Jahren ein großes deutsches Kreditinstitut neue Kunden. In zwischenmenschlichen Beziehungen ist Vertrauen unverzichtbar.[1] Das gilt auch im Recht. Der Vertrauensschutz ist eine Herausforderung für den modernen Verfassungsstaat. Er ist nicht nur eine Bewährungsprobe der Rechtsstaatlichkeit, sondern auch eine Frage politischer Glaubwürdigkeit. Der rechtliche Vertrauensschutz hat zwar eine weit zurückreichende Tradition, entwickeln konnte er sich aber erst in der Nachkriegszeit unter Geltung des Grundgesetzes.[2] Mit dem vollzogenen Paradigmenwechsel gewann dieses Rechtsinstitut erhebliche Bedeutung im Bürger-Staat-Verhältnis: Er sichert die Freiheit des Individuums und begrenzt zugleich die staatliche Gewalt.

B. Vertrauensschutz als Rechtsprinzip

Der Vertrauensschutz hat sich mittlerweile als ein selbstständiges verfassungsrechtliches Rechtsprinzip fest etabliert.[3] Der Grundsatz des Vertrauensschutzes entfaltet seine Wirkkraft gegenüber allen drei Staatsgewalten. Er ist allerdings je nach Funktionsbereich staatlichen Handelns unterschiedlich stark ausgeprägt. Seinen Ursprung hat der Vertrauensschutz im Bereich der Exekutive.[4]

---

1 Zum Vertrauen als Grundlage menschlichen Zusammenlebens aus soziologischer Sicht *Luhmann*, Vertrauen, 2014; aus rechtswissenschaftlicher Sicht *Birk*, Kontinuitätsgewähr und Vertrauensschutz, in: DStJG 27 (2004), S. 1 (10 f.).

2 Eingehend zur geschichtlichen Entwicklung des Vertrauensschutzes *Schwarz*, Vertrauensschutz als Verfassungsprinzip, S. 56 ff.; ferner *Maurer*, Kontinuitätsgewähr und Vertrauensschutz, in: Isensee/Kirchhof (Hrsg.), HdStR Bd. IV, § 79 Rn. 6 ff.

3 Vgl. etwa *Sobota*, Das Prinzip Rechtsstaat, S. 154 f.

4 Vertrauensschutz im Bereich der Verwaltungstätigkeit wurde umfassend in der Habilitationsschrift von *Blanke*, Vertrauensschutz im deutschen und europäischen Verwaltungsrecht, 2000, untersucht. Siehe ferner *Leisner*, Kontinuität als Verfassungsprinzip, S. 508 ff.; *Maurer*, Kontinuitätsgewähr und Vertrauensschutz, in: Isensee/Kirchhof (Hrsg.), HdStR Bd. IV, § 79 Rn. 86 ff.; *Schwarz*, Vertrauensschutz als Verfassungsprinzip, S. 321 ff. Speziell zur Steuerverwaltung *Hey*, Steuerplanungssicherheit als Rechtsproblem, S. 583 ff.; *Englisch/Plum*, Schutz des Vertrauens auf Steuergesetze, Finanzrechtsprechung und Regelungen der Finanzverwaltung, StuW 2004, S. 342 (363 ff.); schon früher *Haas*, Vertrauensschutz im Steuerrecht, S. 100 ff.

Er tritt hier in ein Spannungsverhältnis zum Grundsatz der Gesetzmäßigkeit der Verwaltung und findet vorrangig bei der Aufhebung von Verwaltungsakten Anwendung.[5] Der Gedanke des Vertrauensschutzes bekam seine normative Ausgestaltung für das allgemeine Verwaltungsverfahren in den Korrekturvorschriften der §§ 48 ff. des Verwaltungsverfahrensgesetzes von 1976.[6] Damit hat der Gesetzgeber zum größten Teil die vom Bundesverwaltungsgericht entwickelte Vertrauensschutzrechtsprechung umgesetzt.[7]

Ein Vertrauensschutz gegenüber der Judikative heißt Schutz vor rückwirkenden verschärfenden Rechtsprechungsänderungen[8] und ist am schwächsten ausgeprägt.[9] Die Rechtslage wird primär, aber nicht ausschließlich durch den Gesetzgeber bestimmt. Geprägt wird sie auch durch die höchstrichterliche

---

5 Eine exemplarische Übersicht über weitere Anwendungsbereiche des Vertrauensschutzes auf der Ebene des Verwaltungsrechts findet sich bei *Schwarz*, Vertrauensschutz als Verfassungsprinzip, S. 20 f. Die Vertrauensschutzproblematik von Verwaltungsvorschriften war jüngst Gegenstand einer umfangreichen Untersuchung von *Helbich*, Vertrauensschutz in Verwaltungsvorschriften des Steuerrechts, 2015.

6 Ein auf die Besonderheiten des Steuerrechts ausgerichtetes Korrektursystem ist in den §§ 130 ff. sowie in den §§ 172 ff. der Abgabenordnung enthalten. Für das Sozialverwaltungsverfahren gelten die §§ 45 ff. SGB X.

7 Dazu etwa *Maurer*, Kontinuitätsgewähr und Vertrauensschutz, in: Isensee/Kirchhof (Hrsg.), HdStR Bd. IV, § 79 Rn. 8.

8 Dazu etwa *Berdesinski*, Die rückwirkende Änderung der Rechtsprechung, 1993; *Huep*, Beschränkung einer Rückwirkung neuer richterlicher Erkenntnisse auf ältere Sachverhalte, 2001; *Leisner*, Kontinuität als Verfassungsprinzip, S. 531 ff., 615 ff.; *Lübbe*, Grenzen der Rückwirkung bei Rechtsprechungsänderungen, 1998; *Maurer*, Kontinuitätsgewähr und Vertrauensschutz, in: Isensee/Kirchhof (Hrsg.), HdStR Bd. IV, § 79 Rn. 134 ff.; *Schwarz*, Vertrauensschutz als Verfassungsprinzip, S. 363 ff. Speziell zum Steuerrecht *Ebner*, Vertrauensschutz und Kontinuitätsgewähr in der höchstrichterlichen Rechtsprechung am Beispiel des Steuerrechts, 2010; *Englisch/Plum*, Schutz des Vertrauens auf Steuergesetze, Finanzrechtsprechung und Regelungen der Finanzverwaltung, StuW 2004, S. 342 (358 ff.); *Fischer*, Rückwirkende Rechtsprechungsänderungen im Steuerrecht, DStR 2008, S. 697 (697 ff.); *Hey*, Steuerplanungssicherheit als Rechtsproblem, S. 615 ff.; *Leisner-Egensperger*, Kontinuitätsgewähr in der Finanzrechtsprechung, in: DStJG 27 (2004), S. 191 ff.; *Rose*, Rückwirkende Steuerrechtsprechung und Steuerplanungssicherheit, Stbg 1999, S. 401 (401 ff.); *Willibald*, Vertrauensschutz bei verschärfender Rechtsprechung im Bereich des Steuerrechts, DStZ 1991, S. 442 (442 ff.).

9 *Birk*, Kontinuitätsgewähr und Vertrauensschutz, in: DStJG 27 (2004), S. 9 (21); *Ebner*, Vertrauensschutz und Kontinuitätsgewähr in der höchstrichterlichen Rechtsprechung am Beispiel des Steuerrechts, S. 16.

Rechtsprechung. Zwar ist eine Gerichtsentscheidung im Gegensatz zu einer Norm einzelfallbezogen, betrifft einen in der Vergangenheit liegenden Sachverhalt und erwächst nur für die Prozessbeteiligten in Rechtskraft. Dennoch kommt ihr eine „para-normative"[10] Wirkung zu. Die von der Rechtsprechung praktizierte Gesetzesauslegung kommt auch jenseits des konkret entschiedenen Falles zur Anwendung. Die höchstrichterlichen Judikate können somit eine Vertrauensgrundlage bilden. Es stellt sich daher die Frage, ob die Gerichte an ihre früheren Entscheidungen trotz gewandelter Rechtsauffassung gebunden sind. Diskutiert wird etwa die Übertragung der für das Gesetzesvertrauen entwickelten Rückwirkungslehre auf die Akte der Judikative.[11] Mit den Argumenten der richterlichen Unabhängigkeit und der drohenden Versteinerung der Rechtsfortbildung wird eine Bindung der Rechtsprechung an das Vertrauensschutzprinzip überwiegend verneint.[12]

Fortgeschritten ist der Vertrauensschutz hingegen im Bereich der Gesetzgebung. In legislativer Dimension erscheint er als Rückwirkungsverbot. Die Frage der Zulässigkeit rückwirkender Gesetze ist nicht neu.[13] Sie beschäftigte von Anfang an intensiv die bundesverfassungsgerichtliche Rechtsprechung[14], die mittlerweile unüberschaubar ist. Um eine angemessene Lösung der komplexen und praxisrelevanten Problematik bemüht sich auch die Rechtswissenschaft. Die Anzahl der hierzu erschienenen Publikationen ist erdrückend. Unzählige Abhandlungen greifen die Thematik in ihren vielfältigen Facetten auf. Das besondere Interesse an dem Thema und seine Unerschöpflichkeit belegen eine Reihe diesem gewidmete Habilitationsschriften.[15] Wenngleich Konsens darüber

10 *Leisner-Egensperger*, Kontinuitätsgewähr in der Finanzrechtsprechung, in: DStJG 27 (2004), S. 191 (193 f.).

11 Das Bundesverfassungsgericht lehnt dies im Grundsatz ab, BVerfGE 18, 224 (240 f.); 59, 128 (165 ff.).

12 Zum Ganzen etwa *Ebner*, Vertrauensschutz und Kontinuitätsgewähr in der höchstrichterlichen Rechtsprechung am Beispiel des Steuerrechts, S. 36 ff.; *Hey*, Steuerplanungssicherheit als Rechtsproblem, S. 598 ff.; *Leisner-Egensperger*, Kontinuitätsgewähr in der Finanzrechtsprechung, in: DStJG 27 (2004), S. 191 (193 ff.); *Schwarz*, Vertrauensschutz als Verfassungsprinzip, S. 363 ff.

13 Eine komprimierte Übersicht über die historische Entwicklung der Rückwirkungsdogmatik findet sich bei *Iliopoulos-Strangas*, Rückwirkung und Sofortwirkung von Gesetzen, S. 27 ff.

14 BVerfGE 1, 264 (280); 2, 237 (264 f.).

15 *Hey*, Steuerplanungssicherheit als Rechtsproblem, 2002; *Leisner*, Kontinuität als Verfassungsprinzip, 2002; *Schwarz*, Vertrauensschutz als Verfassungsprinzip, 2002; *Arnauld*, Rechtssicherheit, 2006; schon früher *Aschke*, Übergangsregelungen als

besteht, dass der Gesetzgeber beim Erlass rückwirkender Gesetze verfassungsrechtlichen Grenzen unterliegt, ist im Einzelnen nach wie vor umstritten, wo diese genau liegen. Das seit Jahrzehnten höchst umstrittene Thema beherrscht bis heute die öffentlich-rechtliche Diskussion.[16]

Die Omnipräsenz der Rückwirkungsproblematik steht in engem Zusammenhang mit fortschreitender Ausweitung und Dynamik der Staatstätigkeit.[17] Es gibt kaum noch Lebensbereiche, die normativ nicht erfasst sind. Der Bürger gerät dadurch in immer stärkere Abhängigkeit vom gesetzgeberischen Handeln, was sein Bedürfnis nach Vertrauensschutz steigert.[18] Für seine persönliche Lebensplanung und -gestaltung ist der Einzelne im besonders hohen Maß auf die Stabilität und Vorhersehbarkeit der Rechtsordnung angewiesen. Rückwirkende belastende Änderungen rechtlicher Rahmenbedingungen gefährden die Wahrnehmung der Freiheit. Die Verlässlichkeit des Rechts ist somit eine Grundbedingung freiheitlicher Verfassungen. Die Rechtssicherheit, die für den Bürger Vertrauensschutz bedeutet, hat eine freiheitssichernde Funktion und ist insoweit ein fundamentales Prinzip einer jeden verfassungsgemäßen Rechtsordnung.[19]

---

verfassungsrechtliches Problem, 1987; *Pieroth*, Rückwirkung und Übergangsrecht, 1981. Die Vertrauensschutzthematik war Gegenstand der im Jahr 2003 stattgefundenen 28. Jahrestagung der Deutschen Steuerjuristischen Gesellschaft in Graz.

16 Zur Vertrauensschutzproblematik im Unionsrecht siehe z.B. *Altmeyer*, Vertrauensschutz im Recht der Europäischen Union und im deutschen Recht, S. 136 ff.; *Arnauld*, Rechtssicherheit, S. 495 ff.; *Blanke*, Vertrauensschutz im deutschen und europäischen Verwaltungsrecht, S. 145 ff.; *Berger*, Zulässigkeitsgrenzen der Rückwirkung von Gesetzen, S. 171 ff.; *Heukels*, Intertemporales Gemeinschaftsrecht: Rückwirkung, Sofortwirkung und Rechtsschutz in der Rechtsprechung des Gerichtshofes der Europäischen Gemeinschaften, 1990; *Meesenburg*, Das Vertrauensschutzprinzip im europäischen Finanzverwaltungsrecht, 1998; *Schwarz*, Vertrauensschutz als Verfassungsprinzip, S. 376 ff.

17 *Maurer*, Kontinuitätsgewähr und Vertrauensschutz, in: Isensee/Kirchhof (Hrsg.), HdStR Bd. IV, § 79 Rn. 9.

18 Vgl. *Muckel*, Kriterien des verfassungsrechtlichen Vertrauensschutzes bei Gesetzesänderungen, S. 19 f.

19 Siehe zum Ganzen etwa *Birk*, Kontinuitätsgewähr und Vertrauensschutz, in: DStJG 27 (2004), S. 9 (11); *Maurer*, Kontinuitätsgewähr und Vertrauensschutz, in: Isensee/Kirchhof (Hrsg.), HdStR Bd. IV, § 79 Rn. 12; *Schmidt-Aßmann*, Der Rechtsstaat, in: Isensee/Kirchhof (Hrsg.), HdStR Bd. II, § 26 Rn. 81; aus der Rechtsprechung z.B. BVerfGE 97, 67 (78); 126, 369 (393); 135, 1 (Rn. 63).

Die Gesetzgebung bedeutet heute vor allem Gesetzesänderung.[20] Aufgrund der fast flächendeckenden Durchnormierung dient die Gesetzgebung in erster Linie als Instrument zur Optimierung und Anpassung einer bereits existenten Rechtsordnung. Die schnelle wirtschaftliche Entwicklung sowie technischer Fortschritt erfordern Reaktionen des Gesetzgebers und führen zur viel beklagten Normenflut. Der Gesetzgeber steht unter ständigem Reformdruck, die Rechtslage an die sich auch im politischen und sozialen Bereich rasch ändernden Verhältnisse anzupassen. Diese Dynamik manifestiert sich in häufigen Gesetzesänderungen, die an die vorgefundenen Sachverhalte und Rechtsbeziehungen anknüpfen. Zwar umfasst die Gesetzgebungsbefugnis auch die Befugnis zur Gesetzesänderung. Der Gesetzgeber ist jedoch bei seiner Gestaltung nicht völlig frei. Er hat den Schutz des berechtigten Vertrauens des Bürgers in die Beständigkeit der geltenden Rechtslage zu beachten. Somit handelt es sich bei der Rückwirkungsproblematik letztlich um die Auflösung eines Spannungsverhältnisses zwischen der Kontinuität und der Flexibilität des Rechts.

Einen Anlass, sich mit der Rückwirkungsproblematik auseinanderzusetzen, bieten die jüngeren Entwicklungen in der Rechtsprechung des Bundesverfassungsgerichts. Im letzten Jahrzehnt sind mehrere Grundsatzentscheidungen ergangen, die die Anforderungen an die Zulässigkeit rückwirkender Gesetze neu bestimmen.[21] Dadurch hat die seit über 60 Jahren bestehende Rückwirkungsdogmatik eine entscheidende Fortentwickelung erfahren. Soweit ersichtlich ist diese bislang noch nicht monographisch aufgearbeitet worden. Die vorliegende Arbeit unternimmt den Versuch, diese Forschungslücke zu schließen.

C. Aufbau der Arbeit

Zentraler Gegenstand der vorliegenden Arbeit ist es, die vorstehend genannten jüngeren Entwicklungen in der Rückwirkungsrechtsprechung nachzuzeichnen, zu bewerten und in die bisherige Dogmatik einzuordnen. Hierzu ist zunächst die Rückwirkungssystematik zu strukturieren sowie der aktuelle Stand der Diskussion wiederzugeben. Die komplexe verfassungsrechtliche Problematik kann hier nicht in all ihren Verästelungen dargestellt werden. Es wird daher auf die

---

20 *Maurer*, Kontinuitätsgewähr und Vertrauensschutz, in: Isensee/Kirchhof (Hrsg.), HdStR Bd. IV, § 79 Rn. 2.

21 Entscheidungen des Zweiten Senats vom 07.07.2010, BVerfGE 127, 1 (1 ff.); 127, 31 (31 ff.); 127, 61 (61 ff.) und des Ersten Senats vom 10.10.2012, BVerfGE 132, 302 (302 ff.), vom 17.12.2013, BVerfGE 135, 1 (1 ff.) sowie vom 10.04.2018, BVerfGE 148, 217 (217 ff.).

Kernfragen der Gesetzesrückwirkung, die ein für die Erörterung der neuen Rechtsprechungslinien unverzichtbares Grundverständnis vermitteln, einzugehen sein.[22]

Die Darstellung untergliedert sich in fünf Kapitel. Zunächst ist zu untersuchen, warum gerade Steuerrecht als Referenzgebiet für die Rückwirkungsproblematik gilt. Es ist auffallend, dass die Rechtsprechung zur Gesetzesrückwirkung überproportional häufig Steuergesetze zum Gegenstand hat. So beschäftigten sich die jüngeren rechtsprechungsändernden Judikate wie bereits die Grundsatzentscheidungen zuvor mit rückwirkenden Steuergesetzen. Hierzu ist im ersten Kapitel auf die einzelnen Besonderheiten dieser Rechtsmaterie im Vergleich zu anderen Rechtsgebieten einzugehen.

Im zweiten Kapitel sind die allgemeinen methodischen Fragen der Rückwirkungsdogmatik zu erörtern. Eine Untersuchung der Problematik der Gesetzesrückwirkung hat sich zunächst mit dem Begriff der Rückwirkung auseinanderzusetzen. Sodann ist der Grundsatz des Vertrauensschutzes von dem mit ihm verwandten Institut der Rechtskontinuität abzugrenzen. Anschließend ist das Spannungsverhältnis zwischen dem Bestands- und Änderungsinteresse, welches die gesamte Rückwirkungsproblematik prägt, darzustellen. Dabei ist das hierfür vorgesehene Konfliktlösungsmodell und dessen Umsetzung durch die Rechtsprechung zu erörtern.

Zu den kontrovers diskutierten Fragen eines positivrechtlich nicht fixierten Vertrauensschutzgrundsatzes gehört die Frage nach dessen Existenzgrundlage. Diese kann Aufschluss über die Reichweite und die Voraussetzungen der Vertrauensschutzgewährung geben. Im dritten Kapitel gilt es daher den verfassungsrechtlichen Standort des Vertrauensschutzes zu bestimmen. Hier sind die verbreiteten dogmatischen Begründungsansätze einer genauen Betrachtung zu unterziehen.

Die Darstellung der neuen Entwicklungen in der Rechtsprechung setzt eine Bestandsaufnahme voraus. Daher widmet sich das vierte Kapitel der herkömmlichen Rückwirkungsrechtsprechung des Bundesverfassungsgerichts. Hierbei

---

22 Bei der hier darzustellenden Rückwirkungsproblematik sind lediglich solche Willensakte der Gesetzgebungsorgane erfasst, die in einem förmlichen, in der Verfassung vorgesehenen Gesetzgebungsverfahren zustande kommen, sogenannte Gesetze im formellen Sinne. Eine komprimierte Darstellung der Problematik rückwirkender Gesetze im materiellen Sinne findet sich bei *Haas*, Vertrauensschutz im Steuerrecht, S. 49 ff. Grundlegend zu kommunalen Abgabensatzungen *Völker*, Vertrauensschutz und Entstehen sachlicher Beitragspflichten im Kommunalabgabenrecht, 2010.

ist insbesondere auf die Veranlagungszeitraum-Rechtsprechung im Steuerrecht einzugehen. Die Bestandsaufnahme umfasst eine Übersicht über die an der Rechtsprechung massiv geübte Kritik. Da sich die Reaktionen im Schrifttum nicht in der Kritik erschöpfen, sind auch die vorgeschlagenen Alternativkonzepte zu skizzieren.

Im fünften Kapitel sind die neuen wegweisenden Judikate des Bundesverfassungsgerichts darzustellen und zu bewerten. Hier ist zu untersuchen, inwiefern das Bundesverfassungsgericht seine über viele Jahrzehnte etablierte Vertrauensschutzrechtsprechung modifiziert hat. Eine Zusammenfassung der Ergebnisse schließt die Arbeit ab.

Kapitel 1 – Steuerrecht als Referenzgebiet der Rückwirkungsdogmatik

Das grundsätzliche verfassungsrechtliche Verbot rückwirkender Normsetzung gilt für den Bereich des gesamten öffentlichen Rechts, mithin auch für das Steuerrecht. Hierauf fokussiert sich die vorliegende Arbeit. Andere Rechtsgebiete werden insbesondere im Rahmen der Rechtsprechungsanalyse insoweit berührt, als die darin aufgestellten und entwickelten Grundsätze rechtsgebietsübergreifend sind.

Das Steuerrecht weist eine besondere Affinität im Hinblick auf die Vertrauensschutzproblematik auf. In keinem anderen Rechtsgebiet kommen rückwirkende Gesetze in vergleichbarer Häufigkeit vor. Die weit überwiegende Anzahl aller Rückwirkungsjudikate des Bundesverfassungsgerichts hat abgabenrechtliche Sachverhalte zum Gegenstand.[23] Es lässt sich deshalb behaupten, dass die Vertrauensschutzdogmatik vornehmlich anhand rückwirkender Steuergesetze entwickelt wurde.[24] Auch den in dieser Arbeit untersuchten richtungsweisenden Entscheidungen lagen steuerrechtliche Konstellationen zugrunde.

Es drängt sich die Frage auf, was diese Rechtsmaterie auszeichnet und zum Problemzentrum der Rückwirkungsdogmatik macht. In diesem Kapitel ist daher auf die bereichsspezifischen Eigenarten des Steuerrechts im Vergleich zu anderen Rechtsgebieten des öffentlichen Rechts einzugehen. Es gilt zu untersuchen, ob sich eine Erklärung dafür findet, warum gerade das Steuerrecht zur Heimstätte der Vertrauensschutzproblematik wurde und woraus hier das besondere Schutzbedürfnis resultiert.

---

23 *Götz*, Bundesverfassungsgericht und Vertrauensschutz, in: Starck/Drath (Hrsg.), S. 421 (423); *Iliopoulos-Strangas*, Rückwirkung und Sofortwirkung von Gesetzen, S. 43; siehe auch *Hey*, Steuerrecht und Staatsrecht im Dialog: Nimmt das Steuerrecht in der Judikatur des BVerfG eine Sonderrolle ein?, StuW 2015, S. 3 (12); *Kunig*, Rechtsstaatliches Rückwirkungsverbot, in: Merten/Papier (Hrsg.), HdGR Bd. III, § 69 Rn. 13.

24 Siehe *Hey*, Steuerplanungssicherheit als Rechtsproblem S. 104. Zur Sonderrolle des Steuerrechts in der Rückwirkungsdogmatik *Ebner*, Vertrauensschutz und Kontinuitätsgewähr in der höchstrichterlichen Rechtsprechung am Beispiel des Steuerrechts, S. 68.

A. Steuerrecht als Dauerrechtsverhältnis

Das Steuerrecht zeichnet sich dadurch aus, dass zwischen dem Steuerbürger und dem Steuerstaat[25] ein Dauerrechtsverhältnis begründet wird. Bereits mit der Geburt wird dem Bürger eine Steueridentifikationsnummer erteilt (§ 139b Abs. 7 AO). Diese Rechtsbeziehung erwächst mit zunehmender steuerlich relevanter Tätigkeit des Bürgers zu einem sukzessiven Schuldverhältnis[26]: Je intensiver sich der Bürger am Wirtschaftsgeschehen beteiligt, desto intensiver ist sein Verhältnis zum Steuerstaat.[27] Auf der Grundlage des Erbschaftsteuerrechts kann der Fiskus selbst nach dem Tod des Steuerpflichtigen auf dessen Vermögen zugreifen.

Während sich die Berührung mit sonstigem Verwaltungsrecht in der Regel auf punktuelle Ereignisse beschränkt, wie beispielsweise die Erteilung einer Baugenehmigung oder der Erlass einer polizeilichen Anordnung, ist die steuerrechtliche Rechtsbeziehung auf Dauer angelegt. Die Abgabenerhebung ist ein „Dauersachverhalt"[28], der sich über die gesamte einkommensrelevante Tätigkeit des Steuerpflichtigen bzw. seiner wirtschaftlichen Existenz erstreckt. Ändert sich das das steuerliche Schuldverhältnis regelnde Recht, sind oft bereits bestehende und nicht lediglich zukünftige Sachverhalte betroffen. Diese dauerhafte Rechtsbeziehung begründet somit ein besonderes Vertrauensbedürfnis des Steuerbürgers.[29]

Die steuerrechtlichen Rahmenbedingungen beeinflussen nicht nur das unternehmerische Verhalten und sind ein entscheidender Standortfaktor im internationalen Vergleich, sondern bestimmen auch individuelle Entscheidungen und damit die private Lebensgestaltung des Bürgers.[30] Für den in die Zukunft

---

25 Zum Begriff des Steuerstaates *Vogel/Waldhoff*, Grundlagen des Finanzverfassungsrechts, Rn. 327 ff.; siehe auch *Tipke*, Die Steuerrechtsordnung I, S. 1 ff.; *Isensee*, Steuerstaat als Staatsform, in: Festschrift für H. P. Ipsen, S. 409 (425 f.).

26 *Tipke*, Die Steuerrechtsordnung I, S. 4 f.; allgemein zum Steuerschuldrecht *Seer*, in: Tipke/Lang (Hrsg.), Steuerrecht, § 6.

27 Vgl. hierzu schon früher *Haas*, Vertrauensschutz im Steuerrecht, S. 8 f.; zum spezifischen Näheverhältnis zwischen Steuerbürger und Steuerverwaltung *Waldhoff*, Vertrauensschutz im Steuerrechtsverhältnis, in: DStJG 27 (2004), S. 129 (135 ff.).

28 *Leisner-Egensperger*, Kontinuitätsgewähr in der Finanzrechtsprechung, in: DStJG 27 (2004), S. 191 (203).

29 So auch *Haas*, Vertrauensschutz im Steuerrecht, S. 9. Siehe ferner *Hey*, Steuerplanungssicherheit als Rechtsproblem, S. 590; *P. Kirchhof*, Vertrauensschutz im Steuerrecht, in: DStJG 27 (2004), S. 1 (6 f.).

30 Siehe dazu *Hey*, Steuerplanung, in: Festschrift für P. Kirchhof, S. 1657 (1665), die darauf hinweist, dass die steuerrechtliche Planungssicherheit nur dann geben kann, wenn das

planenden Bürger ist die geltende Rechtslage die Basis seiner Entscheidungen und Dispositionen. Er trifft sie in der Erwartung, dass die geltenden Gesetze fortbestehen werden. Er hat daher ein legitimes Interesse daran, dass ihnen nicht nachträglich die Grundlage entzogen wird. Die Verlässlichkeit und Stabilität der Rechtsordnung sowie Vorhersehbarkeit staatlichen Handelns ist die Grundvoraussetzung für langfristige Steuerplanung und somit für erfolgreiche wirtschaftliche Betätigung.[31]

Als Rechtsverhältnis mit Dauercharakter ist das Steuerschuldverhältnis somit in besonders hohem Maße auf eine stabile und berechenbare Rechtslage angewiesen. Da das Steuerrecht allerdings wie keine andere Rechtsmaterie ständig reformiert wird, ist das Bedürfnis nach Rechtskontinuität und Vertrauensschutz gegenüber Gesetzesänderungen hier besonders groß.[32] Sollte das Vertrauen des Bürgers enttäuscht werden, versucht er seine Interessen gerichtlich durchzusetzen. Folglich haben Rückwirkungsjudikate häufig gerade steuerrechtliche Konstellationen zum Anlass.

B. Steuerrecht als staatliches Eingriffsrecht

Beim Steuerrecht handelt es sich um eine typische Form der Eingriffsverwaltung.[33] Zur Finanzierung der allgemeinen Staatsaufgaben greift der Staat massiv in die Vermögens- und Rechtssphäre des Einzelnen ein.[34] Als klassisches Eingriffsrecht[35] ist es durch einseitige Ansprüche des Steuerstaates gegenüber dem Bürger gekennzeichnet.[36] Bei Verwirklichung eines Steuertatbestandes entsteht kraft Gesetzes eine zwangsweise durchsetzbare Zahlungspflicht des

---

Steuerrecht keine Planungsmöglichkeiten enthält. Jedoch hält sie die Entscheidungsneutralität des Steuerrechts als Idealzustand für utopisch.

31 Instruktiv dazu *Hey*, Steuerplanungssicherheit als Rechtsproblem, S. 1 ff., 17 ff., 185 ff.; siehe auch *Jachmann*, Steuergesetzgebung und Investitionssicherheit, JA 2000, S. 152 (152 ff.); *Schaumburg*, Rückwirkung und Planungssicherheit im Steuerrecht, DB 2000, S. 1884 (1884 f.).

32 Z.B. *P. Kirchhof*, in: Kirchhof (Hrsg.), EStG, Einl., Rn. 38.

33 „Das Steuerrecht verkörpert … den empirischen Normalfall der Eingriffsverwaltung schlechthin" so *Oechsle*, Die steuerlichen Grundrechte in der jüngeren deutschen Verfassungsgeschichte, S. 20; siehe auch *Seer*, in: Tipke/Lang (Hrsg.), Steuerrecht, § 1 Rn. 27.

34 Siehe etwa BVerfGE 84, 239 (269).

35 Zu den Materien des klassischen Eingriffsrechts gehört neben der staatlichen Finanzgewalt die Polizeigewalt, BVerfGE 115, 97 (111).

36 *Birk/Desens/Tappe*, Steuerrecht, Rn. 359.

Steuerpflichtigen. Mit dem Steuerbescheid wird ihm ohne Gegenleistung eine Geldleistungspflicht auferlegt.[37] Die Verletzung der dem Bürger auferlegten Leistungspflichten ist zudem straf- und bußgeldbewehrt (§§ 369 ff. AO).[38] Bei kaum einer anderen hoheitlichen Tätigkeit ist die Eingriffsintensität so hoch wie bei der Steuererhebung.[39] Gleichzeitig bestimmt die Steuer die wirtschaftserheblichen Freiheiten des Bürgers, denn eine 30-prozentige Steuerlast begründende Steuernorm ist zu 30 Prozent Eingriff und zu 70 Prozent Freiheitsgarant.[40] Mithin ist das auf diesen freiheitsrechtlichen Anteil bezogene Vertrauen Grundlage der Freiheitsausübung.[41] Außerdem nimmt der Bürger seine Freiheitsgrundrechte wahr, wenn er eine steuerbedingte Disposition trifft. Der grundrechtliche Schutz kann solche Dispositionen, aber auch in ihrer Folge eintretende Rechtspositionen umfassen. Insbesondere der Erfolg langfristiger Investitionen setzt die Beständigkeit der geltenden Rechtslage voraus.

Rückwirkende belastende Steuergesetze haben mithin weitreichende Auswirkungen auf die Freiheitsbetätigung des Bürgers. Auch diese Eigenschaft des Steuerrechts löst eine besondere Schutzbedürftigkeit des dem Steuerstaat ausgelieferten Bürgers aus.[42] Hier erlangt die primäre Funktion der Grundrechte als Abwehrrechte des Bürgers gegen den Staat eine besondere Relevanz. Da der

---

37 Neben Geldleistungspflichten sind im Steuerrechtsverhältnis auch die Mitwirkungspflichten, wie beispielsweise Auskunfts- und Vorlagepflicht, von Bedeutung. Zu den einzelnen Mitwirkungspflichten *Seer*, in: Tipke/Lang (Hrsg.), Steuerrecht, § 21 Rn. 171 ff.

38 Insbesondere aus diesem Grund verlangt die eingriffsrechtliche Dimension des Steuerrechts die strenge Beachtung des verfassungsrechtlichen Grundsatzes vom Vorbehalt des Gesetzes. Dabei ist der Steuergesetzgeber verpflichtet, solche Rechtsgrundlagen, welche die Grundrechte massiv tangieren, klar und deutlich zu definieren, siehe dazu *Weber-Grellet*, Steuern im modernen Verfassungsstaat, S. 37 f., 189.

39 *Oechsle*, Die steuerlichen Grundrechte in der jüngeren deutschen Verfassungsgeschichte, S. 19. Nach *Birk*, Kontinuitätsgewähr und Vertrauensschutz, in: DStJG 27 (2004), S. 9 (12 f.), sollte der nehmende Staat in besonderem Maße auf die Beständigkeit und Verlässlichkeit seiner Entscheidungen achten.

40 *P. Kirchhof*, Vertrauensschutz im Steuerrecht, in: DStJG 27 (2004), S. 1 (8).

41 Vgl. etwa *Isensee*, Vertrauensschutz für Steuervorteile, in: Festschrift für F. Klein, S. 611 (614); *Musil*, Die Sicht der Steuerrechtswissenschaft auf das Verfassungsrecht, in: Schön/Röder (Hrsg.), Zukunftsfragen des deutschen Steuerrechts II, S. 129 (141). Zur Beeinflussung der Wahrnehmung der Grundrechte durch Steuern *Wernsmann*, Verhaltenslenkung in einem rationalen Steuersystem, S. 352 ff.

42 Vgl. auch *Offerhaus*, Die Steuerreform – eine Herausforderung an den Rechtsstaat, DStZ 2000, S. 9 (9 ff.).

Bürger sich gegen staatliche Eingriffe auf der Grundlage rückwirkender Steuergesetze zur Wehr setzt, stehen diese häufiger als andere Gesetze auf dem gerichtlichen Prüfstand. Mithin ist die besondere Eingriffsintensität des Steuerrechts ein weiterer Grund dafür, dass diese Rechtsmaterie zum Referenzgebiet der Rückwirkungsdogmatik wurde.

C. Reaktionsgesetzgebung

Eine weitere steuerrechtliche Besonderheit stellt die sogenannte Reaktionsgesetzgebung dar. Es handelt sich dabei um den Erlass von Gesetzen als Reaktion auf „unliebsame" Judikate des Bundesfinanzhofs.[43] Kraft seiner Rechtsetzungskompetenz korrigiert der Steuergesetzgeber seiner Ansicht nach verfehlte Judikate. Gibt der Bundesfinanzhof anlässlich eines Rechtstreits eine gefestigte Rechtsprechung auf, so versucht der Gesetzgeber häufig, die frühere Rechtslage – auch für die Vergangenheit – wiederherzustellen. Das Gericht kann aber auch zu einer in der Rechtsprechung bis dahin nicht erörterten Rechtsfrage Stellung nehmen.[44]

43 Der Begriff der Reaktionsgesetzgebung ist daher treffender als der sich für derartige Vorgehensweisen des Gesetzgebers eingebürgerte Begriff der Nichtanwendungsgesetzgebung, *R.P. Schenke*, in: Kirchhof/Kulosa/Ratschow (Hrsg.), BeckOK EStG, § 15 Rn. 375. Zur Zulässigkeit von Nichtanwendungsgesetzen zuletzt *Drüen*, Rückwirkende Nichtanwendungsgesetze im Steuerrecht, StuW 2015, S. 210 (215). Die Finanzverwaltung greift zu sogenannten „Nichtanwendungserlassen". Als solche werden Anweisungen des Bundesministeriums der Finanzen an die Finanzbehörden bezeichnet, der in einem bestimmten Urteil des Bundesfinanzhofs vertretenen Rechtsauffassung nicht über den entschiedenen Einzelfall hinaus zu folgen. Eingehend zur Problematik der Nichtanwendungserlasse *Desens*, Bindung der Finanzverwaltung an die Rechtsprechung, 2011; siehe auch *Hey*, Steuerplanungssicherheit als Rechtsproblem, S. 79 ff., 613 ff.; *Helbich*, Vertrauensschutz in Verwaltungsvorschriften des Steuerrechts, S. 109 ff.; *Offerhaus*, Die Dreiteilung der Staatsgewalten, StbJb. 1995/96, S. 7 (7 ff.); *Weber-Grellet*, Die positive Bedeutung von Nichtanwendungserlassen, in: Festschrift für J. Lang, S. 927 (927 ff.). *Lang*, Reaktion der Finanzverwaltung auf mißliebige Entscheidungen des Bundesfinanzhofs, StuW 1992, S. 14 (14 f.), benennt die Reaktionsgesetzgebung neben Nichtanwendungserlassen als Methode der Finanzverwaltung, die höchstrichterliche Interpretation von Steuergesetzen zu revidieren, weil diese, namentlich das Bundesfinanzministerium, hinter Reaktionsgesetzen steht, indem sie als Fachberater der Regierung und des Parlaments die Gesetzesänderungen initiiert und die Gesetzentwürfe vorbereitet.

44 Zu diesen beiden Konstellationen jeweils mit Beispielen *Schön*, „Rückwirkende Klarstellungen" des Steuergesetzgebers als Verfassungsproblem, in: Festschrift für J. Lang, S. 221 (222).

Entspricht dies nicht der Vorstellung des Gesetzgebers bzw. der bisherigen Praxis der Finanzverwaltung, so setzt er seine eigene Rechtsauffassung gegen die der Judikative ebenfalls normativ durch. Auch in diesem Fall wird regelmäßig die Geltung der Gesetze für zurückliegende Zeiträume angeordnet. Häufig schreitet der Steuergesetzgeber ein, noch bevor eine Rechtsfrage höchstrichterlich geklärt ist, um bei einer umstrittenen Rechtslage seine Auslegungsvariante gesetzlich festzuschreiben.

Der Grund für die Nachjustierung des Gesetzgebers liegt in der Bedeutung, die der Rechtsprechung des Bundesfinanzhofs als obersten Instanz im Steuerrecht zukommt. Die Richter konkretisieren die hier sehr häufig anzutreffenden auslegungsbedürftigen Vorschriften, klären letztverbindlich umstrittene Rechtsfragen und tragen insofern zur Rechtsfindung bei.[45] Die Wirkung richterlicher Rechtsauffassungen geht dabei oftmals weit über den entschiedenen Streitfall hinaus. Trotz seiner auf die Streitbeteiligten und den Streitgegenstand beschränkten rechtlichen Bindung (§ 110 FGO) prägt das Richterrecht wesentlich die Steuerrechtsordnung.[46] Insbesondere eine gefestigte höchstrichterliche Rechtsprechung erlangt Verbindlichkeit durch ihre Überzeugungskraft und bestimmt die Rechtslage. Diesen enormen Einfluss von höchstrichterlicher Judikatur will der Gesetzgeber mit Reaktionsgesetzen bzw. mit sogenannten klarstellenden Gesetzen verhindern. Üblicherweise erlässt er diese rückwirkend.

Eines der bekanntesten Beispiele hierfür ist § 4 Abs. 5 Nr. 8 EStG.[47] Danach dürfen Geldbußen sowie Ordnungs- und Verwarnungsgelder nicht als

---

45 Siehe *P. Kirchhof*, Vertrauensschutz im Steuerrecht, in: DStJG 27 (2004), S. 1 (2), der die Funktion einer Entscheidung des Bundesfinanzhofs auch darin sieht, im Präjudiz für künftige Fälle Rechtssicherheit zu schaffen.

46 Zur Bindungs- und Breitenwirkung des Richterrechts *Desens*, Bindung der Finanzverwaltung an die Rechtsprechung, S. 104 ff., 216 ff.; *P. Kirchhof*, Vertrauensschutz im Steuerrecht, in: DStJG 27 (2004), S. 1 (2 f.); *Ebner*, Vertrauensschutz und Kontinuitätsgewähr in der höchstrichterlichen Rechtsprechung am Beispiel des Steuerrechts, S. 65 ff.; *Tipke*, Die Steuerrechtsordnung III, S. 1629. Zur Bedeutung bundesfinanzgerichtlicher Präjudizien für die Steuerplanung *Hey*, Steuerplanungssicherheit als Rechtsproblem, S. 46 ff., 50 f.

47 Gesetz vom 25.07.1984 (BGBl. I 1984, S. 1006). Weitere höchstrichterliche Rechtsprechung korrigierende Normen sind etwa das Gesetz vom 25.02.1992 (BGBl. I 1992, S. 297) zur doppelstöckigen Personengesellschaft sowie das Gesetz vom 15.12.2003 (BGBl. I 2003, S. 2645) zum anschaffungsnahen Herstellungsaufwand. Weitere Beispiele bei *Offerhaus*, Die Dreiteilung der Staatsgewalten, StbJb. 1995/96, S. 7 (17 ff.).

gewinnmindernde Betriebsausgaben abgezogen werden.[48] Die Einführung dieses Abzugsverbots provozierten die am 21.11.1983 gefällten Entscheidungen des Großen Senats des Bundesfinanzhofs.[49] Hier ließ das Gericht entgegen der bis dahin geltenden langjährigen Rechtspraxis die Abziehung von Strafgeldern als Betriebsausgaben zu. Der Gesetzgeber ordnete die Anwendung der neuen Regelung auch für vergangene Veranlagungszeiträume an, sofern die Bestandskraft der Steuerbescheide nicht entgegenstand. Die verfassungsrechtliche Zulässigkeit dieser Rückwirkung wurde vom Bundesverfassungsgericht mit der Begründung bejaht, die Neuregelung stelle nur die Rechtslage wieder her, die über lange Zeit der allgemeinen Rechtsauffassung entsprach. Zudem sei wegen der unverzüglichen Ankündigung der gesetzgeberischen Absicht kein schutzwürdiges Vertrauen entstanden.[50]

Regelmäßig deklariert der Gesetzgeber die Rückwirkung als eine bloße „redaktionelle Klarstellung" bzw. versucht sie mit dem Interesse an „Klarstellung" der wahren Rechtslage zu rechtfertigen.[51] Zuletzt hat der Beschluss des Bundesverfassungsgerichts vom 17.12.2013[52] eine Grundsatzdebatte über Fragen der Zulässigkeit klarstellender Gesetze ausgelöst. Da solche Gesetze die höchstrichterlichen Entscheidungen wieder aushebeln bzw. einem Gerichtsurteil zuvorkommen und die Richter mithin entmachteten, stellt sich in einem gewaltengegliederten Verfassungsstaat die Frage nach dem Kompetenzverhältnis zwischen dem demokratisch legitimierten Gesetzgeber und den Gerichten. Daher wird die Zulässigkeit der Reaktionsgesetzgebung vor dem Hintergrund des verfassungsrechtlichen Grundsatzes der Gewaltenteilung diskutiert.[53]

---

48 Vgl. auch § 9 Abs. 5 sowie § 12 Nr. 4 EStG. Zum Ganzen *Hey*, in: Tipke/Lang (Hrsg.), Steuerrecht, § 8 Rn. 294 ff.

49 BStBl. II 1984, S. 160, 166.

50 BVerfGE 81, 228 (239).

51 Zum Ganzen etwa *Schön*, „Rückwirkende Klarstellungen" des Steuergesetzgebers als Verfassungsproblem, in: Festschrift für J. Lang, S. 221 (222 f.). *Hey*, Steuerplanung, in: Festschrift für P. Kirchhof, S. 1657 (1660), kritisiert in diesem Zusammenhang die Risikoverlagerung vom Gesetzgeber auf den Gesetzesadressaten.

52 BVerfGE 135, 1 (1 ff.).

53 *Massing*, Sondervotum, BVerfGE 135, 1 (29 ff.); *Lepsius*, Zur Neubegründung des Rückwirkungsverbotes aus der Gewaltenteilung, JZ 2014, S. 488 (488 ff.); *Michael*, Das Verbot echter Rückwirkung als Schutz des abstrakten Vertrauens in die Geltung von Gesetzen und eines Kernbereichs der Judikative, JZ 2015, S. 425 (425 ff.); vgl. schon früher *Lang*, Reaktion der Finanzverwaltung auf mißliebige Entscheidungen des Bundesfinanzhofs, StuW 1992, S. 14 (19). Siehe zum Ganzen Kapitel 5.C.

Das Steuerrecht ist für eine rückwirkende Reaktionsgesetzgebung besonders prädestiniert, weil die zugunsten des Steuerpflichtigen ergehenden Gerichtsentscheidungen hier fiskalische Auswirkungen haben und für den Staat Mindereinnahmen bedeuten.[54] Auch dieses Phänomen des Steuerrechts löst Vertrauensschutzprobleme aus und führt dazu, dass rückwirkende Reaktionsgesetze angegriffen und gerichtlich überprüft werden.

D. Steuer als Lenkungsinstrument

Ein weiteres Spezifikum des Steuerrechts ist die Steuerlenkung.[55] Die Qualität einer Steuernorm als Lenkungsnorm kann für die Frage nach der Intensität des Vertrauensschutzes und damit für die Beurteilung der Verfassungsmäßigkeit einer rückwirkenden Norm Bedeutung haben.

Die Steuerrechtsnormen lassen sich je nach Erhebungszweck[56] in Fiskalzweck- und Lenkungsnormen unterteilen.[57] Nach dem Konzept der grundgesetzlichen Finanzverfassung (Art. 104a ff. GG) ist der Steuerertrag das Regelinstrument der Finanzierung von Staatsaufgaben. Sonstige Einnahmequellen dürfen nur

---

54 *Hey*, Rückwirkende Klarstellung und rückwirkende Nichtanwendungsgesetzgebung, JZ 2014, S. 500 (503 f.).

55 Umfassend dazu *Wernsmann*, Verhaltenslenkung in einem rationalen Steuersystem, 2005; siehe auch *Osterloh*, Lenkungsnormen im Einkommensteuerrecht, in: DStJG 24 (2001), S. 383 (383 ff.); *Tipke*, Die Steuerrechtsordnung I, S. 77 ff.; *Weber-Grellet*, Lenkungssteuern im Rechtssystem, NJW 2001, S. 3657 (3657 ff.); *Weber-Grellet*, Steuern im modernen Verfassungsstaat, S. 44 ff.

56 Die verhaltensbeeinflussende Wirkung einer Steuer erweist sich hingegen als ungeeignetes Abgrenzungskriterium, weil nahezu jede Steuernorm – auch ohne dass dies vom Gesetzgeber intendiert ist – mehr oder weniger das Verhalten des Bürgers beeinflusst. Die von Fiskalzwecknormen bewirkte Gestaltungswirkung ist deren Folge, nicht deren Zweck. Siehe zum Ganzen *Wernsmann*, Verhaltenslenkung in einem rationalen Steuersystem, S. 63 ff. Zu Abgrenzungsproblemen und Grenzfällen *Tipke*, Die Steuerrechtsordnung I, S. 80 ff.

57 *Tipke*, Die Steuerrechtsordnung I, S. 77 ff., 119 ff., teilt steuerrechtliche Vorschriften in Fiskalzweck- oder Lastenausteilungsnormen, Lenkungs- oder Sozialzwecknormen sowie Vereinfachungszwecknormen ein; so auch *Birk*, Das Leistungsfähigkeitsprinzip als Maßstab der Steuernormen, S. 67 ff., 153 ff., 194 ff.; *Hey*, in: Tipke/Lang (Hrsg.), Steuerrecht, § 3 Rn. 19 ff., differenziert bei Sozialzwecknormen weiter zwischen den die Wohlstandskorrektur bezweckenden Umverteilungsnormen und den ein bestimmtes Gemeinwohlverhalten bezweckenden Lenkungsnormen. Zu Notwendigkeit und Methoden der Abgrenzung steuerlicher Lenkungsnormen von anderen Steuernormen *Wernsmann*, Verhaltenslenkung in einem rationalen Steuersystem, S. 73 ff., 85 ff.

ausnahmsweise unter besonderen Voraussetzungen erschlossen werden.[58] Die Steuern sind damit die Haupteinnahmequelle der öffentlichen Haushalte. Sie stellen die Erfüllung vielfältiger Aufgaben des Staates wie beispielsweise die Bereitstellung von Infrastruktureinrichtungen, die Gewährung der Sicherheit durch Polizei und Militär, aber auch Erhalt von Sozialleistungen sicher.[59] Die Steuererhebung dient der Deckung des staatlichen Finanzbedarfs und damit rein fiskalischen Zwecken.[60] Solche Steuerrechtsnormen, die lediglich Ertragserzielung bezwecken, werden als Fiskalzwecknormen bezeichnet und stellen den Regelfall einer Steuer dar.

In den Zeiten einer modernen Industriegesellschaft und einer sozialstaatlichen Verfassungsordnung ist die Steuer auch zum zentralen Lenkungsinstrument geworden.[61] Der Zweck, Einkünfte für die Erfüllung allgemeiner Staatsaufgaben zu erzielen, tritt dabei nicht selten in den Hintergrund.[62] Der Gesetzgeber entdeckte für sich die Lenkungssteuer als eine im Hinblick auf vielfältige gesetzgeberische Herausforderungen zeitgemäße und effiziente Alternative zu den herkömmlichen ordnungsrechtlichen Instrumentarien.[63] Rechtsverbindliche, einseitige Weisungen in Form von befehlenden Ge- und Verboten lassen dem Betroffenen keine Handlungsalternativen oder Ausweichmöglichkeiten.[64] So

58 BVerfGE 78, 249 (266 f.); *Seiler*, in: Maunz/Dürig/Herzog (Hrsg.), GG, Art. 105 Rn. 41; siehe auch *Birk/Desens/Tappe*, Steuerrecht, § 2 Rn. 203; *Weber-Grellet*, Steuern im modernen Verfassungsstaat, S. 5, 8.

59 Die Steuerzahlung ist jedoch keine äquivalente Gegenleistung für individuelle Vorteile, sondern ein Solidarbeitrag des Einzelnen zur Finanzierung des Gemeinwesens, *Weber-Grellet*, Steuern im modernen Verfassungsstaat, S. 5 ff., 24; zum Äquivalenzprinzip siehe *Tipke*, Die Steuerrechtsordnung I, S. 476 ff.

60 *Isensee*, Steuerstaat als Staatsform, in: Festschrift für H. P. Ipsen, S. 409 (409 ff.); *Seiler*, in: Maunz/Dürig/Herzog (Hrsg.), GG, Art. 105 Rn. 56; *Wernsmann*, in: Hübschmann/Hepp/Spitaler (Hrsg.), AO/FGO, § 3 Rn. 85.

61 Zur Entwicklung steuerlicher Verhaltenslenkung *Wernsmann*, Verhaltenslenkung in einem rationalen Steuersystem, S. 19 ff.; *Weber-Grellet*, Steuern im modernen Verfassungsstaat, S. 12 ff.

62 BVerfGE 55, 274 (299); siehe auch BVerfGE 137, 350 (367); *Hey*, in: Tipke/Lang (Hrsg.), Steuerrecht, § 3 Rn. 21 ff.

63 *Osterloh*, Lenkungsnormen im Einkommensteuerrecht, in: DStJG 24 (2001), S. 383 (385 ff.).

64 Neben der geringeren Eingriffsintensität bietet die Steuerlenkung einen erheblichen Vollzugsvorteil, weil es zur technischen Abwicklung keiner neuen Behörden und Verwaltungsakte bedarf, siehe hierzu *R.P. Schenke*, Das Leistungsfähigkeitsprinzip im Steuerrecht und die zwei Phasen des Öffentlichen Rechts, in: Festschrift für R. Wahl,

sind die Tabak- oder die Alkoholsteuer, mit denen der Gesetzgeber die Reduzierung des Konsums der besteuerten Erzeugnisse aufgrund gesundheitspolitischer Zwecke beabsichtigt, weit weniger eingriffsintensiv als ein starres Verbot, welches zudem im Hinblick auf verfassungsrechtliche Freiheitsgarantien kaum zu vertreten wäre. Mit der Implementierung von Lenkungstatbeständen und durch Verhaltensbeeinflussung verfolgt der Gesetzgeber bestimmte sozial-, umwelt-, gesundheits- oder wirtschaftspolitische Ziele. Heutzutage durchdringt die steuerliche Lenkung nahezu alle Lebensbereiche: Vom Konsum-, Investitions- und Sparverhalten über den Bildungs- und Kultursektor bis hin zur Wirtschaftssteuerung und Arbeitsmarktpolitik.[65] Weit verbreitet sind die Lenkungsvorschriften im Bereich des Umweltschutzes, wo sie auf Wirtschaft und Gesellschaft gestaltend Einfluss nehmen.[66] Steuerliche Belastung dient hier im Gegensatz zur steuerlichen Belastung bei Fiskalzwecknormen nicht der Einnahmeerzielung, sondern ist das Mittel, um die Lenkungswirkung zu erreichen. Neben der Erzielung von Einnahmen können mit der Steuer also auch unterschiedliche außerfiskalische Förderungs- und Lenkungsziele verfolgt werden.[67] Dass neben der Einnahmeerzielung als einem unabdingbaren Element einer Steuer auch andere Zwecke verfolgt werden können, bestätigt § 3 Abs. 1 Halbsatz 2 AO. Danach kann die Erzielung von Einnahmen Nebenzweck einer steuerlichen Belastung sein. Somit kann ein außerfiskalischer Lenkungszweck einer steuerlichen Regelung ihr Hauptzweck sein, ohne dass sie ihren Steuercharakter verliert.

Dem Gesetzgeber stehen vielfältige Möglichkeiten zur Gestaltung durch Verhaltenslenkung zur Verfügung.[68] Er kann das Verhalten des Bürgers auf unterschiedliche Weise beeinflussen, ohne ihn rechtsverbindlich zu einem bestimmten Tun oder Unterlassen zu verpflichten. So können finanzwirtschaftliche Anreize für den Bürger etwa durch steuerliche Sonderbelastung eines dem Staat unerwünschten Verhaltens oder durch steuerliche Verschonung bzw. Vergünstigungen bei einem als förderungswürdig angesehenen Verhalten geschaffen

---

S. 803 (810); *Weber-Grellet*, Lenkungssteuern im Rechtssystem, NJW 2001, S. 3657 (3660); *Wernsmann*, Verhaltenslenkung in einem rationalen Steuersystem, S. 148, 169.

65 *Weber-Grellet*, Lenkungssteuern im Rechtssystem, NJW 2001, S. 3657 (3657), mit weiteren Beispielen.

66 Zur Ökologisierung des Steuerrechts *Weber-Grellet*, Steuern im modernen Verfassungsstaat, S. 108 ff.

67 Etwa BVerfGE 122, 210 (231); 117, 1 (31).

68 Eingehend zu den Arten steuerlicher Lenkungsnormen *Wernsmann*, Verhaltenslenkung in einem rationalen Steuersystem, S. 91 ff.

werden.[69] Die entlastende oder belastende Steuerwirkung soll das Verhalten des Bürgers in eine bestimmte Richtung lenken.[70] Daneben kann die lenkende Steuer auch differenzierende Wirkung haben. Dies ist beispielsweise bei umweltpolitisch motivierten Steuern wie der Kraftfahrzeugsteuer hinsichtlich des Schadstoffausstoßes oder der Mineralölsteuer hinsichtlich der Art des jeweiligen Kraftstoffs der Fall.[71] In allen Fällen geht es um Verhaltensbeeinflussung durch ökonomische Anreize, um eine bestimmte Gestaltungswirkung zu erreichen.[72] Zwar beeinflussen auch Fiskalzwecknormen das Verhalten des Steuerbürgers und haben somit gestaltende Wirkung.[73] Der Zweck, den der Gesetzgeber mit fiskalischen Normen verfolgt, ist jedoch allein die Einnahmeerzielung. Bei Lenkungssteuern steht hingegen die Gestaltung im Vordergrund, selbst wenn deren Ertrag, wie dies bei der Tabak-, bei der Alkohol- oder bei der Energiesteuer der Fall ist, einen erheblichen Anteil am gesamten Steueraufkommen hat.[74] Die Einnahmeerzielung bleibt hier ein Nebeneffekt.

Die grundsätzliche Zulässigkeit der Verhaltenslenkung durch Steuer ist verfassungsrechtlich unbedenklich.[75] Dennoch werfen Lenkungsnormen einige Fragen auf. Im Hinblick auf die formelle Verfassungsmäßigkeit wird die Zuständigkeitskompetenz des Steuergesetzgebers thematisiert, wenn die Lenkungsregelungen in ein Sachgebiet hineinwirken, für welches ihm die Gesetzgebungsbefugnis fehlt.[76] In materiell-rechtlicher Hinsicht kann die Lenkungssteuer einen Eingriff

---

69 BVerfGE 117, 1 (31); 110, 274 (292); vgl. auch BVerfGE 98, 106 (117). Beispiele für Lenkungsmechanismen finden sich bei *Weber-Grellet*, Lenkungssteuern im Rechtssystem, NJW 2001, S. 3657 (3660).

70 BVerfGE 110, 274 (292); 137, 350 (367).

71 Beispiele nach *Weber-Grellet*, Lenkungssteuern im Rechtssystem, NJW 2001, S. 3657 (3660).

72 *Weber-Grellet*, Steuern im modernen Verfassungsstaat, S. 48.

73 Dazu *Wernsmann*, Verhaltenslenkung in einem rationalen Steuersystem, S. 63 ff.; *Birk/ Desens/Tappe*, Steuerrecht, § 2 Rn. 203.

74 Zu dem damit einhergehenden Interessenkonflikt – das Lenkungsziel wird umso besser erreicht, je geringer der erzielte Ertrag ist – *Birk/Desens/Tappe*, Steuerrecht, § 2 Rn. 212. *P. Kirchhof*, in: Kirchhof (Hrsg.), EStG, Einl., Rn. 26, greift die Dualität der Zwecke einer Lenkungssteuer mit dem Argument „systemimmanenten Widerspruchs" an; zum Ganzen *Wernsmann*, Verhaltenslenkung in einem rationalen Steuersystem, S. 153 ff., 199 ff.; *Weber-Grellet*, Lenkungssteuern im Rechtssystem, NJW 2001, S. 3657 (3661).

75 Ständige Rechtsprechung, siehe zuletzt BVerfGE 138, 136 (181 f.); 137, 350 (367); 135, 126 (142, 151); 117, 1 (31).

76 Das Bundesverfassungsgericht fordert zwar keine zur Steuerkompetenz hinzutretende Sachkompetenz, verlangt jedoch unter Berufung auf das aus dem Rechtsstaatsprinzip

in die Freiheitssphäre des Bürgers bedeuten.[77] Berührt werden können insbesondere Art. 12 Abs. 1, Art. 14 Abs. 1 sowie Art. 2 Abs. 1 GG. Zudem besteht ein großes Konfliktpotenzial mit dem das gesamte Steuerrecht tragenden Grundsatz der Besteuerung nach Maßgabe der finanziellen Leistungsfähigkeit.[78] Während der Gesetzgeber bei Fiskalzwecknormen die Gesamtsteuerlast auf die einzelnen Steuerpflichtigen am Maßstab des Leistungsfähigkeitsprinzips gerecht und gleichmäßig verteilt, geht es ihm bei der Lenkungssteuer um die beabsichtigte Gestaltungswirkung und mithin um die Verwirklichung seiner politischen Vorstellungen.[79] Abgestellt wird also nicht auf die wirtschaftliche Leistungsfähigkeit des Steuerpflichtigen; entscheidend ist seine Bereitschaft, ein bestimmtes Verhalten zu ändern.[80] Diese Ungleichbehandlung gleich Leistungsfähiger

---

abgeleitete Gebot der Widerspruchsfreiheit der Rechtsordnung, dass die Lenkungssteuer sich widerspruchsfrei in ein bestehendes sachgesetzliches Regelungsregime einfügt, BVerfGE 98, 106 (118 ff.). Die Lenkung darf demnach weder der Gesamtkonzeption der sachlichen Regelung noch einer konkreten Einzelregelung zuwiderlaufen. Kritisch *Wernsmann*, Verhaltenslenkung in einem rationalen Steuersystem, S. 179 ff., der für die steuerlichen Lenkungsnormen ausschließlich auf die Steuerkompetenz abstellt. Eine doppelte Kompetenzgrundlage verlangt hingegen *Friauf*, Steuervereinfachung versus Lenkungsnormen, in: DStJG 21 (1998), S. 85 (88). Eingehend zur Gesetzgebungskompetenz für den Erlass steuerlicher Lenkungsnormen *Rodi*, Bundesstaatliche Kompetenzausübungsschranken für Lenkungssteuern, StuW 1999, S. 105 (105 ff.); *Kube*, Finanzgewalt in der Kompetenzordnung, S. 256 ff.; siehe auch *Weber-Grellet*, Steuern im modernen Verfassungsstaat, S. 16 ff., 49.

77 *Jarass*, in: Jarass/Pieroth (Hrsg.), GG, Vorb. vor Art. 1 Rn. 28, Art. 3 Rn. 55; *Weber-Grellet*, Steuern im modernen Verfassungsstaat, S. 174; *Wernsmann*, Verhaltenslenkung in einem rationalen Steuersystem, S. 70 ff. Zur Grundrechtsrelevanz steuerlicher Gestaltungswirkungen *Birk*, Das Leistungsfähigkeitsprinzip als Maßstab der Steuernormen, S. 202 ff.; *Kube*, Finanzgewalt in der Kompetenzordnung, S. 230 ff.; *Osterloh*, Lenkungsnormen im Einkommensteuerrecht, in: DStJG 24 (2001), S. 383 (397), sieht verfassungswidrige Freiheitsbeeinträchtigungen bei den einkommensteuerrechtlichen Lenkungsnormen bisherigen Musters als eher fernliegend.

78 Dazu etwa *Birk*, Das Leistungsfähigkeitsprinzip als Maßstab der Steuernormen, S. 224 ff.; *Birk/Desens/Tappe*, Steuerrecht, § 2 Rn. 208; *R.P. Schenke*, Das Leistungsfähigkeitsprinzip im Steuerrecht und die zwei Phasen des Öffentlichen Rechts, in: Festschrift für R. Wahl, S. 803 (809 ff.). Der Meinungsstand zur Frage des Verstoßes von Lenkungsnormen gegen den Gleichheitssatz ist bei *Tipke*, Die Steuerrechtsordnung I, S. 337 ff., abgebildet.

79 Siehe *Birk/Desens/Tappe*, Steuerrecht, § 2 Rn. 204 f., 213; *Tipke*, Die Steuerrechtsordnung I, S. 77, 337.

80 *Birk/Desens/Tappe*, Steuerrecht, § 2 Rn. 208.

hat – wie andere Ungleichbehandlungen auch – nicht automatisch die Verfassungswidrigkeit der Lenkungsnorm zur Folge. Sie begründet aber ein Rechtfertigungserfordernis. Führt also eine Lenkungsnorm zu einer ungleichmäßigen Steuerbelastung, muss sie verfassungsrechtlich gerechtfertigt sein.[81]

Die Durchbrechung des Leistungsfähigkeitsprinzips kann verfassungsmäßig sein, wenn der Gesetzgeber das Verhalten der Steuerpflichtigen aus Gründen des Gemeinwohls fördern oder lenken will.[82] Zwar wird ihm bei der Einschätzung, welche Ziele förderungswürdig sind, ein weiter Gestaltungsspielraum zugestanden.[83] Dies schließt allerdings nicht aus, dass die nähere Ausgestaltung solcher Lenkungsnormen einer strengeren verfassungsgerichtlichen Kontrolle unterliegt. Die Anforderungen an den Rechtfertigungsgrund steigen dabei mit Umfang und Ausmaß der Abweichung vom Prinzip der Belastungsgleichheit.[84] So verlangte das Bundesverfassungsgericht für die Verfassungsmäßigkeit der Ungleichbehandlung der verschiedenen Vermögensarten durch Verschonungsregelungen in §§ 13a und 13b ErbStG einen hinreichend tragfähigen Differenzierungsgrund, „der einer über eine bloße Willkürkontrolle hinausgehenden, strengeren Verhältnismäßigkeitsprüfung standhält".[85] Die Lenkungsregelung muss also ein legitimes, förderungswürdiges Ziel verfolgen sowie geeignet und erforderlich sein, um dieses Ziel zu erreichen. Das verfassungsrechtliche Geeignetheitsgebot verlangt dabei keine vollständige Zielerreichung; eine Eignung zur Förderung des Ziels genügt.[86] Zudem ist das Gewicht des verfolgten Zwecks gegen die Intensität und Schwere des Eingriffs in das Leistungsfähigkeitsprinzip

---

81 Siehe z.B. BVerfGE 117, 1 (32 f.); 121, 108 (120); 122, 210 (231 f.); 135, 126 (151); 137, 350 (367); 138, 136 (181 f.). Das Bundesverfassungsgericht verlangt vom Steuergesetzgeber zusätzlich, dass seine Lenkungsabsichten erkennbar sind und sich aus den Gesetzgebungsmaterialien ergeben oder mit Hilfe der üblichen Auslegungsmethoden feststellen lassen. Möglich ist auch, den Zweck aus einer Gesamtschau der jeweils vom Gesetzgeber normierten Steuervorschriften zu erschließen, zuletzt BVerfGE 135, 126 (151 f.); 137, 350 (367 f.).

82 So zuletzt BVerfGE 138, 136 (181 f.).

83 Siehe etwa BVerfGE 135, 126 (151); 110, 274 (293); 93, 319 (350). Kritisch zur Einengung der Gestaltungsfreiheit des Steuergesetzgebers und zur Kontrolldichte bei wirtschaftlicher Lenkungssteuerung anlässlich des Vorlagebeschlusses des Bundesfinanzhofs vom 24.02.1999 – X R 171/96 zu § 32c EStG *R.P. Schenke/Schenke*, Abschied vom Steuerrecht als Lenkungsmittel?, NJW 1999, S. 2573 (2573 f.).

84 BVerfGE 138, 136 (181 ff.).

85 BVerfGE 138, 136 (184 ff.); siehe auch BVerfGE 135, 126 (151); 137, 350 (367); großzügiger BVerfGE 110, 274 (293).

86 BVerfGE 138, 136 (188 ff.)

abzuwägen.[87] Verfassungsrechtlich werden hier Rationalität und Abgewogenheit von Zweckverfolgung und Mitteleinsatz gefordert.[88]

Insgesamt ist die Lenkung von Sachverhalten durch das Steuerrecht ein gut geeignetes, zulässiges und effizientes Gestaltungsmittel.[89] Die kritische Haltung gegenüber den steuerrechtlichen Lenkungsnormen im Schrifttum ist überwiegend rechtspolitischer bzw. steuersystematischer Natur und richtet sich im Kern gegen eine drohende Überfrachtung des Steuerrechts mit Lenkungsgesetzen.[90]

Die Lenkungsgesetzgebung als eine Besonderheit des Steuerrechts hat auch im Rahmen der Vertrauensschutzproblematik Relevanz. Vor dem Hintergrund, dass eine steuerliche Lenkungsnorm den Steuerpflichtigen zu einem bestimmten Verhalten veranlassen soll und dieser sich im Vertrauen auf den Fortbestand der Norm auf das Angebot des Staates einlässt, ggf. eine Dispositionsentscheidung trifft und damit der Verhaltensempfehlung des Gesetzgebers folgt, stellt sich die Frage, ob das Vertrauen auf den Fortbestand von Lenkungsnormen in höherem Maße geschützt ist als dasjenige auf den Fortbestand von Fiskalzwecknormen. Vor allem eine rückwirkende Abschaffung von Steuervergünstigungen provoziert den Betroffenen, sich gegen solche Änderungsgesetze zu wehren und seine Vertrauensschutzpositionen gerichtlich zu verteidigen.[91] Im Hinblick auf die Vertrauensthematik weisen steuerliche Lenkungsgesetze mithin eine besondere Sensibilität auf, was wiederum dazu führt, dass die Steuergesetze häufiger als andere Gesetze Gegenstand von Gerichtsentscheidungen sind.

Somit ist festzuhalten, dass die Lenkungsgesetzgebung für die Überproportionalität steuerrechtlicher Konstellationen in Rückwirkungsjudikaten mitursächlich ist. Inwiefern die Einordnung einer Steuernorm als Lenkungs- oder Fiskalzwecknorm für die Gewährung des Vertrauensschutzes und für die

---

87 Vgl. zum Ganzen *Wernsmann*, Verhaltenslenkung in einem rationalen Steuersystem, S. 224 ff., 381 ff.; *Birk*, Das Leistungsfähigkeitsprinzip als Maßstab der Steuernormen, S. 244 ff.; *Weber-Grellet*, Lenkungssteuern im Rechtssystem, NJW 2001, S. 3657 (3661).

88 *Osterloh*, Lenkungsnormen im Einkommensteuerrecht, in: DStJG 24 (2001), S. 383 (402, 404).

89 Siehe *Weber-Grellet*, Lenkungssteuern im Rechtssystem, NJW 2001, S. 3657 (3664). Eingehend zu Chancen und Risiken der Lenkung durch Steuern *Wernsmann*, Verhaltenslenkung in einem rationalen Steuersystem, S. 119 ff., 170.

90 Etwa *Seer*, in: Tipke/Lang (Hrsg.), Steuerrecht, § 1 Rn. 8; *Tipke*, Der Karlsruher Entwurf zur Reform der Einkommensteuer, StuW 2002, S. 148 (149); differenzierend *Wernsmann*, Verhaltenslenkung in einem rationalen Steuersystem, S. 119 ff.

91 Siehe z.B. BVerfGE 97, 67 (67 ff.); 105, 17 (17 ff.).

Beurteilung der Zulässigkeit rückwirkender Gesetze eine Rolle spielt, wird später gesondert behandelt.

E. Das Steuerrecht als typisierte Massenverwaltung

Zu den Besonderheiten des Steuerrechts zählt auch das Steuerverfahren als ein typisiertes Massenverfahren.[92] Die auf Mitwirkung des Steuerpflichtigen angewiesene Steuerverwaltung ist mit der Bewältigung jährlich massenhaft wiederkehrender Vorgänge konfrontiert.[93] Sie versucht ihrer Aufgabe durch optimalen Einsatz begrenzter Ressourcen mithilfe eines EDV-gestützten Risikomanagementsystems gerecht zu werden.[94] Zudem versucht die Legislative dem Massenfallrecht durch gesetzliche Vereinfachungsregeln, Typisierungen und Pauschalierungen zu begegnen.[95] Häufig bedient sich die Finanzverwaltung des Instruments der Steuerfestsetzung unter dem Vorbehalt der Nachprüfung in Form des sogenannten Vorbehaltsbescheids (§ 164 AO).[96] Ein solcher Bescheid kann – solange der Vorbehalt wirksam ist – jederzeit aufgehoben oder geändert werden. Im Gegensatz zu sonstigen Bescheiden, die durch Eintritt der Bestandskraft Rechtssicherheit schaffen, ist er kein Vertrauensträger. Diese der Verfahrensbeschleunigung dienende Vorgehensweise der Finanzverwaltung kann unter Vertrauensschutzaspekten bedenklich sein, betrifft allerdings in ihrem Kern nicht die Steuergesetzgebung, sondern die vollziehende Steuergewalt.

Das Steuerrecht als Massenfallrecht liefert eine weitere Erklärung dafür, warum diese Rechtsmaterie im Mittelpunkt der Verfassungsrechtsprechung zum Vertrauensschutz steht. Mit seiner Ubiquität geht nämlich auch die Häufigkeit der Rückwirkungsproblematik einher, was durch seinen Charakter als Dauerschuldverhältnis zusätzlich verstärkt wird.

---

92 Hierzu z.B. *Seer*, in: Tipke/Lang (Hrsg.), Steuerrecht, § 21 Rn. 5 ff.

93 Zum Vollzugsnotstand der Finanzverwaltung *R.P. Schenke*, Die Rechtsfindung im Steuerrecht, S. 118 f.

94 Durch das am 01.01.2017 in Kraft getretene Gesetz zur Modernisierung des Besteuerungsverfahrens (Gesetz vom 18.06.2016, BGBl. I 2016, S. 1679) wurde zudem eine vollautomatische elektronische Steuerfestsetzung ermöglicht.

95 *R.P. Schenke*, Die Rechtsfindung im Steuerrecht, S. 131; *Hey*, in: Tipke/Lang (Hrsg.), Steuerrecht, § 3 Rn. 147 ff.

96 Dazu etwa *Seer*, in: Tipke/Lang (Hrsg.), Steuerrecht, § 21 Rn. 283 ff.

F. Das steuerrechtliche Periodizitätsprinzip und die Abschnittsbesteuerung

Eine weitere Besonderheit des Steuerrechts ergibt sich aus dem für viele Steuerarten geltenden Prinzip der Abschnittsbesteuerung. Dieses Prinzip spielt eine entscheidende Rolle bei der Gewährung und der Intensität des Vertrauensschutzes und bestimmt bis heute die Judikatur zur rückwirkenden Steuergesetzgebung.[97]

§ 2 Abs. 7 Satz 1 EStG konkretisiert das sogenannte Periodizitätsprinzip und statuiert die Einkommensteuer[98] als eine Jahressteuer.[99] Die Einkommensteuer erfasst demnach weder das Totaleinkommen des Steuerpflichtigen am Lebensende noch den wirtschaftlichen Erfolg eines einzelnen Geschäftsvorfalls. Vielmehr belastet sie das gesamte innerhalb eines Zeitabschnitts erzielte Ergebnis und bemisst sich mithin nach der wirtschaftlichen Leistungsfähigkeit des Steuerpflichtigen innerhalb einer Periode. Der Totalgewinn wird periodenbezogen und sukzessiv besteuert. Das Steuerrecht zerlegt die Zeit in aneinander anschließende, getrennt zu betrachtende Besteuerungsabschnitte.[100] Die Besteuerungsgrundlagen für die Steuerfestsetzung sind jeweils für eine Periode nachträglich zu ermitteln und alle steuerlich relevanten Vorfälle innerhalb dieses Zeitraums in ein Gesamtergebnis einzubeziehen. Diesem Ermittlungs- und Bemessungszeitraum als materiell-rechtliche Seite periodischer Besteuerung entspricht in verfahrensrechtlicher Hinsicht der Veranlagungszeitraum, der nach § 25 Abs. 1 EStG[101] ein Kalenderjahr beträgt.[102] Die Einkommensteuer wird nach

---

97 Das Periodizitätsprinzip im Hinblick auf die Vertrauensschutzproblematik behandelt *Lehner*, Das Rückwirkungsproblem im Spiegel der Abschnittsbesteuerung, in: Festschrift für A. Raupach, S. 67 ff.

98 Auch andere Ertragsteuern wie die Körperschaftsteuer und die Gewerbesteuer sind als Jahressteuern ausgestaltet, vgl. § 7 Abs. 3 Satz 1 KStG, § 14 Satz 2 GewStG.

99 Zum Ganzen *Ismer*, Prinzipien der Einkünfteermittlung – Periodizitätsprinzip, in: DStJG 34 (2011), S. 91 ff.; *P. Kirchhof*, in: Kirchhof (Hrsg.), EStG, § 2 Rn. 18 ff., 120 ff.; *Rose*, Abschnittsbesteuerung und Beurteilungszeitraum, DB 1994, S. 851 (851 ff.); *Lang*, Die Bemessungsgrundlage der Einkommensteuer, S. 91 ff.; *Lang*, Prinzipien und Systeme der Besteuerung von Einkommen, in: DStJG 24 (2001), S. 49 (63 ff.); *Wendt*, Prinzipien der Verlustberücksichtigung, in: DStJG 28 (2005), S. 41 (47 ff.); *Musil*, in: Herrmann/Heuer/Raupach (Hrsg.), EStG/KStG, § 2 Rn. 900 ff.

100 *Ismer*, Prinzipien der Einkünfteermittlung – Periodizitätsprinzip, in: DStJG 34 (2011), S. 91 (93 f.).

101 Diese Vorschrift wird durch die Regelungen der Abgabenordnung zum Steuererhebungsverfahren ergänzt.

102 *Hey*, in: Tipke/Lang (Hrsg.), Steuerrecht, § 8 Rn. 46; *Ismer*, Prinzipien der Einkünfteermittlung – Periodizitätsprinzip, in: DStJG 34 (2011), S. 91 (94); *Drüen*, Periodengewinn

dem Einkommen veranlagt, welches der Steuerpflichtige in diesem Veranlagungszeitraum bezogen hat. Dementsprechend entsteht der staatliche Steueranspruch gemäß § 36 Abs. 1 EStG mit Ablauf des Veranlagungszeitraums. Die Einkommensteuer wird also in jährlichen Abschnitten nachträglich erhoben. Ob es sich bei der Abschnittsbesteuerung um ein technisches Besteuerungsprinzip handelt, welches lediglich verfahrensrechtliche Umsetzung regelt[103], oder ob sie einen materiellen Charakter aufweist[104], wird seit Langem kontrovers diskutiert. Die Entscheidung dieser Frage ist für die vorliegende Arbeit jedoch ohne Bedeutung.

Eine strenge Umsetzung der Abschnittsbesteuerung kann zu ungerechten Ergebnissen führen und dem Leistungsfähigkeitsprinzip widersprechen. Die periodische Besteuerung kollidiert mit dem objektiven Nettoprinzip als einer seiner Ausprägungen.[105] Das objektive Nettoprinzip erfordert eine abschnittsübergreifende Besteuerung. Idealerweise müsste also das gesamte Lebenseinkommen des Steuerpflichtigen bzw. der überperiodische Totalgewinn eines Unternehmens Maßstab für die wirtschaftliche Leistungsfähigkeit sein.[106] Als Bemessungszeitraum für die Ertragsteuern müsste demnach das ganze Leben des Steuerpflichtigen und als Bemessungsgrundlage sein Lebenseinkommen dienen.

---

und Totalgewinn, S. 24; *Musil*, in: Herrmann/Heuer/Raupach (Hrsg.), EStG/KStG, § 2 Rn. 905.

103 So z.B. *Hey*, in: Tipke/Lang (Hrsg.), Steuerrecht, § 8 Rn. 44; *Tipke*, Die Steuerrechtsordnung II, S. 756; *Lang*, Die Bemessungsgrundlage der Einkommensteuer, S. 91 f., 186 ff.; *Lang*, Prinzipien und Systeme der Besteuerung von Einkommen, in: DStJG 24 (2001), S. 49 (63 f.).

104 *P. Kirchhof*, in: Kirchhof (Hrsg.), EStG, § 2 Rn. 18, 122; *P. Kirchhof*, Leistungsfähigkeit und Erwerbseinkommen, in: Festschrift für J. Lang, S. 451 (475 f.); vgl. auch BVerfGE 87, 153 (179); 96, 1 (7). Für eine Betrachtung des Prinzips der Jahresbesteuerung als eine Symbiose aus beiden Konzeptionen *Drüen*, Periodengewinn und Totalgewinn, S. 87, 128 ff.; vermittelnd wohl auch *Musil*, in: Herrmann/Heuer/Raupach (Hrsg.), EStG/KStG, § 2 Rn. 900.

105 *P. Kirchhof*, in: Kirchhof (Hrsg.), EStG, § 2 Rn. 123.

106 Siehe dazu *Hey*, in: Tipke/Lang (Hrsg.), Steuerrecht, § 8 Rn. 44; *Lang*, Die Bemessungsgrundlage der Einkommensteuer, S. 187; *Lang*, Prinzipien und Systeme der Besteuerung von Einkommen, in: DStJG 24 (2001), S. 49 (65 mit weiteren Nachweisen in Fn. 53). Nach *Desens*, Der Verlust von Verlustvorträgen nach der Mindestbesteuerung, FR 2011, S. 745 (746 ff.), lässt sich weder der Ansatz von Lebens- noch von Periodeneinkommen als maßgeblicher Indikator der Leistungsfähigkeit in Reinform verwirklichen, so dass beide Ansätze grundsätzlich gleichwertig nebeneinander stehen.

Das Lebenseinkommensprinzip scheitert jedoch an Praktikabilitätsgründen und ist in der Praxis nicht umsetzbar.[107] Das steuerrechtliche Dauerrechtsverhältnis muss daher in Zeitabschnitte zerlegt und das Einkommen formal diesem Abschnitt zugeordnet werden.[108] Die Periodenrechnung verfolgt also praktische Zwecke. Zudem dient sie der Rechtssicherheit, denn bei einer Besteuerung nach dem Lebenseinkommen ist die Steuerlast eine fortlaufend variable Größe, die dem Steuerpflichtigen jegliche Planungssicherheit nimmt.[109] Ein bestandskräftig abgeschlossener Verfahrensabschnitt ist hingegen im Sinne der Planungssicherheit und des Rechtsfriedens.

Wie bereits dargestellt, dient der Steuerertrag zur Deckung des gegenwärtigen staatlichen Finanzbedarfs. Auf staatlicher Seite ermöglicht das Jahresprinzip eine abschnittsweise, gegenwartsnahe Besteuerung. Das Einkommensteueraufkommen liegt dem jeweiligen Haushaltsplan zugrunde. Die staatliche Teilhabe am gegenwärtigen Erfolg privaten Wirtschaftens spiegelt sich mithin im jeweiligen Haushaltsplan wider.[110] Dies entspricht auch dem haushaltsrechtlichen Prinzip des jährlichen Ausgleichs von Einnahmen und Ausgaben. Daher ist der Fiskus auf den sukzessiven Eingang von Steuern angewiesen.[111] Das Institut der Abschnittsbesteuerung gewährleistet mithin auch eine stabile Finanzierung des Staates und stellt seine Handlungsfähigkeit sicher.[112] Vor dem Hintergrund einer verlässlichen staatlichen Finanz- und Haushaltsplanung ist die Jahresbesteuerung unerlässlich. Die Totalbesteuerung ist hingegen aus Gründen der

107 *Musil*, in: Herrmann/Heuer/Raupach (Hrsg.), EStG/KStG, § 2 Rn. 900; *Wendt*, Prinzipien der Verlustberücksichtigung, in: DStJG 28 (2005), S. 41 (47). *P. Kirchhof*, in: Kirchhof (Hrsg.), EStG, § 2 Rn. 18, verneint die Geeignetheit des Lebenseinkommens als Besteuerungsgegenstand, weil dieses im Zeitpunkt des steuerlichen Zugriffs am Lebensende als Ergebnis eines Erwerbserfolges nicht mehr verfügbar zu sein brauche und vom wirtschaftlichen Verhalten des Steuerpflichtigen abhänge. Zudem widerspreche die kumulative Belastung des noch unversteuerten Gesamteinkommens der Struktur des Privateigentums. Vor dem Hintergrund materieller Steuergerechtigkeit fordert er daher die Belastung des Einkommens nahe der jeweiligen Gegenwart.

108 *Leisner-Egensperger*, Kontinuitätsgewähr in der Finanzrechtsprechung, in: DStJG 27 (2004), S. 191 (204); vgl. auch *Seeger*, in: Schmidt (Hrsg.), EStG, § 25 Rn. 1.

109 *Drüen*, Periodengewinn und Totalgewinn, S. 93; siehe auch *Lang*, Die Bemessungsgrundlage der Einkommensteuer, S. 188.

110 Siehe BVerfGE 87, 153 (179); 96, 1 (7).

111 *Hey*, in: Tipke/Lang (Hrsg.), Steuerrecht, § 8 Rn. 44.

112 Hierzu *P. Kirchhof*, in: Kirchhof (Hrsg.), EStG, § 2 Rn. 18, 122; *P. Kirchhof*, Vertrauensschutz im Steuerrecht, in: DStJG 27 (2004), S. 1 (7).

Steuergerechtigkeit geboten. Daher wird für einen Ausgleich der widerstreitenden Anforderungen beider Konzepte plädiert.[113]

Um durch eine starre periodische Besteuerung entstehende unsachgerechte Ergebnisse zu vermeiden, sieht der Steuergesetzgeber gesetzliche Korrekturen vor – etwa in Form von Steuerbefreiungen oder Steuerermäßigungen wie bei der Aufdeckung von über mehrere Besteuerungszeiträume kumulierten stillen Reserven.[114] Prominentes Beispiel ist die Möglichkeit der Verlustverlagerung nach § 10d EStG. Diese Regelung erlaubt es, negative und positive periodenbezogene Gesamtergebnisse über einen bestimmten Veranlagungszeitraum hinaus zu verrechnen.[115]

Da die Steuerschuld erst am Jahresende fällig ist, hat der Steuergesetzgeber die Möglichkeit, Sachverhalte zu regeln, die aus Sicht des Steuerpflichtigen, nicht aber de iure abgeschlossen sind. Vertrauensschutzrechtliches Konfliktpotenzial birgt zudem der Umstand, dass das Periodizitätsprinzip einheitliche steuerliche Sachverhalte zeitlich auseinanderreißt, wie dies insbesondere bei auf Jahre angelegten Investitionen und Abschreibungen der Fall ist. Das Bundesverfassungsgericht baut seine Vertrauensschutzdogmatik im Steuerrecht auf dem Prinzip der Abschnittsbesteuerung auf. Der Ablauf einer Besteuerungsperiode spielt eine entscheidende Rolle bei der Beurteilung der Zulässigkeit rückwirkender Steuergesetze.[116] Das Periodizitätsprinzip als Besonderheit des Steuerrechts macht es somit nicht nur anfällig für die Rückwirkungsproblematik, sondern wirkt sich auch auf den Vertrauensschutzmaßstab aus.[117]

---

113 *Drüen*, Periodengewinn und Totalgewinn, S. 96 ff.; *P. Kirchhof*, in: Kirchhof (Hrsg.), EStG, § 2 Rn. 123. *Musil*, in: Herrmann/Heuer/Raupach (Hrsg.), EStG/KStG, § 2 Rn. 900, geht unter Verweis auf Bundesfinanzhof vom 26.02.2014 (BStBl. II 2014, S. 1016) vom Erfordernis eines Ausgleichs der Prinzipien im Sinne einer wechselseitigen Begrenzung aus.

114 §§ 14, 17 EStG.

115 Gesetzliche Durchbrechungen und Abmilderungen der periodischen Besteuerung verlangt *Drüen*, Periodengewinn und Totalgewinn, S. 101 f.; siehe zum Ganzen *Musil*, in: Herrmann/Heuer/Raupach (Hrsg.), EStG/KStG, § 2 Rn. 907, mit weiteren Beispielen.

116 Zu der sogenannten Veranlagungszeitraum-Rechtsprechung siehe Kapitel 4.E.

117 Daraus darf jedoch nicht der Rückschluss gezogen werden, dass für die rückwirkende Steuergesetzgebung besondere Zulässigkeitsanforderungen gelten. Die These von der steuerrechtlichen Sonderdogmatik entkräftete *Hey*, Steuerrecht und Staatsrecht im Dialog: Nimmt das Steuerrecht in der Judikatur des BVerfG eine Sonderrolle ein?, StuW 2015, S. 3 (3 ff.). Die Besonderheiten des Steuerrechts im Hinblick auf das Erfordernis besonderer Vertrauensschutzmaßstäbe erörtert *P. Kirchhof*, Vertrauensschutz im Steuerrecht, in: DStJG 27 (2004), S. 1 (5 ff.).

G. Fluktuation

Schließlich sind die Steuerrechtsnormen einer großen Fluktuation ausgesetzt. Ständig kommen neue Steuergesetze hinzu, die bereits vorhandenen unterliegen permanenter Reformierung. Dabei setzt der Gesetzgeber neue Vorschriften häufig rückwirkend in Kraft.

Die Hypertrophie der Steuernormen sowie die Änderungshektik – was die Unübersichtlichkeit dieser Rechtsmaterie[118] bedingt – wird allseits beklagt. Vom „hektischen Aktionismus des Steuergesetzgebers“[119], von der „Schnelllebigkeit des Steuerrechts“[120], von „überzogenem Gesetzgebungsrhythmus“[121] ist die Rede.[122] Diese Begriffe umschreiben ziemlich präzise die Praxis der Steuergesetzgebung.

Die Ursachen für die besondere Dynamik des Steuerrechts sind vielfältig. Durch seine jeden Lebens- und Wirtschaftsbereich umfassende Breitenwirkung[123] eignet sich das Steuerrecht wie kein anderes Rechtsgebiet dazu, die politischen Ziele und Vorstellungen des Gesetzgebers umzusetzen. Somit löst oft die neue Zusammensetzung politischer Kräfte im Parlament eine Welle von Gesetzesänderungen aus. Angesichts der sich ständig ändernden gesellschaftlichen, wirtschaftlichen und sozialen Verhältnisse muss der Staat zudem den gewährten Leistungsstandard immer wieder auf den Prüfstand stellen und an seine Leistungskapazitäten anpassen. So ist vor dem Hintergrund der demografischen

---

118 So sieht *Birk*, Kontinuitätsgewähr und Vertrauensschutz, in: DStJG 27 (2004), S. 9 (14), das Problem des heutigen Steuerrechts in der Verständlichkeit und Widerspruchsfreiheit der getroffenen Regelungsanordnungen. Die Ursachen für die Komplexität und Kompliziertheit des Steuerrechts erörtert *Weber-Grellet*, Steuern im modernen Verfassungsstaat, S. 63 ff.

119 *R.P. Schenke*, Das Leistungsfähigkeitsprinzip im Steuerrecht und die zwei Phasen des Öffentlichen Rechts, in: Festschrift für R. Wahl, S. 803 (803 f.).

120 *Tipke*, Die Steuerrechtsordnung I, S. 8 f.; *Schaumburg*, Rückwirkung und Planungssicherheit im Steuerrecht, DB 2000, S. 1884 (1884).

121 *Leisner-Egensperger*, Kontinuitätsgewähr in der Finanzrechtsprechung, in: DStJG 27 (2004), S. 191 (200).

122 Zum Ganzen *Hey*, Steuerplanungssicherheit als Rechtsproblem, S. 71 ff., mit Zahlenbeispielen für die Änderungsdynamik im Einkommensteuergesetz; siehe auch *Leisner*, Kontinuität als Verfassungsprinzip, S. 544 ff. Zum sogenannten Steuerchaos *Mössner*, Prinzipien im Steuerrecht, in: Festschrift für J. Lang, S. 83 (84 ff.); *Seer*, in: Tipke/Lang (Hrsg.), Steuerrecht, § 1 Rn. 8 ff.

123 Zur immensen gesellschaftlichen Dimension des Steuerrechts *Weber-Grellet*, Steuern im modernen Verfassungsstaat, S. 22 f.

Entwicklung in den letzten Jahrzehnten die Reformierung sozialstaatlicher Sicherungssysteme unvermeidbar. Aber auch der technische und wissenschaftliche Fortschritt fordert den Gesetzgeber heraus und führt zu Änderungen der Rechtslage. Nicht selten sind die Änderungen steuerrechtlicher Regelungen durch die Gegebenheiten der offenen Märkte, durch den zunehmenden Globalisierungsprozess und Umbrüche innerhalb der europäischen Union bedingt.[124] Auch als Lenkungsinstrument der Wirtschafts- und Finanzpolitik sieht sich das Steuerrecht infolge des Wandels der Ausgangsbedingungen ständigem Reformdruck ausgesetzt.[125] Neben der Instrumentalisierung des Steuerrechts zu Lenkungszwecken wird das Ausweichverhalten des Steuerpflichtigen als Ursache der kurzen Halbwertzeit der Steuergesetze genannt.[126]

Die Reformbedürftigkeit des Steuerrechts ist insbesondere die Folge schlechter Qualität der Steuergesetze.[127] Korrekturbedarf entsteht auch durch Defizite der Gesetzgebungstechnik. Für die Änderungshäufigkeit ist zudem der weitgehend experimentelle Charakter der Steuergesetzgebung verantwortlich, weil steuerliche Regelungen in der Hektik der Gesetzgebung unmittelbar dem Praxistest unterworfen werden.[128] Überdies führt die häufig fehlende oder unzureichende Gesetzesfolgenabschätzung zu permanenten Nachjustierungen.[129]

Schließlich ist die Steuererhebung die Quelle staatlicher Einnahmen, die zur Finanzierung „aller möglichen Staatsziele" herangezogen werden.[130] Der Einnahmeerzielungszweck ist anders als eine Verhaltensbeeinflussung auch noch

---

124 Siehe z.B. *Rensmann*, Reformdruck und Vertrauensschutz, JZ 1999, S. 168 (168).

125 *R.P. Schenke*, Das Leistungsfähigkeitsprinzip im Steuerrecht und die zwei Phasen des Öffentlichen Rechts, in: Festschrift für R. Wahl, S. 803 (803 f.). Auch *Hey*, Steuerplanungssicherheit als Rechtsproblem, S. 72, spricht von der Infiltration des Steuerrechts mit Lenkungsnormen, weil interventionistischer Steuergesetzgebung die Veränderung inhärent sei.

126 *R.P. Schenke*, Das Leistungsfähigkeitsprinzip im Steuerrecht und die zwei Phasen des Öffentlichen Rechts, in: Festschrift für R. Wahl, S. 803 (803 f.).

127 *Tipke*, Der Karlsruher Entwurf zur Reform der Einkommensteuer, StuW 2002, S. 148 (149). Zur Kritik am desolaten Zustand der Steuergesetze siehe auch *Mellinghoff*, Erneuerung des Steuerrechts – Reformüberlegungen am Beispiel der Besteuerung von Einkommen und Vermögen, in: DStJG 37 (2014), S. 1 (4); *Musil*, Die Sicht der Steuerrechtswissenschaft auf das Verfassungsrecht, in: Schön/Röder (Hrsg.), Zukunftsfragen des deutschen Steuerrechts II, S. 129 (130 f.).

128 *Hey*, Steuerplanungssicherheit als Rechtsproblem, S. 71 f.

129 Dazu *Hey*, in: Tipke/Lang (Hrsg.), Steuerrecht, § 3 Rn. 1.

130 *Leisner*, Kontinuität als Verfassungsprinzip, S. 547 ff., die darin den Hauptgrund für die Fluktuation im Steuerrecht sieht.

nachträglich effektiv realisierbar[131], so dass der Gesetzgeber hier sehr häufig rückwirkend tätig ist.

Die häufigen Gesetzesänderungen bringen Rechtsunsicherheit mit sich. Oft wird dem Bürger die Grundlage seiner Entscheidungen und wirtschaftlichen Planung entzogen. Die Entwertung seiner Rechtspositionen durch rückwirkende Steuergesetze nimmt der betroffene Bürger nicht einfach hin, sondern sucht den Schutz vor Gerichten. Der ständige Wandel des Steuerrechts steht mithin in einem starken Gegensatz zum Bedürfnis des Bürgers nach Rechtssicherheit und Vertrauensschutz.[132] Insbesondere daraus erklärt sich die Anfälligkeit der Steuergesetze für die Vertrauensschutzproblematik.

H. Zusammenfassung

Das Steuerrecht zeichnet sich durch mehrere Besonderheiten aus, die diese Rechtsmaterie von anderen Teilrechtsordnungen abhebt. Die vorstehende Erörterung einzelner steuerrechtlicher Besonderheiten hat gezeigt, dass sie Grund dafür sind, dass das Steuerrecht zum Referenzgebiet der Rückwirkungsdogmatik wurde.

Die Abgabenerhebung ist ein Dauersachverhalt. Daher betrifft eine Änderung der Rechtslage, die diesem Rechtsverhältnis zugrunde liegt, in der Regel eine gegenwärtige Rechtsbeziehung. Dies begründet ein besonderes Vertrauensschutzbedürfnis des Bürgers, der sich bei seiner Lebens- und Investitionsplanung auf die geltenden gesetzlichen Bestimmungen verlässt. Der Dauercharakter der zwischen dem Steuerbürger und dem Steuerstaat kraft Gesetzes entstehenden Rechtsbeziehung trägt dazu bei, dass steuerrechtliche Konstellationen in der Rückwirkungsrechtsprechung des Bundesverfassungsgerichts einen besonderen Platz einnehmen.

Auch in seiner Eigenschaft als Eingriffsrecht verlangt das Steuerrecht nach Rechtssicherheit und Kontinuität. Rückwirkende Gesetzesänderungen gehen hier sehr häufig mit finanziellen Nachteilen und Eingriffen in grundrechtsrelevante Positionen einher. Mit dem intensiven staatlichen Eingriff korrespondiert ein besonderes Vertrauensschutzbedürfnis. Verteidigt sich der in seinem Vertrauen auf den Fortbestand der geltenden Rechtslage enttäuschte Bürger, müssen

---

131 *Hey*, Steuerrecht und Staatsrecht im Dialog: Nimmt das Steuerrecht in der Judikatur des BVerfG eine Sonderrolle ein?, StuW 2015, S. 3 (4, 12).

132 So auch *Birk*, Kontinuitätsgewähr und Vertrauensschutz, in: DStJG 27 (2004), S. 9 (12), der einen Vertrauensverlust des Bürgers gegenüber dem Staat beklagt.

die Gerichte entscheiden, ob der auf der Grundlage eines geänderten Steuergesetzes erfolgte Eingriff zulässig ist.

Das Phänomen der fiskalisch motivierten Reaktionsgesetzgebung trägt ebenfalls dazu bei, dass steuerrechtliche Rückwirkungen Gegenstand von Gerichtsentscheidungen zum Vertrauensschutz sind. Schreibt der Steuergesetzgeber seine eigene, für den Bürger ungünstige Rechtsauffassung entgegen der von der Rechtsprechung geäußerten Ansicht rückwirkend ins Gesetz, verwundert es nicht, dass solche „Klarstellungen“ unter Vertrauensschutzaspekten überprüft werden.

Das Steuerrecht wird häufig als Gestaltungsmittel zur Verfolgung ökonomischer, ökologischer, gesundheitspolitischer und anderer öffentlicher Zwecke eingesetzt. Der Gesetzgeber versucht die Gestaltungswirkung zu erreichen, indem er steuerliche Anreize für ein bestimmtes Verhalten schafft. Insbesondere die Gewährung von Steuervergünstigungen veranlasst die Bürger zu langfristigen wirtschaftlichen Dispositionen. Hebt der Gesetzgeber die Lenkungsregelung rückwirkend auf, entzieht er der getroffenen Disposition die Entscheidungsgrundlage. Planungssicherheit setzt somit die Stabilität des Steuerrechts voraus. Gesetzesrückwirkungen, die das Vertrauen des für die Zukunft planenden Bürgers enttäuschen, lässt dieser gerichtlich überprüfen. Mithin ist die Steuerlenkung als Besonderheit des Steuerrechts mitursächlich für die hohe Anzahl steuerrechtlicher Rückwirkungskonstellationen.

Ein Zusammenhang besteht zwischen der Rückwirkungsproblematik und dem Steuerrecht als Massenfallrecht. Mit der Anzahl steuerrechtlicher Verwaltungsverfahren steigt die Wahrscheinlichkeit, dass sich die Rückwirkungsproblematik stellt. Auch das steuerrechtliche Prinzip der Jahresabschnittsbesteuerung lässt Vertrauensschutzfragen entstehen. Beruhend auf diesem Prinzip hat sich für den Bereich periodischer Steuern die sogenannte Veranlagungszeitraum-Rechtsprechung entwickelt. Es handelt sich dabei um eine bereichsspezifische Ausdifferenzierung des Vertrauensschutzes.

Dass Steuergesetze eine führende Position in der Rückwirkungsrechtsprechung einnehmen, ist vor allem auf die besondere Dynamik dieser Teilrechtsordnung zurückzuführen. Das Steuerrecht ist im Vergleich zu anderen Rechtsgebieten reformanfälliger. Aufgrund seiner Gestaltungswirkung eignet es sich besonders gut zur Umsetzung politischer Ziele. Ändern sich Vorstellungen der Politik, führt dies oft zur Änderung von Steuergesetzen. Zudem muss der Gesetzgeber den Herausforderungen der Zeit Rechnung tragen. Daher ist er gehalten, ständig neue Regelungskonzepte zu entwerfen und die Rechtslage den Entwicklungen in der Gesellschaft, der Wirtschaft und der Umwelt anzupassen. Steuergesetzgebung ist somit ein nie vollendeter Prozess. Die ständige

Nachjustierung ist nicht zuletzt dem Umstand geschuldet, dass es an der Folgenabschätzung fehlt und die Gesetzeswirkungen erst in der Praxis erprobt werden können. Auch fiskalische Interessen spielen eine große Rolle. Da der finanzielle Bedarf des Staates durch die Steuereinnahmen gedeckt wird, neigt der Gesetzgeber dazu, die Steuergesetze den fiskalischen Bedürfnissen anzupassen. Während sich das Verhalten des Bürgers durch rückwirkende Gesetze nicht ändern lässt, kann die Steuererhebung auch nachträglich ihren Zweck erfüllen. Daher agiert der Steuergesetzgeber besonders häufig rückwirkend.

Im Vergleich zu anderen Rechtsgebieten ist das Steuerrecht einerseits besonders häufig Gesetzesänderungen ausgesetzt, andererseits durch besonders hohe Vertrauensschutzbedürftigkeit gekennzeichnet. Entsprechend oft mündet dieser Konflikt in gerichtlichen Auseinandersetzungen. Es ist also kein Zufall, dass das Bundesverfassungsgericht sich überwiegend mit rückwirkenden Steuergesetzen befasst.

Kapitel 2 – Methodische Fragen der Rückwirkungsproblematik

Bevor die Rückwirkungsrechtsprechung aufgezeigt und anhand dieser die verfassungsrechtlichen Grenzen rückwirkender Gesetzgebung dargestellt werden, sind zunächst die generellen methodischen Fragen der Rückwirkungsdogmatik zu erörtern.

Die positivrechtliche Kodifizierung eines allgemeinen Vertrauensschutzgrundsatzes fehlt bis heute.[133] Die Rückwirkungsdogmatik ist ein Werk richterlicher Rechtsfortbildung. Sie ist in erster Linie durch die Rechtsprechung des Bundesverfassungsgerichts, begleitet von Rezensionen aus dem Schrifttum, entwickelt worden. Zu den dogmatischen Kernproblemen des Vertrauensschutzes als einem nicht „rechtssatzförmigen Prinzip"[134] zählt daher die Bestimmung seines Standorts im Rechtsquellensystem. Seine rechtliche Grundlage ist für die Lösung des Vertrauensschutzproblems von entscheidender Bedeutung und wird in einem gesonderten Kapitel dargestellt. Zum einen wird dort zu klären sein, ob der Vertrauensschutzgedanke überhaupt auf einem verfassungsrechtlichen Fundament steht. Zum anderen muss die konkrete Rechtsgrundlage bestimmt werden, denn je nach rechtlicher Verortung können sich Unterschiede in der Rechtsschutzintensität ergeben.

Zu den Rechtsinstituten, die einer rückwirkenden gesetzgeberischen Tätigkeit entgegengehalten werden können, gehört neben dem Vertrauensschutzprinzip das Kontinuitätsgebot. Auf die Abgrenzung beider Rechtsinstitute wird in diesem Kapitel einzugehen sein.

Die gesamte Rückwirkungsproblematik ist durch die ihr zugrundeliegende Konfliktlage geprägt. Hier ist also darzustellen, welche Interessen sich im Falle rückwirkender Gesetzgebung gegenüberstehen, welches Konfliktlösungsmodell die juristische Methodik hierfür bietet und ob dieses in der Rechtsprechung zur Anwendung kommt.

---

133 § 14 der Einleitung zum Allgemeinen Landrecht für Preußische Staaten von 1794 ordnete ein striktes Rückwirkungsverbot an: „Neue Gesetze können auf schon vorhin vorgefallene Handlungen und Begebenheiten nicht angewendet werden." Zum steuerrechtlichen Rückwirkungsverbot in anderen Ländern *Tipke*, Die Steuerrechtsordnung I, S. 146 ff.

134 *Larenz/Canaris*, Methodenlehre der Rechtswissenschaft, S. 307 f.

Wie bereits dargestellt, gilt der Vertrauensschutzgrundsatz gegenüber allen drei Staatsgewalten. Für den Bereich der Legislative bedeutet er die Einschränkung rückwirkender Gesetzgebung. Den nachfolgenden Darstellungen ist daher die Frage voranzustellen, was unter einer Rückwirkung zu verstehen ist und wann ein Gesetz als rückwirkend zu qualifizieren ist.

A. Der Rückwirkungsbegriff

Der Begriff der Rückwirkung ist nicht legal definiert. Seine Bestimmung ist eine der meistumstrittenen Fragen der Rückwirkungsdogmatik und nimmt einen breiten Raum in der Diskussion ein. Manche sehen im Rückwirkungsbegriff gar den „Schlüssel zur Lösung des Rückwirkungsproblems".[135]

Allgemein sind unter Gesetzesrückwirkung die Vorschriften zu verstehen, die einen – wie auch immer gearteten – Vergangenheitsbezug aufweisen.[136] Für die Feststellung eines Vergangenheitsbezugs können zwei Zeitpunkte relevant sein: Der der rechtlichen Existenz und der des Inkrafttretens einer Rechtsnorm. Rechtliche Existenz erlangt eine Rechtsnorm mit der das Gesetzgebungsverfahren abschließenden Verkündung im Bundesgesetzblatt, Art. 82 Abs. 1 Satz 1 GG.[137] Das hiervon zu unterscheidende Inkrafttreten einer Rechtsnorm bestimmt den Beginn ihrer Geltung. Von diesem Zeitpunkt an entfaltet die Rechtsnorm ihre Rechtswirkung, ihre Anordnungen sind vom Normadressaten, von Behörden und Gerichten zu beachten. Der Zeitpunkt des Inkrafttretens gehört zum Norminhalt. Damit steht er zur Disposition des Normgebers.[138] Für die Rechtsetzung auf Bundesebene gibt Art. 82 Abs. 2 Satz 1 GG dem Gesetzgeber auf, den Tag des Inkrafttretens zu bestimmen.[139] Rückwirkung entfaltet

---

135 *Klein/Barbey*, Bundesverfassungsgericht und Rückwirkung von Gesetzen, S. 10.

136 Vgl. *Wernsmann*, in: Hübschmann/Hepp/Spitaler (Hrsg.), AO/FGO, § 4 Rn. 712. Strukturen rückwirkender Gesetze untersucht *Pieroth*, Rückwirkung und Übergangsrecht, S. 161 ff. Zur Rückwirkung aus normenontologischer und aus normenlogischer Sicht *Berger*, Zulässigkeitsgrenzen der Rückwirkung von Gesetzen, S. 22 ff., 31 ff.

137 BVerfGE 63, 343 (353); zum Ganzen *Schneider*, Gesetzgebung, § 15 Rn. 517 ff.

138 BVerfGE 42, 263 (283); 47, 85 (93); *Schneider*, Gesetzgebung, § 15 Rn. 517; vgl. auch *Hey*, Steuerplanungssicherheit als Rechtsproblem, S. 330.

139 Fehlt eine solche Regelung, tritt das Gesetz gemäß Art. 82 Abs. 2 Satz 2 GG mit dem vierzehnten Tag nach Ablauf des Tages in Kraft, an dem das Bundesgesetzblatt ausgegeben worden ist.

eine Norm jedenfalls dann, wenn der Zeitpunkt ihres Inkrafttretens in der Vergangenheit, d.h. vor ihrer Verkündung, liegt.[140]

Die rückwirkenden Normen lassen für einen vergangenen Zeitraum nachträglich eine neue rechtliche Ordnung eintreten. Zwar kann eine Gesetzesrückwirkung das bereits Geschehene nicht ändern. Ebenso wenig vermag sie nachträglich eine Beachtungspflicht auszulösen und den Bürger zu einem bestimmten Verhalten in der Vergangenheit zu veranlassen. Gegen die Gesetzesrückwirkung wird daher der Einwand erhoben, der Gesetzgeber würde, wollte er den Normadressaten für die Vergangenheit anweisen, von ihm Unmögliches verlangen.[141] Eine Rechtsnorm könne begriffslogisch nur in die Zukunft wirken.[142] Diese Ansicht hält die Gesetzesrückwirkung für schlechthin unzulässig. Dabei wird jedoch verkannt, dass rückwirkende Normen die in der Vergangenheit liegenden Sachverhalte nicht ändern, sondern diese lediglich einer neuen rechtlichen Bewertung unterwerfen.[143] Ein Sachverhalt wird also im Nachhinein anderen Rechtsfolgen zugeordnet. Die Rechtslage wird in diesem Fall für die zurückliegenden Zeiträume fingiert.[144]

---

140 *Pieroth*, Rückwirkung und Übergangsrecht, S. 97; *Götz*, Bundesverfassungsgericht und Vertrauensschutz, in: Starck/Drath (Hrsg.), S. 421 (426), bezeichnet diesen Fall als Grundtyp des rückwirkenden Gesetzes; *Stober*, in: Wolff/Bachof/Stober/Kluth (Hrsg.), Verwaltungsrecht I, § 27 Rn. 11, spricht von der „Rückwirkung im engeren Sinne".

141 *P. Kirchhof*, Rückwirkung von Steuergesetzen, StuW 2000, S. 221 (221); siehe auch *P. Kirchhof*, Gesetzgeben in der Zeit, in: Festschrift für M. Klöpfer, S. 79 (84); *Vogel*, Rückwirkung: eine festgefahrene Diskussion, in: Festschrift für M. Heckel, S. 875 (877 f.).

142 Instruktiv *Hahn*, Zur Rückwirkung im Steuerrecht, S. 24 ff.

143 Vgl. *Klein/Barbey*, Bundesverfassungsgericht und Rückwirkung von Gesetzen, S. 40: „Erneute rechtliche Bewertung" schon endgültig bewerteter Sachverhalte; kritisch hierzu *Pieroth*, Rückwirkung und Übergangsrecht, S. 101 f.; zum Ganzen *Maurer*, Kontinuitätsgewähr und Vertrauensschutz, in: Isensee/Kirchhof (Hrsg.), HdStR Bd. IV, § 79 Rn. 17, 29, der im Hinblick auf die zeitliche Geltung der Gesetze zwischen drei Gruppen unterscheidet, nämlich den zukunftsbezogenen, den rückwirkenden und den einwirkenden Gesetzen; aus der Rechtsprechung etwa BVerfGE 2, 237 (265).

144 Zur Fiktion der Geltung gesetzlicher Regelungsanordnungen vor dem Normerlass *Jachmann*, Wenn die Rückwirkung zur gesetzgeberischen Routine wird…, in: Festschrift für A. Raupach, S. 27 (27 f.); vgl. auch *Stober*, in: Wolff/Bachof/Stober/Kluth (Hrsg.), Verwaltungsrecht I, § 27 Rn. 11; *Leisner*, Kontinuität als Verfassungsprinzip, S. 484; zum Ganzen *Berger*, Zulässigkeitsgrenzen der Rückwirkung von Gesetzen, S. 27 ff.

Es kann also festgehalten werden, dass eine Rückwirkung immer dann zu bejahen ist, wenn ein Gesetz für die Zeit vor seiner Verkündung Anwendung findet. Es gibt aber auch Gesetze, die zwar erst nach ihrer Verkündung gelten, jedoch durch Regelung ihres sachlichen Anwendungsbereiches an die Vergangenheit anknüpfen.[145] In diesen Fällen entfaltet ein Gesetz seine Wirkung in der Zukunft, sein Tatbestand erfasst aber Sachverhalte und Rechtsbeziehungen, die ihren Ursprung in der Vergangenheit haben. Ein Gesetz kann also auch ohne Rückdatierung zurückwirken. Derartige Konstellationen sind vor allem im von Dauerrechtsverhältnissen geprägten Steuerrecht anzutreffen. Dass neue rechtliche Regelungen tatbestandlich an Gegebenheiten anknüpfen, die aus Zeiträumen vor ihrem Inkrafttreten stammen, ist kein besonderes Phänomen, sondern Regelfall.[146] Viele Rechtsänderungen betreffen Sachverhalte, die ganz oder zum Teil aus der Vergangenheit herrühren. Die Vergangenheitsanknüpfung einer Norm allein begründet indessen noch nicht ihre verfassungsrechtliche Unzulässigkeit.[147]

Überdies existieren auch solche Rechtsänderungen, die trotz der ausschließlichen Wirkung für die Zukunft Vertrauensschutzbelange der Betroffenen berühren.[148] Solche Fälle schutzwürdigen Vertrauens würden unberücksichtigt bleiben, wenn mit der Einordnung einer Rechtsänderung als Rückwirkung eine rechtliche Bewertung einhergeht. Die Abgrenzung zwischen einer gewöhnlichen Gesetzesänderung, einer nichtrückwirkenden, aber gleichwohl vertrauensschutzrechtlich problematischen Gesetzesänderung und einer Rückwirkung gestaltet sich also schwierig. Keine der im Schrifttum vorgeschlagenen

---

145 *Götz*, Bundesverfassungsgericht und Vertrauensschutz, in: Starck/Drath (Hrsg.), S. 421 (427), geht von der Wirkungsgleichheit mit einem rückdatierten Gesetz aus und sieht darin das eigentliche und maßgebliche Kriterium für die Einordnung rückanknüpfender Gesetze als rückwirkend.

146 BVerfGE 63, 343 (356); 103, 271 (287); 109, 96 (121 f.); siehe auch *Iliopoulos-Strangas*, Rückwirkung und Sofortwirkung von Gesetzen, S. 80; *Pieroth*, Rückwirkung und Übergangsrecht, S. 104.

147 BVerfGE 63, 343 (356). Nach *Kunig*, Das Rechtsstaatsprinzip, S. 416, ist der Begriff der Rückwirkung oder der rückwirkenden Veränderung für sich genommen nicht geeignet, eine klare Untergruppe staatlichen Handelns zu umreißen, denn jede „Änderung" staatlichen Handelns habe notwendigerweise „Rückwirkungen". Der Begriff der Rückwirkung sei daher nur problembezeichnend, nicht problemlösend.

148 Siehe BVerfGE 30, 392 (401 ff.); 80, 137 (163); dazu auch *Wernsmann*, in: Hübschmann/Hepp/Spitaler (Hrsg.), AO/FGO, § 4 Rn. 779 ff.

Definitionen konnte sich in der Rechtspraxis durchsetzen.[149] Angesichts der Komplexität der Rückwirkungsproblematik gibt es keine universale, unter allen Aspekten überzeugende Lösung. *B. Pieroth* kommt in seiner Habilitationsschrift nach Auswertung zahlreicher Verbesserungsvorschläge letztlich zu dem Ergebnis, dass die Suche nach einem einheitlichen Begriff „der" Rückwirkung angesichts der vielfältigen Erscheinungsformen einer Rückwirkung vergeblich ist.[150]

Die Entwicklung eines Rückwirkungsbegriffs ist für die Frage der Zulässigkeit einer Gesetzesänderung dogmatisch nicht zwingend. Entscheidend ist vielmehr, inwiefern staatliches Handeln in Form eines Änderungsgesetzes verfassungsrechtlich geschützte Vertrauenspositionen des Betroffenen konterkariert. Das Rückwirkungsverbot dient dem Ziel, das Vertrauen des Bürgers zu schützen. Im Grundsatz des Vertrauensschutzes findet es seinen Grund und seine Grenzen.[151] So plädiert *S. Muckel* für die Besinnung auf den Vertrauensschutzgedanken, der im Gegensatz zur Festlegung auf einen bestimmten Rückwirkungsbegriff vielfältige Abstufungen und Lösungen bietet.[152] Die Gewährung des Vertrauensschutzes sei nicht davon abhängig, ob ein rückwirkendes Gesetz vorliegt.[153] Ob eine Gesetzesänderung an die verfassungsrechtlichen Grenzen stößt, bestimmt sich also nicht notwendigerweise nach der Rückwirkungsqualität der Norm.[154] Es kommt auf die Schutzwürdigkeit des auf die geänderte Norm Vertrauenden und den Grad der Enttäuschung seiner Erwartungen an. Mit dem Verzicht auf eine Festlegung des Rückwirkungsbegriffs ist zudem der Gefahr vorgebeugt, dass der

149 Kritische Auseinandersetzung mit den Definitionsvorschlägen findet sich bei *Iliopoulos-Strangas*, Rückwirkung und Sofortwirkung von Gesetzen, S. 90 ff.; siehe ferner *Leisner*, Kontinuität als Verfassungsprinzip, S. 477 ff.

150 *Pieroth*, Rückwirkung und Übergangsrecht, S. 97 ff., 161; vgl. auch *Vogel*, Rückwirkung: eine festgefahrene Diskussion, in: Festschrift für M. Heckel, S. 875 (876).

151 Zuletzt BVerfGE 135, 1 (Rn. 61); 126, 369 (393); 101, 239 (266).

152 *Muckel*, Kriterien des verfassungsrechtlichen Vertrauensschutzes bei Gesetzesänderungen, S. 74 ff., der die Gesetzesrückwirkung als einen Teilaspekt einer einheitlichen Problematik der Gesetzesänderung versteht; siehe auch *Compes*, Der gesetzgeberische Eingriff in nach altem Recht bestehende Rechtspositionen und deren weiche Überleitung in der Rechtsprechung des Bundesverfassungsgerichtes, S. 1 ff.

153 *Muckel*, Kriterien des verfassungsrechtlichen Vertrauensschutzes bei Gesetzesänderungen, S. 74, mit Nachweisen in Fn. 59.

154 *Wernsmann*, in: Hübschmann/Hepp/Spitaler (Hrsg.), AO/FGO, § 4 Rn. 781, stellt für die Abgrenzung zwischen unechter Rückwirkung und „Rechtsänderungen mit Wirkung für die Zukunft" auf den Vertrauens- bzw. Bestandsschutzmoment ab.

Gesetzgeber durch gesetzestechnische Gestaltung das Vorliegen einer Rückwirkung beeinflussen und so das Rückwirkungsverbot umgehen kann.

In der Rechtspraxis ist der durch die bundesverfassungsgerichtliche Rechtsprechung entwickelte dualistische Rückwirkungsbegriff maßgeblich. Dieser liegt den nachfolgenden Darstellungen zugrunde. Auf den im steuerrechtlichen Schrifttum weit verbreiteten einheitlichen dispositions- bzw. handlungsbezogenen Rückwirkungsbegriff wird noch später einzugehen sein.[155]

Abschließend ist an dieser Stelle darauf hinzuweisen, dass begünstigende Gesetze aus der Rückwirkungsproblematik ausgeklammert sind. In die Vergangenheit reichende, den Bürger begünstigende (Steuer-)Gesetze sind sowohl nach Auffassung des Bundesverfassungsgerichts[156] als auch nach der herrschenden Literaturmeinung[157] verfassungsrechtlich unbedenklich. Unter den Aspekten des Vertrauensschutzes sind nur Normen mit belastender Wirkung problematisch und unterliegen daher verfassungsrechtlichen Schranken. Versteht man den Vertrauensschutz als subjektiven Schutz des Bürgers, so ist die Beschränkung auf lediglich belastende Gesetze folgerichtig.[158] Rückwirkenden begünstigenden Regelungen kann allenfalls das objektiv-rechtlich wirkende Gebot der Rechtskontinuität entgegengehalten werden.[159]

Als belastend sind nicht nur Ge- oder Verbote enthaltende Gesetze zu verstehen, sondern alle Rechtsnormen, die eine bestehende Rechtsposition

155 Kapitel 4.G.

156 So ausdrücklich BVerfGE 23, 85 (93); 24, 220 (229); 32, 111 (123); siehe ferner BVerfGE 50, 177 (193); 68, 193 (222); 105, 17 (36 f.); 126, 369 (380); 131, 20 (36 f.); 135, 1 (Rn. 63); zuletzt BVerfGE 148, 217 (Rn. 133).

157 Etwa *Hey*, in: Tipke/Lang (Hrsg.), Steuerrecht, § 3 Rn. 260; *Pieroth*, Rückwirkung und Übergangsrecht, S. 38 ff.; *Schaumburg*, Rückwirkung und Planungssicherheit im Steuerrecht, DB 2000, S. 1884 (1884); *Schulze-Fielitz*, in: Dreier (Hrsg.), GG II, Art. 20 Rn. 148, 152 f.; a.A. *Klein/Barbey*, Bundesverfassungsgericht und Rückwirkung von Gesetzen, S. 72 ff., 79: „Unverbrüchlichkeit der Rechtsordnung führt zu Schäden, die Rechtsbewusstsein und Staatsautorität unabhängig davon erleiden, ob das rückwirkende Gesetz die von ihm unmittelbar Betroffenen belastet oder begünstigt"; siehe auch *Iliopoulos-Strangas*, Rückwirkung und Sofortwirkung von Gesetzen, S. 279; *Leisner*, Kontinuität als Verfassungsprinzip, S. 489 f.

158 Kritisch *Maurer*, Kontinuitätsgewähr und Vertrauensschutz, in: Isensee/Kirchhof (Hrsg.), HdStR Bd. IV, § 79 Rn. 39, der in der subjektiven Ausrichtung des Vertrauensschutzes eine Begrenzung des Rückwirkungsverbots sieht.

159 *Wernsmann*, in: Hübschmann/Hepp/Spitaler (Hrsg.), AO/FGO, § 4 Rn. 729. Zum Kontinuitätsgebot sogleich unter B.

verschlechtern.[160] Dazu gehören neben rückwirkenden Steuerbelastungen in Form der Einführung einer neuen Steuerart oder Erhöhung der Steuertarife auch die nachträgliche Aufhebung bzw. Einschränkung von gesetzlich gewährten Steuervergünstigungen.[161] Der Betroffene sieht sich in seinen auf der alten Rechtslage basierenden Erwartungen durch eine nachträglich neu begründete Belastung genauso enttäuscht wie durch eine Streichung einer bereits bestehenden Vergünstigung.[162] Die Aufhebung einer Steuerbefreiung wirkt sich als Erhöhung der Leistungspflicht zum Nachteil des Steuerpflichtigen aus. Daher ist dem Bürger beim rückwirkenden Wegfall einer steuerlichen Vergünstigung der gleiche Schutz wie bei einer rückwirkenden Steuerbelastung zu gewähren.[163]

B. Abgrenzung zum Kontinuitätsgebot

Geht es um den Übergang vom alten zum neuen Recht, tauchen die Begriffe Vertrauensschutz[164] und Kontinuitätsgewähr oft nebeneinander auf. Wenngleich beide Rechtsinstitute die Frage der Beständigkeit und der Vorhersehbarkeit der Rechtsordnung betreffen, bestehen zwischen ihnen bedeutsame Unterschiede.[165]

Der Fokus des Vertrauensschutzes richtet sich auf den Bürger. Es geht um den Schutz seines Vertrauens auf den Bestand staatlicher Regelungen, an die seine Erwartungen und Gestaltungen anknüpfen. Das Vertrauensschutzprinzip verlangt die Verteidigung individueller Rechtspositionen, die durch in die

160 BVerfGE 30, 367 (386); *Schaumburg*, Rückwirkung und Planungssicherheit im Steuerrecht, DB 2000, S. 1884 (1885).

161 BVerfGE 30, 272 (285 f.); 105, 17 (37).

162 Dazu *Altmeyer*, Vertrauensschutz im Recht der Europäischen Union und im deutschen Recht, S. 136.

163 BVerfGE 30, 272 (285). Für die Beurteilung einer belastenden Wirkung ist dabei ohne Bedeutung, wie viele Normadressaten von der Belastung betroffen sind, BVerfGE 30, 367 (390).

164 Zur Definition und zu Synonymen des Vertrauensschutzes sowie zur Verwandtschaft mit dem umstrittenen Gebot der Systemgerechtigkeit, welches auf dem Gedanken der gesetzgeberischen Selbstbindung basiert, *Blanke*, Vertrauensschutz im deutschen und europäischen Verwaltungsrecht, S. 14 ff., 39 ff.; siehe auch *Werder*, Dispositionsschutz bei der Änderung von Steuergesetzen zwischen Rückwirkungsverbot und Kontinuitätsgebot, S. 102 ff.

165 *Kunig*, Das Rechtsstaatsprinzip, S. 420, hält hingegen Begriffe „Vertrauensschutz“ und „Kontinuität“ im Zusammenhang mit der Rückwirkungsthematik für austauschbar.

Vergangenheit wirkende Gesetze nachträglich entwertet werden.[166] Dieses Prinzip ist durch die subjektive Komponente und rückblickende Ausrichtung geprägt. Wenngleich es primär retrospektiv wirkt und die Beständigkeit bereits getroffener staatlicher Entscheidungen bezweckt, impliziert es im Hinblick auf die Zukunft Berechenbarkeit und Vorhersehbarkeit der Rechtsentwicklung.[167] Denn auch eine Norm, die keine rückwirkende Kraft entfaltet, sondern lediglich pro futuro Wirkung erzeugt, kann Vertrauen verletzen.[168] Insofern soll das Vertrauensschutzprinzip dem Betroffenen ermöglichen, sich auf die neue Rechtslage einzustellen.

Aber auch wenn staatliches Handeln weder individuelle Rechtspositionen berührt noch vergangenheitsbezogen ist, erzeugt häufige und hektische Gesetzesänderung Rechtsunsicherheit. Einer solchen Entwicklung kann das Gebot der Kontinuität entgegenwirken. Unter Rechtskontinuität wird Stetigkeit des Rechts im Wandel verstanden.[169] Das Kontinuitätsgebot wirkt nicht ausschließlich prospektiv, sondern hat sowohl die Vergangenheit als auch die Zukunft im Blick. Es erfasst im Gegensatz zum Vertrauensschutzgrundsatz nicht lediglich individuelle Rechtspositionen, sondern gesamte Rechtsentwicklungen.[170] Die Rechtskontinuität ist jedoch nicht auf die Konservierung des gegenwärtigen Rechtszustandes gerichtet und darf nicht als ein Hindernis oder gar Verbot der Fortentwicklung des Rechts verstanden werden.[171] Sie verhindert sprunghafte, abrupte und widersprüchliche Gesetzesänderungen und verlangt eine

166 Z.B. *Schulze-Fielitz*, in: Dreier (Hrsg.), GG II, Art. 20, Rn. 147; zum Ganzen *Maurer*, Kontinuitätsgewähr und Vertrauensschutz, in: Isensee/Kirchhof (Hrsg.), HdStR Bd. IV, § 79 Rn. 4, der von der „Bestandsgarantie im Interesse des Bürgers" spricht.

167 *Helbich*, Vertrauensschutz in Verwaltungsvorschriften des Steuerrechts, S. 120, bezeichnet dies als ein Nebeneffekt des Vertrauensschutzprinzips; nach *Maurer*, Kontinuitätsgewähr und Vertrauensschutz, in: Isensee/Kirchhof (Hrsg.), HdStR Bd. IV, § 79 Rn. 4, ist die kontinuierliche Weiterentwicklung des Rechts neben dem Fortbestand staatlicher Rechtsakte Ziel des Vertrauensschutzes.

168 BVerfGE 30, 392 (401 ff.), wo das Bundesverfassungsgericht die Zulässigkeit einer solchen Norm nach dem Prüfungsmaßstab beurteilt, welchen es für die unechte Rückwirkung entwickelt hat.

169 Grundlegend *Leisner*, Kontinuität als Verfassungsprinzip, S. 11 ff.

170 *Leisner*, Kontinuität als Verfassungsprinzip, S. 324: Die Rechtskontinuität als sachgebietsübergreifender Verfassungsgrundsatz perpetuiere nicht nur einen Normbestandsschutz, sondern kanalisiere zugleich künftige Entwicklungen.

171 *Birk*, Kontinuitätsgewähr und Vertrauensschutz, in: DStJG 27 (2004), S. 9 (12), weist darauf hin, dass Verlässlichkeit und Wandlungsfähigkeit des Rechts sich nicht widersprechen.

schonende kontinuierliche Überleitung vom alten in das neue Recht sowie eine folgerichtige Weiterentwicklung der Rechtsordnung.[172]

Wie beim Vertrauensschutzprinzip handelt es sich also um Verlässlichkeit und Berechenbarkeit staatlicher Entscheidungen. Beide Rechtsinstitute zielen auf die Stetigkeit des Rechts. Sie unterscheiden sich jedoch grundlegend. Während das Vertrauensschutzprinzip der Wahrung individueller Rechte verschrieben ist und sich mithin durch seine subjektive Seite auszeichnet[173], dient das Kontinuitätsgebot als objektiv-rechtliches Verfassungsprinzip[174] dem Interesse der Allgemeinheit. Weder Kontinuitätsgewähr noch Vertrauensschutz können absolute Geltung beanspruchen.[175]

---

172 *P. Kirchhof*, Rückwirkung von Steuergesetzen, StuW 2000, S. 221 (222); *P. Kirchhof*, Kontinuität und Vertrauensschutz bei Änderungen der Rechtsprechung, DStR 1989, S. 263 (264); siehe zum Ganzen auch *Maurer*, Kontinuitätsgewähr und Vertrauensschutz, in: Isensee/Kirchhof (Hrsg.), HdStR Bd. IV, § 79 Rn. 1 ff.

173 Z.B. *Leisner*, Kontinuität als Verfassungsprinzip, S. 466 ff.; *Birk*, Kontinuitätsgewähr und Vertrauensschutz, in: DStJG 27 (2004), S. 9 (10 ff., 17). Zu der durch den KAGG-Beschluss des Bundesverfassungsgerichts vom 17.12.2013 ausgelösten Frage, inwieweit der verfassungsrechtliche Vertrauensschutz neben einem konkret-subjektiven auch einen erweiterten abstrakt-objektiven Vertrauensschutz gewährleistet *Lepsius*, Zur Neubegründung des Rückwirkungsverbotes aus der Gewaltenteilung, JZ 2014, S. 488 (491 ff.); *Michael*, Das Verbot echter Rückwirkung als Schutz des abstrakten Vertrauens in die Geltung von Gesetzen und eines Kernbereichs der Judikative, JZ 2015, S. 425 (426); *Osterloh*, Neuere Entwicklungen zum verfassungsrechtlichen Vertrauensschutz im Steuerrecht, StuW 2015, S. 201 (203 ff.).

174 *Leisner*, Kontinuität als Verfassungsprinzip, S. 469, 473, die von Entsubjektivierung der Rechtskontinuität spricht und die Vorteile des Verzichts auf das Erfordernis der Vertrauensbetätigung aufzeigt. Siehe ferner *Birk*, Kontinuitätsgewähr und Vertrauensschutz, in: DStJG 27 (2004), S. 9 (17 ff.); *P. Kirchhof*, Rückwirkung von Steuergesetzen, StuW 2000, S. 221 (222); *Leisner-Egensperger*, Kontinuitätsgewähr in der Finanzrechtsprechung, in: DStJG 27 (2004), S. 191 (201 ff.); *Schmidt-Aßmann*, Der Rechtsstaat, in: Isensee/Kirchhof (Hrsg.), HdStR Bd. II, § 26 Rn. 81. Nach *Maurer*, Kontinuitätsgewähr und Vertrauensschutz, in: Isensee/Kirchhof (Hrsg.), HdStR Bd. IV, § 79 Rn. 4, stellt der an die Sicht des Bürgers anknüpfende Vertrauensschutz bis zu einem gewissen Grad die subjektive Entsprechung der objektiven Kontinuitätsgewähr dar; kritisch hierzu *Schwarz*, Vertrauensschutz als Verfassungsprinzip, S. 250 f.

175 *Maurer*, Kontinuitätsgewähr und Vertrauensschutz, in: Isensee/Kirchhof (Hrsg.), HdStR Bd. IV, § 79 Rn. 3 f.; *Englisch/Plum*, Schutz des Vertrauens auf Steuergesetze, Finanzrechtsprechung und Regelungen der Finanzverwaltung, StuW 2004, S. 342 (343); *Hey*, Steuerplanungssicherheit als Rechtsproblem, S. 239 ff.; bereits früher *Vogel*, Rechtssicherheit und Rückwirkung zwischen Vernunftrecht und Verfassungsrecht, JZ 1988, S. 833 (834 f., 839).

Anders als der Vertrauensschutz zwingt die Rechtskontinuität gerade nicht zur Beibehaltung der einmal getroffenen staatlichen Regelungen, sondern fordert einen schonenden Übergang.[176] Im Gegensatz zum subjektiven Vertrauensschutzprinzip unterscheidet das Gebot der Kontinuität nicht zwischen belastenden und begünstigenden Gesetzesänderungen. Es kommt gerade nicht auf die subjektive Betroffenheit an, so dass auch im Falle einer Gesetzesänderung zu Gunsten des Bürgers das Gebot der Rechtskontinuität verletzt sein kann.[177] Als objektiv ausgerichtetes Gebot setzt die Rechtskontinuität auch kein schutzwürdiges Vertrauen voraus. Ankündigungen und Vorhersehbarkeit von Rechtsänderungen entbinden den Gesetzgeber nicht von der Verpflichtung zur stetigen Rechtsentwicklung und können einen Verstoß nicht rechtfertigen.[178] Allein inkonsequente sprunghafte Gesetzesänderung führt zum Kontinuitätsbruch. Das Gebot der Kontinuität schützt mithin den passiven, abwartenden wie handelnden Staatsbürger gleichermaßen.[179] Insofern ist die Reichweite bzw. der Geltungsbereich des Kontinuitätsgebots weiter als die des Vertrauensschutzes.[180]

Schließlich weisen die Prinzipien einen unterschiedlichen Abstraktionsgrad auf: Während das subjektive Kriterium des Vertrauensschutzprinzips ihm zur Durchsetzungsfähigkeit verhilft[181] und dieses in der Rechtsprechung an Konturen gewonnen hat, hat sich das Kontinuitätsgebot in der bundesverfassungsgerichtlichen Spruchpraxis bis heute nicht durchsetzen können.[182] Dies ist auf

---

176 *P. Kirchhof*, Kontinuität und Vertrauensschutz bei Änderungen der Rechtsprechung, DStR 1989, S. 263 (264); *Leisner*, Kontinuität als Verfassungsprinzip, S. 472 f., sieht zwar in einer Permanenz als dem Fortbestand der Ausgangsrechtslage die höchste Steigerungsform der Rechtskontinuität, erkennt aber im Übrigen Veränderungen der Rechtslage als Zäsuren an.

177 *Leisner*, Kontinuität als Verfassungsprinzip, S. 466 ff.

178 Dazu *Hey*, Steuerplanungssicherheit als Rechtsproblem, S. 190 f.

179 *Leisner-Egensperger*, Kontinuitätsgewähr in der Finanzrechtsprechung, in: DStJG 27 (2004), S. 191 (201).

180 Nach *Leisner*, Kontinuität als Verfassungsprinzip, S. 473 f., 541 f., bildet Kontinuität gegenüber dem Grundsatz des Vertrauensschutzes ein Aliud. Trotz unterschiedlicher Konturierung schließen sich die beiden Prinzipien nicht aus, sondern stehen selbstständig nebeneinander und ergänzen sich. Sie sind in einem Stufenverhältnis nacheinander zu prüfen.

181 Siehe *Schmidt-Aßmann*, Der Rechtsstaat, in: Isensee/Kirchhof (Hrsg.), HdStR Bd. II, § 26 Rn. 81.

182 In der Rechtslehre wurde das Thema eingehend von *Anna Leisner* behandelt. In ihrer Habilitationsschrift aus dem Jahr 2002 mit dem Titel „Kontinuität als Verfassungsprinzip" entwickelte sie eine Kontinuitätsdogmatik.

die Subjektivierung und Prozessualisierung des deutschen Verfassungsrechts zurückzuführen.[183] Der subjektiv ausgerichtete Vertrauensschutz begründet einen einklagbaren Anspruch und stellte in zahlreichen Fällen eine wirksame Hürde für den rückwirkend tätigen Gesetzgeber dar. Trotz anfänglicher Skepsis hat er sich anders als das Gebot der Rechtskontinuität inzwischen fest etabliert.

Der Grundsatz der Rechtskontinuität ist vielfach mit Kritik konfrontiert.[184] Er ist nicht nur dogmatisch angreifbar, umstritten ist auch, ob er überhaupt Verfassungsrang aufweist.[185] Vor allem ist aber seine Unschärfe und Konturlosigkeit zu bemängeln, was seine Anwendbarkeit im konkreten Fall praktisch unmöglich macht. Da konkrete Prüfkriterien zur Beurteilung der Zulässigkeit staatlichen Handelns fehlen, ist unklar, wann die Grenze zum verfassungswidrigen Kontinuitätsbruch überschritten ist.[186] Ein Verstoß hiergegen lässt sich daher kaum eindeutig feststellen. Mangels eines subjektiven Abwehranspruchs des Bürgers gegen instabile Rechtslagen ist die Rechtskontinuität nicht justiziabel.[187] Dieses abstrakt gefasste Prinzip vermag also die gesetzgeberische Tätigkeit nicht einzuschränken. Während die Vorteile des Kontinuitätsgebots für den Bereich der Rechtsprechung intensiv diskutiert werden[188], bleibt es für den Bereich der Legislative – soweit es über den Vertrauensschutz hinausgeht – wirkungslos.

---

183 *Maurer*, Kontinuitätsgewähr und Vertrauensschutz, in: Isensee/Kirchhof (Hrsg.), HdStR Bd. IV, § 79 Rn. 5, 43, der darauf hinweist, dass objektive Verfassungsprinzipien und die Grundrechte als objektive Wertentscheidungen in der Praxis nur im Rahmen einklagbarer Ansprüche relevant werden.

184 Siehe etwa *Werder*, Dispositionsschutz bei der Änderung von Steuergesetzen zwischen Rückwirkungsverbot und Kontinuitätsgebot, S. 109 ff.

185 Als zentrale verfassungsdogmatische Grundlage eines Prinzips der Rechtskontinuität sieht *Leisner*, Kontinuität als Verfassungsprinzip, S. 199 ff., den allgemeinen Gleichheitssatz an, zieht aber zur Begründung des Kontinuitätsgebots auch Freiheitsgrundrechte, S. 249 ff., und das Rechtsstaatsprinzip, S. 347 ff., heran.

186 *Leisner*, Kontinuität als Verfassungsprinzip, S. 217 ff., 406 ff., 412 ff., versucht in ihrer Arbeit dem Kontinuitätsprinzip materiell-rechtliche Strukturen zu geben. Ob der „Veränderungsbruchpunkt" ungerechtfertigt überschritten ist, sei durch einen Vergleich der Ausgangs- und Folgerechtslage zu überprüfen.

187 So *Hey*, Steuerplanungssicherheit als Rechtsproblem, S. 194; a.A. *Leisner*, Kontinuität als Verfassungsprinzip, S. 433 ff., die die Möglichkeiten der gerichtlichen Geltendmachung einer Verletzung der Rechtskontinuität aufzeichnet. *P. Kirchhof*, Rückwirkung von Steuergesetzen, StuW 2000, S. 221 (227), hält die Überprüfung des Kontinuitätsgebots im Verfassungsbeschwerdeverfahren im Rahmen des Art. 2 Abs. 1 GG für möglich.

188 Siehe hierzu *Ebner*, Vertrauensschutz und Kontinuitätsgewähr in der höchstrichterlichen Rechtsprechung am Beispiel des Steuerrechts, S. 36 ff., 79 ff.; *Leisner*, Kontinuität

Vor dem Hintergrund des Demokratieprinzips kann es sich beim Gebot der Rechtskontinuität um keine verfassungsrechtliche Verpflichtung, sondern lediglich um eine rechtspolitische Forderung handeln.[189] Deren Einhaltung ist im eigenen Interesse politischer Entscheidungsträger, wollen diese das Vertrauen des Wählers nicht verlieren. Politische Akzeptanz kann der Gesetzgeber nicht erwarten, wenn er permanent ohne hinreichenden Grund Kurswechsel vollzieht. Anderenfalls ist die Überzeugungskraft von Gesetzesvorhaben gefährdet. Im Sinne des Kontinuitätsgebots soll der Gesetzgeber abrupte Gesetzesänderungen möglichst vermeiden und Gesetzesreformen schonend durchsetzen. Verfassungsrechtliche Konsequenzen hat er bei Verletzung dieses Gebots allerdings nicht zu befürchten.

C. Divergierende Interessen als Ausgangslage

Die gesamte Vertrauensschutzdogmatik ist durch die Kollision widerstreitender Interessen gekennzeichnet. Im Folgenden sind der Ausgangskonflikt sowie das geeignete methodische Konfliktlösungsmodell darzustellen. Anschließend ist zu untersuchen, inwieweit die Rechtspraxis diesem Modell folgt.

I. Vertrauensschutz versus legislative Gestaltungsfreiheit

Der Rückwirkungsproblematik liegt der Konflikt zwischen der Gesetzgebungsdynamik als Wesenselement der demokratischen Grundordnung und der ihr entgegenwirkenden Rechtssicherheit, die auf Bewahrung der bestehenden Rechtslage gerichtet ist, zugrunde.[190] Auf diese einander gegenüberstehenden Interessen ist nachfolgend näher einzugehen.

---

als Verfassungsprinzip, S. 615 ff.; *Leisner-Egensperger*, Kontinuitätsgewähr in der Finanzrechtsprechung, in: DStJG 27 (2004), S. 191 (201 ff.).

189 *Maurer*, Kontinuitätsgewähr und Vertrauensschutz, in: Isensee/Kirchhof (Hrsg.), HdStR Bd. IV, § 79 Rn. 76; *Werder*, Dispositionsschutz bei der Änderung von Steuergesetzen zwischen Rückwirkungsverbot und Kontinuitätsgebot, S. 110; *Hey*, Steuerplanungssicherheit als Rechtsproblem, S. 193 f., spricht vom Gebot umsichtigen Agierens, welches den Gesetzgeber im Vorfeld neuer Gesetze verpflichtet, die Notwendigkeit, die Geeignetheit und die Systemgerechtigkeit seines Handelns eingehend zu prüfen.

190 Zu diesem Konflikt in Bezug auf die Rechtskontinuität *Leisner*, Kontinuität als Verfassungsprinzip, S. 376 ff.

1. *Gesetzgebungsbefugnis als Element des Demokratieprinzips*

Die Rechtslage zu gestalten und weiterzuentwickeln ist die originäre Aufgabe der Legislative. Der demokratisch legitimierte Gesetzgeber ist zur Gesetzgebung nicht nur berechtigt, sondern auch verpflichtet.[191] Der demokratische Gestaltungsauftrag umfasst die Befugnis, das geltende Recht jederzeit zu ändern bzw. durch ein neues zu ersetzen.[192] Die Notwendigkeit, die Wirkung neuer Gesetze auf vorgefundene Sachverhalte, die ihren Ursprung in der Vergangenheit haben, zu erstrecken, ist genuiner Ausdruck der Neu- und Umgestaltungsaufgabe.[193] Die Legitimation des Parlaments, die ihm gesetzgeberische Gestaltungsfreiheit und Gestaltungsbefugnis verleiht, hat ihre Wurzeln im Demokratieprinzip des Grundgesetzes.[194]

In einem demokratischen Rechtsstaat geht alle Staatsgewalt vom Volke aus (Art. 20 Abs. 1 GG), auch die Gesetzgebungsgewalt.[195] Die periodisch stattfindende Parlamentswahl vermittelt dem Gesetzgeber Legitimation und ist ein zentrales Element einer Demokratie. Durch sie überträgt das Volk als Souverän die Macht auf sein Vertretungsorgan. Somit ist der Gesetzgeber mit der direkten demokratischen Legitimation durch das Staatsvolk ausgestattet.[196] Die Parlamentswahl führt häufig zur Änderung parlamentarischer Mehrheitsverhältnisse. Die Bildung neuer Mehrheiten trägt dem gesellschaftlichen Wandel Rechnung und spiegelt sich in der Zusammensetzung des Parlaments wider. Oft setzt gerade die Parlamentswahl einen Prozess der Gesetzesänderung in Gang. Der neu gewählte Gesetzgeber ist bestrebt, die politischen Vorstellungen der jeweiligen Mehrheit der Wähler und seine Wahlversprechungen umzusetzen. Ein demokratisch verfasster Staat lebt gerade davon, dass das von der Mehrheit befürwortete politische Programm auch realisiert werden kann. Entsprechend dem Willen des Volkes müssen tiefgreifende Veränderungen möglich sein, die auch in die Vergangenheit wirken.

---

191 Zur Gestaltungsaufgabe des Gesetzgebers *Maurer*, Kontinuitätsgewähr und Vertrauensschutz, in: Isensee/Kirchhof (Hrsg.), HdStR Bd. IV, § 79 Rn. 2; *Schulze-Fielitz*, in: Dreier (Hrsg.), GG II, Art. 20 Rn. 166 f.

192 Siehe etwa BVerfGE 105, 17 (40).

193 *Schulze-Fielitz*, in: Dreier (Hrsg.), GG II, Art. 20 Rn. 166.

194 Vgl. zum Ganzen *Pieroth*, in: Jarass/Pieroth (Hrsg.), GG, Art. 20 Rn. 4 ff.; *Grzeszick*, in: Maunz/Dürig/Herzog (Hrsg.), GG, Art. 20 II Rn. 108 ff.

195 Zum Grundsatz der Volkssouveränität z.B. *Grzeszick*, in: Maunz/Dürig/Herzog (Hrsg.), GG, Art. 20 II Rn. 61 ff.

196 *Grzeszick*, in: Maunz/Dürig/Herzog (Hrsg.), GG, Art. 20 II Rn. 109 f.

Zudem ist der Gesetzgeber gefordert, die Rechtsordnung den sich permanent ändernden wirtschaftlichen, gesellschaftlichen und technischen Entwicklungen anzupassen. Anderenfalls würde das Recht seinen Wirklichkeitsbezug verlieren.[197] Die Dynamik des allgemeinen Strukturwandels führt zur ständigen gesetzgeberischen Aktivität. Gerade die Europäisierung und Globalisierung zwingen ihn zu schnellen Reaktionen. Es müssen neue Rechtsvorschriften erlassen und bereits bestehende geändert werden. Nur so kann der Gesetzgeber seiner Aufgabe gerecht werden.[198] Die Aufgabe, die Rechtslage zu gestalten, beinhaltet insofern eine Optimierungspflicht. Ein konservierter Rechtsbestand würde dem Demokratieprinzip widersprechen. Dieses setzt vielmehr die Möglichkeit der Gesetzesänderung voraus. Mithin ist die gesetzgeberische Gestaltungsfreiheit eine Grundbedingung des demokratischen Staates und daher in ihrer Bedeutung für dessen Funktionsfähigkeit nicht hoch genug einzuschätzen.[199]

Auch das Bundesverfassungsgericht betont die unabdingbare Notwendigkeit, die Rechtsordnung zu ändern, um etwa Konjunktur-, Sozial-, Bildungs- und Gesellschaftspolitik betreiben zu können, um den Staat handlungsfähig und die Rechtsordnung anpassungsfähig zu erhalten.[200] Der Gesetzgeber muss aus Gründen des Allgemeinwohls Neuregelungen treffen können. Ein voller Schutz zugunsten des Fortbestands der bisherigen Gesetzeslage würde den dem Gesamtwohl verpflichteten Gesetzgeber in wichtigen Bereichen gegenüber den Einzelinteressen lähmen, das Gesamtwohl schwerwiegend gefährden und die Versteinerung der Gesetzgebung bedeuten.[201] Daher muss es dem Gesetzgeber möglich sein, auf veränderte Gegebenheiten mit einer Änderung seines Normenwerks zu reagieren oder durch eine solche Änderung erst bestimmte soziale Gegebenheiten zu beeinflussen.[202]

Schließlich ist einer demokratischen Herrschaftsform die Möglichkeit immanent, Fehlentwicklungen entgegenzuwirken sowie eigene Fehlentscheidungen

---

197 *Maurer*, Kontinuitätsgewähr und Vertrauensschutz, in: Isensee/Kirchhof (Hrsg.), HdStR Bd. IV, § 79 Rn. 1, 9.

198 BVerfGE 48, 403 (415).

199 *Musil*, Die Sicht der Steuerrechtswissenschaft auf das Verfassungsrecht, in: Schön/Röder (Hrsg.), Zukunftsfragen des deutschen Steuerrechts II, S. 129 (135); zurückhaltend *Tipke*, Mehr oder weniger Gestaltungsfreiheit für den Steuergesetzgeber?, StuW 2014, S. 273 (276).

200 BVerfGE 76, 256 (347 f.); siehe auch BVerfGE 114, 258 (301 f.); 105, 17 (40); 72, 200 (254); 71, 255 (272); 70, 69 (84); 63, 312 (331).

201 BVerfGE 76, 256 (348); vgl. auch BVerfGE 105, 17 (40); 127, 1 (17).

202 BVerfGE 76, 256 (348).

zu korrigieren.[203] Die gesetzlichen Regelungen sind oft das Ergebnis von Abwägungs- und Prognoseentscheidungen[204], deren Korrektur möglich sein muss. Zudem müssen veraltete, inzwischen überholte Regelungskonzepte überdacht und ggf. durch neue ersetzt werden. Das Recht ist daher einer ständigen inhaltlichen Revision unterworfen.[205] Auch der offene Willensbildungsprozess im demokratischen Gemeinwesen erzwingt gesetzgeberisches Handeln. Denn der Bürger beteiligt sich an der politischen Willensbildung nicht nur durch Stimmabgabe bei parlamentarischen Wahlen. Er nimmt Einfluss auf den ständigen Prozess der politischen Meinungsbildung, was ihm die Grundrechte der Meinungs- und der Versammlungsfreiheit garantieren.[206] In einer Demokratie erfolgt somit die Erneuerung der Rechtsordnung in einem „Trial and Error"-Prozess.[207] Außerdem führt die Veränderung politischer Prioritäten zu den Gesetzesänderungen. Insbesondere das politisch aufgeladene Steuerrecht unterliegt permanenter Umgestaltung. Die Anpassung an den staatlichen Mittelbedarf, die Lenkung sozialen und wirtschaftlichen Verhaltens durch Steuern, aber auch die Reaktion auf Steuergestaltungsmodelle machen diese Rechtsmaterie zu einem universalen Instrument politischen Agierens. Somit stehen steuerrechtliche Änderungen immer im Zentrum politischer Auseinandersetzung.

Gerade vor dem Hintergrund des Demokratieprinzips und der daraus folgenden Gesetzgebungsbefugnis, aber auch im Hinblick auf das verfassungsrechtliche Prinzip der Gewaltenteilung wird die generelle Geltung des Vertrauensschutzprinzips als eine Kreation richterlicher Rechtsfortbildung in Frage gestellt.[208]

---

203 Vgl. etwa *Lepsius*, Zur Neubegründung des Rückwirkungsverbotes aus der Gewaltenteilung, JZ 2014, S. 488 (494).

204 Dazu *Hey*, Steuerplanungssicherheit als Rechtsproblem, S. 330.

205 Z.B. *Englisch/Plum*, Schutz des Vertrauens auf Steuergesetze, Finanzrechtsprechung und Regelungen der Finanzverwaltung, StuW 2004, S. 342 (342). *P. Kirchhof*, Rückwirkung von Steuergesetzen, StuW 2000, S. 221 (221 f.), sieht die Gesetzgebung als die andauernde Auseinandersetzung mit Vergangenem, die Unterscheidung zwischen Bewährtem und Verbesserungswürdigem.

206 Zu den Diskontinuitätselementen in den Gewährleistungen des Art. 5 Abs. 1 GG *Leisner*, Kontinuität als Verfassungsprinzip, S. 381 ff.

207 Vgl. BVerfGE 69, 315 (345 f.).

208 Instruktiv zur Kritik an der Rechtsfigur des Vertrauensschutzes *Schwarz*, Vertrauensschutz als Verfassungsprinzip, S. 48 ff.; schon früher *Ossenbühl*, Vertrauensschutz im sozialen Rechtsstaat, DÖV 1972, S. 25 (34). Nach Ausführungen des Bundesverfassungsgerichts im KAGG-Beschluss folgt ein legislatives Zugriffsrecht auf die Vergangenheit nicht ohne Weiteres aus dem Demokratieprinzip, sondern steht zu diesem in einem Spannungsverhältnis, BVerfGE 135, 1 (Rn. 51); kritisch hierzu *Lepsius*, Zur

2. *Vertrauensschutzprinzip*

Das soeben dargestellte Gestaltungsinteresse des Gesetzgebers kollidiert mit dem Vertrauensschutzinteresse des Bürgers. Im modernen Staat ist das Recht längst zum sozialen und ökonomischen Ordnungsfaktor geworden. Der Staat macht gesetzliche Vorgaben nicht nur für den sozialen, gesellschaftlichen und wirtschaftlichen Bereich, sondern beeinflusst auch die individuelle Lebensgestaltung. Der Bürger sieht sich mit einem sich ständig ändernden Normgeflecht konfrontiert. Er hat ein legitimes Interesse daran, die rechtlichen Folgen seiner am geltenden Recht orientierten Entscheidungen und wirtschaftlichen Betätigung vorhersehen zu können. Der in die Zukunft planende Bürger vertraut darauf, dass Gesetze nicht nachträglich verschärft werden oder seinen Entscheidungen die Grundlage entziehen. Insbesondere die Steuerplanung ist auf die Stabilität und Vorhersehbarkeit des Rechts angewiesen, weil das Steuerrecht die Entscheidungsgrundlage bildet. Die Verlässlichkeit der Rechtsordnung ist wesentliche Voraussetzung für die Selbstbestimmung über den eigenen Lebensentwurf und somit eine Grundbedingung freiheitlicher Verfassungen.[209] Es würde den Einzelnen in seiner Freiheit erheblich gefährden, dürfte die öffentliche Gewalt an sein Verhalten oder an ihn betreffende Umstände ohne Weiteres im Nachhinein belastendere Rechtsfolgen knüpfen, als sie zum Zeitpunkt seines rechtserheblichen Verhaltens galten.[210]

Der Schutz des Vertrauens des Bürgers in die Beständigkeit der geltenden Rechtslage kann daher zu einer verfassungsrechtlichen Forderung erhoben werden. Obwohl das Vertrauensschutzprinzip im Gegensatz zum Demokratieprinzip[211] nicht explizit im Grundgesetz erwähnt ist, ist es mittleiweile allgemein anerkannt.[212] Auch ohne positivrechtliche Fixierung wird ein Grundsatz

---

Neubegründung des Rückwirkungsverbotes aus der Gewaltenteilung, JZ 2014, S. 488 (494 f.).

209 BVerfGE 72, 200 (257 f.); 97, 67 (78); 105, 17 (37); 114, 258 (300 f.); 127, 1 (16); 128, 90 (106); 132, 302 (Rn. 41); siehe dazu auch *Maurer*, Kontinuitätsgewähr und Vertrauensschutz, in: Isensee/Kirchhof (Hrsg.), HdStR Bd. IV, § 79 Rn. 11 f.

210 Z.B. BVerfGE 72, 200 (258).

211 Das Demokratieprinzip ist als Staatsstrukturprinzip in Art. 20 Abs. 1 GG genannt sowie an anderen Stellen der Verfassung – insbesondere in Art. 21 und 38 ff. GG – konkretisiert.

212 *Werder*, Dispositionsschutz bei der Änderung von Steuergesetzen zwischen Rückwirkungsverbot und Kontinuitätsgebot, S. 98 ff., lehnt hingegen einen allgemeinen Grundsatz des Vertrauensschutzes als geltendes Verfassungsrecht ab. Geschützt sei das Vertrauen nur soweit das geltende Verfassungsrecht den Vertrauensschutz konkretisiert.

des Vertrauensschutzes aus der Verfassung deduziert und kann daher der rückwirkenden Gesetzgebung entgegengehalten werden. Die These von der unbeschränkten Macht der legislativen Gewalt ist im modernen Staat längst überholt. Die frühere Vorstellung von einem selbstherrlichen Gesetzgeber hat unter der Geltung des Grundgesetzes keinen Platz.[213] Das Grundgesetz verleiht ihm keine absolute Gestaltungsmacht. Den formellen Rahmen setzt ihm die Verfassung durch Regelungen zur Kompetenzverteilung sowie zum Gesetzgebungsverfahren (Art. 76 ff. GG). Zudem bestimmt Art. 20 Abs. 3 GG die Bindung des Gesetzgebers an die verfassungsmäßige Ordnung, Art. 1 Abs. 3 GG an die Grundrechte. Die Handlungsbefugnis des Gesetzgebers ist somit von vornherein auf Erlass verfassungskonformer Gesetze beschränkt.

Mithin besteht ein Spannungsverhältnis zwischen dem Bestandsinteresse des Bürgers, welches durch den Verfassungsgrundsatz der Rechtssicherheit und des Vertrauensschutzes abgesichert ist, und dem Änderungsinteresse des Gesetzgebers, welches sich auf das Demokratieprinzip stützen lässt. Das Recht muss also einerseits beständig und kontinuierlich, andererseits flexibel und offen gegenüber Veränderungen sein.[214] Eine Rechtsordnung, die den Vertrauensschutz völlig negiert, kann es genauso wenig geben wie eine Rechtsordnung, in der Vertrauensschutz absoluten Vorrang gegenüber dem gesetzgeberischen Gestaltungsinteresse beansprucht. Den Konflikt zwischen dem Änderungsinteresse des Gesetzgebers und dem Vertrauensinteresse des Bürgers aufzulösen und derartige Gegenpole in Ausgleich zu bringen, ist die Aufgabe der Rückwirkungsdogmatik.

3. *Rechtssicherheit als Interesse der Allgemeinheit*

Während Vertrauensschutz das individuelle Vertrauen des Bürgers in die Beständigkeit staatlicher Entscheidungen sichert, dient die Gestaltung der Rechtslage dem Gemeinwohlinteresse. Der Grundkonflikt wird somit als eine Antinomie von privatem Bestandsinteresse des durch die bisherige Regelung Begünstigten und der im allgemeinen öffentlichen Interesse verfolgten Gesetzesänderung

---

213 So führte das Reichsgericht in seinem Gefrierfleischurteil vom 10.01.1933 (RGZ 139, 177 (189)) zur frühzeitigen Aufhebung eines befristeten und zu Investitionen veranlassenden Gesetzes aus: „Denn der Gesetzgeber ist selbstherrlich und an keine Schranken gebunden als diejenigen, die er sich selbst in der Verfassung oder in anderen Gesetzen gezogen hat".

214 *Maurer*, Kontinuitätsgewähr und Vertrauensschutz, in: Isensee/Kirchhof (Hrsg.), HdStR Bd. IV, § 79 Rn. 1, spricht von der ambivalenten Natur der Zeitkomponente des Rechts, die Bewahrung aber auch Veränderung verlangt.

verstanden. Dabei wird jedoch oft übersehen, dass ein kontinuierliches Staatshandeln für den Bürger wie für den Staat essentiell ist und damit nicht ausschließlich im privaten Interesse liegt.

Vertrauen des Bürgers in die Beständigkeit und Zuverlässigkeit der Rechtsordnung ist eine Voraussetzung für die Funktionsfähigkeit des modernen Staates. Ohne ein Mindestmaß an Vertrauensschutz droht nicht nur der Autoritätsverlust des Staates, der auf Akzeptanz und Befolgen aufgestellter Regeln angewiesen ist. Vor allem wäre der expandierende Lenkungsstaat in Gefahr. Mit Lenkungsnormen verfolgt der Staat durch die gezielte Veranlassung privaten Verhaltens einen bestimmten Gemeinwohlzweck. Nimmt der Normadressat das Angebot des Gesetzgebers an und handelt in von ihm intendierter Weise, macht er sich das vom Gesetzgeber verfolgte Allgemeininteresse zu eigen.[215] Somit kann sich der Einzelne auch auf das in der gesetzlichen Vertrauensgrundlage verkörperte Allgemeininteresse berufen.[216] Eine auf Kooperation angelegte Lenkungsgesetzgebung setzt gegenseitige Zuverlässigkeit voraus. Der Steuer- und Wirtschaftsstaat wird seine Lenkungsziele nur realisieren können, wenn der Bürger einen gewissen Grad an Sicherheit hat, dass der Gesetzgeber die Rechtsgrundlagen nicht beliebig ändert und sich von seinem Angebot nicht jederzeit einseitig wieder lösen kann.[217] Ohne Rücksicht auf Bürgervertrauen kann daher der Lenkungsstaat nicht effizient funktionieren.

Hingewiesen wird zudem darauf, dass der Steuerstaat, der einen Anteil am wirtschaftlichen Erfolg seiner Bürger beansprucht, auf die Beständigkeit seiner Entscheidungen achten und dem Bürger als verlässlicher Hoheitsträger gegenüberstehen sollte.[218] Da rückwirkende Steuergesetze in Planung und Disposition des Steuerpflichtigen eingreifen und damit unter Umständen seine wirtschaftliche Initiative hemmen, haben derartige Gesetze erhebliche Nachteile auch für die Allgemeinheit.[219] Somit erweisen sich rückwirkende Steuergesetze, die den Bürger um seinen wirtschaftlichen Erfolgt bringen und seine Dispositionen nachträglich entwerten, langfristig als ineffektiv. Der Staat, der seine Finanzierung

---

215 Siehe *Muckel*, Kriterien des verfassungsrechtlichen Vertrauensschutzes bei Gesetzesänderungen, S. 109.

216 *Muckel*, a.a.O.

217 Vgl. *Hey*, Steuerplanungssicherheit als Rechtsproblem, S. 99 ff., die auf volkswirtschaftliche Gefahren von Rechtsunsicherheit hinweist.

218 *Birk*, Kontinuitätsgewähr und Vertrauensschutz, in: DStJG 27 (2004), S. 9 (11 f.).

219 *Wernsmann*, in: Hübschmann/Hepp/Spitaler (Hrsg.), AO/FGO, § 4 Rn. 717.

durch Steuereinnahmen sichert, hat dies bei vertrauensenttäuschenden Gesetzesänderungen zu berücksichtigen.[220]

Schließlich ist die Wahrung von Rechtskontinuität gerade für ein repräsentatives demokratisches System, welches auf Überzeugungskraft setzt, eine sich auszahlende Strategie und im eigenen Interesse des Gesetzgebers. Mithin dient der Schutz des Vertrauens auf Fortgeltung der bestehenden Rechtslage nicht nur dem individuellen Interesse des Bürgers, sondern auch dem Interesse des Staates und der Allgemeinheit.

II. Konfliktlösungsmodelle

Wie bereits dargestellt, treffen im Falle rückwirkender Gesetzgebung entgegengesetzte Interessen besonders deutlich aufeinander. Damit kollidieren zwei fundamentale Prinzipien von Verfassungsrang: Es stehen sich das Vertrauensschutzprinzip[221] und das Demokratieprinzip gegenüber. Dabei kann weder der Gesetzgeber eine grenzenlose Gestaltungsfreiheit beanspruchen noch kann sich der Bürger auf ein absolut wirkendes Rückwirkungsverbot berufen. Die widerstreitenden Prinzipien bzw. auf diese gestützte Rechtspositionen können nicht gleichzeitig verwirklicht werden. Verlangen sie konträres, braucht es einer geeigneten Methode, um diesen Widerstreit in vertretbarer Weise zu lösen.

Die juristische Methodenlehre sieht hierfür das Instrument der Abwägung vor.[222] Darunter ist ein Verfahren der Optimierung widerstreitender beteiligter Rechtspositionen zu verstehen. Bei dieser rechtsdogmatischen Methode der Auflösung von Prinzipienwidersprüchen und Rechtsgüterkonflikten geht es

---

220 *Drüen*, Rechtsschutz gegen rückwirkende Gesetze, StuW 2006, S. 358 (365); vgl. auch *Leisner*, Kontinuität als Verfassungsprinzip, S. 552 f.

221 Zur verfassungsrechtlichen Verankerung des Vertrauensschutzprinzips Kapitel 3.

222 Grundlegend *Riehm*, Abwägungsentscheidungen in der praktischen Rechtsanwendung, 2006; siehe ferner *Larenz/Canaris*, Methodenlehre der Rechtswissenschaft, S. 223 ff.; *Müller/Christensen*, Juristische Methodik, Bd. I, S. 411 ff.; *Röhl/Röhl*, Allgemeine Rechtslehre, S. 658 ff.; *R.P. Schenke*, Die Rechtsfindung im Steuerrecht, S. 60 ff.; *Alexy*, Theorie der Grundrechte, S. 77 ff.; 143 ff., sieht die Prinzipien als Optimierungsgebote an, die bei einer Kollision eine Abwägung erfordern. In der Grundrechtsdogmatik etablierte sich das Prinzip praktischer Konkordanz, welches auf *K. Hesse* zurückgeht. Bei Konkurrenzen und Kollision mehrerer Grundrechtsnormen hat dieses die Aufgabe, die beteiligten Rechtsgüter verhältnismäßig zu berücksichtigen, *Hesse*, Grundzüge des Verfassungsrechts der Bundesrepublik Deutschland, S. 28, 142 ff.

darum, beide Positionen angemessen zur Geltung zu bringen, ohne dass eine ganz geopfert werden darf.

Bei abstrakt gleichwertigen Prinzipien ist im Rahmen der vorzunehmenden Einzelabwägung[223] aufgrund aller Umstände des Einzelfalls zu entscheiden, welches in der konkreten Konstellation überwiegt.[224] In jedem Rückwirkungsfall sind die betroffenen vertrauensschutzwürdigen Rechtspositionen des Bürgers und die Gründe für die Gesetzesänderung zu gewichten. Dabei spielen unter anderem die Eingriffsintensität, die Gestaltung und Form der Vertrauensgrundlage, die Vertrauensdichte sowie das Ausmaß des Vertrauensschadens eine Rolle.[225] Dem ist die Bedeutung des gesetzgeberischen Anliegens für das Gemeinwohl gegenüberzustellen. Es ist also zu ermitteln, ob die Vertrauensschutzbelange so schwer wiegen, dass das Veränderungsbedürfnis des Gesetzgebers dem Bestandsinteresse weichen muss.

Besondere Bedeutung kommt dabei dem Übergangsrecht zu.[226] Die Übergangsvorschriften können die Härte des Vertrauensbruchs mildern. In vielen Konstellationen kann mittels angemessener Übergangsregelungen eine optimale Lösung des Interessenkonflikts erreicht werden.[227] Bei Gesetzesrückwirkungen

---

223 Zur Zweistufigkeit des Abwägungsprozesses *Müller/Christensen*, Juristische Methodik, Bd. I, S. 412 f.: Abstrakte Wertigkeit der kollidierenden Rechtsgüter auf der ersten Stufe und die entscheidende lokale semantische Elaboration auf der zweiten Stufe.

224 *R.P. Schenke*, Die Rechtsfindung im Steuerrecht, S. 61, weist darauf hin, dass der Begriff „Abwägung" nur bedingt der mit ihm assoziierten Vorstellung von der Suche nach dem Gleichgewicht entspricht, denn mit der Abwägung wird ein Vorrang begründet. Gleichzeitig bedeute Abwägung jedoch nicht ein vollständiges Zurücktreten des einen Interesses oder Wertes hinter dem anderen, sondern eine gleichmäßige Berücksichtigung aller relevanten Umstände des Falles.

225 *Maurer*, Kontinuitätsgewähr und Vertrauensschutz, in: Isensee/Kirchhof (Hrsg.), HdStR Bd. IV, § 79 Rn. 16, 71.

226 Grundlegend zum Übergangsrecht *Ciftci*, Übergangsfristen bei Gesetzes- und Verordnungsänderungen, 2011; schon früher *Aschke*, Übergangsregelungen als verfassungsrechtliches Problem, 1987; siehe auch *Hey*, Steuerplanungssicherheit als Rechtsproblem, S. 392 ff.; *Muckel*, Kriterien des verfassungsrechtlichen Vertrauensschutzes bei Gesetzesänderungen, S. 119 ff.; *Schneider*, Gesetzgebung, § 15 Rn. 543 ff.

227 *Muckel*, Kriterien des verfassungsrechtlichen Vertrauensschutzes bei Gesetzesänderungen, S. 119 ff., der die Übergangsregelungen bereits im Rahmen der Abwägung berücksichtigt. Vielfach wird die Einführung von Übergangsregelungen als Rechtsfolge bzw. geeignete Form des Vertrauensschutzes angesehen, siehe *Weber-Dürler*, Vertrauensschutz im öffentlichen Recht, S. 128 ff., 138 ff.; *Schwarz*, Vertrauensschutz als Verfassungsprinzip, S. 318.

kann das Übergangsrecht daher als Instrument schonenden Ausgleichs widerstreitender Interessen eingesetzt werden.

Begleitet wird der Abwägungsprozess vom Grundsatz der Verhältnismäßigkeit.[228] Dieser enthält das Gebot allgemeinen Maßhaltens und verlangt im Einzelnen, dass der Staat einen legitimen Zweck verfolgt sowie das zur Erreichung des Zwecks eingesetzte Mittel geeignet und erforderlich ist, diesen Zweck zu erreichen. Mittel und Zweck müssen dabei in einem angemessenen Verhältnis stehen. Demnach muss ein vertrauensenttäuschendes Gesetz nicht nur den vom Gesetzgeber verfolgten Zweck fördern. Es muss als Mittel zur Erreichung des Ziels auch erforderlich sein. D.h. es darf kein gleich wirksames, aber weniger belastendes Mittel geben. Neben den Kriterien der Geeignetheit und Erforderlichkeit muss die staatliche Maßnahme zusätzlich das Kriterium der Verhältnismäßigkeit im engeren Sinne erfüllen. Insoweit ist zu ermitteln, ob die mit der Maßnahme einhergehende Beeinträchtigung des Bürgers außer Verhältnis zu dem mit ihr verfolgten Zweck steht. Hier sind also Mittel und Zweck in Relation zueinander zu betrachten. Aus methodischer Sicht ist somit die Entscheidung über die Zulässigkeit oder Unzulässigkeit einer Rückwirkung das Resultat einer am Verhältnismäßigkeitsprinzip orientierten Einzelfallabwägung zwischen dem Bestandsinteresse und staatlicher Regelungsnotwendigkeit.

Abwägung ist ein flexibles Modell und ermöglicht die Berücksichtigung aller Umstände des konkreten Falls. Damit geht aber auch die Schwäche der Abwägungslehre einher. Die Einzelfallgerechtigkeit führt zur Unvorhersehbarkeit der Ergebnisse, die Billigkeitserwägungen begründen die Gefahr der Willkür.[229] Dies bedeutet wiederum Rechtsunsicherheit. Zwar handelt es sich bei einer Abwägungsentscheidung um eine Wertentscheidung. Einem Abwägungsvorgang haften also immer Billigkeitserwägungen an. Die Berücksichtigung der konkreten Umstände des Falles ist dem Abwägungsmodell immanent. Die Möglichkeit, auf den Einzelfall reagieren zu können und jeweils eine angemessene Lösung zu finden, soll indes als Chance, die eine Abwägung bietet, begriffen werden. Die Bestimmung von praktisch verwertbaren, allgemeingültigen Kriterien für die Gewährung des Vertrauensschutzes ist dabei das Kernanliegen

228 *Kunig*, Das Rechtsstaatsprinzip, S. 419; *Muckel*, Kriterien des verfassungsrechtlichen Vertrauensschutzes bei Gesetzesänderungen, S. 106 f.; zur Bedeutung des Übermaßverbots und der Proportionalitätsmaxime für die Lösung von Interessenkonflikten *Blanke*, Vertrauensschutz im deutschen und europäischen Verwaltungsrecht, S. 135 f.

229 Zur Risiken des Abwägungsmodells *Muckel*, Kriterien des verfassungsrechtlichen Vertrauensschutzes bei Gesetzesänderungen, S. 23 f.

der Vertrauensschutzdogmatik.[230] Zudem hat, wie noch zu zeigen sein wird, eine Regelbildung stattgefunden, die eine Orientierungshilfe bei der Abwägung bietet.

III. Entscheidungspraxis des Bundesverfassungsgerichts

Während vorstehend das theoretische Konfliktlösungsmodell der Abwägung erörtert wurde, ist nun zu untersuchen, wie die Rechtspraxis das Spannungsverhältnis zwischen Bestands- und Änderungsinteressen auflöst.

1. Rückwirkungsdogmatik als Rechtsfortbildung

Im Falle divergierender Interessen obliegt es primär dem Gesetzgeber, eine abstrakte Wertentscheidung zu treffen und diese mittels gesetzlicher Regelung zum Ausgleich zu bringen.[231] Zwar finden die Besonderheiten des Einzelfalls auf der Gesetzesebene keine Berücksichtigung. Jedoch hat die Verwaltung die abstrakt-generelle Bewertung des Gesetzgebers im Einzelfall zu vollziehen und dabei die Umstände des konkreten Falles in ihre Entscheidung einzubeziehen. Die Gesetzesanwendung wird durch die Rechtsprechung kontrolliert.[232]

So hat der Gesetzgeber für den Bereich der Exekutive – unter Zugrundelegung und Modifizierung bundesverwaltungsgerichtlicher Judikatur zur Rücknahme rechtswidriger Verwaltungsakte – ein verfassungsrechtlich nicht zu beanstandendes Modell geschaffen.[233] Für den Bereich der Legislative ist ein Rückwirkungsverbot nur für Strafgesetze in Art. 103 Abs. 2 GG geregelt. Jenseits des Strafrechts ist ein Rückwirkungsverbot nicht vorgesehen. Die Vertrauensschutzdogmatik wird hier nach wie vor durch die Rechtsprechung des Bundesverfassungsgerichts bestimmt. Im Gegensatz zum Gesetzgeber konnten

---

230 *Muckel*, Kriterien des verfassungsrechtlichen Vertrauensschutzes bei Gesetzesänderungen, S. 24; ähnlich *Schwarz*, Vertrauensschutz als Verfassungsprinzip, S. 50, 55, der die Aufgabe der Dogmatik darin sieht, den Vertrauensschutz an der „richtigen" Stelle zwischen Korrekturbedürfnis und Beharrungswillen einzuordnen.

231 *Hesse*, Grundzüge des Verfassungsrechts der Bundesrepublik Deutschland, S. 210; siehe auch *Blanke*, Vertrauensschutz im deutschen und europäischen Verwaltungsrecht, S. 129. Zum Optimierungsauftrag des Gesetzgebers beim Prinzipienwiderspruch *Drüen*, Periodengewinn und Totalgewinn, S. 96 ff.

232 *Hesse*, Grundzüge des Verfassungsrechts der Bundesrepublik Deutschland, S. 210 ff.

233 §§ 48 ff. des Verwaltungsverfahrensgesetzes des Bundes sowie die entsprechenden Vorschriften der Verwaltungsverfahrensgesetze der Länder, siehe dazu *Blanke*, Vertrauensschutz im deutschen und europäischen Verwaltungsrecht, S. 129.

sich die mit dem Thema konfrontierten und zur Streitentscheidung verpflichteten Gerichte der Problematik nicht entziehen.[234] Die Rechtsprechung hat den Vertrauensschutzgedanken aus dem Wertesystem der Verfassung hergeleitet und ein allgemeines Rückwirkungsverbot entwickelt. Sie hat auch die Entscheidungsmaßstäbe für die Beurteilung der Zulässigkeit rückwirkender Gesetze aufgestellt. Die Rückwirkungsdogmatik ist daher ein Werk der Rechtsfortbildung.

2. *Rückwirkungsverbot des Bundesverfassungsgerichts*

Das Bundesverfassungsgericht hat den bestehenden Interessenkonflikt gesehen. Es erkennt das Vertrauensschutzinteresse des Einzelnen an. Gleichzeitig betont das Gericht die Notwendigkeit der Flexibilität der Gesetzgebung, die es dem Staat ermöglicht, Politik zu betreiben. Zu diesem Zweck wird dem Gesetzgeber ein weitreichender Handlungsspielraum zugebilligt. Ein absolutes Rückwirkungsverbot würde den Widerstreit zwischen der Verlässlichkeit der Rechtsordnung und der Notwendigkeit ihrer Änderung in nicht mehr vertretbarer Weise zu Lasten der Anpassungsfähigkeit der Rechtsordnung lösen.[235] Der Bürger könne sich daher nicht darauf verlassen, dass die Rechtslage für immer gleich bleibt. Der verfassungsrechtliche Vertrauensschutz geht insbesondere nicht so weit, den Staatsbürger vor jeder Enttäuschung zu bewahren.[236] Soweit nicht besondere Momente der Schutzwürdigkeit hinzutreten, genießt die bloß allgemeine Erwartung, das geltende Recht werde unverändert fortbestehen, keinen besonderen verfassungsrechtlichen Schutz.[237]

Gemäß der oben dargestellten methodischen Lösung ist eine das Vertrauen des Einzelnen tangierende Gesetzesänderung zulässig, wenn nach dem Ergebnis der einzelfallbezogenen Abwägung das gesetzgeberische Anliegen das ihm gegenüberstehende Vertrauensschutzinteresse überwiegt. Das Bundesverfassungsgericht folgt im Prinzip diesem Abwägungsmodell. Über eine lange Kette von Entscheidungen bildete sich allerdings eine eigenständige Systematik heraus.[238] Nicht in jeder vertrauensschutzrelevanten Konstellation nimmt das

---

234 Besteht wie hier eine Lücke in dem vorhandenen Recht, haben die Gerichte die Kompetenz und die Pflicht zur Fortbildung und Ergänzung des Rechts, siehe hierzu *Röhl/Röhl*, Allgemeine Rechtslehre, S. 573 f.

235 Vgl. BVerfGE 127, 1 (17); 114, 258 (301); 109, 133 (182); 105, 17 (40).

236 BVerfGE 127, 1 (17); 132, 302 (Rn. 45).

237 Ständige Rechtsprechung, zuletzt etwa BVerfGE 132, 302 (Rn. 45); 127, 1 (17); 125, 104 (135).

238 An dieser Stelle soll die Systematik lediglich skizziert werden. Eine detaillierte Darstellung der Rechtsprechung mit Nachweisen erfolgt im Kapitel 4.

Gericht eine Einzelfallabwägung vor. Die Prüfung eines rückwirkenden Gesetzes folgt vielmehr einem besonderen Regime.

Die herkömmliche Rückwirkungslehre des Bundesverfassungsgerichts ist auf der Unterscheidung zwischen zwei Formen der Gesetzesrückwirkung aufgebaut.[239] Als „echte" Rückwirkung ist ein Eingriff in abgeschlossene, der Vergangenheit angehörende Tatbestände definiert. Es werden also die bereits eingetretenen Rechtsfolgen geändert. Eine „unechte" Rückwirkung hat eine Norm hingegen dann, wenn sie gegenwärtige, nicht abgewickelte Tatbestände und Rechtsbeziehungen für die Zukunft regelt.

In einem ersten Schritt wird das auf dem Prüfstand stehende Gesetz in eine der Rückwirkungskategorien eingeordnet, für die jeweils eigene Zulässigkeitsvoraussetzungen gelten: Echt rückwirkende Gesetze sind grundsätzlich unzulässig, unechte grundsätzlich zulässig. Letztlich steht hinter diesem Vorgang eine typisierte Abwägungsentscheidung. Der Eingriff in einen abgeschlossenen Sachverhalt ist besonders schwerwiegend, das Vertrauen in den Fortbestand der Rechtslage ist stärker geschützt[240] und genießt daher regelmäßig Vorrang gegenüber dem Änderungsinteresse. So formuliert auch das Bundesverfassungsgericht,

---

239 Seit BVerfGE 11, 139 (146). Nach Ansicht von *Pieroth*, Rückwirkung und Übergangsrecht, S. 98 f., stützt sich diese Dichotomie auf die damals herrschende Lehre, die ebenfalls zwischen echter und unechter Rückwirkung unterschied, wenn sie diese auch etwas abweichend definierte; siehe auch *Maurer*, Kontinuitätsgewähr und Vertrauensschutz, in: Isensee/Kirchhof (Hrsg.), HdStR Bd. IV, § 79 Rn. 22 Fn. 31. Dem widerspricht *Iliopoulos-Strangas*, Rückwirkung und Sofortwirkung von Gesetzen, S. 92 f., 94. Das Bundesverfassungsgericht selbst äußert sich an keiner Stelle zum dogmatischen Hintergrund des zweigliedrigen Rückwirkungsbegriffs, dazu *Schwarz*, Vertrauensschutz als Verfassungsprinzip, S. 110. Die Zweiteilung war jedenfalls in dieser Form nicht literarisch vorbereitet, sondern bildete sich zufällig heraus. Denn ursprünglich qualifizierte das Bundesverfassungsgericht nur solche Gesetze als rückwirkend, die in bereits verwirklichte Sachverhalte nachträglich eingreifen. Davon grenzte es die Fälle des normativen Einwirkens auf gegenwärtige, noch nicht abgeschlossene Sachverhalte für die Zukunft ab und sah darin das Problem der Rückwirkung nicht. Für derartige Gesetze hat sich die Bezeichnung „unechte" Rückwirkung eingebürgert. Diese anfangs als uneingeschränkt zulässig angesehene Rückwirkung hatte keine eigenständige Bedeutung. Sie diente lediglich als begriffliche Abgrenzung zur verfassungsrechtlich relevanten Form der „echten" Rückwirkung. Erst später wurde auch diese Form der Rückwirkung zu einer eigenen Rückwirkungskategorie erhoben, in diesem Sinne auch *Götz*, Bundesverfassungsgericht und Vertrauensschutz, in: Starck/Drath (Hrsg.), S. 421 (435 f.).

240 Vgl. BVerfGE 30, 250 (268).

dass die Kategorie der echten Rückwirkung ihre Rechtfertigung darin findet, „dass mit ihr eine Fallgruppe gekennzeichnet ist, in der der Vertrauensschutz regelmäßig Vorrang hat, weil der in der Vergangenheit liegende Sachverhalt mit dem Eintritt der Rechtsfolge kraft gesetzlicher Anordnung einen Grad an Abgeschlossenheit erreicht hat, über den sich der Gesetzgeber vorbehaltlich besonders schwerwiegender Gründe nicht mehr hinwegsetzen darf."[241] Das Vertrauen in den Fortbestand der Rechtslage bei einem Eingriff in einen noch offenen, in der Entwicklung befindlichen Sachverhalt ist hingegen weniger schutzwürdig. Dementsprechend räumt das Gericht der gesetzgeberischen Gestaltungsfreiheit einen generellen Vorrang vor dem Vertrauensschutzinteresse des Bürgers ein und bescheinigt der unechten Rückwirkung grundsätzliche Zulässigkeit. Vergleichbar mit der Rechtsprechung des Bundesverfassungsgerichts zum „Kernbereich" und zur „Peripherie" eines Freiheitsgrundrechts richtet sich auch hier die Unterscheidung zwischen den beiden Rückwirkungsarten nach der Eingriffsintensität.

Zwar hat die Einordnung in eine der Rückwirkungskategorien vorentscheidende Bedeutung, ein Verdikt über die Rechtmäßigkeit der rückwirkenden Norm ist damit jedoch noch nicht ausgesprochen.[242] Denn eine im Regelfall unzulässige echte Rückwirkung kann ausnahmsweise zulässig sein. Dies ist der Fall, wenn schutzwürdiges Vertrauen nicht oder nicht mehr vorhanden ist oder zwingende Gründe des gemeinen Wohls eine Rückwirkung rechtfertigen. Das Bundesverfassungsgericht hat die Anwendungsfälle, in denen sich das Vertrauen von vornherein als nicht schützenswert erweist, in Fallgruppen typisiert. Dazu gehören etwa Konstellationen, in denen sich kein Vertrauen bilden konnte oder ein zunächst vorhandenes Vertrauen später entfallen ist, etwa wenn die

---

241 BVerfGE 127, 1 (19).

242 *Drüen*, Rückwirkende Nichtanwendungsgesetze im Steuerrecht, StuW 2015, S. 210 (212), hält die Kategorisierung in die „Schublade" echter und unechter Rückwirkungen nur für den ersten, vorläufigen Schritt im Abwägungsprozess, der nicht vom Abwägungsgebot im Einzelfall enthebt und noch nichts Endgültiges über die verfassungsrechtliche Zulässigkeit der Rückwirkung besagt. Auch *Mellinghoff*, Vertrauen in das Steuergesetz, in: DStJG 27 (2004), S. 25 (41 ff.), geht davon aus, dass der tradierte zweigeteilte Rückwirkungsbegriff den Abwägungsprozess vorzustrukturieren sucht, um eine unüberschaubare Einzelfallkasuistik zu vermeiden. *Maurer*, Kontinuitätsgewähr und Vertrauensschutz, in: Isensee/Kirchhof (Hrsg.), HdStR Bd. IV, § 79 Rn. 27, spricht in diesem Zusammenhang vom Richtpunktcharakter. Mit der Einordnung in die Rückwirkungskategorien werde nicht das Ergebnis des jeweiligen Falles vorweggenommen, sondern lediglich eine fallspezifische Betrachtung, Argumentation und Rechtfertigungslast festgelegt.

Gesetzesänderung für den Normadressaten vorhersehbar war. Der Vertrauensschutz wird auch dann versagt, wenn die Belastung infolge der Rückwirkung nur eine Bagatelle darstellt. Zudem kann eine echte Rückwirkung ausnahmsweise zulässig sein, wenn zwingende, dem Gebot der Rechtssicherheit übergeordnete Gründe des Gemeinwohls vorliegen. Bei dieser Fallgruppe handelt es sich nicht um eine Typisierung von Vertrauen ausschließenden Tatbeständen. Als eine Art Auffangtatbestand ermöglicht sie eine Abwägung divergierender Interessen im Einzelfall.[243]

Auch ein grundsätzlich zulässiges Gesetz mit unechter Rückwirkung kann nach Ansicht des Bundesverfassungsgerichts ausnahmsweise unzulässig sein.[244] Dies ist durch eine Abwägung des Vertrauens des Einzelnen auf die Fortgeltung der Rechtslage mit der Bedeutung des gesetzgeberischen Anliegens für das Wohl der Allgemeinheit zu ermitteln.[245] Dabei ist der Grundsatz der Verhältnismäßigkeit zu wahren.[246] Überwiegt das Vertrauen auf den Fortbestand der gesetzlichen Regelung, ist die Rückwirkung unzulässig. Vorwegnehmend ist an dieser Stelle zu erwähnen, dass das Bundesverfassungsgericht nun auch für den Bereich der unechten Rückwirkung typisierte Vertrauenstatbestände entwickelt hat. Das sind die Vertrauenstatbestände der verbindlichen Disposition, der konkret verfestigten Vermögensposition und der vollständigen Verwirklichung des materiellen Normtatbestandes.[247] Liegt einer dieser schutzwürdigen Vertrauenstatbestände vor, kann deren Entwertung nur ausnahmsweise unter strenger Beachtung des Verhältnismäßigkeitsgrundsatzes gerechtfertigt sein.

Abschließend ist festzuhalten, dass der Rückwirkungsrechtsprechung des Bundesverfassungsgerichts eine typisierte Abwägungsentscheidung zugrunde liegt. Es findet keine allgemeine Abwägung der widerstreitenden Interessen in jedem einzelnen Fall statt. Die Rückwirkungsdogmatik ist durch den Dualismus des Rückwirkungsbegriffs geprägt. Die Differenzierung bezeichnet verschiedene Problemlagen, für deren Beurteilung grundsätzlich unterschiedliche verfassungsrechtliche Maßstäbe gelten. Die Einordnung in eine der Rückwirkungsarten löst jedoch keinen Automatismus aus. Das spiegelbildliche Regel-Ausnahme-Verhältnis soll lediglich einen Ausgangspunkt bilden.

---

243 Zu den einzelnen Ausnahmetatbeständen siehe Kapitel 4.D.I.

244 Ständige Rechtsprechung, zuletzt BVerfGE 148, 217 (Rn. 136).

245 Dazu ausführlich unten Kapitel 4.D.II.

246 Z.B. BVerfGE 72, 200 (242 f.); 95, 64 (86); 101, 239 (263); 123, 186 (257).

247 BVerfGE 127, 1 (21 ff.); 127, 31 (49 ff., 57 ff.); 127, 61 (80 ff.), hierzu unten Kapitel 5.

D. Zusammenfassung

Die Suche nach einem einheitlichen Rückwirkungsbegriff ist äußerst mühsam. Versteht man unter Gesetzesrückwirkung einen irgendwie gearteten Vergangenheitsbezug einer Norm, wird damit jede Gesetzesänderung erfasst. Dies ist nicht problemlösend. Verengt man den Begriff auf eine bestimmte Art der Gesetzgebungstechnik, wie etwa Vordatierung einer Norm, beschränkt man zugleich die Rückwirkungsproblematik auf nur einen Teil der möglichen Fälle der Vertrauensverletzung. Mit der Festlegung eines Rückwirkungsbegriffs ist die Vertrauensschutzproblematik nicht zu erfassen. Entscheidend für die Gewährung des Vertrauensschutzes, der Sinn und Zweck des Rückwirkungsverbots bildet, ist vielmehr die Schutzwürdigkeit des Vertrauens der Betroffenen. Die Bestimmung eines Rückwirkungsbegriffs ist daher nicht nur vergeblich, sondern auch nicht weiterführend.

Mit dem Vertrauensschutz wird oft die Kontinuitätsgewähr in Verbindung gebracht. Auch wenn es sich bei beiden Rechtsinstituten um die Zulässigkeit staatlichen Handelns auf der Zeitskala handelt, unterscheiden sie sich maßgeblich. Das Vertrauensschutzprinzip gewährt dem Bürger subjektiven Rechtsschutz gegen rückwirkende Gesetze. Das Kontinuitätsgebot fordert Stetigkeit, Berechenbarkeit und Voraussehbarkeit des Rechts. Es verbietet dem Gesetzgeber, das Vertrauen des Bürgers durch eine abrupte Gesetzesänderung zu enttäuschen und soll einen schonenden Übergang vom alten zum neuen Recht gewährleisten. Als ein objektives Rechtsprinzip führt es jedoch im Gegensatz zum Vertrauensschutz zu keinen praktischen Ergebnissen und bleibt trotz Bemühungen im Schrifttum um seine Konstitutionalisierung eine rechtspolitische Forderung.

Ausgangspunkt der Rückwirkungsproblematik ist ein Konflikt zwischen Stabilität und Flexibilität des Rechts. Der demokratisch legitimierte Gesetzgeber hat den Auftrag, das Recht zeitgerecht zu gestalten. Um die Rechtsalge an unvermeidlichen oder politisch gewollten Strukturwandel anzupassen, hat er die Befugnis, das neue Recht zu setzen und das bestehende zu ändern. Nur so kann der Staat handlungsfähig bleiben. Zudem legitimiert die periodisch stattfindende Wahl als wesentliches Element einer Demokratie den Gesetzgeber, die Vorstellungen der Mehrheit umzusetzen. Dies geht oft mit tiefgreifenden Gesetzesänderungen einher, was im Wahlkampf gerade versprochen wird. Auch die Prozesse der europäischen Integration und der Globalisierung erfordern ständige Reaktionen des Gesetzgebers. Nicht zuletzt führt die Notwendigkeit der Revisibilität des Rechts als essenzielle Voraussetzung einer Demokratie zu Gesetzesänderungen. Die Entwicklungsoffenheit ist somit dem Demokratieprinzip immanent. Eine grenzenlose Gestaltungsfreiheit kann der Gesetzgeber für sich dennoch nicht beanspruchen. Er ist an die verfassungsrechtlichen Vorgaben gebunden und hat sowohl die Grundrechte als auch die allgemeinen Verfassungsgrundsätze zu beachten.

Der Konflikt einer auf Dynamik angelegten demokratischen Grundordnung mit dem Bestandsinteresse des Bürgers ist vorgezeichnet. Die rechtlichen Rahmenbedingungen sind die Grundlage von Dispositionsentscheidungen des Bürgers, so dass er ein legitimes Interesse daran hat, dass diese auch in Zukunft von der Rechtsordnung anerkannt bleiben. Die Verlässlichkeit der Rechtsordnung ist wesentliche Voraussetzung für die Freiheit. Hinter dem Vertrauensschutz und der Rechtssicherheit steht somit letztlich der Freiheitswert.

Das Spannungsverhältnis zwischen Bestands- und Änderungsinteressen prägt die gesamte Rückwirkungsdogmatik. Hier prallen die im Demokratieprinzip verankerte gesetzgeberische Gestaltungsfreiheit und der verfassungsrechtliche Vertrauensschutz aufeinander. Damit stehen sich zwei Prinzipien von Verfassungsrang gegenüber. Da es eine Ewigkeitsgarantie einmal getroffener gesetzgeberischer Entscheidungen ebenso wenig wie eine unbeschränkte Gesetzgebungsfreiheit geben kann, ist durch Abwägung zu ermitteln, welches Interesse sich im konkreten Einzelfall durchsetzen kann. Es bedarf also der Gewichtung des Vertrauens des Einzelnen in den Fortbestand der Rechtslage und der Bedeutung des gesetzgeberischen Anliegens für das Wohl der Allgemeinheit. Häufig kann ein angemessener Ausgleich der kollidierenden Interessen mit Hilfe von Übergangsregelungen hergestellt werden.

Der Vertrauensschutzgrundsatz ist zwar mittlerweile allseits anerkannt, für den Bereich der Gesetzgebung jedoch – abgesehen vom strafrechtlichen Rückwirkungsverbot – bis heute nicht kodifiziert. Mithin fiel die Aufgabe, das Spannungsverhältnis zwischen widerstreitenden Interessen aufzulösen, der Rechtsprechung zu. In einer Reihe von Entscheidungen hat das Bundesverfassungsgericht das Vertrauensschutzprinzip ausgebildet und Zulässigkeitsgrenzen für die Rückwirkung von Gesetzen aufgestellt. Die von ihm angewandten Entscheidungsmaximen und Leitlinien haben sich zu einer ausdifferenzierten Dogmatik entwickelt.

Herkömmlich differenziert die Rechtsprechung zwischen zwei Formen der Rückwirkung von Gesetzen. Echte Rückwirkung liegt vor, wenn das Gesetz in bereits abgeschlossene Sachverhalte eingreift. Wegen des eklatanten Vertrauensbruchs ist diese grundsätzlich unzulässig, es sei denn, es liegt ein Ausnahmefall vor. Die Fallgestaltungen, in denen das Vertrauen typischerweise nicht schützenswert ist, stellte das Gericht in einem – nicht abschließenden – Ausnahmekatalog zusammen. Unechte Rückwirkung ist hingegen anzunehmen, wenn das Gesetz noch gegenwärtige, offene Rechtsbeziehungen betrifft. Während im Falle echter Rückwirkung durch den Eintritt der Rechtsfolge bereits bestätigtes Vertrauen zerstört wird, konterkariert unechte Rückwirkung lediglich zukunftsgerichtetes Vertrauen und ist daher grundsätzlich zulässig. Auch diese kann ausnahmsweise unzulässig sein, wenn das Vertrauensschutzinteresse das Änderungsinteresse überwiegt.

Rückwirkende Gesetze werden also zunächst je nach Eingriffsintensität separiert. Die unterschiedliche Eingriffsintensität ist ein legitimer Grund für die Differenzierung im Vertrauensschutzniveau. Mit dieser Unterscheidung wird eine typisierte Vorentscheidung getroffen, die lediglich eine Richtung für die Zulässigkeitsprüfung vorgibt. Nach der abstrakten, nicht fallbezogenen Abwägung wird also im Falle echter Rückwirkung das Vertrauen, im Falle unechter Rückwirkung das Änderungsinteresse als vorrangig bewertet. Trotz dieser Vorrangregelung handelt es sich um keine starre Regel.

Kapitel 3 – Rechtsdogmatische Grundlagen des Vertrauensschutzprinzips

Die Zulässigkeitsgrenzen rückwirkender Gesetzgebung korrespondieren mit der Reichweite des sie einschränkenden Vertrauensschutzprinzips. Das Rückwirkungsverbot findet im Grundsatz des Vertrauensschutzes nicht nur seinen Grund, sondern auch seine Grenze.[248] Der Maßstab für die Gewährung des Vertrauensschutzes wird maßgeblich durch die Rechtsgrundlage des Vertrauensgedankens vorgegeben.[249] Vor diesem Hintergrund lässt sich die Rückwirkungsproblematik nur nach der Bestimmung des dogmatischen Standortes des Vertrauensschutzprinzips befriedigend lösen.[250]

Die Frage nach dem rechtlichen Fundament des Vertrauensschutzes stellt sich, weil das Grundgesetz bis heute – von der punktuellen Regelung in Art. 103 Abs. 2 GG abgesehen – keine Stellung hierzu bezogen hat. Daher versuchte das mit der Prüfung rückwirkender Gesetze beschäftigte Bundesverfassungsgericht das Vertrauensschutzprinzip aus der Verfassung herzuleiten. Auch im Schrifttum mangelt es nicht an Begründungsansätzen. Als mögliche dogmatische Grundlagen werden neben den allgemeinen rechtlichen Grundsätzen des Zivilrechts die verfassungsrechtlichen Strukturprinzipien, insbesondere das Rechtsstaatsprinzip, sowie einzelne Grundrechte und grundrechtgleiche Rechte diskutiert. Zunehmend setzen sich auch kumulative Begründungsansätze durch. Angesichts der Vielzahl der vertretenen Auffassungen können hier nicht alle Positionen umfassend erörtert werden. Die nachfolgende Darstellung soll lediglich einen Überblick über den Meinungsstand geben.

---

248 So etwa BVerfGE 135, 1 (Rn. 64); 126, 369 (393); 101, 239 (266).

249 *Muckel*, Kriterien des verfassungsrechtlichen Vertrauensschutzes bei Gesetzesänderungen, S. 29.

250 *Hey*, Steuerplanungssicherheit als Rechtsproblem, S. 105 f., setzt eine verfassungsrechtliche Positionierung in Bezug auf den „Anspruch auf Steuerplanungssicherheit" voraus.

A. Zivilrechtlicher Begründungsansatz

Mittlerweile als überholt dürfte die Auffassung gelten, den Vertrauensschutz aus den zivilrechtlichen Rechtsgrundsätzen abzuleiten. So versuchte man, den Grundsatz von Treu und Glauben gemäß § 242 BGB[251], aber auch das aus ihm abgeleitete Verbot des „venire contra factum proprium"[252] sowie die Rechtsfigur der „culpa in contrahendo"[253] zur dogmatischen Begründung des Vertrauensschutzprinzips heranzuziehen.

Das zivilrechtliche Rechtsinstitut von Treu und Glauben und das öffentlich-rechtliche Vertrauensschutzprinzip haben in der Tat ähnliche Konfliktsituationen im Blick: Beide wollen vor willkürlichem Wechsel des maßgeblichen Verhaltens schützen, beiden ist der Gedanke der Verlässlichkeit und des Vertrauens immanent.[254] Im bilateralen Verhältnis zweier

---

251 Z.B. *Coing*, Grundsätzliches zur Rückwirkung von Gesetzen, BB 1954, S. 137 (138 f.); *Ossenbühl*, Vertrauensschutz im sozialen Rechtsstaat, DÖV 1972, S. 25 (27), der neben dem Grundsatz von Treu und Glauben auf das Prinzip der Rechtssicherheit abstellt; *Weinheimer*, Steuerliche Rückwirkung – ein umfassendes Problem, S. 104 ff. Auch das Bundesverwaltungsgericht stellte früher auf den Grundsatz von Treu und Glauben ab, siehe z.B. BVerwGE 8, 261 (269); 19, 188 (189). *Weber-Dürler*, Vertrauensschutz im öffentlichen Recht, S. 36 ff., 47, bemängelt einen oberflächlichen Bezug des Vertrauensschutzes als öffentlich-rechtliches Pendant zum privatrechtlichen Grundsatz von Treu und Glauben. Eine mangelnde Untersuchung des normativen Zusammenhangs beider Prinzipien kritisiert auch *Schwarz*, Vertrauensschutz als Verfassungsprinzip, S. 137. Zum Ganzen *Hey*, Steuerplanungssicherheit als Rechtsproblem, S. 113 ff.; *Kreibich*, Der Grundsatz von Treu und Glauben im Steuerrecht, S. 36; *Pieroth*, Rückwirkung und Übergangsrecht, S. 112 ff.; *Werder*, Dispositionsschutz bei der Änderung von Steuergesetzen zwischen Rückwirkungsverbot und Kontinuitätsgebot, S. 129.

252 Siehe etwa *Leisner*, Das Gesetzesvertrauen des Bürgers, in: Festschrift für F. Berber, S. 273 (294); *Weber-Dürler*, Vertrauensschutz im öffentlichen Recht, S. 43; *Hahn*, Zur Rückwirkung im Steuerrecht, S. 65 f.; kritisch *Aschke*, Übergangsregelungen als verfassungsrechtliches Problem, S. 319 f.

253 Dazu *Schwarz*, Vertrauensschutz als Verfassungsprinzip, S. 142 f.; *Werder*, Dispositionsschutz bei der Änderung von Steuergesetzen zwischen Rückwirkungsverbot und Kontinuitätsgebot, S. 129 ff.

254 *Muckel*, Kriterien des verfassungsrechtlichen Vertrauensschutzes bei Gesetzesänderungen, S. 29 f., mit weiteren Nachweisen in Fn. 4; *W.R. Schenke*, Gewährleistung bei Änderung staatlicher Wirtschaftsplanung, AöR Bd. 101, 1976, S. 337 (346), spricht von einer gedanklichen Verwandtschaft von Treu und Glauben und dem Vertrauensgrundsatz; *Seer*, in: Tipke/Lang (Hrsg.), Steuerrecht § 21 Rn. 13, verweist auf eine starke Affinität des Vertrauensschutzprinzips zum allgemeinen Rechtsgrundsatz von

Vertragsparteien[255] wie auch im Bürger-Staat-Verhältnis geht es um die Wahrung des Vertrauens, das durch ein bestimmtes Verhalten geschaffen wird und nicht ohne Grund verletzt werden darf. Bezweckt ist in beiden Fällen die Sicherung schützenswerten Vertrauens.[256] Auch ist es inzwischen unstreitig, dass die Generalklausel des § 242 BGB einen für die gesamte Rechtsordnung geltenden allgemeinen Rechtsgedanken zum Ausdruck bringt.[257] Dieser aus dem Zivilrecht stammende Grundsatz kommt somit auch im öffentlichen Recht und speziell im Steuerrecht zur Anwendung.[258] Versteht man die erforderliche Sonderrechtsverbindung sehr weit, gelten die Maßstäbe des § 242 BGB auch gegenüber der legislativen Gewalt.[259]

Gleichwohl eignen sich die zivilrechtlichen Grundsätze nicht als dogmatische Grundlage des Vertrauensschutzes.[260] Gegen diesen Begründungsansatz spricht

---

Treu und Glauben. Eine vergleichende Untersuchung beider Rechtsprinzipien findet sich bei *Kreibich*, Der Grundsatz von Treu und Glauben im Steuerrecht, S. 46 ff.

255 Zum Wesen des Vertragsbegriffs und zur Abgrenzung eines Vertragsverhältnisses von außervertraglichen Schuldverhältnissen im europäischen Kontext ausführlich *Reiher*, Der Vertragsbegriff im europäischen Internationalen Privatrecht, 2010.

256 *Kreibich*, Der Grundsatz von Treu und Glauben im Steuerrecht, S. 47 f.; *Muckel*, Kriterien des verfassungsrechtlichen Vertrauensschutzes bei Gesetzesänderungen, S. 30.

257 Siehe etwa *Grüneberg*, in: Palandt (Hrsg.), BGB, § 242 Rn. 1 f.; *Kreibich*, Der Grundsatz von Treu und Glauben im Steuerrecht, S. 20 ff. Keine Bedenken gegen den Verfassungsrang des Grundsatzes von Treu und Glauben hat *Maurer*, Kontinuitätsgewähr und Vertrauensschutz, in: Isensee/Kirchhof (Hrsg.), HdStR Bd. IV, § 79 Rn. 98; kritisch hingegen *Kreibich*, Der Grundsatz von Treu und Glauben im Steuerrecht, S. 27 ff. Zum Ganzen *W.R. Schenke*, Gewährleistung bei Änderung staatlicher Wirtschaftsplanung, AöR Bd. 101, 1976, S. 337 (360 Fn. 100).

258 BVerfGE 59, 128 (167). Aus dem Schrifttum *Grüneberg*, in: Palandt (Hrsg.), BGB, § 242 Rn. 4; *Maurer*, Kontinuitätsgewähr und Vertrauensschutz, in: Isensee/Kirchhof (Hrsg.), HdStR Bd. IV, § 79 Rn. 98; *Kreibich*, Der Grundsatz von Treu und Glauben im Steuerrecht, S. 6, 8 f.; siehe auch *Weinheimer*, Steuerliche Rückwirkung – ein umfassendes Problem, S. 104.

259 *Weinheimer*, Steuerliche Rückwirkung – ein umfassendes Problem, S. 104 f.; *Werder*, Dispositionsschutz bei der Änderung von Steuergesetzen zwischen Rückwirkungsverbot und Kontinuitätsgebot, S. 130, mit weiteren Nachweisen. *Schwarz*, Vertrauensschutz als Verfassungsprinzip, S. 141, verneint eine Übertragung des venire contra factum proprium auf das Verhältnis des Bürgers zur Legislative, weil es hier an einer partnerschaftlichen vertragsähnlichen Rechtsbeziehung gleichgeordneter Subjekte fehlt; siehe auch *Aschke*, Übergangsregelungen als verfassungsrechtliches Problem, S. 319 f.

260 *Kreibich*, Der Grundsatz von Treu und Glauben im Steuerrecht, S. 57, 59, versteht den Grundsatz von Treu und Glauben als eine im konkreten Steuerrechtsverhältnis

zum einen, dass angesichts der von Treu und Glauben zwingend vorausgesetzten Unredlichkeit einer Partei nicht alle Fälle schützenswerten Bürgervertrauens erfasst werden können. Die Gewährung des Vertrauensschutzes wäre demnach zu versagen, wenn den Gesetzgeber kein Vorwurf der Unredlichkeit trifft.[261] Die Anwendungsbereiche beider Grundsätze überschneiden sich demnach nur partiell. Ein auf eine zivilrechtliche Grundlage gestützter Vertrauensschutzgrundsatz kann nicht in allen Fällen berechtigten Bürgervertrauens gegenüber staatlicher Gewalt aktiviert werden und würde den Vertrauensschutz in unzulässiger Weise verengen.[262]

Zudem wirkt der Grundsatz von Treu und Glauben nicht in einem abstrakten Rechtsverhältnis zwischen Gesetzgeber und Gesetzesadressaten, sondern in einem konkreten Rechtsverhältnis.[263] Des Weiteren wird argumentiert, dass es eines Rückgriffs auf den allgemeinen Rechtsgedanken von Treu und Glauben angesichts des mittlerweile anerkannten speziell öffentlich-rechtlichen Vertrauensschutzes nicht bedarf, so dass keine Notwendigkeit für eine zusätzliche Fundierung besteht.[264] Vielmehr gehe die vertrauensschützende

---

besondere Ausprägung (Erscheinungsform) des Vertrauensschutzprinzips; siehe auch *Mainka*, Vertrauensschutz im öffentlichen Recht, S. 10.

261 So kann dem Staat bei einer Gesetzesänderung zur Herstellung eines dem geltenden Recht entsprechenden Zustandes kein unredliches oder dem Bürger gegenüber illoyales Verhalten vorgeworfen werden, *Mainka*, Vertrauensschutz im öffentlichen Recht, S. 12; zustimmend *Hey*, Steuerplanungssicherheit als Rechtsproblem, S. 116 f.; *Schwarz*, Vertrauensschutz als Verfassungsprinzip, S. 137.

262 Differenzierend *Maurer*, Kontinuitätsgewähr und Vertrauensschutz, in: Isensee/Kirchhof (Hrsg.), HdStR Bd. IV, § 79 Rn. 62, 67, 98, der im Falle der Rückwirkung von Gesetzen dem grundrechtlichen Begründungsansatz zustimmt, im Bereich der Exekutive hingegen das Vertrauensschutzprinzip auf den Grundsatz von Treu und Glauben sowie auf die Rechtssicherheit stützt.

263 Siehe *Kreibich*, Der Grundsatz von Treu und Glauben im Steuerrecht, S. 49 ff.; *Seer*, in: Tipke/Lang (Hrsg.), Steuerrecht, § 21 Rn. 13. Auf die Unterschiede zwischen dem zivilrechtlichen Vertrauensschutz und demjenigen des öffentlichen Rechts geht *Leisner*, Kontinuität als Verfassungsprinzip, S. 461 f., ein.

264 *Hey*, Steuerplanungssicherheit als Rechtsproblem, S. 117 f.; *Schwarz*, Vertrauensschutz als Verfassungsprinzip, S. 138 f.; auch nach *Blanke*, Vertrauensschutz im deutschen und europäischen Verwaltungsrecht, S. 32, ist auf die spezifischen öffentlich-rechtlichen Grundlagen zurückzugreifen, soweit das Öffentliche Recht eigenständige Prinzipien und Normen aufweist, die eine anwendungsbezogene Fundierung des Vertrauensschutzgedankens erlauben; allgemeine Rechtsprinzipien oder gar zivilrechtliche Rechtsinstitute treten dahinter als nachrangig zurück.

Wirkung des § 242 BGB im rechtsstaatlichen Rechtssicherheitsgebot auf.[265]

Schließlich wird gegen die Verortung des Vertrauensschutzes im Gebot von Treu und Glauben eingewendet, dass es sich bei diesem um ein generalklauselartiges und nur schwach konturiertes Rechtsprinzip ohne hinreichend konkreten Inhalt handelt. Es spreche nicht den Tatbestand, sondern nur die Rechtsfolge an, so dass sich aus ihm selbst keine Kriterien für die Beurteilung der Zulässigkeit von Gesetzesänderungen ergeben.[266] Auch aus diesem Grund sei der Grundsatz von Treu und Glauben als Rechtsgrundlage eines effektiven Vertrauensschutzes ungeeignet.

Entscheidend ist aber, dass ein die Stabilität der Rechtsordnung gewährleistender Vertrauensschutzgrundsatz der Verfassung entstammen muss, um seiner Funktion gerecht zu werden. In einem Kollisionsfall kann sich der Vertrauensschutz gegen entgegenstehende Verfassungsprinzipien nur dann behaupten, wenn er selbst Verfassungsrang aufweist.[267] In Gestalt des Rückwirkungsverbots soll das Vertrauensschutzprinzip die Handlungsbefugnis des demokratisch legitimierten Gesetzgebers einschränken, die auch den Erlass rückwirkender Gesetze umfasst. Diese Befugnis ist ihm von der Verfassung verliehen. Auf der Ebene der Legislative gerät also der Vertrauensschutz in Konflikt mit dem auf Veränderung angelegten Demokratieprinzip.[268] Die Grenzen für den Gesetzgeber können sich daher nur aus dem Grundgesetz ergeben.[269] Ein in den

---

265 *Muckel*, Kriterien des verfassungsrechtlichen Vertrauensschutzes bei Gesetzesänderungen, S. 31; a.A. *Weinheimer*, Steuerliche Rückwirkung – ein umfassendes Problem, S. 104 f., der den Grundsatz von Treu und Glauben als eine Ausformung des Rechtsstaatsprinzips versteht und daher ein Spezialitätsverhältnis annimmt.

266 So *Werder*, Dispositionsschutz bei der Änderung von Steuergesetzen zwischen Rückwirkungsverbot und Kontinuitätsgebot, S. 130 ff.; siehe auch *Schwarz*, Vertrauensschutz als Verfassungsprinzip, S. 138 ff.

267 *Muckel*, Kriterien des verfassungsrechtlichen Vertrauensschutzes bei Gesetzesänderungen, S. 30 f.

268 Dazu oben Kapitel 2.C.I.

269 *Pieroth*, Rückwirkung und Übergangsrecht, S. 230; *Schwarz*, Vertrauensschutz als Verfassungsprinzip, S. 103 f., 139, der die Ansiedelung des Vertrauensschutzes auf der Ebene des Verfassungsrechts auch für den Bereich der Exekutive fordert, wenn dieser geeignet sein soll, das ihm gegenüberstehende Prinzip der Gesetzmäßigkeit der Verwaltung zu durchbrechen. Der Gedanke von Treu und Glauben könne auf der Ebene unterhalb des Verfassungsrechts seine Wirkung entfalten, eine umfassende Geltung habe er in Ermangelung einer notwendigen verfassungsrechtlichen Dignität nicht. Auch nach *Blanke*, Vertrauensschutz im deutschen und europäischen Verwaltungsrecht, S. 32 f., wird eine Abwägung des Vertrauensschutzgrundsatzes und der durch

allgemeinen Rechtsgrundsätzen des Zivilrechts verankertes Rückwirkungsverbot vermag dies nicht. Dieses Ergebnis bestätigen auch Art. 20 Abs. 3 und Art. 1 Abs. 3 GG, wonach die Gesetzgebung an die verfassungsmäßige Ordnung, insbesondere an die Grundrechte gebunden ist. Die verfassungsrechtlich garantierte gesetzgeberische Gestaltungsfreiheit würde bereits auf der Ebene der abstrakten Wertigkeit der betroffenen Rechtsgüter gegenüber dem einfachgesetzlichen Vertrauensschutz stets Vorrang beanspruchen.

Aus diesen Gründen ist der Grundsatz von Treu und Glauben als dogmatische Grundlage des verfassungsrechtlichen Vertrauensschutzgrundsatzes an den Rand gedrängt worden. Die Rechtsquelle des Vertrauensschutzes ist in Bestimmungen des Grundgesetzes selbst zu suchen.

B. Das strafrechtliche Rückwirkungsverbot, Art. 103 Abs. 2 GG

Ein ausdrückliches Rückwirkungsverbot ist im Grundgesetz nur für das materielle Strafrecht vorgesehen.[270] Nach dem in Art. 103 Abs. 2 GG statuierten Grundsatz „nulla poena, nullum crimen sine lege" ist die Bestrafung wegen einer Tat nur dann zulässig, wenn dies im Zeitpunkt der Tatbegehung gesetzlich bestimmt war.[271] Die Norm richtet sich an den Gesetzgeber und gilt darüber hinaus für den Rechtsanwender.[272] Sie verbietet eine analoge, gewohnheitsrechtliche und rückwirkende Strafbegründung sowie Strafverschärfung und enthält zudem ein striktes Bestimmtheitsgebot.[273]

---

ihn verbürgten rechtlichen Interessen mit gleichwertigen konfligierenden Rechtsgütern erst durch die Qualifizierung des Vertrauensschutzes als Rechtsgrundsatz von Verfassungsrang möglich; so auch *Leisner*, Kontinuität als Verfassungsprinzip, S. 3, in Bezug auf die Rechtskontinuität.

270 Das Rückwirkungsverbot für Strafgesetze kannte bereits die Weimarer Reichsverfassung in Art. 116. In der Zeit des Nationalsozialismus wurde dieses Rückwirkungsverbot jedoch stark aufgeweicht und in zahlreichen Fällen durchbrochen, siehe hierzu *Dannecker*, Das intertemporale Strafrecht, S. 174 f.

271 Das Verbot rückwirkender Strafgesetze geht ursprünglich auf die psychologische Zwangstheorie Feuerbachs zurück, wonach eine Strafandrohung angekündigt werden muss, um präventiv wirken zu können, dazu etwa *Röhl/Röhl*, Allgemeine Rechtslehre, S. 580, 226.

272 *Kunig*, Das Rechtsstaatsprinzip, S. 417; *Pieroth*, in: Jarass/Pieroth (Hrsg.), GG, Art. 103 Rn. 74; vgl. auch BVerfGE 105, 135 (153).

273 BVerfGE 14, 174 (185); siehe auch BVerfGE 26, 41 (42); 71, 108 (115); 126, 170 (194).

Art. 103 Abs. 2 GG schützt also davor, dass die Bewertung des Unrechtsgehalts der Tat nachträglich zu Lasten des Täters geändert wird, sowie vor Verhängung einer höheren als der im Zeitpunkt der Tat gesetzlich angedrohten Strafe.[274] Der Begriff der Strafbarkeit wird weit ausgelegt. Erfasst sind alle staatlichen Maßnahmen, die eine hoheitliche Reaktion auf staatlich missbilligtes Verhalten darstellen und wegen dieses Verhaltens eine dem Schuldausgleich dienende Sanktion verhängen.[275] Somit fallen neben dem Kriminalstrafrecht und dem Ordnungswidrigkeitenrecht auch – allerdings mit gewissen sich aus der Natur der Rechtsgebiete ergebenden Einschränkungen – das Disziplinar-, Berufs- und Standesrecht in den Anwendungsbereich der Norm.[276] Umfasst sind neben dem Tatbestand einer Strafnorm Rechtfertigungs- und Schuldausschließungsgründe sowie Strafzumessungsregelungen, nicht hingegen die Regelungen der Strafverfolgung.[277] Auch für die strafrechtlichen Maßregeln der Besserung und Sicherung gilt das absolute Rückwirkungsverbot des Art. 103 Abs. 2 GG nicht.[278]

---

274 BVerfGE 109, 133 (172); 95, 96 (131), 81, 132 (135); 46, 188 (193); 25, 269 (285). Siehe aus dem Schrifttum *Dannecker*, Das intertemporale Strafrecht, S. 249 ff.; *Schneider*, Gesetzgebung, § 15 Rn. 537.

275 BVerfGE 109, 133 (167); 105, 135 (153 f.); 117, 71 (110). Art. 103 Abs. 2 GG gilt hingegen nicht für das Strafprozessrecht, BVerfGE 112, 304 (315); 113, 273 (308). Zum Ganzen *Dannecker*, Das intertemporale Strafrecht, S. 316 ff.; *Möstl*, Grundrechtliche Garantien im Strafverfahren, in: Isensee/Kirchhof (Hrsg.), HdStR Bd. VIII, § 179 Rn. 56; *Pieroth*, in: Jarass/Pieroth (Hrsg.), GG, Art. 103 Rn. 66.

276 BVerfGE 26, 186 (203 f.); 42, 261 (262 f.); 45, 346 (351); 116, 69 (82 f.).

277 So erklärte das Bundesverfassungsgericht die angesichts der drohenden Verjährung nationalsozialistischer Verbrechen erfolgte rückwirkende Verlängerung bzw. Aufhebung strafrechtlicher Verjährungsfristen für zulässig. Eine Verjährungsvorschrift berühre nicht die Strafbarkeit der Tat, sondern regele, wie lange eine für strafbar erklärte Tat verfolgt werden könne. Sie betreffe daher nicht den materiellen Gehalt einer strafrechtlichen Norm, sondern sei eine Regelung über die Strafverfolgung, die nicht in den Anwendungsbereich des Art. 103 Abs. 2 GG falle, BVerfGE 25, 269 (284 ff.). Siehe zum Ganzen *Pieroth*, in: Jarass/Pieroth (Hrsg.), GG, Art. 103 Rn. 64 ff.; *Voßkuhle/Kaufhold*, Grundwissen – Öffentliches Recht: Vertrauensschutz, JuS 2011, S. 794 (795).

278 Nach BVerfGE 109, 133 (167 ff.) fällt die rein präventive Maßnahme der Sicherungsverwahrung (§ 67d StGB) nicht unter Art. 103 Abs. 2 GG, da diese nicht der Sühne begangenen Unrechts diene, sondern lediglich in Anknüpfung an eine Anlasstat darauf ziele, die zukünftige Begehung von Straftaten zu verhindern.

Im Gegensatz zum rechtsstaatlichen Verbot rückwirkender Gesetzgebung ist das strafrechtliche Rückwirkungsverbot keiner Abwägung zugänglich.[279] Der Staat darf also unabhängig davon, ob ein schutzwürdiges Vertrauen vorliegt oder nicht, nur solches Verhalten als strafbare Handlung verfolgen, für das die Strafbarkeit sowie die Strafhöhe im Zeitpunkt der Tat gesetzlich bestimmt war. Die absolute[280] Geltung des strafrechtlichen Rückwirkungsverbots geriet allerdings im Zuge der Aufarbeitung der in der DDR begangenen Straftaten ins Wanken. Nach Auffassung des Bundesverfassungsgerichts soll eine Durchbrechung von Art. 103 Abs. 2 GG möglich sein, um offensichtliche, unerträgliche Verstöße gegen elementare Gebote der Gerechtigkeit zu verfolgen.[281] Bei derartigen schwerwiegenden Verletzungen von völkerrechtlich geschützten Menschenrechten müsse das positive Recht der Gerechtigkeit weichen.[282] Im Schrifttum wird diese Rechtsprechung wegen des Widerspruchs zum eindeutigen Wortlaut des Art. 103 Abs. 2 GG scharf kritisiert.[283]

Es liegt nahe, an der ausdrücklichen verfassungsrechtlichen Bestimmung des strafrechtlichen Rückwirkungsverbots anzuknüpfen und im Wege der Analogie oder des Umkehrschlusses Folgerungen für die Frage der Zulässigkeit rückwirkender Gesetze in anderen Bereichen der Rechtsordnung zu ziehen.[284] Art. 103

---

279 BVerfGE 109, 133 (171 f.); *Dannecker*, Das intertemporale Strafrecht, S. 267 ff.; *Schulze-Fielitz*, in: Dreier (Hrsg.), GG III, Art. 103 II Rn. 47 ff., 50; *Schmidt-Aßmann*, in: Maunz/Dürig/Herzog (Hrsg.), GG, Art. 103 Abs. 2 Rn. 238.

280 Ein absolutes strafrechtliches Rückwirkungsverbot enthält Art. 7 Abs. 1 Satz 1 der Europäischen Konvention zum Schutze der Menschenrechte und Grundfreiheiten vom 04.11.1950. Art. 7 Abs. 2 der Konvention sieht jedoch eine Einschränkung vor, wonach eine Bestrafung oder Verurteilung nicht ausgeschlossen ist, wenn die Tat zur Zeit ihrer Begehung nach den allgemeinen, von den zivilisierten Völkern anerkannten Rechtsgrundsätzen strafbar war. Hintergrund dieser Regelung war die Rechtfertigung der Nürnberger Militärgerichtsverfahren. Im Hinblick auf das absolute strafrechtliche Rückwirkungsverbot des Art. 103 Abs. 2 GG setzte die Bundesrepublik Deutschland diese Bestimmung der Konvention gemäß Art. 64 Abs. 1 EMRK unter Vorbehalt um (BGBl. II 1954, S. 14).

281 BVerfGE 95, 96 (134 f.).

282 BVerfGE 95, 96 (135).

283 Siehe etwa *Schulze-Fielitz*, in: Dreier (Hrsg.), GG III, Art. 103 II Rn. 56 f.; *Schwarz*, Vertrauensschutz als Verfassungsprinzip, S. 148 ff.; instruktiv zum Ganzen *Buchner*, Die Rechtswidrigkeit der Taten von Mauerschützen im Lichte von Art. 103 II GG unter besonderer Berücksichtigung des Völkerrechts, 1996.

284 Siehe etwa *Pieroth*, Rückwirkung und Übergangsrecht, S. 131 f., mit weiteren Nachweisen.

Abs. 2 GG stellt jedoch eine spezielle Regelung gerade für den Bereich des Strafrechts dar und ist als besonderer Schutz des Bürgers vor unvorhersehbarer staatlicher Strafgewalt zu verstehen.[285] Diese Bestimmung des Grundgesetzes ist eine spezielle und inhaltlich strenger gefasste Konkretisierung allgemeiner rechtsstaatlicher Anforderungen für den Bereich des Strafrechts.[286] Das bedeutet, dass das strafrechtliche Rückwirkungsverbot ausschließlich für das Strafrecht gilt und nicht auf andere Teilrechtsordnungen übertragbar ist.[287]

Obgleich im Schrifttum zum Teil dafür plädiert wird[288], lehnt das Bundesverfassungsgericht eine Ausdehnung auch auf das Steuerrecht ausdrücklich ab.[289] Auch wenn man eine planwidrige Unvollständigkeit des positiven Rechts (Regelungslücke) annimmt, fehlt es an einer vergleichbaren Interessenlage.[290] Zwar handelt es sich beim Straf- wie beim Steuerrecht um staatliches Eingriffsrecht. Der strafrechtliche Grundrechtseingriff unterscheidet sich jedoch von anderen Grundrechtseingriffen durch den ihm eigenen sozialethischen Schuldvorwurf sowie seine Belastungsintensität.[291] Das Strafrecht bezweckt primär die Ahndung strafwürdigen Unrechts, während die steuerrechtlichen Vorschriften der Einkünfteerzielung dienen. Diese strukturellen Unterschiede zwischen den beiden Rechtsmaterien schließen eine Analogie aus.[292]

Andererseits kann aus dem Umstand, dass der Verfassungsgeber nur für Strafgesetze ein ausdrückliches Rückwirkungsverbot aufstellt, nicht gefolgert

---

285 BVerfGE 109, 133 (172): „Normzweck des Art. 103 Abs. 2 GG ist ein erhöhter rechtsstaatlicher Schutz gegenüber spezifisch strafrechtlichen Maßnahmen, mit denen der Staat auf schuldhaftes Unrecht antwortet." Siehe dazu auch *Schmidt-Aßmann*, in: Maunz/Dürig/Herzog (Hrsg.), GG, Art. 103 Abs. 2 Rn. 238.

286 *Möstl*, Grundrechtliche Garantien im Strafverfahren, in: Isensee/Kirchhof (Hrsg.), HdStR Bd. VIII, § 179 Rn. 56.

287 BVerfGE 30, 367 (385): „Das absolute Rückwirkungsverbot des Strafrechts gilt nicht allgemein für die Rechtsordnung." Ferner BVerfGE 88, 384 (403); 95, 64 (82).

288 Siehe Nachweise bei *Hey*, Steuerplanungssicherheit als Rechtsproblem, S. 241 Fn. 178.

289 BVerfGE 7, 89 (95), allerdings ohne nähere Begründung; ablehnend auch *Pieroth*, Rückwirkung und Übergangsrecht, S. 132: „Eine Steuer mag zwar manchem als Strafe erscheinen; dem Versuch, Grenzen rückwirkender Steuergesetzgebung aus Art. 103 Abs. 2 GG ableiten zu wollen, steht aber die Grenzfunktion des Wortlauts allzu deutlich entgegen." Siehe ferner *Kunig*, Das Rechtsstaatsprinzip, S. 417 f.; *Tipke*, Die Steuerrechtsordnung I, S. 147.

290 Zu den Voraussetzungen einer Analogie siehe etwa *Larenz/Canaris*, Methodenlehre der Rechtswissenschaft, S. 202 ff.

291 *R. P. Schenke*, Die Rechtsfindung im Steuerrecht, S. 374.

292 Vgl. *Hey*, Steuerplanungssicherheit als Rechtsproblem, S. 242.

werden, Rückwirkungen seien im Übrigen unbedenklich.[293] Gerade weil Art. 103 Abs. 2 GG streng auf das Strafrecht begrenzt ist, kann er keine allgemeine Aussage zur Rückwirkungsdogmatik liefern.[294] Daher ist auch ein Umkehrschluss aus dieser Norm abzulehnen.[295]

Als Zwischenergebnis ist festzuhalten, dass die Verfassung dem Gesetzgeber ausdrückliche Grenzen lediglich für rückwirkende strafrechtliche Normen setzt. Die Wirkung des Art. 103 Abs. 2 GG ist auf das Strafrecht begrenzt. Aus diesem speziellen, ausschließlich für das Strafrecht geltenden Rückwirkungsverbot lassen sich keine Schlüsse für die restliche Rechtsordnung ziehen.[296]

C. Grundrechte als Rechtsquelle des Vertrauensschutzgrundsatzes

Angesichts ihrer subjektiv-rechtlichen Gewährleistungen und ihrer abwehrrechtlichen Ausrichtung[297] werden insbesondere Grundrechte als verfas-

---

293 BVerfGE 126, 369 (393); 109, 133 (180); 88, 384 (403); a.A. *Meyer-Cording*, Die Rückwirkung von Gesetzen, JZ 1952, S. 161 (165); siehe auch *Lepsius*, Zur Neubegründung des Rückwirkungsverbotes aus der Gewaltenteilung, JZ 2014, S. 488 (492 f.).

294 BVerfGE 72, 200 (257); 88, 384 (403); schon früher BVerfGE 2, 237 (265). Aus der Literatur *Schwarz*, Vertrauensschutz als Verfassungsprinzip, S. 159 f.; *Schmidt-Aßmann*, in: Maunz/Dürig/Herzog (Hrsg.), GG, Art. 103 Abs. 2 Rn. 238; siehe auch *Kunig*, Das Rechtsstaatsprinzip, S. 418; *Pieroth*, Rückwirkung und Übergangsrecht, S. 131 f.

295 Das Rückwirkungsverbot des Art. 103 Abs. 2 GG gilt für das Steuerstrafrecht (§§ 169 ff. AO), siehe dazu *Tipke*, Die Steuerrechtsordnung I, S. 147.

296 *Götz*, Bundesverfassungsgericht und Vertrauensschutz, in: Starck/Drath (Hrsg.), S. 421 (431); zustimmend *Maurer*, Kontinuitätsgewähr und Vertrauensschutz, in: Isensee/Kirchhof (Hrsg.), HdStR Bd. IV, § 79 Rn. 59: Die Regelung des Art. 103 Abs. 2 GG bringe dennoch einen allgemeinen Rechtsgedanken zum Ausdruck, wonach der Bürger sich darauf verlassen können muss, dass sein Verhalten, das der jeweils geltenden Rechtslage entspricht, nicht nachträglich durch Erlass einer rückwirkenden Norm in ein rechtswidriges umqualifiziert wird. Dies muss über den Regelungsbereich des Art. 103 Abs. 2 GG hinaus für alle belastenden Regelungen gelten, die ein bestimmtes Verhalten im Nachhinein als rechtswidrig einstufen.

297 *Muckel*, Kriterien des verfassungsrechtlichen Vertrauensschutzes bei Gesetzesänderungen, S. 35 f., der als weitere Vorteile einer Grundrechtsorientierung die Überwindung der Einzelfallgerechtigkeit, die Erleichterung bei der Suche nach generalisierbaren Kriterien für die Gewährung von Vertrauensschutz sowie die zwingende Beachtung des Verhältnismäßigkeitsgrundsatzes nennt. *Hey*, Steuerplanungssicherheit als Rechtsproblem, S. 130 f., 134, weist auf die mit der Grundrechtsorientierung

sungsdogmatische Grundlage des Vertrauensschutzes diskutiert. Vor diesem Hintergrund greift sowohl ein Teil des Schrifttums[298] als auch das Bundesverfassungsgericht[299] zur Begründung des Vertrauensschutzgrundsatzes auf Grundrechte zurück. Abgestellt wird dabei auf einzelne, von der jeweiligen rückwirkenden Regelung betroffene Grundrechte.[300] Im Bereich des Steuerrechts kommen insbesondere das Eigentumsgrundrecht des Art. 14 Abs. 1, aber auch Art. 12 Abs. 1 und Art. 2 Abs. 1 GG in Betracht. Im Folgenden ist zu untersuchen, ob den einzelnen Grundrechten Vertrauensschutz immanent ist und ob sich diese als Grundlagen eines allgemeinen, selbstständigen Vertrauensschutzes eignen.

---

einhergehende Umkehrung der Argumentationslast zugunsten des Bürgers hin, weil der freiheitseinschränkende Staat einen Grundrechtseingriff zu rechtfertigen hat.

298 Insbesondere *Schwarz*, Vertrauensschutz als Verfassungsprinzip, S. 145 ff., 232 ff.; siehe auch *Blanke*, Vertrauensschutz im deutschen und europäischen Verwaltungsrecht, S. 51 ff., 109 ff.; *Kunig*, Das Rechtsstaatsprinzip, S. 418 ff.; *Maurer*, Kontinuitätsgewähr und Vertrauensschutz, in: Isensee/Kirchhof (Hrsg.), HdStR Bd. IV, § 79 Rn. 62, 67 ff.; *Muckel*, Kriterien des verfassungsrechtlichen Vertrauensschutzes bei Gesetzesänderungen, S. 35 ff.; *Pieroth*, Rückwirkung und Übergangsrecht, S. 132 ff. Nach *Götz*, Bundesverfassungsgericht und Vertrauensschutz, in: Starck/Drath (Hrsg.), S. 421 (431 f.), würde die Ableitung, welche das Rückwirkungsverbot in Zusammenhang mit den einzelnen Grundrechten bringt, den Charakter des Rückwirkungsverbotes als einen eigenständigen Verfassungsgrundsatz auflösen.

299 Siehe Nachweise in den folgenden Fußnoten.

300 Abgelehnt wird hingegen der Versuch, Vertrauensschutz aus den objektiv-institutionellen Gehalten der Grundrechte abzuleiten. Diese seien zum einen funktional nicht geeignet, dem Bürger einen verfassungsrechtlich durchsetzbaren Vertrauensschutz zu gewähren. Zum anderen könnten die institutionellen Grundrechtsgarantien eine verfassungsrechtliche Absicherung jeder das Institut ausformenden, einfachgesetzlichen Einzelregelung nicht gewährleisten, so dass weite Bereiche schutzwürdigen individuellen Vertrauens vom verfassungsrechtlichen Schutz ausgeschlossen wären, siehe hierzu *Muckel*, Kriterien des verfassungsrechtlichen Vertrauensschutzes bei Gesetzesänderungen, S. 36 ff.; *Schwarz*, Vertrauensschutz als Verfassungsprinzip, S. 169 ff. Zum Versuch, einen Kontinuitätsgehalt aus den Freiheitsgrundrechten in deren Funktion als objektives Wertordnungssystem zu entnehmen *Leisner*, Kontinuität als Verfassungsprinzip, S. 247 ff.

I. Eigentumsfreiheit, Art. 14 Abs. 1 GG

Die Gewährleistungen der Eigentumsgarantie des Art. 14 Abs. 1 GG weisen eine besondere Nähe zum Vertrauensschutzgedanken auf.[301] Daher bietet sich dieses Grundrecht als Grundlage des Vertrauensschutzprinzips an. Aus diesem Grund widmen sowohl das Schrifttum als auch die Verfassungsjudikatur der Eigentumsgarantie im Zusammenhang mit der Vertrauensschutzproblematik besondere Aufmerksamkeit.

In die Zukunft gerichtet verbietet Art. 14 Abs. 1 GG dem Gesetzgeber, das Eigentum als Rechtsinstitut abzuschaffen (Institutsgarantie). In seiner abwehrrechtlichen Ausprägung schützt Art. 14 Abs. 1 GG die bereits erworbenen vermögenswerten Rechtspositionen, die sich durch Merkmale der Privatnützigkeit und der grundsätzlichen Verfügungsbefugnis des Eigentümers kennzeichnen.[302] Die Bestands- oder Rechtsstellungsgarantie[303] ist vergangenheitsbezogen. Gegenstand und Umfang des durch Art. 14 GG gewährleisteten Bestandsschutzes ergeben sich aus der Gesamtheit der verfassungsmäßigen Gesetze, die den Inhalt des Eigentums im Zeitpunkt der Neuregelung durch den Gesetzgeber bestimmen.[304] In ihrer Funktion als Rechtsstellungsgarantie kann die Eigentumsfreiheit Bestandsschutz vermitteln. Sie kann der gesetzgeberischen Tätigkeit bei Neuordnung der Eigentumsverhältnisse Grenzen setzen, wenn der Bestand bereits erworbener Rechtspositionen vermögenswerter Art berührt ist.[305] Da das Eigentumsgrundrecht einen Freiheitsraum im vermögensrechtlichen Bereich sichern soll[306], muss sich der Bürger auf den Bestand seiner Rechte verlassen können. Hierin wird die vertrauensschützende Dimension dieses Grundrechts besonders deutlich. Art. 14 GG schützt also das Vertrauen des Bürgers auf den

---

301 *Muckel*, Kriterien des verfassungsrechtlichen Vertrauensschutzes bei Gesetzesänderungen, S. 40; *Werder*, Dispositionsschutz bei der Änderung von Steuergesetzen zwischen Rückwirkungsverbot und Kontinuitätsgebot, S. 59; vgl. auch *Blanke*, Vertrauensschutz im deutschen und europäischen Verwaltungsrecht, S. 110 f.; *Pieroth*, Rückwirkung und Übergangsrecht, S. 136.

302 BVerfGE 58, 300 (345); 37, 132 (140); 50, 290 (339); 52, 1 (31).

303 BVerfGE 58, 300 (336, 352); 24, 367 (389). Zum Ganzen *Papier*, in: Maunz/Dürig/Herzog (Hrsg.), GG, Art. 14 Rn. 1, 11; *Wieland*, in: Dreier (Hrsg.), GG I, Art. 14 Rn. 25, 29.

304 BVerfGE 58, 300 (336).

305 BVerfGE 31, 275 (293); 58, 81 (121).

306 *Wieland*, in: Dreier (Hrsg.), GG I, Art. 14 Rn. 30, 130; aus der Rechtsprechung z.B. BVerfGE 93, 121 (137); 102, 1 (15).

Fortbestand seiner Vermögensrechte.[307] Insoweit ist der Vertrauensschutz dem Eigentum immanent.[308]

Auch das Bundesverfassungsgericht hat die besondere Bedeutung dieses Grundrechts im Hinblick auf den Vertrauensschutz erkannt. Die Eigentumsgarantie rückte immer mehr in den Vordergrund seiner Rückwirkungsjudikatur. Es hat wiederholt ausgeführt, dass es eine wesentliche Funktion der Eigentumsgarantie sei, dem Bürger Rechtssicherheit hinsichtlich der durch Art. 14 Abs. 1 GG geschützten Rechtsgüter zu gewährleisten und so das Vertrauen auf das durch die verfassungsmäßigen Gesetze ausgeformte Eigentum zu schützen.[309] Der rechtsstaatliche Grundsatz des Vertrauensschutzes habe für die vermögenswerten Güter im Eigentumsgrundrecht eine eigene Ausprägung und verfassungsrechtliche Ordnung erfahren.[310] Greift also ein rückwirkendes Gesetz in Eigentumspositionen ein, ist der durch Art. 14 Abs. 1 GG vermittelte eigentumsrechtliche Vertrauensschutz spezieller gegenüber dem rechtsstaatlichen Vertrauensschutzgrundsatz. Er reicht weiter als der (allgemeine) rechtsstaatliche, weil der Gesetzgeber bei Eingriffen in von Art. 14 GG geschützte subjektive Rechte legitimierende Gründe auch dann benötigt, wenn der Betroffene mit der Rechtsänderung rechnet.[311] Die Vorhersehbarkeit einer gesetzlichen Neuregelung, die nach der herkömmlichen Rückwirkungsjudikatur das Vertrauen entfallen lässt und damit den Weg für eine rückwirkende Regelung frei macht, würde demnach zur Rechtfertigung im Bereich des Art. 14 GG nicht genügen.

Die Eigentumsgarantie vermittelt in vielen Fallkonstellationen einen speziellen Vertrauensschutz[312], erfasst die verfassungsrechtliche Vertrauens-

---

307 Nach *Maurer*, Kontinuitätsgewähr und Vertrauensschutz, in: Isensee/Kirchhof (Hrsg.), HdStR Bd. IV, § 79 Rn. 69, ist der Vertrauensschutz ein integraler Teil der Eigentumsgarantie, der zum einen in der Bestandsgarantie des Art. 14 Abs. 1 GG aufgeht, zum anderen eine Direktive bei den Inhalts- und Schrankenbestimmungen des Eigentums bildet.

308 *Papier*, in: Maunz/Dürig/Herzog (Hrsg.), GG, Art. 14 Rn. 268; siehe auch *Muckel*, Kriterien des verfassungsrechtlichen Vertrauensschutzes bei Gesetzesänderungen, S. 41; *Wieland*, in: Dreier (Hrsg.), GG I, Art. 14 Rn. 130.

309 So etwa BVerfGE 95, 64 (82); 36, 281 (293); 53, 257 (309); 45, 142 (168).

310 BVerfGE 117, 272 (294); 101, 239 (257); 95, 64 (82); 76, 220 (244 f.); 71, 1 (11 f.); 64, 87 (104); 58, 81 (120 f.); 31, 275 (290 f.).

311 BVerfGE 31, 275 (293); 58, 81 (121).

312 Vor diesem Hintergrund kann die Eigentumsgarantie als partieller Vertrauensschutz verstanden werden, siehe dazu *Brüning*, Die Rückwirkung von Legislativakten, NJW 1998, S. 908 (910 f.).

schutzproblematik jedoch nicht abschließend.[313] Die vertrauensschützende Wirkung des Art. 14 GG geht zwar zum Teil über den rechtsstaatlichen Vertrauensschutz hinaus, ist aber zugleich auf den Gewährleistungsbereich dieses Grundrechts beschränkt. Der Schutzbereich der Eigentumsgarantie erfasst den vermögenswerten Bereich, nicht hingegen bloße Chancen und Verdienstmöglichkeiten.[314] Das bedeutet für den Vertrauensschutz, dass immaterielle Vertrauenstatbestände sowie bloße Aussichten oder Erwartungshaltungen aus dem Gewährleistungsgehalt ausgeschlossen sind.[315] Damit würden Vertrauensschutzlücken dort entstehen, wo der Normadressat auf den Fortbestand einer immateriellen, nichtvermögenswerten Rechtsposition vertraut. Dies ist etwa bei Änderungen von Prüfungsordnungen, des Staatsangehörigkeitsrechts oder prozessualen Vorschriften der Fall.[316] Der Eigentumsschutz nach Art. 14 GG kann also nicht alle unter Vertrauensschutzaspekten relevanten Fallkonstellationen einbeziehen. Vertrauensschutz erschöpft sich nicht im Vermögensschutz, sondern geht über diesen hinaus.[317]

Vielmehr gibt es auch schutzwürdige vermögensrechtliche Positionen außerhalb des Schutzbereiches des Eigentumsgrundrechts. So lässt sich für einseitige steuerfinanzierte staatliche Leistungen keine Bestandsgarantie aus Art. 14 GG ableiten.[318] Staatliche Leistungen wie Sozial- und Jugendhilfe, das Kindergeld oder die BAföG-Leistungen genießen keinen Eigentumsschutz, weil hier das erforderliche Element der nicht unerheblichen Eigenleistung fehlt.[319]

---

313 Vereinzelt wird die Auffassung vertreten, dass Vertrauensschutz weitgehend Vermögensschutz bedeutet. Der Vertrauensschutz wird daher ausschließlich in Art. 14 GG verankert, mit der Konsequenz, dass nur die vom Umfang dieses Grundrechts erfassten Rechtspositionen Vertrauensschutz genießen. Kritisch hierzu *Pieroth*, Rückwirkung und Übergangsrecht, S. 134 ff.; siehe auch *Blanke*, Vertrauensschutz im deutschen und europäischen Verwaltungsrecht, S. 26 f., 110 f.; zum Ganzen *Muckel*, Kriterien des verfassungsrechtlichen Vertrauensschutzes bei Gesetzesänderungen, S. 41 ff.

314 Ständige Rechtsprechung, siehe z.B. BVerfGE 28, 119 (142); 51, 193 (221 f.); 74, 129 (148); 105, 252 (277); *Papier*, in: Maunz/Dürig/Herzog (Hrsg.), GG, Art. 14 Rn. 101.

315 *Schwarz*, Vertrauensschutz als Verfassungsprinzip, S. 169.

316 *Muckel*, Kriterien des verfassungsrechtlichen Vertrauensschutzes bei Gesetzesänderungen, S. 42; *Pieroth*, Rückwirkung und Übergangsrecht, S. 137.

317 *Pieroth*, Rückwirkung und Übergangsrecht, S. 136 f.

318 Siehe hierzu *Schwarz*, Vertrauensschutz als Verfassungsprinzip, S. 185.

319 Siehe BVerfGE 72, 175 (193); 48, 403 (412 f.); 45, 142 (170). Öffentlich-rechtliche Ansprüche und Anwartschaften unterliegen hingegen dem Eigentumsschutz, „wenn es sich um vermögenswerte Rechtspositionen handelt, die nach Art eines Ausschließlichkeitsrechts dem Rechtsträger als privatnützig zugeordnet sind, auf nicht

Hinsichtlich des Schutzumfangs der Eigentumsgarantie des Art. 14 GG bei Steuerbelastungen bestehen zwischen den beiden Senaten des Bundesverfassungsgerichts Divergenzen. Der Zweite Senat bejaht die Eröffnung des Schutzbereichs des Art. 14 Abs. 1 GG, wenn der Steuerzugriff tatbestandlich an das Innehaben von vermögenswerten Rechtspositionen anknüpft.[320] Nach Ansicht des Ersten Senats ist die Eigentumsfreiheit hingegen nicht berührt, es sei denn, die Auferlegung von öffentlich-rechtlichen Geldleistungspflichten belastet den Betroffenen übermäßig und beeinträchtigt seine Vermögensverhältnisse so grundlegend, dass sie eine erdrosselnde Wirkung haben.[321]

Auch das gesetzliche Angebot einer Steuerverschonung ist keine durch Einsatz von Arbeit oder Kapital erworbene Rechtsposition und folglich kein Eigentum im Sinne des Art. 14 Abs. 1 GG. So hat das Bundesverfassungsgericht in der Entscheidung zu Sozialpfandbriefen ausgeführt, dass die Besteuerung von Zinserträgen als Folge der Aufhebung des § 3a EStG keine nach Art. 14 GG geschützte Rechtsposition betrifft. Die Garantie des Eigentums schütze den Kapitalstamm, d.h. die Einlösungsgarantie und den Zinsanspruch. Die Aufhebung der Steuerbefreiung für Zinsen aus Sozialpfandbriefen führe lediglich zu einem Renditeverlust, der aber die Verfügungsmöglichkeiten über das Papier unberührt lasse.[322] Zwar können massive direkte Subventionen die Entscheidungsfreiheit

---

unerheblichen Eigenleistungen des Versicherten beruhen und seiner Existenzsicherung dienen", BVerfGE 97, 271 (283 f.); 69, 272 (300); siehe ferner BVerfGE 53, 257 (289 f.).

320 BVerfGE 93, 121 (135 ff.); anknüpfend BVerfGE 115, 97 (110 ff.); zustimmend *Musil*, Die Sicht der Steuerrechtswissenschaft auf das Verfassungsrecht, in: Schön/Röder (Hrsg.), Zukunftsfragen des deutschen Steuerrechts II, S. 129 (140); siehe auch *F. Kirchhof*, Der Weg zur verfassungsgerechten Besteuerung, StuW 2002, S. 185 (191).

321 So z.B. BVerfGE 105, 17 (32); 95, 267 (300); 82, 159 (190); 78, 232 (243). Zum Meinungsstand in der Rechtsprechung und Literatur *Papier*, in: Maunz/Dürig/Herzog (Hrsg.), GG, Art. 14 Rn. 165 ff.; *Wernsmann*, Die Steuer als Eigentumsbeeinträchtigung?, NJW 2006, S. 1169 (1169). Die Auferlegung von Geldleistungspflichten misst das Bundesverfassungsgericht auch am Maßstab des Art. 2 Abs. 1 GG, siehe BVerfGE 97, 153 (169); ausführlich hierzu *Di Fabio*, in: Maunz/Dürig/Herzog (Hrsg.), GG, Art. 2 Rn. 93 ff., mit weiteren Nachweisen aus der Rechtsprechung.

322 BVerfGE 105, 17 (30 f.); 97, 67 (83). Nach BVerfGE 80, 124 (137) kann aus der Eigentumsgarantie des Art. 14 Abs. 1 GG kein Anspruch auf Subventionen hergeleitet werden, selbst wenn sie zur Existenzsicherung erforderlich wären, kritisch *Altmeyer*, Vertrauensschutz im Recht der Europäischen Union und im deutschen Recht, S. 142 f., unter Hinweis darauf, dass ein Käufer, bevor er von einer Steuervergünstigung profitieren kann, eine Investitionsentscheidung treffe und somit über sein Vermögen

des Eigentümers beeinträchtigen, die Bestandsgarantie bei Aufhebung einer solchen Subventionsregelung sei aber nicht betroffen.[323] Somit wären zahlreiche Fälle, in denen der Normadressat berechtigterweise auf den Fortbestand seiner Rechtspositionen vertraut, von einem ausschließlich in Art. 14 Abs. 1 GG angesiedelten Vertrauensschutz nicht erfasst. Vor allem im steuer- und abgabenrechtlichen Bereich kann die Eigentumsgarantie keinen Vertrauensschutz bieten.

Gegen die Verortung des Vertrauensschutzes allein in Art. 14 GG wird schließlich vorgebracht, dass damit die Gefahr einer übermäßigen Ausweitung des Eigentumsbegriffs einhergehen könnte. Denn die Einbeziehung nicht erfasster Vertrauenstatbestände in den grundrechtlichen Schutzbereich geht nur auf Kosten extensiver Interpretation der Eigentumsfreiheit.[324]

Das Grundrecht der Eigentumsfreiheit gewährt Vertrauensschutz im Rahmen seines Schutzbereichs und deckt damit eine Vielzahl vertrauensschutzrelevanter Fälle ab. Eigentumsrechtlicher Vertrauensschutz kann effektiv gegen Änderung das Eigentum ausformender Gesetze eingesetzt werden. Er vermag indes keinen umfassenden Vertrauensschutz zu vermitteln und würde nicht hinnehmbare Vertrauensschutzlücken hinterlassen. Daher bietet die Eigentumsgarantie des Art. 14 Abs. 1 GG keine erschöpfende Geltungsgrundlage des verfassungsrechtlichen Vertrauensschutzes.

II. Berufsfreiheit, Art. 12 Abs. 1 GG

In der Rückwirkungsjudikatur kommt auch Art. 12 Abs. 1 GG erhebliche Bedeutung zu. Das Grundrecht der Berufsfreiheit dient der personalen Entfaltung des arbeitenden Menschen in der Gesellschaft und schützt angesichts der existenzsichernden Funktion des Berufs[325] einen besonders wichtigen Lebensbereich: Es gewährleistet dem Einzelnen das Recht, jede erlaubte, auf Dauer angelegte Tätigkeit als „Beruf" zu ergreifen und mit dieser eine Lebensgrundlage zu schaffen und zu erhalten.[326] Der grundrechtliche Schutzbereich des Art. 12 Abs. 1 GG umfasst die freie Berufsauswahl und reicht von der Ausbildung über

disponiere. Instruktiv zur Problematik im Zusammenhang mit dem Subventionsabbau *Hey*, Steuerplanungssicherheit als Rechtsproblem, S. 156 ff.

323 *Werder*, Dispositionsschutz bei der Änderung von Steuergesetzen zwischen Rückwirkungsverbot und Kontinuitätsgebot, S. 157 f.

324 *Muckel*, Kriterien des verfassungsrechtlichen Vertrauensschutzes bei Gesetzesänderungen, S. 42.

325 Vgl. BVerfGE 81, 242 (254).

326 Z.B. BVerfGE 7, 377 (397).

die berufliche Betätigung bis hin zur wirtschaftlichen Verwertung der beruflich erbrachten Leistung.[327] Während die durch personalen Bezug geprägte Tätigkeit als Erwerb unter die Berufsfreiheit fällt, wird das Ergebnis dieser beruflichen Betätigung – das Erworbene – von der Eigentumsgarantie des Art. 14 GG geschützt.[328] Sowohl nach der verfassungsgerichtlichen Rechtsprechung[329] als auch nach vielfach vertretener Ansicht im Schrifttum[330] entfaltet die Berufsfreiheit des Art. 12 Abs. 1 GG vertrauensschützende Wirkung.[331]

Ist der Schutzbereich des Art. 12 Abs. 1 GG einschlägig, prüft das Gericht die vertrauensrelevanten Aspekte innerhalb dieses Grundrechts.[332] In den Fällen, in denen der Gesetzgeber eine in der Vergangenheit in erlaubter Weise ausgeübte berufliche Betätigung für die Zukunft einschränkt, fordert das Bundesverfassungsgericht unter Berufung auf das Vertrauensschutzprinzip den Erlass angemessener Übergangsregelungen oder hält solche Gesetze teilweise sogar für verfassungswidrig.[333] Für diejenigen Berufsbewerber hingegen, die eine gesetzlich neu geregelte Tätigkeit erst aufnehmen wollen und von der Neuregelung in Zukunft betroffen werden, kann dasselbe berufsregelnde Gesetz eine zulässige Beschränkung der Berufsfreiheit darstellen.[334]

---

327 Siehe etwa BVerfGE 97, 228 (253).

328 So ausdrücklich BVerfGE 102, 26 (40); siehe auch BVerfGE 81, 70 (96); 84, 133 (157); 88, 366 (377).

329 Z.B. BVerfGE 64, 72 (82 ff.); 98, 265 (309). Ob bei einer das Einkommensteuerrecht betreffenden Rückwirkung Art. 12 Abs. 1, Art. 14 Abs. 1 oder Art. 2 Abs. 1 GG vom Gewährleistungsbereich her in Betracht kommt, beurteilt sich nach Auffassung des Gerichts je nach Art der betroffenen Einkünfte und der Wege, auf denen sie erzielt worden sind, BVerfGE 72, 200 (253 f.); 97, 67 (79).

330 Siehe etwa *Muckel*, Kriterien des verfassungsrechtlichen Vertrauensschutzes bei Gesetzesänderungen, S. 43 ff.; *Pieroth*, Rückwirkung und Übergangsrecht, S. 138 f.; vgl. auch *Blanke*, Vertrauensschutz im deutschen und europäischen Verwaltungsrecht, S. 111 f.

331 Zu steuerrechtlichen Besonderheiten des Art. 12 GG *Hey*, Steuerplanungssicherheit als Rechtsproblem, S. 165 ff.; *Tipke*, Die Steuerrechtsordnung I, S. 434 ff.

332 Siehe z.B. BVerfGE 64, 72 (83 f.). Zu verschiedenen Begründungen und der Einbeziehung des Vertrauensschutzes in Art. 12 Abs. 1 GG, die jedoch in sachlicher Hinsicht keine Unterschiede ergeben, *Maurer*, Kontinuitätsgewähr und Vertrauensschutz, in: Isensee/Kirchhof (Hrsg.), HdStR Bd. IV, § 79 Rn. 63.

333 Etwa BVerfGE 64, 72 (83); 98, 265 (309). Zum Ganzen *Pieroth*, Rückwirkung und Übergangsrecht, S. 73 ff.

334 BVerfGE 64, 72 (83 f.); 68, 272 (284 f.); 75, 246 (279); 98, 265 (309); vgl. auch BVerfGE 78, 179 (193).

Zwar ist davon auszugehen, dass die grundrechtlich gewährleistete Berufsfreiheit vertrauensschützende Funktion innehat.[335] Insgesamt ist hier aber das gleiche Ergebnis festzuhalten wie bereits bei Art. 14 Abs. 1 GG. Ebenso wie das Grundrecht der Eigentumsfreiheit vermittelt das Grundrecht der Berufsfreiheit Vertrauensschutz nur in dem von ihm erfassten Schutzbereich. In diesem Umfang kann es rückwirkenden berufsregelnden Gesetzen entgegengehalten werden. Folglich sind nur Fallgestaltungen mit einem Berufsbezug unter einen bei Art. 12 Abs. 1 GG verorteten Vertrauensschutz subsumierbar. Der Vertrauensschutz ist hingegen zu versagen, wenn ein solcher Bezug nicht erkennbar ist. Dies würde die Gewährung des Vertrauensschutzes erheblich verkürzen. Insofern besteht auch hier die Gefahr einer extensiven Interpretation des Grundrechts.[336] Art. 12 GG stellt eine tragfähige verfassungsrechtliche Basis des Vertrauensschutzes im Bereich der Berufsfreiheit dar, eignet sich jedoch nicht als Standort eines generellen Vertrauensschutzprinzips.

III. Art. 33 Abs. 5 GG als vertrauensschützende Norm im Bereich des Beamtenrechts

Aus Art. 33 Abs. 5 GG folgt neben der objektiv-rechtlichen Einrichtungsgarantie des Berufsbeamtentums[337] auch ein subjektiver grundrechtsähnlicher Individualanspruch des einzelnen Beamten gegen den Staat.[338] Dieser schützt den Beamten vor Verletzungen seiner durch den hergebrachten Grundsatz geschaffenen persönlichen Rechtsstellung.[339] Diese Gewährleistungen des Art. 33 Abs. 5 GG beinhalten – zumindest partiell für den Bereich des Beamtenrechts – den Schutz individueller Vertrauenspositionen.[340]

---

335 *Werder*, Dispositionsschutz bei der Änderung von Steuergesetzen zwischen Rückwirkungsverbot und Kontinuitätsgebot, S. 159, entnimmt der Berufsfreiheit des Art. 12 GG insoweit eine Bestandsgarantie; siehe dazu auch *Schwarz*, Vertrauensschutz als Verfassungsprinzip, S. 189.

336 *Muckel*, Kriterien des verfassungsrechtlichen Vertrauensschutzes bei Gesetzesänderungen, S. 46.

337 Z.B. BVerfGE 52, 303 (335 f.); 56, 146 (162); 117, 330 (344); 119, 247 (260).

338 BVerfGE 12, 81 (87); 117, 330 (344).

339 So etwa BVerfGE 117, 330 (344).

340 Siehe *Blanke*, Vertrauensschutz im deutschen und europäischen Verwaltungsrecht, S. 113; *Götz*, Bundesverfassungsgericht und Vertrauensschutz, in: Starck/Drath (Hrsg.), S. 421 (439); *Muckel*, Kriterien des verfassungsrechtlichen Vertrauensschutzes bei Gesetzesänderungen, S. 49 ff.

Das Bundesverfassungsgericht beurteilt die verfassungsrechtliche Zulässigkeit beamtenrechtlicher Neuregelungen, die das Vertrauen des einzelnen Beamten auf den Bestand des erlangten Status bzw. der erlangten Rechte verletzen, allein am Maßstab des Art. 33 Abs. 5 GG. Neben der Sonderregelung in Art. 33 Abs. 5 GG scheidet sowohl Art. 14 GG als auch der rechtsstaatliche Grundsatz des Vertrauensschutzes als Prüfungsmaßstab aus.[341] Für den Bereich des Beamtenrechts hat der rechtsstaatliche Grundsatz des Vertrauensschutzes in aller Regel seine besondere Ausprägung und verfassungsrechtliche Ordnung durch Art. 33 Abs. 5 GG erfahren.[342] Die hergebrachten Grundsätze des Berufsbeamtentums übernehmen für den beamtenrechtlichen Bereich die Funktion des Vertrauensschutzes und sollen Rechtssicherheit hinsichtlich der durch Art. 33 Abs. 5 GG geschützten Güter gewährleisten.[343] Sofern es also um statusrelevante belastende Neuregelungen geht, vermag Art. 33 Abs. 5 GG Vertrauensschutz zu vermitteln und die Befugnis des Gesetzgebers beim Erlass rückwirkender beamtenrechtlicher Regelungen zu begrenzen. Dies gilt jedenfalls, soweit der Kernbereich der hergebrachten Grundsätze des Berufsbeamtentums tangiert ist.[344]

Die Garantien des Art. 33 Abs. 5 GG können folglich allein im beamtenrechtlichen Bereich einen spezifischen verfassungsrechtlichen Vertrauensschutz vermitteln. Diese Verfassungsnorm eignet sich hingegen nicht als dogmatisches Fundament für einen allgemeinen Vertrauensschutz.

---

341 Z.B. BVerfGE 55, 372 (396); *Muckel*, Kriterien des verfassungsrechtlichen Vertrauensschutzes bei Gesetzesänderungen, S. 50, mit weiteren Nachweisen; zum Spezialitätsverhältnis gegenüber Art. 14 GG *Pieroth*, Rückwirkung und Übergangsrecht, S. 362 ff.

342 BVerfGE 55, 372 (396) unter Hinweis auf BVerfGE 52, 303 (344 f.); siehe auch BVerfGE 67, 1 (14); 70, 69 (84); 76, 256 (347); 106, 225 (241 f.). Aus dem Schrifttum eingehend *Zeug*, Vertrauensschutz im Beamtenversorgungsrecht, 1991; *Pieroth*, Rückwirkung und Übergangsrecht, S. 360 ff.

343 *Maurer*, Kontinuitätsgewähr und Vertrauensschutz, in: Isensee/Kirchhof (Hrsg.), HdStR Bd. IV, § 79 Rn. 66, kritisiert, dass das Bundesverfassungsgericht zwar die verfassungsrechtliche Prüfung allein am Maßstab des Art. 33 Abs. 5 GG als ausreichend ansieht, dies jedoch in seiner Rechtsprechung nicht konsequent einhält.

344 Im Übrigen hat der Gesetzgeber bei der Änderung beamtenrechtlicher Regelungen eine weite Gestaltungsfreiheit, vgl. BVerfGE 55, 372 (392 f.); siehe hierzu *Schwarz*, Vertrauensschutz als Verfassungsprinzip, S. 196 ff.

IV. Die allgemeine Handlungsfreiheit, Art. 2 Abs. 1 GG

Schließlich finden sich Ansätze, die den Vertrauensschutzgedanken verfassungsdogmatisch in Art. 2 Abs. 1 GG zu verankern versuchen.[345] Art. 2 Abs. 1 GG schützt jede Form menschlichen Handelns ohne Rücksicht darauf, welches Gewicht der Betätigung für die Persönlichkeitsentfaltung zukommt, und garantiert mithin die allgemeine Handlungsfreiheit.[346] Nach herrschender Auffassung kommt dieser Verfassungsnorm die Funktion eines subsidiären „Auffanggrundrechts" zu.

Der Ansatz, den Vertrauensschutz aus Art. 2 Abs. 1 GG abzuleiten, wird damit begründet, dass die grundrechtliche Handlungsfreiheit nicht nur Abwehrrecht des Einzelnen gegen staatliche Einwirkungen beinhaltet, sondern zugleich die größtmögliche Chance gewährleistet, sich frei zu entfalten.[347] Der Schutz vor rückwirkenden staatlichen Eingriffen sei Bedingung einer freien Persönlichkeitsentfaltung und damit eine besondere Ausprägung des Art. 2 Abs. 1 GG. Vertrauensschutz wird also als eine Frage des Freiheitsschutzes begriffen.[348] Die Verortung des Vertrauensschutzgrundsatzes in Art. 2 Abs. 1 GG hätte zur Folge, dass jedes rückwirkende Gesetz vorbehaltlich spezieller grundrechtlicher Verbürgungen am Maßstab dieses Grundrechts zu beurteilen wäre. Somit käme die dem sehr weit gefassten Schutzbereich korrespondierende Schrankentrias der verfassungsmäßigen Ordnung, Rechte anderer und des Sittengesetzes zur Anwendung. Dabei zählen zu der Schranke der verfassungsmäßigen Ordnung alle formell und materiell verfassungsmäßigen Gesetze. Im Rahmen der Zulässigkeitsprüfung einer die Freiheit des Bürgers einschränkenden Rückwirkung käme es entscheidend auf ihre Verhältnismäßigkeit an.[349]

---

345 Schon früher *Grabitz*, Vertrauensschutz als Freiheitsschutz, DVBl. 1973, S. 675 (681 ff.); *Coing*, Grundsätzliches zur Rückwirkung von Gesetzen, BB 1954, S. 137 (141); zum Ganzen *Blanke*, Vertrauensschutz im deutschen und europäischen Verwaltungsrecht, S. 120 f.; *Muckel*, Kriterien des verfassungsrechtlichen Vertrauensschutzes bei Gesetzesänderungen, S. 52; *Pieroth*, Rückwirkung und Übergangsrecht, S. 139 ff.; *Schwarz*, Vertrauensschutz als Verfassungsprinzip, S. 204 ff., jeweils mit Nachweisen.

346 Z.B. BVerfGE 80, 137 (152); 90, 145 (171).

347 *Grabitz*, Vertrauensschutz als Freiheitsschutz, DVBl. 1973, S. 675 (684); siehe auch *Blanke*, Vertrauensschutz im deutschen und europäischen Verwaltungsrecht, S. 121.

348 *Grabitz*, Vertrauensschutz als Freiheitsschutz, DVBl. 1973, S. 675 (684); zustimmend *Blanke*, Vertrauensschutz im deutschen und europäischen Verwaltungsrecht, S. 121.

349 Nach *Blanke*, Vertrauensschutz im deutschen und europäischen Verwaltungsrecht, S. 122, wirkt der Grundsatz der Verhältnismäßigkeit begrenzend auf die Reichweite des vertrauensschützenden Rechtsgehalts des Art. 2 Abs. 1 GG.

In der bundesverfassungsgerichtlichen Rückwirkungsjudikatur taucht Art. 2 Abs. 1 GG immer wieder auf. Eine eindeutige Stellungnahme zum Verhältnis zwischen dem Vertrauensschutz und der allgemeinen Handlungsfreiheit lässt sich jedoch bisher nicht ausmachen. So beurteilt das Gericht die angegriffenen Anrechnungsregelungen in seiner Entscheidung zur Hinterbliebenenversorgung – nachdem es die Eigentumsgarantie des Art. 14 Abs. 1 GG ablehnt – am Maßstab des Art. 2 Abs. 1 GG.[350] Art. 2 Abs. 1 GG sei nicht verletzt, wenn die Eingriffsnormen formell und materiell verfassungsgemäß sind, insbesondere dem Grundsatz der Verhältnismäßigkeit und den rechtsstaatlichen Anforderungen des Vertrauensschutzprinzips entsprechen. Im vorliegenden Fall habe der Gesetzgeber Art. 2 Abs. 1 GG in Verbindung mit dem Grundsatz des Vertrauensschutzes nicht dadurch verletzt, dass er auf eine gesetzliche Leistung mit Wirkung für die Zukunft zum Nachteil der Betroffenen einwirke, da Regelungen, die eine solche unechte Rückwirkung herbeiführen, verfassungsrechtlich grundsätzlich zulässig seien.[351] Sodann nimmt das Gericht die verfassungsrechtlich gebotene Abwägung vor und kommt zu dem Ergebnis, dass die Bestandsinteressen der Betroffenen die Veränderungsgründe des Gesetzgebers nicht überwiegen.[352]

Auch in seiner Sozialpfandbriefentscheidung verneint das Gericht zunächst einen Eingriff in Art. 14 Abs. 1 GG[353] und stellt anschließend auf die allgemeine Handlungsfreiheit ab. Die Aufhebung der Steuerfreiheit für Sozialpfandbriefe stelle einen Eingriff in die vom Art. 2 Abs. 1 GG erfasste wirtschaftliche Betätigungsfreiheit dar, der an den rechtsstaatlichen Prinzipien der Verhältnismäßigkeit und des Vertrauensschutzes zu messen sei.[354] Eine mögliche Verletzung des Vertrauensschutzprinzips samt Abwägung der sich gegenüberstehenden Interessen wird auch hier in die Prüfung des Art. 2 Abs. 1 GG integriert. Dass Art. 2 Abs. 1 GG rechtsdogmatische Grundlage des Vertrauensschutzes ist, lässt sich diesen Ausführungen indes nicht entnehmen. Vielmehr erklärt das Gericht an dieser Stelle, eine nachträgliche gesetzliche Rechtsfolgenänderung eines der Vergangenheit zugehörigen Verhaltens bedürfe vor dem Rechtsstaatsprinzip des Grundgesetzes einer besonderen Rechtfertigung.[355] Damit geht das Gericht

350 BVerfGE 97, 271 (286 ff.).
351 BVerfGE 97, 271 (288 f.).
352 BVerfGE 97, 271 (289).
353 BVerfGE 105, 17 (30 ff.).
354 BVerfGE 105, 17 (32 ff.).
355 BVerfGE 105, 17 (36 f.). Auch in der Entscheidung zur Wohnungsfürsorge, BVerfGE 72, 175 (196), führt das Gericht aus, Art. 2 Abs. 1 GG sei im Hinblick auf den aus dem

von einem im Rechtsstaatsprinzip angesiedelten Vertrauensschutz aus. Art. 2 Abs. 1 GG wird wohl lediglich als prozessualer Hebel zur Geltendmachung eines Verstoßes gegen das außerhalb des Grundrechtsbereichs liegende Vertrauensschutzprinzip herangezogen.

Auch im Schrifttum gibt es Stimmen, die dem Grundrecht der allgemeinen Handlungsfreiheit im Kontext des Vertrauensschutzes lediglich eine verfassungsprozessuale Bedeutung bescheinigen. Die Vorschrift solle der verfahrensrechtlichen Durchsetzung von Verletzungen des Schutzes persönlichen Vertrauens dienen.[356] Art. 2 Abs. 1 GG habe keinen tatbestandlichen Bezug zum Gedanken des Vertrauensschutzes und damit keine eigenständige vertrauensschützende Wirkung.[357] Nach *A. Werder* vermittelt Art. 2 Abs. 1 GG keine Bestandsgarantie, weil dieses Grundrecht keine Handlungsspielräume für die Zukunft sichere. Die allgemeine Handlungsfreiheit gewährleiste dem Bürger lediglich den Handlungsrahmen zum Zeitpunkt der Handlung; sie nehme ihm nicht das damit verbundene Risiko der unsicheren Zukunft ab, denn die Freiheit sei auch als Freiheit einer autonomen Person zu verstehen, eigenverantwortlich zu handeln.[358]

Art. 2 Abs. 1 GG kann indes nicht jegliche Vertrauensschutzrelevanz abgesprochen werden. Es gibt durchaus vertrauensschutzwürdige Rechtspositionen, die vom Gewährleistungsgehalt dieses Grundrechts erfasst sind. So fallen namentlich die wirtschaftliche Betätigungsfreiheit[359] sowie die Unternehmerfreiheit, die das Bundesverfassungsgericht als Ausprägung wirtschaftlicher Entfaltungsfreiheit in Art. 2 Abs. 1 GG verortet[360], in den Schutzbereich der

---

Rechtsstaatsprinzip folgenden Vertrauensschutz nicht verletzt; vgl. auch BVerfGE 74, 129 (148); 72, 200 (242 ff.).

356 *Muckel*, Kriterien des verfassungsrechtlichen Vertrauensschutzes bei Gesetzesänderungen, S. 53 f.; auch *Schwarz*, Vertrauensschutz als Verfassungsprinzip, S. 207 ff., will Art. 2 Abs. 1 GG zur prozessualen Instrumentalisierung außergrundrechtlicher Verfassungssätze heranziehen; kritisch *Blanke*, Vertrauensschutz im deutschen und europäischen Verwaltungsrecht, S. 99 ff., 121 ff.

357 *Muckel*, Kriterien des verfassungsrechtlichen Vertrauensschutzes bei Gesetzesänderungen, S. 54 f.; offener *Hey*, Steuerplanungssicherheit als Rechtsproblem, S. 171 ff.

358 *Werder*, Dispositionsschutz bei der Änderung von Steuergesetzen zwischen Rückwirkungsverbot und Kontinuitätsgebot, S. 164.

359 Siehe die bereits oben erwähnte Sozialpfandbriefentscheidung des Bundesverfassungsgerichts, BVerfGE 105, 17 (32 ff.); vgl. ferner *Blanke*, Vertrauensschutz im deutschen und europäischen Verwaltungsrecht, S. 120 f.

360 Z.B. BVerfGE 25, 371 (407); siehe hierzu *Di Fabio*, in: Maunz/Dürig/Herzog (Hrsg.), GG, Art. 2 Rn. 126.

Norm.[361] Somit kann Art. 2 Abs. 1 GG im Falle wirtschaftlich belastender rückwirkender Gesetze zum Einsatz kommen.

Allerdings eignet sich Art. 2 Abs. 1 GG nicht als umfassende verfassungsdogmatische Grundlage des Vertrauensschutzes, weil er nicht alle möglichen Vertrauenskonstellationen zu erfassen vermag. Nicht in seinen Schutzbereich fallen beispielsweise rechtswidrige Positionen.[362] Das Vertrauen in den Fortbestand unredlich erlangter Rechtsposition ist auch nach Ansicht des Bundesverfassungsgerichts grundsätzlich nicht schutzwürdig.[363] Ebenfalls nicht geschützt ist das Vertrauen auf die Gewährung staatlicher Leistungen.[364] Zudem kommt Art. 2 Abs. 1 GG nur dann zur Anwendung, wenn kein spezielleres Grundrecht eingreift.[365] Er kann mithin vertrauensschützende Wirkung nur außerhalb des weitgehend durch die speziellen Grundrechte abgesicherten Freiheitsbereichs entfalten. In diesem verbleibenden Bereich – auch wenn dieser eng sein mag – hat Art. 2 Abs. 1 GG selbstständige Bedeutung und vermittelt hier Vertrauensschutz. Insoweit kommt dem Grundrecht der allgemeinen Handlungsfreiheit auch im Einzugsgebiet des Vertrauensschutzes eine Auffangfunktion zu.

---

361 *Blanke*, Vertrauensschutz im deutschen und europäischen Verwaltungsrecht, S. 99 ff., 121 ff., geht angesichts der umfassenden und offenen Konzeption von Art. 2 Abs. 1 GG davon aus, dass dieses Grundrecht vertrauensschützende Wirkung hat. Allerdings nimmt er, gestützt auf die subsidiäre Stellung des Art. 2 Abs. 1 GG im Grundrechtsgefüge sowie auf die Schrankentrias, eine dimensionale Begrenzung des Schutzumfangs dahingehend an, dass nur solche Dispositionen geschützt sein sollen, die für die Freiheitsentfaltung und das Persönlichkeitsrecht des Einzelnen unverzichtbar sind. Er will lediglich einen unantastbaren Kernbereich an Betätigungsfreiheit und wirtschaftlicher Dispositionsfreiheit anerkennen. Nach *Mellinghoff*, Vertrauen in das Steuergesetz, in: DStJG 27 (2004), S. 25 (29), greift die Steuer in die allgemeine Handlungsfreiheit ein, die in der Verfügungsgewalt und Nutzungsbefugnis über ein Vermögen angelegt ist und die persönliche Entfaltung des Steuerpflichtigen im vermögensrechtlichen Bereich trifft.

362 *Blanke*, Vertrauensschutz im deutschen und europäischen Verwaltungsrecht, S. 101 ff.; *Muckel*, Kriterien des verfassungsrechtlichen Vertrauensschutzes bei Gesetzesänderungen, S. 54; vgl. auch *Schwarz*, Vertrauensschutz als Verfassungsprinzip, S. 209 f.

363 BVerfGE 101, 239 (266) unter Verweis auf BVerfGE 27, 231 (239); 32, 311 (319).

364 *Muckel*, Kriterien des verfassungsrechtlichen Vertrauensschutzes bei Gesetzesänderungen, S. 54 f., der Art. 2 Abs. 1 GG als vertrauensschutzrechtliche Auffangnorm ablehnt, weil dieses Grundrecht gerade nicht alle Vertrauenspositionen umfasst.

365 *Maurer*, Kontinuitätsgewähr und Vertrauensschutz, in: Isensee/Kirchhof (Hrsg.), HdStR Bd. IV, § 79 Rn. 62; *Pieroth*, Rückwirkung und Übergangsrecht, S. 143; vgl. auch *Isensee*, Vertrauensschutz für Steuervorteile, in: Festschrift für F. Klein, S. 611 (627).

V. Der allgemeine Gleichheitssatz, Art. 3 Abs. 1 GG

Nicht nur die einzelnen Freiheitsgrundrechte werden auf ihre Tauglichkeit als vertrauensschützende Normen gegen rückwirkende Gesetzesänderungen überprüft. Auch der allgemeine Gleichheitssatz des Art. 3 Abs. 1 GG wird als mögliche dogmatische Grundlage des Vertrauensschutzprinzips in Betracht gezogen.[366]

Diesem Ansatz liegt die Überlegung zugrunde, dass eine gesetzliche Neuregelung insofern gegen das Gleichheitsgebot verstoßen kann, als die gleichen Sachverhalte und Rechtsbeziehungen nach dem Zeitpunkt ihres Inkrafttretens anders behandelt werden als bisher. Eine rückanknüpfende Norm sei gleichheitswidrig, wenn sie zukünftige Fallgestaltungen ungleich stärker belastete oder entlastete als die vergangenen.[367] Mit der Gegenüberstellung von Vergleichsgruppen vor und nach der Änderung der Rechtslage gehe es um die Gleichheit in der Zeit.[368] Art. 3 Abs. 1 GG solle daher im Verhältnis der Gesetze zur Anwendung kommen, die zu unterschiedlichen Zeitpunkten gelten. Vertrauensschutz wird demnach als Frage der Gleichbehandlung begriffen.[369]

Diese Argumentation klingt auf den ersten Blick plausibel. Es ist richtig, dass ab dem Zeitpunkt der Geltung eines neuen Gesetzes die durch dieses geregelten

---

366 Zum Gebot der Gleichheit in der Zeit *P. Kirchhof*, Rückwirkung von Steuergesetzen, StuW 2000, S. 221 (224); zum Ganzen *Schwarz*, Vertrauensschutz als Verfassungsprinzip, S. 211 ff.; *Werder*, Dispositionsschutz bei der Änderung von Steuergesetzen zwischen Rückwirkungsverbot und Kontinuitätsgebot, S. 140 ff., jeweils mit weiteren Nachweisen. Aus steuerrechtlicher Perspektive *Hey*, Steuerplanungssicherheit als Rechtsproblem, S. 174 ff.

367 Zur Ambivalenz des Gleichheitssatzes im Zusammenhang mit der Gesetzesrückwirkung *Götz*, Bundesverfassungsgericht und Vertrauensschutz, in: Starck/Drath (Hrsg.), S. 421 (439 f.); *Leisner*, Das Gesetzesvertrauen des Bürgers, in: Festschrift für F. Berber, S. 273 (293), wirft die Frage auf, ob sich eine unzulässige Gleichbehandlung daraus ergebe, dass nicht zwischen vertrauenden und nicht vertrauenden Normadressaten unterschieden wird.

368 *P. Kirchhof*, Rückwirkung von Steuergesetzen, StuW 2000, S. 221 (221); kritisch *Englisch/Plum*, Schutz des Vertrauens auf Steuergesetze, Finanzrechtsprechung und Regelungen der Finanzverwaltung, StuW 2004, S. 342 (345 f.). *Leisner*, Kontinuität als Verfassungsprinzip, S. 204 ff., sieht den Kontinuitätsgedanken in erster Linie in der von Art. 3 Abs. 1 GG verbürgten „Gleichheit in der Zeit" verankert.

369 Im Zusammenhang mit dem Vertrauensschutz zieht das Bundesverfassungsgericht den Gleichheitssatz zur verfassungsrechtlichen Überprüfung von Übergangsvorschriften heran und verlangt bei Gesetzesänderungen gestützt auf Art. 3 Abs. 1 GG den weichen, schonenden Übergang vom alten zum neuen Recht, siehe etwa BVerfGE 24, 220 (228 f.); 49, 260 (275 ff.); 79, 212 (219 f.).

Sachverhalte anders beurteilt werden als die vergleichbaren Sachverhalte davor. Das neue Gesetz unterwirft sie einem neuen Regelungsregime. Es liegt nahe, dies im Lichte des Gleichbehandlungsgrundsatzes zu problematisieren. Allerdings bedeutet jede Rechtsänderung eine neue rechtliche Bewertung. Die zeitlichen Ungleichheiten, die infolge einer Rechtsänderung entstehen, sind wesensmäßig mit dieser verbunden.[370] Jeder Gesetzesänderung ist immanent, dass durch sie neue, andere gesetzliche Rahmenbedingungen geschaffen werden, die von den bisher geltenden abweichen. Jede Gesetzesänderung geht also mit Ungleichbehandlungen in zeitlicher Hinsicht einher. Dies allein begründet allerdings noch keinen Verstoß gegen Art. 3 Abs. 1 GG.[371]

Auch unter Zugrundelegung der sogenannten „neuen Formel" des Bundesverfassungsgerichts[372] ist dieser Ansatz nicht haltbar. Danach liegt ein Verstoß gegen den Gleichheitssatz vor, wenn zwei Gruppen von Normadressaten nicht gleich behandelt werden, obwohl zwischen beiden Gruppen keine Unterschiede von solcher Art und solchem Gewicht bestehen, dass sie die Ungleichbehandlung rechtfertigen könnten. Eine Ungleichbehandlung kann gerechtfertigt werden, wenn ein sachlicher Grund für die vorhandene Differenzierung vorliegt. Dabei ergeben sich je nach Regelungsgegenstand und Differenzierungsmerkmalen unterschiedliche Grenzen für den Gesetzgeber, die vom bloßen Willkürverbot bis zu einer strengen Verhältnismäßigkeitsprüfung reichen.[373] Für die infolge der Änderung der Rechtslage entstehende Ungleichbehandlung ergibt sich der sachliche Grund aus der Änderungsbefugnis der Legislative.[374] Der Gleichheitssatz schützt nicht vor gesetzgeberischen Neubewertungen von Lebenssachverhalten. Er soll allein die Verwendung verfassungsrechtlich verbotener Bewertungskriterien verhindern. Dem Gesetzgeber steht als Ausdruck seiner Gestaltungsfreiheit das Recht zu, die Rechtslage – auch für die Vergangenheit – zu ändern. Vor diesem Hintergrund gewährt Art. 3 Abs. 1 GG Gleichheit nur während der Geltungsdauer einer gesetzlichen Norm. Hierfür spricht der Wortlaut des Art. 3 Abs. 1 GG, der Gleichheit „vor dem Gesetz" fordert. Auch

370 *Muckel*, Kriterien des verfassungsrechtlichen Vertrauensschutzes bei Gesetzesänderungen, S. 56; *Schwarz*, Vertrauensschutz als Verfassungsprinzip, S. 214.
371 *Hey*, Steuerplanungssicherheit als Rechtsproblem, S. 174.
372 Siehe z.B. BVerfGE 92, 277 (318); 82, 126 (146) – ständige Rechtsprechung.
373 BVerfGE 95, 267 (316); 88, 87 (96).
374 Vgl. *Hey*, Steuerplanungssicherheit als Rechtsproblem, S. 175.

beim Neuerlass, der Änderung oder der Aufhebung eines Gesetzes wird jeder Sachverhalt nach dem für ihn geltenden Gesetz beurteilt.[375]

Schließlich ändert der Gesetzgeber die bestehende Rechtslage häufig gerade deshalb, weil er die verfassungsrechtlich garantierte Gleichheit herstellen will.[376] Dies ist insbesondere im steuerrechtlichen Bereich anzutreffen. Hier werden beispielsweise mit der Streichung einer steuerlichen Begünstigung und der damit verbundenen Anwendung des allgemeinen Steuertarifs gleichheitswidrige Zustände beseitigt.[377]

Art. 3 Abs. 1 GG enthält kein Gebot der Gleichheit in der Zeit. Eine dogmatische Verankerung des Vertrauensschutzes im Gleichheitssatz ist daher abzulehnen.[378] Dieser eignet sich weder generell noch speziell zur dogmatischen Begründung des Vertrauensschutzprinzips.[379]

VI. Zwischenergebnis

Als Zwischenergebnis ist festzuhalten, dass einzelne Freiheitsgrundrechte Vertrauensschutz vermitteln können. Dies trifft vor allem auf die Eigentumsgarantie (Art. 14 Abs. 1 GG), die Berufsfreiheit (Art. 12 Abs. 1 GG) sowie die beamtenrechtlichen Bestimmungen des Art. 33 Abs. 5 GG zu.[380] Der Vertrauensschutz

---

375 *Werder*, Dispositionsschutz bei der Änderung von Steuergesetzen zwischen Rückwirkungsverbot und Kontinuitätsgebot, S. 141; vgl. auch *Hey*, Steuerplanungssicherheit als Rechtsproblem, S. 174.

376 *Pieroth*, Rückwirkung und Übergangsrecht, S. 146; *Schwarz*, Vertrauensschutz als Verfassungsprinzip, S. 214, mit Hinweis auf BVerfGE 11, 64 (72).

377 Siehe etwa BVerfGE 105, 17 (47); 81, 108 (118).

378 *Hey*, Steuerplanungssicherheit als Rechtsproblem, S. 174 ff.; *Pieroth*, Rückwirkung und Übergangsrecht, S. 145 f.; auch *Blanke*, Vertrauensschutz im deutschen und europäischen Verwaltungsrecht, S. 114 ff., lehnt – gestützt vor allem auf systematische Erwägungen hinsichtlich der Stellung des Art. 3 GG im Gefüge der Grundrechte – den Gleichheitssatz als exklusiven verfassungsrechtlichen Standort des (verwaltungsrechtlichen) Vertrauensschutzes ab; offener *Schwarz*, Vertrauensschutz als Verfassungsprinzip, S. 213 ff.

379 Auch unter dem Gesichtspunkt der Systemgerechtigkeit lässt sich aus Art. 3 Abs. 1 GG für die Frage des Vertrauensschutzes kein anderes Ergebnis erzielen, siehe hierzu *Muckel*, Kriterien des verfassungsrechtlichen Vertrauensschutzes bei Gesetzesänderungen, S. 57 f.; ferner *Schwarz*, Vertrauensschutz als Verfassungsprinzip, S. 215 f.; *Werder*, Dispositionsschutz bei der Änderung von Steuergesetzen zwischen Rückwirkungsverbot und Kontinuitätsgebot, S. 143 f.

380 Als vertrauensschutzgewährleistende Grundrechte werden im Schrifttum außerdem Art. 1 Abs. 1, Art. 2 Abs. 2, Art. 6 Abs. 1, Art. 9 Abs. 1 sowie Art. 16 Abs. 1 GG

hat in diesen Grundrechten eine spezielle Ausprägung gefunden. Die vertrauensschützende Wirkung beschränkt sich jedoch auf die vom jeweiligen Schutzbereich erfassten Rechtspositionen. Spezielle Freiheitsgrundrechte gewähren somit einen partiellen, auf ihren Gewährleistungsbereich bezogenen, jedoch keinen generellen bzw. umfassenden Vertrauensschutz.

Der allgemeine Gleichheitssatz des Art. 3 Abs. 1 GG garantiert keine Gleichheit in der Zeit, sondern verlangt nur die Gleichbehandlung gleichzeitig auftretender Fälle. Er kann daher nicht zur Begründung des Vertrauensschutzprinzips herangezogen werden.

Darüber, welche Bedeutung neben den Spezialgrundrechten der allgemeinen Handlungsfreiheit aus Art. 2 Abs. 1 GG zukommt, herrscht nach wie vor Uneinigkeit. Zwar können Art. 2 Abs. 1 GG wie auch spezielle Freiheitsrechte nicht Grundlage eines allgemeinen, umfassenden Vertrauensschutzes sein. Es gibt aber Fallgestaltungen außerhalb speziellerer Freiheitsgrundrechte, die von dieser Auffangnorm erfasst werden. Gerade vor dem Hintergrund seiner weiten und offenen Konzeption darf eine selbstständige vertrauensschützende Bedeutung des Grundrechts der allgemeinen Handlungsfreiheit nicht abgelehnt werden.

D. Verfassungsrechtliche Strukturprinzipien

Beim Versuch, den Vertrauensschutzgrundsatz im Grundgesetz zu verorten, greifen Rechtsprechung und Schrifttum auch auf die Strukturprinzipien der Verfassung zurück. Nachfolgend sind diese Begründungsansätze darzustellen. Zunächst ist zu erörtern, inwieweit sich das Sozialstaats- und Demokratieprinzip als Grundlagen des Vertrauensschutzprinzips anbieten. Anschließend ist auf das Rechtsstaatsprinzip in seiner Ausprägung als Rechtssicherheit einzugehen. Angesichts seiner Bedeutung für die Vertrauensschutzproblematik ist ihm besondere Aufmerksamkeit zu widmen.

---

diskutiert. Eine erschöpfende Untersuchung des Grundrechtskatalogs auf Vertrauensschutzgehalte findet sich bei *Blanke*, Vertrauensschutz im deutschen und europäischen Verwaltungsrecht, S. 110 ff.; *Muckel*, Kriterien des verfassungsrechtlichen Vertrauensschutzes bei Gesetzesänderungen, S. 46 ff.; *Schwarz*, Vertrauensschutz als Verfassungsprinzip, S. 161 ff., 191 ff., 200 ff.; *Werder*, Dispositionsschutz bei der Änderung von Steuergesetzen zwischen Rückwirkungsverbot und Kontinuitätsgebot, S. 161 ff.

I. Sozialstaatsprinzip

Als verfassungsrechtliche Grundlage des Vertrauensschutzprinzips wird auch das in Art. 20 Abs. 1 GG verortete Sozialstaatsprinzip angesehen. So stellt *W. Rupp-von Brünneck* zur Lösung des Konflikts zwischen dem gesetzgeberischen Interesse an der Änderung des sozialen Leistungsrechts und dem Interesse des Bürgers auf Beibehaltung der bisher geltenden Regelung auf das Sozialstaatsprinzip ab.[381] Teilweise wird das Sozialstaatsprinzip auch in Kombination mit anderen Verfassungsprinzipien zur Begründung des Vertrauensschutzes herangezogen.[382] Nach einer anderen Ansicht verleiht das Sozialstaatsprinzip dem Vertrauensschutz zusätzliches Gewicht und ist im Rahmen der Verfassungsmäßigkeitsprüfung als Abwägungskriterium zu berücksichtigen.[383]

Die Verortung des Vertrauensschutzes im Sozialstaatsprinzip ist jedoch aus mehreren Gründen abzulehnen. Zum einen haben das Sozialstaatsprinzip und

---

381 *Rupp-von Brünneck*, Sondervotum, BVerfGE 32, 111 (138 ff.); siehe auch *von Schlabrendorff*, Sondervotum, BVerfGE 37, 363 (420 f.); zum Ganzen *Schwarz*, Vertrauensschutz als Verfassungsprinzip, S. 217 ff., mit weiteren Nachweisen.

382 *Götz*, Bundesverfassungsgericht und Vertrauensschutz, in: Starck/Drath (Hrsg.), S. 421 (422), zieht das Sozialstaatsprinzip neben dem Rechtsstaatsprinzip und den Grundrechten für die Verortung des Vertrauensschutzes heran; *Pieroth*, Rückwirkung und Übergangsrecht, S. 231, geht von der dominierenden Stellung des Rechtsstaatsprinzips gegenüber dem Sozialstaatsprinzip aus; nach *Weber-Dürler*, Vertrauensschutz im öffentlichen Recht, S. 71 f., beruht der Vertrauensschutz keinesfalls ausschließlich auf dem Gedanken des Schutzes des sozial Schwachen; auch *Kreibich*, Der Grundsatz von Treu und Glauben im Steuerrecht, S. 39, ist der Ansicht, dass das Sozialstaatsprinzip sich nicht als ausschließliche Rechtsgrundlage des Vertrauensschutzes eignet – für eine verfassungsrechtliche Fundierung des Vertrauensschutzes komme ihm allenfalls eine flankierende Wirkung zu; zustimmend *Blanke*, Vertrauensschutz im deutschen und europäischen Verwaltungsrecht, S. 60, der für die Gewährung von Vertrauensschutz eine komplementäre Stütze des vom Sozialstaatsgrundsatz erfassten Anspruchs durch das im Einzelfall betroffene Freiheitsrecht fordert.

383 *Hey*, Steuerplanungssicherheit als Rechtsproblem, S. 124, betont, dass die Umverteilung nicht durch Vertrauensschutz, sondern durch progressive Steuertarife stattfindet, so dass die Vertrauensschutzgewährung nicht dazu führen darf, dass die sozial schwächeren Gruppen mehr Schutz genießen, während die „Reichen" gegenüber rückwirkenden Gesetzesänderungen schutzlos sind. Auch *Blanke*, Vertrauensschutz im deutschen und europäischen Verwaltungsrecht, S. 59 f. und *Kreibich*, Der Grundsatz von Treu und Glauben im Steuerrecht, S. 39, weisen auf die gleichheitswidrige Verengung des Vertrauensschutzes auf sozial schwache Bevölkerungsgruppen hin.

der Vertrauensschutzgrundsatz unterschiedliche normative Ausrichtungen.[384] Als Staatszielbestimmung enthält das Sozialstaatsprinzip einen Gestaltungsauftrag an den Gesetzgeber, der ihn dazu verpflichtet, für eine gerechte Sozialordnung[385] und für einen Ausgleich der sozialen Gegensätze[386] zu sorgen. Durch Teilhabe an den Gemeinschaftsleistungen sollen Mindestvoraussetzungen für ein menschenwürdiges Dasein des Einzelnen geschaffen werden, was die Gewährleistung eines Existenzminimums verlangt.[387] Zur Herstellung sozialer Sicherheit und Gerechtigkeit gehört daher im gewissen Umfang staatliche Umverteilung, die regelmäßig mit Eingriffen in bestehende Besitzstände verbunden ist.[388] Der sozialstaatliche Gestaltungsauftrag erfordert gesetzgeberische Intervention und Lenkung, er setzt mithin Offenheit für Reformen und Veränderungen voraus.[389] Im Gegensatz dazu zielt der Vertrauensschutz auf Bestandswahrung. Das auf Dynamik angelegte Sozialstaatsprinzip kann daher nicht als dogmatische Grundlage des auf Bewahrung des status quo gerichteten Vertrauensschutzes dienen.

---

384 Vgl. hierzu *Muckel*, Kriterien des verfassungsrechtlichen Vertrauensschutzes bei Gesetzesänderungen, S. 33; *Schwarz*, Vertrauensschutz als Verfassungsprinzip, S. 221 ff.

385 Siehe etwa BVerfGE 59, 231 (263); 94, 241 (263); 110, 412 (445).

386 Z.B. BVerfGE 100, 271 (281).

387 BVerfGE 82, 60 (79 f.). Angesichts seiner Weite und Unbestimmtheit lässt sich aus dem Sozialstaatsprinzip regelmäßig kein Gebot entnehmen, soziale Leistungen in einem bestimmten Umfang zu gewähren, BVerfGE 110, 412 (445). Soweit es nicht um die Mindestvoraussetzungen geht, steht es in der Entscheidung des Gesetzgebers, in welchem Umfang soziale Hilfe unter Berücksichtigung der vorhandenen Mittel gewährt wird, BVerfGE 40, 121 (133). Dabei steht ihm ein weiter Gestaltungsspielraum zu, vgl. BVerfGE 103, 271 (288); 59, 231 (263).

388 Nach *Blanke*, Vertrauensschutz im deutschen und europäischen Verwaltungsrecht, S. 59, zeigt der Sozialstaatsgedanke vor diesem Hintergrund tendenziell eher vertrauenszerstörende denn vertrauensbegründende Wirkung. Da die Umverteilung ein erhöhtes Interesse an Besitzstandswahrung begründe, verursache die Befolgung und Entwicklung des Sozialstaatsgebots das wachsende Vertrauensschutzbedürfnis; siehe ferner *Muckel*, Kriterien des verfassungsrechtlichen Vertrauensschutzes bei Gesetzesänderungen, S. 34; *Schwarz*, Vertrauensschutz als Verfassungsprinzip, S. 222.

389 Siehe *Muckel*, Kriterien des verfassungsrechtlichen Vertrauensschutzes bei Gesetzesänderungen, S. 34; *Schwarz*, Vertrauensschutz als Verfassungsprinzip, S. 221 ff.

Zudem hat das Sozialstaatsgebot als eine objektive Wertentscheidung der Verfassung keinen anspruchsbegründenden subjektiv-rechtlichen Gehalt.[390] Ihm fehlt die abwehrrechtliche Funktion, so dass die vom Sozialstaat verliehenen Gewährleistungen verfahrensrechtlich nicht abgesichert sind.[391] Das Sozialstaatsprinzip begründet keinen Anspruch auf staatliche Leistungen. Dementsprechend kann sich der in seinem Vertrauen enttäuschte Betroffene bei einer Gesetzesänderung nicht auf das Sozialstaatsprinzip berufen.

Teilweise wird der Rückgriff auf das Sozialstaatsprinzip unter Verweis auf die verfassungsrechtlichen Bestimmungen, die eine Sachnähe zum Vertrauensschutz aufweisen bzw. den Vertrauensschutz vermitteln können, abgelehnt. Im Gegensatz zu speziellen grundrechtlichen Bestimmungen lassen sich aus dem konturarmen, nicht näher konkretisierten Sozialstaatsprinzip keine Kriterien verfassungsrechtlichen Vertrauensschutzes ableiten.[392]

Schließlich wird gegen die Ableitung des Vertrauensschutzes aus dem Sozialstaatsprinzip angeführt, dass die Gewährung sozialstaatlicher Leistungen unter dem Vorbehalt des finanziell Möglichen steht.[393] Danach ist der Gesetzgeber befugt, die Sozialleistungen der jeweiligen Haushaltslage anzupassen, was zur Kürzung oder sogar zur Abschaffung bestimmter Leistungen führen kann. Die Garantie einmal gewährter Sozialleistungen würde staatlich verfügbare Ressourcen überfordern und zudem die parlamentarische Willensentscheidung entscheidend einschränken. Da die sozialen Leistungen somit an die finanzielle Leistungskraft des Staates gekoppelt sind, kann das Sozialstaatsprinzip den Fortbestand des gewährten sozialen Standards nicht sichern.

Im Ergebnis ist das Sozialstaatsprinzip als Geltungsgrund für den Vertrauensschutzgrundsatz abzulehnen. Allenfalls kann dieses als Abwägungskriterium im

---

390 H.M., siehe etwa BVerfGE 39, 302 (315); 82, 60 (80); *Jarass*, in: Jarass/Pieroth (Hrsg.), GG, Art. 20 Rn. 154; *Grzeszick*, in: Maunz/Dürig/Herzog (Hrsg.), GG, Art. 20 VIII Rn. 19, jeweils mit weiteren Nachweisen aus der Rechtsprechung.

391 Um subjektive durchsetzbare Rechte des Bürgers gegenüber dem Staat zu begründen, bedarf die Sozialstaatlichkeit daher weiterer normativer Anbindung und Konkretisierung, *Grzeszick*, in: Maunz/Dürig/Herzog (Hrsg.), GG, Art. 20 VIII Rn. 19 f.; dazu auch *Muckel*, Kriterien des verfassungsrechtlichen Vertrauensschutzes bei Gesetzesänderungen, S. 33 f.; *Schwarz*, Vertrauensschutz als Verfassungsprinzip, S. 224 f.

392 Vgl. *Kunig*, Das Rechtsstaatsprinzip, S. 419; *Muckel*, Kriterien des verfassungsrechtlichen Vertrauensschutzes bei Gesetzesänderungen, S. 34.

393 Dazu etwa *Schwarz*, Vertrauensschutz als Verfassungsprinzip, S. 225 ff., mit weiteren Nachweisen.

Rahmen der Prüfung der Zulässigkeit rückwirkender Rechtsetzung Berücksichtigung finden.[394]

II. Demokratieprinzip

Vereinzelt wird auch das Demokratieprinzip zur Begründung des Vertrauensschutzprinzips in Erwägung gezogen.[395] Dieser Ansatz erweist sich allerdings schon deshalb als untauglich, weil die beiden Prinzipien im Widerspruch zueinanderstehen.[396] Der Vertrauensschutz soll den Fortbestand gesetzgeberischer Entscheidungen für die Zukunft sichern. Er ist ein Mittel, um einen Wechsel zu verhindern. Eine Demokratie hingegen ist offen für Reformen und ermöglicht es dem Gesetzgeber, in Reaktion auf den Wandel die getroffenen Entscheidungen zu korrigieren oder aufzuheben.[397] Eine Ableitung des Vertrauensschutzes aus dem Demokratieprinzip scheidet daher von vornherein aus.

---

394 Das Bundesverfassungsgericht berücksichtigte in seiner Entscheidung zum Krankenversicherungsschutz den Einfluss des Sozialstaatsprinzips im Rahmen der Interessenabwägung, BVerfGE 40, 65 (76) mit Hinweis auf BVerfGE 36, 73 (84).

395 *Iliopoulos-Strangas*, Rückwirkung und Sofortwirkung von Gesetzen, S. 296 ff., mit der Begründung, die Rückwirkung entwerte nachträglich die auf eine bestimmte zeitliche Situation bezogenen Entscheidungen des demokratisch legitimierten Gesetzgebers und zwar für die Zeit, in der der heute demokratisch legitimierte Gesetzgeber noch nicht gewählt war. Vor dem Hintergrund des Demokratieprinzips sei daher der Bundestag befugt, nur die während seiner Legislaturperiode neu entstandenen Sachverhalte zu regeln, nicht hingegen durch rückwirkende Gesetzgebung in die Entscheidungszeiträume früherer Bundestage einzugreifen. Ablehnend *Weinheimer*, Steuerliche Rückwirkung – ein umfassendes Problem, S. 21: Es sei zu eng, den Gesetzgeber als eine zeitlich begrenzte Erscheinungsform anzusehen, vielmehr gäbe es seit Bestehen des Grundgesetzes nur einen Gesetzgeber mit einem umfassenden Gestaltungsauftrag, der im Laufe der Zeit lediglich seine Zusammensetzung ändere; ablehnend auch *Hey*, Steuerplanungssicherheit als Rechtsproblem, S. 242: Es möge eine Frage des Respekts sein, die Entscheidungen einer anderen Zusammensetzung des Parlaments nicht für die Vergangenheit zu revidieren. Ein verfassungskräftiges Verbot lasse sich jedoch nicht begründen.

396 Das Bundesverfassungsgericht spricht von einem Spannungsverhältnis, BVerfGE 135, 1 (Rn. 51).

397 Siehe auch *Schwarz*, Vertrauensschutz als Verfassungsprinzip, S. 228; zur Antinomie des Demokratieprinzips zum Vertrauensschutz siehe oben Kapitel 2.C.I.

III. Rechtsstaatsprinzip

Der Gedanke der Dauerhaftigkeit und Stabilität von Recht ist mit der Idee des Rechtsstaates eng verbunden.[398] Verbreitet ist daher der Ansatz, den Vertrauensschutz im verfassungsrechtlichen Rechtsstaatsprinzip und seinem Subprinzip der Rechtssicherheit anzusiedeln.

Das Bundesverfassungsgericht hat schon in den Anfangsjahren seiner Rechtsprechung bei der Prüfung der Verfassungsmäßigkeit rückwirkender Regelungen auf das Rechtsstaatsprinzip[399] abgestellt. In der Grundsatzentscheidung zur steuerlichen Rückwirkung leitet es den Vertrauensschutz aus dem Gebot der Rechtssicherheit ab, das seinerseits zu den wesentlichen Elementen des Rechtsstaatsprinzips gehöre.[400]

---

398 *Schulze-Fielitz*, in: Dreier (Hrsg.), GG II, Art. 20 Rn. 146.

399 Das Grundgesetz erwähnt das Rechtsstaatsprinzip ausdrücklich nur in Art. 28 Abs. 1 S. 1 und in Art. 23 Abs. 1 GG. Abgeleitet wird es teilweise allein aus Art. 20 Abs. 3 GG (so etwa BVerfGE 95, 64 (82); kritisch hierzu *Maurer*, Kontinuitätsgewähr und Vertrauensschutz, in: Isensee/Kirchhof (Hrsg.), HdStR Bd. IV, § 79 Rn. 35), teilweise aus der Gesamtschau der einschlägigen Bestimmungen des Grundgesetzes, so z.B. BVerfGE 7, 89 (92 f.); 52, 131 (144); *Jarass*, in: Jarass/Pieroth (Hrsg.), GG, Art. 20 Rn. 37. Nach *Grzeszick*, in: Maunz/Dürig/Herzog (Hrsg.), GG, Art. 20 VII Rn. 32 f., ist die Rechtsstaatlichkeit ein dem Art. 20 GG zugrundeliegender Rechtssatz; *Schmidt-Aßmann*, Der Rechtsstaat, in: Isensee/Kirchhof (Hrsg.), HdStR Bd. II, § 26 Rn. 3, sieht als Sitz des Rechtsstaatsprinzips Art. 28 Abs. 1 S. 1 und Art. 20 Abs. 1 GG an; so auch *Schulze-Fielitz*, in: Dreier (Hrsg.), GG II, Art. 20 Rn. 138, 143. In einer seiner früheren Entscheidungen, BVerfGE 2, 380 (403), zählte das Bundesverfassungsgericht das Rechtsstaatsprinzip zu den ungeschriebenen Leitideen der Verfassung. Das ergebe sich aus einer Zusammenschau der Bestimmungen des Art. 20 Abs. 3 GG über die Bindung der Einzelgewalten und der Art. 1 Abs. 3, 19 Abs. 4, 28 Abs. 1 Satz 1 GG sowie aus der Gesamtkonzeption des Grundgesetzes. Zum Ganzen *Görisch*, Die Inhalte des Rechtsstaatsprinzips, JuS 1997, S. 988 (991 f.).

400 BVerfGE 13, 261 (271); zur Rechtssicherheit als Bestandteil des Rechtsstaatsprinzips eingehend *Sobota*, Das Prinzip Rechtsstaat, S. 154 ff.; siehe auch *Schmidt-Aßmann*, Der Rechtsstaat, in: Isensee/Kirchhof (Hrsg.), HdStR Bd. II, § 26 Rn. 81. Die Ableitung aus dem allgemeinen Rechtsstaatsprinzip als solchem scheitert daran, dass sich dieses durch einen zu hohen Abstraktionsgrad auszeichnet und lediglich eine Zusammenfassung der zu ihm gezählten Bestandteile ist, ohne konkrete Vorgaben für die Zulässigkeit rückwirkender gesetzgeberischer Tätigkeit zu enthalten. Erst durch seine Konkretisierung und seine einzelnen anerkannten Ausprägungen bekommt es Konturen, aus denen sich Rechtsfolgen ableiten lassen. Ausführlich hierzu *Werder*, Dispositionsschutz bei der Änderung von Steuergesetzen zwischen Rückwirkungsverbot und Kontinuitätsgebot, S. 82 ff., der dem allgemeinen Rechtsstaatsprinzip lediglich

Das Verfassungsrang innehabende Rechtssicherheitsprinzip[401] verlange die Verlässlichkeit der Rechtsordnung.[402] Der Bürger soll die ihm gegenüber möglichen staatlichen Eingriffe voraussehen und sich dementsprechend einrichten können; er muss darauf vertrauen können, dass sein Verhalten, das dem geltenden Recht entspricht, mit allen ursprünglich damit verbundenen Rechtsfolgen von der Rechtsordnung anerkannt bleibt.[403] Für den Bürger bedeute Rechtssicherheit in erster Linie Vertrauensschutz.[404] Auf die Argumentationskette Rechtsstaatsprinzip – Rechtssicherheit – Vertrauensschutz greift das Bundesverfassungsgericht in seiner nachfolgenden Rückwirkungsjudikatur immer wieder zurück.[405]

Diese Auffassung fand im rechtswissenschaftlichen Schrifttum breite Zustimmung.[406] Zwar ist der dogmatische Gehalt des Begriffs Rechtsstaat nicht fest

---

eine beschreibende Funktion zuspricht; vgl. auch *Kunig*, Das Rechtsstaatsprinzip, S. 166, 258, 457 ff.

401 BVerfGE 19, 150 (166).

402 BVerfGE 24, 75 (98); 60, 253 (268); *Schmidt-Aßmann*, Der Rechtsstaat, in: Isensee/Kirchhof (Hrsg.), HdStR Bd. II, § 26 Rn. 81.

403 BVerfGE 13, 261 (271).

404 BVerfGE 13, 215 (224); 13, 261 (271).

405 Z.B. BVerfGE 14, 288 (297); 18, 429 (439); 24, 220 (230); 30, 367 (385 f.); 45, 142 (167 f.); 60, 253 (267); 69, 272 (309); 72, 175 (196); 83, 89 (109 f.); 88, 384 (403); 105, 48 (57). Gelegentlich leitet das Gericht den Vertrauensschutz aber unmittelbar aus dem Rechtsstaatsprinzip ab (so z.B. BVerfGE 22, 241 (248); 59, 128 (152)), spricht vom rechtsstaatlichen Grundsatz des Vertrauensschutzes (BVerfGE 103, 392 (403); 109, 133 (181)) oder erwähnt das Prinzip der Rechtssicherheit neben dem Vertrauensschutz (BVerfGE 30, 392 (403); 101, 239 (262)). Die genaue verfassungsrechtliche Einordnung des Vertrauensschutzes sowie sein Verhältnis zur Rechtssicherheit und zum Rechtsstaatsprinzip ist daher nach wie vor klärungsbedürftig, dazu *Sobota*, Das Prinzip Rechtsstaat, S. 156 ff.; siehe auch *Kunig*, Das Rechtsstaatsprinzip, S. 257.

406 Siehe etwa *Fiedler*, Neuorientierung der Verfassungsrechtsprechung zum Rückwirkungsverbot und zum Vertrauensschutz?, NJW 1988, S. 1624 (1627); *Götz*, Bundesverfassungsgericht und Vertrauensschutz, in: Starck/Drath (Hrsg.), S. 421 (424); *Iliopoulos-Strangas*, Rückwirkung und Sofortwirkung von Gesetzen, S. 298 f.; *Kreibich*, Der Grundsatz von Treu und Glauben im Steuerrecht, S. 35 ff., 42; *Muckel*, Kriterien des verfassungsrechtlichen Vertrauensschutzes bei Gesetzesänderungen, S. 60 ff.; *Schulze-Fielitz*, in: Dreier (Hrsg.), GG II, Art. 20 Rn. 146 f.; *Spindler*, Verfassungsrechtliche Grenzen einer Rückwirkung von Steuergesetzen, DStR 1998, S. 953 (954); *Weber-Dürler*, Vertrauensschutz im öffentlichen Recht, S. 28 ff.; ablehnend *Schwarz*, Vertrauensschutz als Verfassungsprinzip, S. 231 ff., 248 ff.; kritisch auch *Blanke*, Vertrauensschutz im deutschen und europäischen Verwaltungsrecht, S. 97 ff., 109 ff.

umrissen und kann nicht auf eine einfache definitorische Formel gebracht werden[407], seine Existenz ist jedoch überwiegend anerkannt.[408] Der Inhalt des Rechtsstaatsprinzips bestimmt sich aus der Zusammenschau der im Grundgesetz normierten und gewohnheitsrechtlich postulierten einzelnen Ausprägungen und Bestandteilen. Das in der Verfassung nur zum Teil näher ausgeformte Rechtsstaatsprinzip bedarf einer Konkretisierung je nach den sachlichen Gegebenheiten.[409] So zählen neben dem Gebot der Klarheit und Bestimmtheit von Rechtsnormen, der Gesetzmäßigkeit der Verwaltung und dem Grundsatz der Gewaltenteilung auch die Rechtssicherheit im Sinne der Verlässlichkeit der Rechtsordnung[410] zu den Subprinzipien des Rechtsstaatsprinzips.[411]

Da die rechtlichen Rahmenbedingungen die Planungen und Entscheidungen des Bürgers beeinflussen, sollen Gesetzesänderungen vorhersehbar sein. Sie dürfen die Rechtspositionen des Bürgers nicht entwerten und sollen nicht grundlos erfolgen. Das Rechtssicherheitsgebot zielt auf Vorhersehbarkeit, Berechenbarkeit sowie Beständigkeit staatlicher Regelungen. Es verpflichtet den Gesetzgeber, bei der Änderung der Rechtslage vertrauensschutzrelevante Belange der Normadressaten zu berücksichtigen. Aus Sicht des Bürgers bedeutet Rechtssicherheit

407 *Schmidt-Aßmann*, Der Rechtsstaat, in: Isensee/Kirchhof (Hrsg.), HdStR Bd. II, § 26 Rn. 2.

408 Siehe etwa *Görisch*, Die Inhalte des Rechtsstaatsprinzips, JuS 1997, S. 988 (988); *Schmidt-Aßmann*, Der Rechtsstaat, in: Isensee/Kirchhof (Hrsg.), HdStR Bd. II, § 26 Rn. 2 ff., 8 f. Zum Teil wird aber das Rechtsstaatsprinzip als Prinzip mit einem eigenständigen dogmatischen Gehalt angezweifelt bzw. abgelehnt. Das grundgesetzliche Rechtsstaatsprinzip stelle nur eine Sammelbezeichnung für einzelne normativ belegbare Gewährleistungen des Verfassungsrechts dar, siehe *Kunig*, Das Rechtsstaatsprinzip, S. 85 ff., 109 f., 457 ff.; *Werder*, Dispositionsschutz bei der Änderung von Steuergesetzen zwischen Rückwirkungsverbot und Kontinuitätsgebot, S. 84 ff.

409 BVerfGE 25, 269 (290); 57, 250 (276); 65, 283 (290); 90, 60 (86).

410 Als solche bewirkt sie zum einen (ex ante) die Vorhersehbarkeit, zum anderen (ex post) die Beständigkeit staatlicher Entscheidungen, *Schmidt-Aßmann*, Der Rechtsstaat, in: Isensee/Kirchhof (Hrsg.), HdStR Bd. II, § 26 Rn. 81.

411 *Sobota*, Das Prinzip Rechtsstaat, S. 27 ff., 253 ff., ermittelt 142 Elemente des Rechtsstaatsprinzips, die teilweise ganz unterschiedliche, auch widerstreitende Aspekte – wie beispielsweise die Gegenüberstellung von Rechtssicherheit und Einzelfallgerechtigkeit (dazu *Schmidt-Aßmann*, Der Rechtsstaat, in: Isensee/Kirchhof (Hrsg.), HdStR Bd. II, § 26 Rn. 81, 92) – ansprechen. Zu den einzelnen Ausprägungen des Rechtsstaats siehe auch *Görisch*, Die Inhalte des Rechtsstaatsprinzips, JuS 1997, S. 988 (989 ff.); *Schmidt-Aßmann*, Der Rechtsstaat, in: Isensee/Kirchhof (Hrsg.), HdStR Bd. II, § 26 Rn. 4 ff.

mithin Vertrauensschutz, der auf Bewahrung einer für ihn günstigen Rechtslage gerichtet ist und sein Interesse am Fortbestand der Rechtsordnung schützt.[412]

Das Rechtsstaatsprinzip als tragfähige Grundlage des Vertrauensschutzes wird zum Teil unter Verweis auf seinen Prinzipiencharakter, seine Abstraktheit und die daraus resultierende normative Offenheit abgelehnt. Sowohl der Grundsatz der Rechtsstaatlichkeit als auch der Rechtssicherheit als eines seiner Unterprinzipien liefern keine Entscheidungskriterien für den Einzelfall, beiden fehle die rechtssatzförmige Präzisierung.[413] Weil das Rechtsstaatsprinzip keinen eigenständigen Regelungsgehalt für den Vertrauensschutz enthält, erweise es sich als rechtsbegründendes und anspruchsformendes Gestaltungselement als zu schwach.[414] Wegen der Notwendigkeit inhaltlicher Ausfüllung wird er als „offenes Rechtsprinzip" bezeichnet.[415] Jedoch können auch nicht rechtsförmige, abstrakt formulierte Staatsziele und Prinzipien durch Rechtslehre bzw. Rechtsprechung an Konturen gewinnen und inhaltliche Bestimmtheit erfahren. Der hohe Abstraktionsgrad des Rechtsstaatsprinzips ist mithin kein Hinderungsgrund, den Vertrauensschutzgedanken hier zu verorten.

Zudem werden Bedenken im Hinblick auf den objektiv-rechtlichen Gehalt des Rechtsstaatsprinzips geäußert. Das rechtsstaatliche Prinzip der Rechtssicherheit müsse einen subjektiv-rechtlichen Gehalt aufweisen, um ein subjektives Recht des Einzelnen auf Schutz seiner individuellen Vertrauenspositionen begründen zu können. Das Rechtsstaatsprinzip selbst sei indes keiner Subjektivierung zugänglich und eigne sich folglich nicht als dogmatische Grundlage

---

412 Siehe z.B. *Pieroth*, Rückwirkung und Übergangsrecht, S. 118, 144, 383; *Schmidt-Aßmann*, Der Rechtsstaat, in: Isensee/Kirchhof (Hrsg.), HdStR Bd. II, § 26 Rn. 81; *Weber-Dürler*, Vertrauensschutz im öffentlichen Recht, S. 47 ff.

413 Siehe nur *Schwarz*, Vertrauensschutz als Verfassungsprinzip, S. 229 ff., 254.

414 *Blanke*, Vertrauensschutz im deutschen und europäischen Verwaltungsrecht, S. 92 f., der darauf hinweist, dass eine Materialisierung des jeweiligen Gehalts der Prinzipien nur gelingen kann, wenn dabei so weit wie möglich auf konkretisierende Entscheidungen des positiven Verfassungsrechts zurückgegriffen wird. So sind es im Fall des Vertrauensschutzes die Grundrechte, die dieses „offene Prinzip" zu einem „rechtssatzförmigen Prinzip" verdichten können.

415 Zum Begriff siehe *Larenz/Canaris*, Methodenlehre der Rechtswissenschaft, S. 307 f. *Blanke*, Vertrauensschutz im deutschen und europäischen Verwaltungsrecht, S. 97 ff., spricht von der „normativen Unbestimmtheit der rechtsstaatlichen Chiffre des Vertrauensschutzes" und attestiert dem Rechtsstaatsprinzip lediglich eine Direktivfunktion für den Vertrauensschutz: das Prinzip des Rechtsstaates sei ein „Leitmotiv" für alle staatlichen Gewalten, vertrauensschutzwürdige Positionen der Bürger zu achten.

für ein Rechtspositionen Einzelner schützendes und damit subjektiv ausgerichtetes Vertrauensschutzprinzip.[416] Gegen die Anreicherung des Rechtsstaatsprinzips mit subjektiv-rechtlichen Ableitungen spreche schon ein strukturelles Argument. Das Rechtsstaatsprinzip sei nicht mehr als ein verfassungsrechtliches Strukturprinzip und dürfe nicht zum beliebig einsetzbaren „Allheilmittel" degradiert werden.[417]

Nach einer anderen Ansicht ist Rechtssicherheit mehr als ein bloßes objektiv-verfassungsrechtliches Strukturprinzip. Das Gebot der Rechtssicherheit beinhalte sowohl subjektive als auch objektive Elemente und sei insofern weiter gefasst als der Vertrauensschutz.[418] Für den Einzelnen bedeute Rechtssicherheit Schutz seiner Rechtspositionen vor einer Entwertung durch Rechtsänderungen. Der Vertrauensschutzgrundsatz gewährleiste also die objektiv gebotene Rechtskontinuität als subjektive Erwartungssicherheit.[419] Rechtsstaatlicher Vertrauensschutz sei bis zu einem gewissen Grad die subjektive Entsprechung der objektiven Kontinuitätsgewähr.[420] Mit der Gewährleistung der Beständigkeit einmal getroffener staatlicher Regelungen verlange die Rechtssicherheit gleichzeitig die Berücksichtigung individueller Interessen und schütze den Bürger vor einem etwaigen Verstoß hiergegen[421], denn nach der übereinstimmenden Auffassung soll sich der Bürger auf die Fortdauer der geltenden Rechtsordnung verlassen können. Rechtssicherheit und individuelles Vertrauen des Einzelnen seien daher untrennbar miteinander verbunden.[422] Das Rechtssicherheitsgebot fordere Voraussehbarkeit und Berechenbarkeit bei der Gestaltung der

---

416 *Schwarz*, Vertrauensschutz als Verfassungsprinzip, S. 248 ff.; gegen die Begründbarkeit aus dem Rechtsstaatsprinzip zuletzt *Lepsius*, Brauchen wir einen Schutz des abstrakten Vertrauens in die Geltung von Gesetzen?, JZ 2015, S. 435 (438 f.).

417 *Schwarz*, Vertrauensschutz als Verfassungsprinzip, S. 252 f.

418 *Hey*, Steuerplanungssicherheit als Rechtsproblem, S. 112 f.; siehe auch *Pieroth*, Rückwirkung und Übergangsrecht, S. 118, 144; *Schulze-Fielitz*, in: Dreier (Hrsg.), GG II, Art. 20 Rn. 147.

419 *Schulze-Fielitz*, in: Dreier (Hrsg.), GG II, Art. 20 Rn. 147.

420 *Maurer*, Kontinuitätsgewähr und Vertrauensschutz, in: Isensee/Kirchhof (Hrsg.), HdStR Bd. IV, § 79 Rn. 4; *Hey*, Steuerplanungssicherheit als Rechtsproblem, S. 112, spricht unter Hinweis auf BVerfGE 88, 384 (403) von subjektivierter Rechtssicherheit.

421 Die Schutzwürdigkeit des Vertrauens richtet sich dabei nach den Maßstäben eines aus der Sicht eines objektiven Betrachters „durchschnittlichen Bürgers", *Schulze-Fielitz*, in: Dreier (Hrsg.), GG II, Art. 20 Rn. 147.

422 *Muckel*, Kriterien des verfassungsrechtlichen Vertrauensschutzes bei Gesetzesänderungen, S. 62.

Rechtsordnung; es schütze zugleich die Vertrauensinteressen des Einzelnen und enthalte somit auch eine subjektiv-rechtliche Komponente.[423] Dieses Ergebnis wird auch vom Bundesverfassungsgericht bestätigt, indem dieses ausführt, dass Rechtssicherheit für den Normadressaten in erster Linie Vertrauensschutz bedeute.[424] Damit geht das Gericht von der subjektiven Ausprägung der Rechtssicherheit in Form des Vertrauensschutzes aus. Die Rechtssicherheit als Element der objektiven Rechtsstaatlichkeit ist nach alldem als geeignete Grundlage eines dem Individualinteresse dienenden Vertrauensschutzes anzusehen.

E. Kumulativer Begründungsansatz

Nachdem sich in der Anfangsphase der Vertrauensschutzdogmatik der rechtsstaatlich fundierte Grundsatz des Vertrauensschutzes etablierte, konkurrierte er später mit dem grundrechtlichen Begründungsansatz. Allerdings kann keiner der beiden Ansätze eine unter allen Gesichtspunkten überzeugende Lösung für die Vertrauensschutzproblematik bieten. Vor diesem Hintergrund wird der kumulative Begründungsansatz vertreten.

Dieser stellt neben dem thematisch einschlägigen Grundrecht auch auf das Rechtsstaatsprinzip ab.[425] Der von den Grundrechten vermittelte Vertrauensschutz ist zwangsläufig auf einen bestimmten, vom jeweiligen Schutzbereich umfassten Regelungs- und Gewährleistungsgehalt beschränkt. Der grundrechtlich verankerte Vertrauensschutz kann nicht alle Vertrauensschutzkonstellationen

---

423 Dazu *Muckel*, Kriterien des verfassungsrechtlichen Vertrauensschutzes bei Gesetzesänderungen, S. 62 f.

424 Siehe Nachweise in Fn. 404.

425 Z.B. *Helbich*, Vertrauensschutz in Verwaltungsvorschriften des Steuerrechts, S. 122 f.; *Muckel*, Kriterien des verfassungsrechtlichen Vertrauensschutzes bei Gesetzesänderungen, S. 58 ff.; *Muckel*, Die Rückwirkung von Gesetzen in der neueren Rechtsprechung des Bundesverfassungsgerichts, JA 1994, S. 13 (15); *Wernsmann*, Verhaltenslenkung in einem rationalen Steuersystem, S. 401; siehe auch *Kreibich*, Der Grundsatz von Treu und Glauben im Steuerrecht, S. 42 f. Vom kumulativen Ansatz geht wohl auch *Pieroth*, Rückwirkung und Übergangsrecht, S. 96 ff., 157, 382, aus, indem er das Konzept der Verfassungsnormorientierung aufstellt, wonach sich die rechtlichen Grenzen für die Gesetzgebung vorrangig aus speziellen Sätzen der geschriebenen Verfassung, insbesondere aus einzelnen Grundrechten, ergeben. Erst dann komme ein Rückgriff auf das Rechtsstaatsprinzip und auf aus ihm abgeleitete ungeschriebene Verfassungsrechtssätze in Frage. Siehe auch *Englisch/Plum*, Schutz des Vertrauens auf Steuergesetze, Finanzrechtsprechung und Regelungen der Finanzverwaltung, StuW 2004, S. 342 (347 ff.).

erfassen und ist mithin nicht geeignet, einen lückenlosen Vertrauensschutz zu gewährleisten. So versagt der grundrechtliche Vertrauensschutz in den Fällen rechtswidrig erworbener Rechtspositionen.[426] Hauptanwendungsfall des rechtsstaatlichen Vertrauensschutzes ist jedoch – wie von *J. Hey* nachgewiesen – die Aufhebung von Steuervergünstigungen, denn bei Subventionsabbau ist kein grundrechtlicher Schutzbereich tangiert.[427] Der Vertrauensschutz sei nicht zwangsläufig Bestandteil eines grundrechtlichen Schutzbereichs, sondern gehe oftmals über die Grundrechte hinaus.[428] Die Frage nach der Gewährung des Vertrauensschutzes soll einer umfassenden Abwägung vorbehalten bleiben und nicht bereits durch Ausklammerung bestimmter Vertrauenspositionen entschieden werden. Beim Abstellen auf Grundrechte bestehe zudem die Gefahr einer übermäßigen Ausweitung des Anwendungsbereichs der betroffenen Grundrechte. Der rein grundrechtliche Vertrauensschutz verkürze den durch die Verfassung gebotenen Vertrauensschutz in unzulässiger Weise. Um diese Defizite des grundrechtlichen Vertrauensschutzes auszugleichen, bedürfe es eines Rückgriffs auf das Rechtsstaatsprinzip.

Auf der anderen Seite erweist sich auch der rein rechtsstaatliche Vertrauensschutz als zu schwach. Im Rahmen des von der Rechtsprechung entwickelten Prüfungssystems können sich die Vertrauensschutzerwägungen gegen das Gemeinwohlinteresse nur selten durchsetzen. Die Grundrechtsprüfung liefert hingegen präzisere Maßstäbe und ist durch strukturierende Abwägungskriterien gekennzeichnet. Zudem soll die Grundrechtsorientierung das Prinzip der Rechtssicherheit subjektiv zum Vertrauensschutz verdichten.[429]

---

426 Dazu *Muckel*, Kriterien des verfassungsrechtlichen Vertrauensschutzes bei Gesetzesänderungen, S. 59.

427 *Hey*, Steuerplanungssicherheit als Rechtsproblem, S. 156 ff., 161.

428 *Muckel*, Kriterien des verfassungsrechtlichen Vertrauensschutzes bei Gesetzesänderungen, S. 59, mit weiteren Nachweisen in Fn. 200. Siehe ferner *Götz*, Bundesverfassungsgericht und Vertrauensschutz, in: Starck/Drath (Hrsg.), S. 421 (432 f.).

429 *Helbich*, Vertrauensschutz in Verwaltungsvorschriften des Steuerrechts, S. 122 f.: Die Heranziehung des jeweiligen Grundrechts sorgt zunächst für eine Subjektivierung sowie Prozessualisierung der geschützten Freiheiten. Sodann stellt das Rechtsstaatsprinzip als übergeordnetes Verfassungsprinzip grundrechtsübergreifende Abwägungsdirektiven bereit, deren Anwendung wiederum durch das jeweils betroffene Grundrecht modifiziert wird, was zu einer insgesamt rechtsgüterschutzorientierten Wechselwirkung von Rechtsstaatsprinzip und Grundrechten als Ausdruck des grundrechtlich verbürgten Vertrauensschutzprinzips führt.

Vertreten werden auch streng grundrechtsorientierte Ansätze. So versteht *K.-A. Schwarz* Vertrauensschutz als ausschließliche Thematik der Grundrechte. Der Vertrauensschutz sei umfassend – aber zugleich abschließend – über die grundrechtlichen Gewährleistungen garantiert.[430] Dieser Auffassung liegt das Verständnis von der Lückenhaftigkeit des Grundrechtsschutzes zugrunde. Die Verfassungsordnung des Grundgesetzes gewährleiste keinen lückenlosen Grundrechtsschutz und damit die Freiheit nur partiell. Der grundrechtliche Freiheitsschutz bleibe als bewusste Entscheidung der Verfassungsordnung unvollständig. Der Gedanke einer umfassenden Freiheitsverbürgung durch die Grundrechte entspreche gerade nicht der Konzeption des Grundgesetzes. In Konsequenz dessen seien auch die Lücken im grundrechtlichen Vertrauensschutz hinzunehmen.[431] Diese Schutzlücken seien gerade notwendig, um den Vertrauensschutz auf ein vertretbares Maß zu begrenzen, der aus Billigkeitsgründen zur Besitzstandswahrung ausgedehnt werde. Neben dem von den Grundrechten vermittelten Vertrauensschutz habe ein rechtsstaatlicher Vertrauensschutz keine selbstständige Bedeutung.

Die bundesverfassungsgerichtliche Judikatur zeigt zur Frage der dogmatischen Verortung des Vertrauensschutzprinzips kein homogenes Bild.[432] Es ist jedoch anzunehmen, dass das Gericht vom kumulativen Ansatz ausgeht, wenn es in einer Reihe von neuen Entscheidungen bei der Prüfung nachträglicher belastender Rechtsänderungen das Rechtsstaatsprinzip in Verbindung mit Grundrechten heranzieht.[433] Eine typische Formulierung lautet: „Wenn der Gesetzgeber die Rechtsfolge eines der Vergangenheit zugehörigen Verhaltens nachträglich belastend ändert, bedarf dies einer besonderen Rechtfertigung vor dem Rechtsstaatsprinzip und den Grundrechten des Grundgesetzes. Die Grundrechte wie auch das Rechtsstaatsprinzip garantieren im Zusammenwirken die Verlässlichkeit der Rechtsordnung als wesentliche Voraussetzung für die Selbstbestimmung über den eigenen Lebensentwurf und damit als eine Grundbedingung freiheitlicher Verfassungen“.[434] Bereits in einer früheren,

---

430 *Schwarz*, Vertrauensschutz als Verfassungsprinzip, S. 229 ff., 161 ff., 232 ff.; siehe auch *Sobota*, Das Prinzip Rechtsstaat, S. 507, die es für am konsequentesten hält, den Vertrauensbegriff dem jeweils einschlägigen Grundrecht zuzuweisen und ihn von der Rechtssicherheit als einer allein objektiv-rechtlichen Norm zu unterscheiden.

431 *Schwarz*, Vertrauensschutz als Verfassungsprinzip, S. 241 ff., 247.

432 Vgl. auch *Maurer*, Kontinuitätsgewähr und Vertrauensschutz, in: Isensee/Kirchhof (Hrsg.), HdStR Bd. IV, § 79 Rn. 62 ff.

433 So etwa BVerfGE 116, 96 (130 f.); 126, 286 (313); 127, 1 (16); 127, 31 (46); 132, 302 (Rn. 41); 135, 1 (Rn. 62 f.).

434 Etwa BVerfGE 127, 1 (16); 132, 302 (Rn. 41); 135, 1 (Rn. 63).

das Steuerrecht betreffenden Grundsatzentscheidung führte der Zweite Senat aus, eine Rückbewirkung von Rechtsfolgen sei vorrangig anhand allgemeiner rechtsstaatlicher Grundsätze der Rechtssicherheit und des Vertrauensschutzes zu messen.[435] In Verbindung mit diesen Grundsätzen seien allerdings auch die betroffenen Grundrechte zu berücksichtigen. Eine vom Gericht als tatbestandliche Rückanknüpfung definierte Rückwirkung berühre demgegenüber vorrangig Grundrechte.[436] Ausgangspunkt ist hier die Grundrechtsprüfung. In die grundrechtliche Bewertung seien die allgemeinen rechtsstaatlichen Grundsätze der Rechtssicherheit, des Vertrauensschutzes sowie der Verhältnismäßigkeit, beschränkt auf den Gesichtspunkt der Vergangenheitsanknüpfung, miteinzubeziehen. Zwar ist der Ausgangspunkt der Prüfung je nach Rückwirkungsart ein anderer, jedoch zieht das Gericht unterstützend zum grundrechtlichen den rechtsstaatlichen Vertrauensschutz und umgekehrt heran.[437] Ausführungen zum Hintergrund dieser Differenzierung lassen sich indes vermissen. Die oben erwähnten Formulierungen in den neueren Entscheidungen, die sich sowohl zur echten als auch zur unechten Rückwirkung finden, lassen jedoch darauf schließen, dass insofern keine Differenzierung mehr getroffen werden soll.[438]

Die Anhänger des kumulativen Ansatzes gehen von der Spezialität der Grundrechte gegenüber dem rechtsstaatlichen Vertrauensschutz aus. Der rechtsstaatliche Grundsatz des Vertrauensschutzes habe eine verfassungsdogmatische Ergänzungs- und Reservefunktion. Er komme subsidiär zur Anwendung, wenn kein Grundrecht einschlägig sei.[439] Der rechtsstaatliche Vertrauensschutz stellt

---

435 BVerfGE 72, 200 (242).

436 BVerfGE 72, 200 (242 f.); siehe ferner BVerfGE 76, 256 (347); 95, 64 (82); 109, 133 (182).

437 Wie bereits gezeigt, verdrängen jedoch nach der Rechtsprechung des Gerichts Art. 33 Abs. 5 und Art. 14 Abs. 1 GG den rechtsstaatlichen Vertrauensschutz, so dass diesem hier keine eigenständige Funktion zukommt. Vielmehr hat er in diesen Grundrechten eine eigene Ausprägung und verfassungsrechtliche Ordnung erfahren.

438 So auch *Maciejewski/Theilen*, Die aktuelle bundesverfassungsgerichtliche Spruchpraxis zu rückwirkenden Gesetzen, DÖV 2015, S. 271 (277), die auf die vom Ersten Senat verwendeten abweichenden Maßstäbe hinweisen, die keinerlei System erkennen lassen; auch *Desens*, Die neue Vertrauensschutzdogmatik des Bundesverfassungsgerichts für das Steuerrecht, StuW 2011, S. 113 (126), spricht von „erstaunlich unkonkreten" Entscheidungsmaßstäben des Bundesverfassungsgerichts.

439 So insbesondere *Muckel*, Kriterien des verfassungsrechtlichen Vertrauensschutzes bei Gesetzesänderungen, S. 64 f., mit weiteren Nachweisen in Fn. 235; *Muckel*, Die Rückwirkung von Gesetzen in der neueren Rechtsprechung des Bundesverfassungsgerichts, JA 1994, S. 13 (15); siehe auch *Compes*, Der gesetzgeberische Eingriff in

demnach ein zusätzliches, abwehrrechtliches Instrument des Bürgers gegenüber staatlicher Diskontinuität dar.[440]

F. Weitere Begründungsansätze

Neben den hier dargestellten werden im Schrifttum weitere Begründungsansätze diskutiert. So will man der Änderung der bestehenden Rechtslage die Geltungskraft des zu ändernden Gesetzes entgegensetzen. Dabei wird an das Erfordernis der Verkündung von Gesetzen, Art. 82 Abs. 1 GG, angeknüpft.[441] Außerdem werden das Rechtsinstitut der Verwirkung sowie der die gesamte Rechtsordnung bestimmende Grundsatz der Verhältnismäßigkeit ins Feld geführt.[442] Keiner dieser Ansätze ist weiterverfolgt worden. Da ihre Erörterung für diese Arbeit nicht zielführend ist, verbleibt es bei diesem Hinweis.

G. Zusammenfassung

Wenngleich es an einer expliziten Regelung eines allgemeinen Vertrauensschutzes im geltenden Recht fehlt, ist dessen Existenz mittlerweile allgemein anerkannt. Hinsichtlich seiner konkreten dogmatischen Grundlage konnte indes kein Konsens erzielt werden.

Der früher vertretene zivilrechtliche Begründungsansatz kann vor allem vor dem Hintergrund der Normenhierarchie nicht überzeugen. Denn der

---

nach altem Recht bestehende Rechtspositionen und deren weiche Überleitung in der Rechtsprechung des Bundesverfassungsgerichtes, S. 111 f.; *Pieroth*, Rückwirkung und Übergangsrecht, S. 89 ff.; *Pieroth*, Die neue Rechtsprechung des Bundesverfassungsgerichts zum Grundsatz des Vertrauensschutzes, JZ 1990, S. 279 (283 f.); anders *Sobota*, Das Prinzip Rechtsstaat, S. 173, die eine Parallelität annimmt.

440 Nach *Wernsmann*, in: Hübschmann/Hepp/Spitaler (Hrsg.), AO/FGO, § 4 Rn. 720, unterscheidet sich die Beurteilung rückwirkender Gesetze am Maßstab der Grundrechte im Ergebnis kaum von derjenigen anhand des Rechtsstaatsprinzips, denn in beiden Fällen seien dieselben Abwägungskriterien maßgeblich; vgl. auch *Maurer*, Kontinuitätsgewähr und Vertrauensschutz, in: Isensee/Kirchhof (Hrsg.), HdStR Bd. IV, § 79 Rn. 42; *Schulze-Fielitz*, in: Dreier (Hrsg.), GG II, Art. 20 Rn. 167.

441 Siehe dazu *Götz*, Bundesverfassungsgericht und Vertrauensschutz, in: Starck/Drath (Hrsg.), S. 421 (432 f.); ablehnend *Werder*, Dispositionsschutz bei der Änderung von Steuergesetzen zwischen Rückwirkungsverbot und Kontinuitätsgebot, S. 126.

442 Ausführungen hierzu bei *Werder*, Dispositionsschutz bei der Änderung von Steuergesetzen zwischen Rückwirkungsverbot und Kontinuitätsgebot, S. 114, 134 ff., mit weiteren Nachweisen.

Vertrauensschutzgrundsatz ist nur dann geeignet, die Tätigkeit des demokratisch legitimierten Gesetzgebers einzuschränken, wenn er selbst Verfassungsrang aufweist. Daher treten seit geraumer Zeit verfassungsgestützte Ansichten in den Vordergrund.

Ein allgemeines Vertrauensschutzprinzip kennt das Grundgesetz nicht. In seiner Ausprägung als Rückwirkungsverbot ist Vertrauensschutz lediglich in Art. 103 Abs. 2 GG normiert. Dabei handelt es sich um ein spezielles, ausschließlich für das Strafrecht geltendes Verbot rückwirkender Gesetze. Weder lässt sich dieses strafrechtliche Rückwirkungsverbot im Wege der Analogie zu einem allgemeinen Rückwirkungsverbot aufwerten noch lässt sich aus dieser Bestimmung im Wege eines Umkehrschlusses eine generelle Zulässigkeit der Rückwirkung von Gesetzen postulieren.

In vielen Beiträgen im Schrifttum, aber auch in der Rechtsprechung steht ein grundrechtsnormorientierter Vertrauensschutz im Fokus. Das Vertrauensschutzprinzip aus den Grundrechten herzuleiten, ist vor allem von dem Wunsch geprägt, dieses Prinzip subjektiv-rechtlich abzusichern. Die Grundrechtsorientierung verspricht größere Klarheit der Beurteilungsmaßstäbe und somit Vorhersehbarkeit der Ergebnisse. Den Gewährleistungen des Gleichheitssatzes des Art. 3 Abs. 1 GG lässt sich kein Vertrauensschutzgehalt entnehmen. Einzelne Freiheitsgrundrechte gewährleisten hingegen Schutz vor gesetzgeberischen Eingriffen auch in Form eines rückwirkenden Gesetzes. Die Freiheitsbetätigungen können zu schützenswerten Rechtspositionen erwachsen, die durch ein rückwirkendes Gesetz beeinträchtigt werden können. Dies gilt vor allem für Art. 14 Abs. 1, 12 Abs. 1, 33 Abs. 5 sowie Art. 2 Abs. 1 GG. Allerdings reicht der grundrechtliche Vertrauensschutz nur bis zur Grenze des sachlichen Schutzbereichs des jeweiligen Grundrechts. Einen umfassenden Vertrauensschutz vermitteln Grundrechte nicht. Ein rein grundrechtszentriertes Modell deckt nicht alle Fälle schutzwürdigen Vertrauens ab und hinterlässt somit eine Lücke im Vertrauensschutzsystem.

Zur dogmatischen Begründung des Vertrauensschutzes werden daneben die verfassungsrechtlichen Strukturprinzipien bemüht. Das rein objektive, veränderungsoffene Prinzip des Sozialstaates, welches zudem unter dem Vorbehalt des Möglichen steht, eignet sich nicht als Rechtsquelle des Vertrauensschutzes. Ihm kommt lediglich eine flankierende Bedeutung zu. Die Gesichtspunkte des Sozialstaates können aber im Rahmen der Abwägung Berücksichtigung finden. Auch das Demokratieprinzip ist als Rechtsquelle des Vertrauensschutzprinzips abzulehnen. Die einer Demokratie innewohnende Dynamik, welche die Gesetzeskorrektur und -änderung gerade ermöglicht, steht im Widerspruch zum auf Sicherung des status quo und auf Bewahrung gerichteten Vertrauensschutz.

Das verfassungsrechtliche Rechtsstaatsprinzip entwickelte sich hingegen zu einem tragenden Pfeiler des Vertrauensschutzes. Sowohl das Bundesverfassungsgericht als auch ein Großteil des Schrifttums stützen das Verbot rückwirkender Gesetzesänderungen auf das Rechtsstaatsprinzip. Rechtssicherheit als ein wesentliches Element des Rechtsstaates bedeutet für den Bürger in erster Linie Vertrauensschutz. Der Hauptkritikpunkt an diesem Begründungsansatz richtet sich gegen den mangelnden Normgehalt des Rechtsstaatsprinzips, welches ein objektiv-rechtliches Verfassungsprinzip darstellt, aus dem sich kein Schutz individueller Vertrauenspositionen ableiten lässt. Zudem sei es aufgrund seiner Abstraktheit nicht geeignet, eine verbindliche Direktive für staatliches Handeln zu bilden. Nach einer anderen Auffassung weist die Rechtssicherheit auch eine subjektive Komponente auf. Für die Zukunft bedeutet sie Vorhersehbarkeit staatlichen Handelns; für die Vergangenheit gewährleistet sie für den Einzelnen Vertrauensschutz.

Dominiert wird das Meinungsspektrum von der Auffassung, den Vertrauensschutz aus dem Rechtsstaatsprinzip in Verbindung mit Freiheitsgrundrechten herzuleiten. Die kumulative Verortung soll die Defizite beider Ansätze ausgleichen. Fällt die von der rückwirkenden Gesetzesänderung betroffene Rechtsposition in den Schutzbereich eines Freiheitsgrundrechts, wird der speziellere grundrechtliche Vertrauensschutz aktiviert. Anderenfalls ist die Verletzung des Rechtsstaatsprinzips nach den von der Rechtsprechung vorgegebenen Maßstäben zu prüfen. Der rechtsstaatliche Vertrauensschutz hat demnach eine Reservefunktion.

Abschließend ist festzuhalten, dass der Grundsatz des Vertrauensschutzes zwei verfassungsrechtliche Standbeine hat. Zum einen stützt er sich auf einzelne Grundrechtsnormen, zum anderen – subsidiär – auf die im Rechtsstaatsprinzip verankerte Rechtssicherheit. Auch wenn dieses, der mangelnden gesetzlichen Regelung der Rückwirkungsproblematik geschuldete Ergebnis dogmatisch angreifbar sein mag, kann man dem Vertrauensschutzgebot derzeit nur auf diese Weise gerecht werden.

Kapitel 4 – Die Gesetzesrückwirkung in der Rechtsprechung des Bundesverfassungsgerichts

Nachdem vorstehend die verfassungsrechtlichen Grundlagen des Vertrauensschutzprinzips erörtert wurden, sollen im Folgenden die zentralen Linien der Rückwirkungsjudikatur des Bundesverfassungsgerichts aufgezeigt sowie der Diskussionsstand in der Rechtslehre dargestellt werden.

Im Bereich der Legislative ist der Vertrauensschutzgrundsatz wegen der fehlenden gesetzlichen Regelung entscheidend vom Bundesverfassungsgericht geprägt worden. Die Rechtsprechung hat den Rückwirkungsbegriff und die Kriterien für die Gewährung des Vertrauensschutzes in einer langen Reihe von Entscheidungen entwickelt und näher ausgeformt. Die Anzahl bundesverfassungsgerichtlicher Judikate zur Gesetzesrückwirkung ist beträchtlich. Eine erschöpfende Auseinandersetzung mit jeder einzelnen zu diesem Thema ergangenen Entscheidung kann nicht erfolgen. Zu erörtern sind die Leitentscheidungen mit ihren richtungsweisenden Aussagen und die sich daraus ergebende Systematik der Zulässigkeitsprüfung. Gesondert zu behandeln ist die sogenannte Veranlagungszeitraum-Rechtsprechung auf dem Gebiet des Steuerrechts. Sodann ist ein Überblick über die kritischen Reaktionen im Schrifttum zu geben und auf die alternativen Lösungsansätze einzugehen. Abschließend sind die Ergebnisse zusammenzufassen.

A. Die Anfänge der Rückwirkungsdogmatik

Schon sehr früh musste sich das Bundesverfassungsgericht mit rückwirkenden Gesetzen befassen. Anfangs sah es hierin keine verfassungsrechtliche Problematik und hielt die Rückwirkung in seiner ersten einschlägigen Entscheidung für „an sich zulässig".[443] Gleichzeitig stellte das Gericht jedoch klar, dass für die Gesetzesrückwirkung verfassungsrechtliche Grenzen gelten. Diese könnten etwa dort gesehen werden, wo ein Gesetz in Rechte oder Rechtslagen des Staatsbürgers eingreift, dieser aber mit einer solchen Rückwirkungsanordnung nicht rechnen konnte und die er bei einer verständigen Vorausschau nicht zu berücksichtigen brauchte.[444] Somit wird einer Rückwirkung von Anfang an der

443 BVerfGE 1, 264 (280); vgl. auch BVerfGE 2, 237 (264 f.).
444 BVerfGE 1, 264 (280).

Gedanke des Vertrauensschutzes und der Rechtssicherheit entgegengehalten. Wo die Grenzen im Einzelnen verlaufen, wird allerdings nicht näher ausgeführt. Auch in den nachfolgenden Entscheidungen blieb es bei oberflächlichen und sehr abstrakten Ausführungen zu den Zulässigkeitsvoraussetzungen von rückwirkenden Gesetzen.[445] Bezüglich des Begriffs der Rückwirkung beschränkt sich das Gericht ebenfalls auf allgemeine Beschreibungen ohne nähere Konkretisierung. Es spricht beispielsweise generell von der „rückwirkenden Kraft“[446] oder davon, dass eine Vorschrift eine Rechtslage für die Vergangenheit schaffe[447].

Diese „prinzipiell rückwirkungsfreudige Haltung“[448] ist auf den seinerzeit herrschenden Gesetzespositivismus zurückzuführen.[449] Eine strenge Orientierung am schriftlich fixierten Recht führte zu der Annahme, dass eine Rückwirkung zulässig ist. Denn außerhalb des strafrechtlichen Rückwirkungsverbots existieren keine allgemeine Regelung oder kein Verfassungsgrundsatz, die einen rückwirkenden Gesetzeserlass verbieten.[450] Nach dem von der Allmacht des Gesetzgebers geprägten und damals noch fortwirkenden Staatsverständnis ist dieser befugt, auch eine rückwirkende Rechtsfolgenanordnung zu treffen.[451]

Schon bald relativierte das Gericht seine anfängliche Auffassung und hielt eine Rückwirkung für „nicht schlechthin unzulässig“.[452] Immer mehr rückte der rechtsstaatliche Grundsatz der Rechtssicherheit in den Vordergrund, der einer rückwirkenden Gesetzgebung entgegengehalten wurde. So führte das Gericht in einer seiner nachfolgenden Entscheidungen aus, dass das Rechtsstaatprinzip eine gewisse Rechtsbeständigkeit, einen gewissen Schutz des Vertrauens verlange, das der Einzelne in gesicherte Rechtspositionen setzen dürfe, die ihm der Staat aufgrund eines abgeschlossenen Tatbestandes vorbehaltlos

---

445 Nach BVerfGE 2, 237 (264 f.) soll Gesetzesrückwirkung jedenfalls dann zulässig sein, wenn mit dem Erlass entsprechender Bestimmungen von vornherein gerechnet werden musste.

446 BVerfGE 2, 237 (264 f.); auch schon in BVerfGE 1, 264 (280).

447 BVerfGE 1, 264 (280).

448 *Bauer*, Bundesverfassungsgericht und Rückwirkungsverbot, JuS 1984, S. 241 (242).

449 Siehe hierzu *Maurer*, Kontinuitätsgewähr und Vertrauensschutz, in: Isensee/Kirchhof (Hrsg.), HdStR Bd. IV, § 79 Rn. 32; eingehend *Berger*, Zulässigkeitsgrenzen der Rückwirkung von Gesetzen, S. 41 ff., mit weiteren Nachweisen; vgl. schon früher *Coing*, Grundsätzliches zur Rückwirkung von Gesetzen, BB 1954, S. 137 (137).

450 Siehe dazu BVerfGE 2, 237 (265); schon früher RGZ 137, 81 (82).

451 RGZ 139, 177 (189); siehe dazu *Berger*, Zulässigkeitsgrenzen der Rückwirkung von Gesetzen, S. 42 f.; *Stötzel*, Vertrauensschutz und Gesetzesrückwirkung, S. 74 f.

452 BVerfGE 3, 58 (150).

verliehen habe.[453] Die Abkehr von der generellen Zulässigkeit rückwirkender Gesetze deutete sich bereits in dem 1957 ergangenen Beschluss zum hamburgischen Hundesteuergesetz an.[454] Zur Beurteilung der Verfassungsmäßigkeit einer Rückwirkung wurde hier das Rechtsstaatsprinzip herangezogen und eine Definition der Rückwirkung angelegt. Danach verbietet das Rechtsstaatsprinzip, zu dem auch die Rechtssicherheit gehört, nicht jede Rückwirkung; auch dann nicht, „wenn nachträglich an einen in der Vergangenheit liegenden, abgeschlossenen Tatbestand angeknüpft wird".[455] Konkrete Prüfungsmaßstäbe lassen sich dieser Entscheidung jedoch nicht entnehmen. Erst mehrere Leitentscheidungen Anfang der 1960er Jahre brachten einen grundsätzlichen Wandel in der Rückwirkungsrechtsprechung. Darin hat das Bundesverfassungsgericht die Grundlagen gelegt, welche die Rückwirkungsdogmatik bis heute prägen.

B. Einführung der Rückwirkungskategorien

Die allmähliche Konkretisierung der Wertentscheidungen des Grundgesetzes, die verstärkte Bindung staatlicher Gewalt an die Grundrechte sowie die Emanzipation der Verfassungsgerichtsbarkeit als Kontrollinstanz der Legislative führten zum Umdenken in Fragen der Gesetzesrückwirkung. Auch das gewandelte Verständnis von Rechtsstaatlichkeit trug dazu bei.[456] Infolgedessen hat das Bundesverfassungsgericht seine Rückwirkungsrechtsprechung fortentwickelt. Seit der am 31.05.1960 gefällten Grundsatzentscheidung zur Kostenrechtsnovelle unterscheidet es zwischen echt und unecht rückwirkenden Gesetzen.[457] Ein Fall echter (retroaktiver) Rückwirkung liegt danach vor, „wenn das Gesetz nachträglich ändernd in abgewickelte, der Vergangenheit angehörende Tatbestände eingreift".[458] Erfasst sind also Gesetze mit Wirkung für die Vergangenheit, die die Rechtsfolgen eines bereits vollständig abgeschlossenen Tatbestandes neu regeln. Von der echten Rückwirkung grenzt das Gericht die unechte (retrospektive) Rückwirkung ab. Diese ist dann gegeben, wenn ein Gesetz „nur auf

---

453 BVerfGE 11, 64 (72).

454 BVerfGE 7, 89 (89 ff.); dazu *Berger*, Zulässigkeitsgrenzen der Rückwirkung von Gesetzen, S. 45 f.

455 BVerfGE 7, 89 (92).

456 Vgl. etwa *Berger*, Zulässigkeitsgrenzen der Rückwirkung von Gesetzen, S. 45.

457 BVerfGE 11, 139 (145 f.): die streitgegenständliche Vorschrift ordnete die Anwendung des neuen Gesetzes über Maßnahmen auf dem Gebiet des Kostenrechts auch auf die vor seinem Inkrafttreten anhängig gewordenen Rechtsstreitigkeiten an.

458 BVerfGE 11, 139 (145 f.).

gegenwärtige, noch nicht abgeschlossene Sachverhalte und Rechtsbeziehungen für die Zukunft einwirkt".[459] Betroffen sind also Tatbestände, die bereits vor der Gesetzesverkündung zum Teil verwirklicht sind, deren Rechtsfolgen aber erst in der Zukunft eintreten.

Seit dieser Entscheidung liegt der Rückwirkungslehre ein zweigliedriger Begriff zugrunde.[460] Echt rückwirkende Gesetze wirken in die Vergangenheit, indem sie bereits abgeschlossene Tatbestände neu bewerten und die eingetretenen Rechtsfolgen ersetzen. Im Gegensatz dazu gelten die unecht rückwirkenden Gesetze für die Zukunft. Dabei betreffen sie aktuelle Sachverhalte, die ihren Ursprung in der Vergangenheit haben. Das, was das Bundesverfassungsgericht bisher schlechthin unter Rückwirkung verstand[461], fasst es nun unter dem Begriff der echten Rückwirkung zusammen.[462] Die unechte Rückwirkung diente zunächst lediglich der Abgrenzung und hatte keine selbstständige Bedeutung.[463] In diesen Fällen entstand daher nach Ansicht des Gerichts das Problem der Rückwirkung nicht.[464]

Am 19.12.1961 folgten drei Grundsatzentscheidungen, in denen sich das Bundesverfassungsgericht zur Zulässigkeit von Gesetzesrückwirkungen äußerte.[465] Dabei orientiert sich das Gericht maßgeblich am Vertrauensschutzprinzip, welches es über die Rechtssicherheit aus dem Rechtsstaatsprinzip ableitet. Der Bürger soll die möglichen staatlichen Eingriffe voraussehen und sich dementsprechend einrichten können. Es geht um das Vertrauen des Normadressaten

---

459 BVerfGE 11, 139 (146).

460 Siehe z.B. BVerfGE 14, 288 (297); 22, 241 (248); 24, 220 (230); 25, 269 (290); 30, 250 (267); 30, 367 (386); 57, 361 (391); 72, 175 (196); 95, 64 (86); 101, 239 (263); 127, 1 (16 f.); 132, 302 (Rn. 44); 135, 1 (Rn. 37 f.).

461 Siehe BVerfGE 7, 89 (92).

462 So auch *Weinheimer*, Steuerliche Rückwirkung – ein umfassendes Problem, S. 9.

463 *Pieroth*, Rückwirkung und Übergangsrecht, S. 60, bezeichnet den Begriff der unechten Rückwirkung insofern als ein „Abfallprodukt" der Eingrenzung der Problematik der Rückwirkungsfälle; *Götz*, Bundesverfassungsgericht und Vertrauensschutz, in: Starck/Drath (Hrsg.), S. 421 (435 f.), hält die Bezeichnung „unechte Rückwirkung" für irreführend, denn bei der Problematik der Einwirkung von für die Zukunft geltenden Änderungsgesetzen auf die im Zeitpunkt ihres Inkrafttretens bestehenden Rechtslagen handele es sich überhaupt nicht um eine solche der Rückwirkung; zustimmend *Brüning*, Die Rückwirkung von Legislativakten, NJW 1998, S. 1525 (1526); kritisch zu dieser Rückwirkungskategorie auch *Weinheimer*, Steuerliche Rückwirkung – ein umfassendes Problem, S. 28 f.

464 BVerfGE 11, 139 (146).

465 BVerfGE 13, 261 (261 ff.); 13, 274 (274 ff.); 13, 279 (279 ff.).

darauf, dass „sein dem geltenden Recht entsprechendes Handeln von der Rechtsordnung mit allen ursprünglich damit verbundenen Rechtsfolgen anerkannt bleibt".[466] Dieses Vertrauen wird enttäuscht, wenn ein änderndes Gesetz, mit dem der Bürger nicht rechnen musste, an abgeschlossene Tatbestände nachträglich ungünstigere Rechtsfolgen als diejenigen anknüpft, von denen der Bürger bei seinen Dispositionen ausgehen durfte.[467] Während das Bundesverfassungsgericht die Rückwirkung zunächst für „an sich zulässig" hielt, statuiert es nun für den Bereich der echten Rückwirkung ein grundsätzliches Rückwirkungsverbot und vollzieht damit eine Rechtsprechungswende.

Auch seine bisherige Auffassung zur unechten Rückwirkung ändert das Bundesverfassungsgericht grundlegend.[468] Es erkennt an, dass sich aus dem Gebot der Rechtssicherheit und des Vertrauensschutzes sachliche Grenzen auch für solche Gesetze ergeben können, die noch offene Tatbestände regeln. Die unechte Rückwirkung, die früher lediglich der Einschränkung der Rückwirkungsfälle diente und ohne Weiteres zulässig war, hält das Gericht nun für lediglich grundsätzlich zulässig.[469] Die unechte Rückwirkung hat sich dadurch als eine eigenständige zweite Form der Rückwirkung verfestigt. Zur Abgrenzung zwischen den beiden Rückwirkungsformen zieht die Rechtsprechung das Merkmal der Abgeschlossenheit eines Tatbestandes heran. Mit dem Begriff „Tatbestand" meint das Gericht trotz Verwendung uneinheitlicher Terminologie nicht den Lebenssachverhalt, sondern den gesetzlichen Tatbestand[470], d.h. die abstrakt festgelegten Voraussetzungen, bei deren Vorliegen die Rechtsfolgen einer Norm ausgelöst werden.[471] Ob ein Tatbestand abgeschlossen ist, beurteilt sich einzelfallbezogen

466 BVerfGE 13, 261 (271).

467 BVerfGE 13, 261 (271).

468 BVerfGE 13, 274 (274 ff.) und BVerfGE 13, 279 (279 ff.).

469 BVerfGE 13, 274 (278); 13, 279 (283).

470 *Englisch/Plum*, Schutz des Vertrauens auf Steuergesetze, Finanzrechtsprechung und Regelungen der Finanzverwaltung, StuW 2004, S. 342 (355); *Hey*, Steuerplanungssicherheit als Rechtsproblem, S. 204 f., mit Beispielen aus der Rechtsprechung; zum Ganzen *Albert*, Vertrauensschutz und rückwirkende Besteuerung, S. 41 f.

471 Im Bereich des staatlichen Leistungsrechts stellt das Bundesverfassungsgericht in BVerfGE 15, 167 (209 f.) auf den behördlichen Leistungsbescheid ab. In BVerfGE 30, 367 (386 f.) führt das Gericht aus: „Bei Rechtssätzen, die Rechtsansprüche einräumen, bedeutet dabei ‚abgewickelter Tatbestand' nicht ‚zuerkannt durch Bescheid', da es nur auf die gesetzlichen Tatbestandsmerkmale und nicht auf die behördlichen Vollzugsakte ankommen kann". Um bei Anspruchsnormen von „echter Rückwirkung" sprechen zu können, genüge es, dass der Gesetzgeber in Sachverhalte eingreife, die vor der Gesetzesverkündung die Voraussetzungen des bisher geltenden Anspruchstatbestands

nach der jeweiligen einfachgesetzlichen Regelung.[472] Für die Qualifizierung einer Gesetzesänderung als unecht rückwirkend verlangt das Gericht häufig zusätzlich, dass die neue Regelung die betroffene Rechtsposition des Bürgers nachträglich entwertet[473], teilweise ist sogar von der Entwertung der Rechtsposition „im ganzen“ die Rede[474]. Wann eine Rechtsposition entwertet ist, konkretisiert das Gericht jedoch nur selten.[475] Im Schrifttum wird daher die schwankende und unklare Abgrenzung zwischen Rückwirkungsarten bemängelt.[476]

C. Terminologische Neuausrichtung des Zweiten Senats

Trotz massiver Kritik sowohl von Seiten der Rechtslehre als auch aus den eigenen Reihen[477] rückte das Bundesverfassungsgericht mehr als zwei Jahrzehnte lang nicht von seiner anfänglichen Rechtsprechung ab. Erst im Jahr 1983 schien der Zweite Senat in seiner Entscheidung zum deutsch-österreichischen Rechtshilfevertrag[478] unter Aufgabe der bisherigen Begriffsbestimmung eine neue Dogmatik zu entwickeln. Anknüpfend daran differenziert er seit der Grundsatzentscheidung zum Außensteuergesetz vom 14.05.1986 zwischen tatbestandlicher Rückanknüpfung und Rückbewirkungen von Rechtsfolgen.[479]

---

erfüllten. Nach BVerfGE 37, 363 (397 f.) soll hingegen der Zeitpunkt der Antragstellung auf Leistungsgewährung maßgeblich sein. Zu divergierenden Maßstäben mit weiteren Beispielen *Berger*, Zulässigkeitsgrenzen der Rückwirkung von Gesetzen, S. 58 ff.

472 So deutlich BVerfGE 48, 403 (414); siehe auch BVerfGE 13, 274 (277); 18, 135 (142 f.); 19, 119 (127); 24, 220 (230); 30, 392 (402 f.). Eine Übersicht über die Abgrenzung in den einzelnen Sachbereichen findet sich bei *Werder*, Dispositionsschutz bei der Änderung von Steuergesetzen zwischen Rückwirkungsverbot und Kontinuitätsgebot, S. 41 ff.

473 Z.B. BVerfGE 30, 250 (267); 72, 175 (196); 95, 64 (86).

474 Z.B. BVerfGE 14, 288 (297); 30, 392 (402); 63, 312 (329).

475 Dazu auch *Hey*, Steuerplanungssicherheit als Rechtsproblem, S. 205 f.

476 Zur inkonsistenten und divergierenden Anwendung des Merkmals der Tatbestandsabgeschlossenheit *Bauer*, Bundesverfassungsgericht und Rückwirkungsverbot, JuS 1984, S. 241 (244); siehe ferner *Rensmann*, Reformdruck und Vertrauensschutz, JZ 1999, S. 169 (170); *Vogel*, Rückwirkung: eine festgefahrene Diskussion, in: Festschrift für M. Heckel, S. 875 (876 f.).

477 Siehe etwa *Steinberger*, Sondervotum, BVerfGE 48, 1 (23 ff.) sowie *Rupp- von Brünneck*, Sondervotum, BVerfGE 32, 111 (129 ff.).

478 BVerfGE 63, 343 (353 ff.).

479 BVerfGE 72, 200 (241 ff.); eine kritische Auseinandersetzung mit der Entscheidung findet sich bei *Hahn*, Zur Rückwirkung im Steuerrecht, S. 17 ff., sowie bei *Fiedler*,

Nach der neuen Definition entfaltet eine Rechtsnorm dann Rückwirkung, „wenn der Beginn ihres zeitlichen Anwendungsbereichs normativ auf einen Zeitpunkt festgelegt ist, der vor dem Zeitpunkt liegt, zu dem die Norm rechtlich existent, das heißt gültig geworden ist".[480] Diesen Fall bezeichnet das Gericht als „Rückbewirkung von Rechtsfolgen". Maßgeblich ist demnach der Zeitpunkt der Verkündung, mit der eine Norm nach dem deutschen Staatsrecht rechtlich existent wird. Dies ist regelmäßig im Zeitpunkt der Ausgabe des ersten Exemplars des Verkündungsblattes der Fall.[481] Sollen also die Rechtsfolgen einer Norm für einen bestimmten, vor ihrer Verkündung liegenden Zeitraum eintreten, stellt sich das Problem der Rückwirkung.

Der Rückbewirkung von Rechtsfolgen stellt der Senat die tatbestandliche Rückanknüpfung gegenüber. Sie betrifft nicht den zeitlichen, sondern den sachlichen Anwendungsbereich einer Norm. Ein Fall der tatbestandlichen Rückanknüpfung liegt vor, wenn die Rechtsfolgen für einen nach (oder mit) der Verkündung beginnenden Zeitraum eintreten sollen, deren Eintritt jedoch von Gegebenheiten aus der Zeit vor der Verkündung abhängig ist.[482] Die Rechtsfolgen finden also erst in der Zukunft Anwendung, der Tatbestand erfasst aber Sachverhalte, die bereits vor Verkündung „ins Werk" gesetzt worden sind.[483]

Während als Abgrenzungskriterium für die echte und unechte Rückwirkung die Abgeschlossenheit des Tatbestandes dient, orientiert sich die Unterscheidung der neuen Kategorien am zeitlichen und sachlichen Anwendungsbereich einer Norm. Der zeitliche Anwendungsbereich betreffe „allein die zeitliche Zuordnung der normativ angeordneten Rechtsfolgen im Hinblick auf den Zeitpunkt der Verkündung der Norm".[484] Alle anderen Merkmale einer Norm gehören hingegen zu ihren Tatbestandsmerkmalen und beträfen den sachlichen Anwendungsbereich. Im Gegensatz zur Rückbewirkung von Rechtsfolgen finde hier die Vergangenheitsanknüpfung lediglich auf der Tatbestandsebene statt. Dies sei bei einer Neuregelung regelmäßig der Fall, denn auch wenn sie nur für die Zukunft wirken solle, knüpfe sie nahezu immer an in der Vergangenheit liegende Sachverhalte an.[485]

Neuorientierung der Verfassungsrechtsprechung zum Rückwirkungsverbot und zum Vertrauensschutz?, NJW 1988, S. 1624 (1624 ff.).

480 BVerfGE 72, 200 (241); 63, 343 (353).

481 BVerfGE 72, 200 (241), unter Bezugnahme auf BVerfGE 63, 343 (353).

482 BVerfGE 72, 200 (242).

483 Z.B. BVerfGE 97, 67 (78 f.); 105, 17 (37 f.).

484 BVerfGE 72, 200 (242).

485 BVerfGE 63, 343 (356).

Die rechtliche Beurteilung richtet das Gericht an den Grundrechten und dem Rechtsstaatsprinzip aus: Die Rückbewirkung von Rechtsfolgen müsse sich vorrangig an den allgemeinen rechtsstaatlichen Grundsätzen des Vertrauensschutzes und der Rechtssicherheit messen lassen. Die tatbestandliche Rückanknüpfung berühre dagegen vorrangig Grundrechte, die mit der Verwirklichung des jeweiligen Tatbestands vor Verkündung der Norm ins Werk gesetzt worden seien.[486] Dabei seien im ersten Fall diejenigen Grundrechte zu berücksichtigen, deren Schutzbereich von der nachträglichen Rechtsfolgenänderung in belastender Weise betroffen ist. Im zweiten Fall müssen in die grundrechtliche Bewertung die allgemeinen rechtsstaatlichen Grundsätze des Vertrauensschutzes, der Rechtssicherheit, aber auch der Verhältnismäßigkeit – hier beschränkt auf den Gesichtspunkt der Vergangenheitsanknüpfung – einfließen.[487] Mithin besteht ein Zusammenspiel von Grundrechten und rechtsstaatlichem Vertrauensschutz.

Das rechtswissenschaftliche Schrifttum nahm die neue Judikatur des Zweiten Senats zum Teil positiv auf. Sie wurde als Aufgabe der bisherigen Rückwirkungsdogmatik gedeutet, weil das Gericht auf die Begriffe der echten bzw. der unechten Rückwirkung verzichtete.[488] Die neue Terminologie sei im Vergleich zu der vom Ersten Senat verwendeten Begrifflichkeit deutlich präziser, die Abgrenzung erheblich klarer.[489] Dies lasse hoffen, dass künftig die Prognose darüber, in

486 BVerfGE 72, 200 (242 f.); siehe auch BVerfGE 78, 249 (283); 97, 67 (79).

487 BVerfGE 72, 200 (242 f.).

488 Vgl. etwa *Bauer*, Neue Tendenzen in der bundesverfassungsgerichtlichen Rechtsprechung zum Rückwirkungsverbot, NVwZ 1984, S. 220 (221 f.); *Vogel*, Rechtssicherheit und Rückwirkung zwischen Vernunftrecht und Verfassungsrecht, JZ 1988, S. 833 (837 f.), spricht zwar zunächst vom Vollzug einer „dramatischen Wendung“, relativiert jedoch später diese Aussage, *Vogel*, Rückwirkung: eine festgefahrene Diskussion, in: Festschrift für M. Heckel, S. 875 (875 Fn. 7).

489 *Fiedler*, Neuorientierung der Verfassungsrechtsprechung zum Rückwirkungsverbot und zum Vertrauensschutz?, NJW 1988, S. 1624 (1626, 1628, 1631); so auch *Berger*, Zulässigkeitsgrenzen der Rückwirkung von Gesetzen, S. 88, der den normstrukturellen Ansatz des Zweiten Senats wegen der eindeutigeren Abgrenzung für vorzugswürdig hält; auch *Leisner*, Kontinuität als Verfassungsprinzip, S. 482 f., sieht die terminologischen Schwächen der früheren Rechtsprechung als beseitigt an; siehe auch *El Mourabit/Seufer*, Die zeitliche Reichweite des Vertrauensschutzes im Ertragsteuerrecht, FR 2012, S. 335 (339), die im Ergebnis jedoch auch den Anknüpfungspunkt des Zweiten Senats im Kontext der Abgrenzung als ungeeigneten Ansatz bewerten.

welchen Fällen eine Rückwirkung rechtswidrig ist, erleichtert werde.[490] Jedoch wurde schnell deutlich, dass es sich bei dem neuen Ansatz lediglich um eine begriffliche Modifikation handelt. Inhaltlich führen die beiden Ansätze zu den gleichen Ergebnissen.[491] Wie bereits der Erste Senat unterscheidet auch der Zweite Senat zwischen zwei Kategorien der Rückwirkung; einen einheitlichen Rückwirkungsbegriff lehnt er ausdrücklich ab.[492] Auch wenn der Zweite Senat nicht auf die Tatbestandsabgeschlossenheit abstellt, sondern ein normativ bezogenes Differenzierungskriterium wählt, ergeben sich kaum Änderungen bei der Abgrenzung zwischen den jeweiligen Rückwirkungsformen: Die Fallgruppe der tatbestandlichen Rückanknüpfung erfasst regelmäßig die Fälle, die der unechten Rückwirkung zuzuordnen sind, die Rückbewirkung von Rechtsfolgen entspricht inhaltlich der echten Rückwirkung.[493]

Auch die Zulässigkeitsmaßstäbe des Ersten Senats wurden im Ergebnis aufrechterhalten. Je nach Rückwirkungsart greifen unterschiedliche Rechtsfolgen ein. Für die Rückbewirkung von Rechtsfolgen gilt – wie bereits für die echte

---

490 *Fiedler*, Neuorientierung der Verfassungsrechtsprechung zum Rückwirkungsverbot und zum Vertrauensschutz?, NJW 1988, S. 1624 (1625 f.); siehe auch *Schmidt*, Die verfassungsrechtliche Zulässigkeit rückwirkender Gesetze, DB 1993, S. 2250 (2250).

491 *Pieroth*, Die neue Rechtsprechung des Bundesverfassungsgerichts zum Grundsatz des Vertrauensschutzes, JZ 1990, S. 279 (281), spricht von einer bloßen „Umetikettierung"; *Brüning*, Die Rückwirkung von Legislativakten, NJW 1998, S. 1525 (1526 f.), zeigt anhand der Beispiele, dass es sich primär um ein terminologisches Problem ohne Auswirkungen auf die Falllösung handelt; siehe ferner *Fischer*, Die Verfassungsmäßigkeit rückwirkender Normen, NJW 2001, S. 861 (865); *Maurer*, Kontinuitätsgewähr und Vertrauensschutz, in: Isensee/Kirchhof (Hrsg.), HdStR Bd. IV, § 79 Rn. 24; *Muckel*, Die Rückwirkung von Gesetzen in der neueren Rechtsprechung des Bundesverfassungsgerichts, JA 1994, S. 13 (14); *Muckel*, Kriterien des verfassungsrechtlichen Vertrauensschutzes bei Gesetzesänderungen, S. 74 f.; *Schaumburg*, Rückwirkung und Planungssicherheit im Steuerrecht, DB 2000, S. 1884 (1885); *Weinheimer*, Steuerliche Rückwirkung – ein umfassendes Problem, S. 18. Nach *Wernsmann*, in: Hübschmann/Hepp/Spitaler (Hrsg.), AO/FGO, § 4 Rn. 715, bringt die neue Terminologie zum Ausdruck, dass es sich bei der tatbestandlichen Rückanknüpfung um keine Rückwirkung im eigentlichen Sinne, sondern nur um eine für die Zukunft geltende Umgestaltung der Rechtsordnung handelt, die infolge ihrer Vergangenheitsanknüpfung Vertrauensschutzfragen aufwirft.

492 BVerfGE 72, 200 (243).

493 Vgl. *Hey*, Steuerplanungssicherheit als Rechtsproblem, S. 208; *Fischer*, Die Verfassungsmäßigkeit rückwirkender Normen, NJW 2001, S. 861 (864); *Schmidt-Aßmann*, Der Rechtsstaat, in: Isensee/Kirchhof (Hrsg.), HdStR Bd. II, § 26 Rn. 86, fordert eine Zusammenführung der unterschiedlichen Begrifflichkeiten.

Rückwirkung – ein grundsätzliches Rückwirkungsverbot. Die vom Ersten Senat aufgestellten Fallgruppen, bei deren Vorliegen die echte Rückwirkung ausnahmsweise zulässig ist, hat der Zweite Senat wortwörtlich übernommen.[494] Auch die rechtliche Beurteilung der tatbestandlichen Rückanknüpfung unterscheidet sich nicht von der vom Ersten Senat zur unechten Rückwirkung entwickelten Konzeption. Danach ist diese Form der Rückwirkung verfassungsrechtlich prinzipiell zulässig. Die neue Rechtsprechung brachte also im Vertrauensschutzniveau und damit in der Sache keine Änderung.[495]

Dieser Befund wird durch die Gleichsetzung der Begriffspaare in jüngeren Judikaten beider Senate bestätigt. Der Zweite Senat verwendet sie synonym. Das zeigt sich daran, dass er neben der Bezeichnung „Rückbewirkung von Rechtsfolgen“ und „tatbestandliche Rückanknüpfung“ die Begriffe der echten und unechten Rückwirkung in Klammern erwähnt.[496] Teilweise werden die Definitionen miteinander verbunden.[497] Der Erste Senat judizierte zwar zunächst weiterhin unter Zugrundelegung der in den 60er Jahren entwickelten Terminologie.[498] In den neueren Entscheidungen greift aber auch er auf die beiden Begriffspaare zurück.[499] Dies ist dahingehend zu interpretieren, dass die jeweiligen Rückwirkungskategorien sachlich identisch sind.[500]

---

494 BVerfGE 72, 200 (258 ff.).

495 Der neuen Rechtsprechung des Zweiten Senats wird entgegengehalten, dass sie mit den Grundsätzen der Normenlogik unvereinbar ist, weil Normen in ihrer Funktion als Imperative nur für die Zukunft wirken können, *Hahn*, Zur Rückwirkung im Steuerrecht, S. 24 ff.; zustimmend *Muckel*, Kriterien des verfassungsrechtlichen Vertrauensschutzes bei Gesetzesänderungen, S. 73 f.; *Muckel*, Die Rückwirkung von Gesetzen in der neueren Rechtsprechung des Bundesverfassungsgerichts, JA 1994, S. 13 (14); *Stötzel*, Vertrauensschutz und Gesetzesrückwirkung, S. 104 ff. Im Übrigen, da zwischen den Ansätzen der beiden Senate kein nennenswerter Unterschied besteht, hat die Kritik gegen die bisherige Rechtsprechung auch für die neue Judikatur Bestand, dazu später unter F.

496 BVerfGE 97, 67 (78 f.); 105, 17 (36).

497 BVerfGE 127, 1 (16 f., 19); 127, 31 (47); 127, 61 (76); 131, 20 (36).

498 So etwa BVerfGE 94, 241 (258 f.); 95, 64 (86 f.); 101, 239 (263).

499 BVerfGE 126, 369 (391); 128, 90 (106 f.); 132, 302 (Rn. 42 f.); 135, 1 (Rn. 38); 148, 217 (Rn. 135 f.).

500 Siehe dazu *Fischer*, Die Verfassungsmäßigkeit rückwirkender Normen, NJW 2001, S. 861 (865); *Maciejewski/Theilen*, Die aktuelle bundesverfassungsgerichtliche Spruchpraxis zu rückwirkenden Gesetzen, DÖV 2015, S. 271 (274 f.); im Ergebnis auch *Rensmann*, Reformdruck und Vertrauensschutz, JZ 1999, S. 168 (169). *Desens*, Vertrauen in das Steuergesetz, in: Rensen/Brink (Hrsg.), Linien der Rechtsprechung des

D. Verfassungsrechtliche Zulässigkeitsgrenzen rückwirkender Gesetze

Nachdem soeben dargestellt wurde, wie das Bundesverfassungsgericht eine Gesetzesrückwirkung definiert, ist im Folgenden genauer zu erörtern, welche Zulässigkeitsgrenzen es hierfür aufstellt.

Wie bereits erwähnt, unterscheidet sich der Gestaltungsspielraum des Gesetzgebers beim Erlass rückwirkender Gesetze je nach Rückwirkungsart. Die Dichotomie des Rückwirkungsbegriffs setzt sich auf der Rechtsfolgenebene fort. Für echt rückwirkende Gesetze postuliert das Gericht das grundsätzliche Rückwirkungsverbot.[501] Nach Ansicht des Gerichts sind solche Gesetze grundsätzlich verfassungswidrig, weil sie mit dem Gebot der Rechtssicherheit, die ihrerseits für den Bürger Vertrauensschutz bedeutet, unvereinbar sind. Das Gebot der Rechtssicherheit garantiert die Verlässlichkeit der Rechtsordnung als wesentliche Voraussetzung für die Selbstbestimmung über den eigenen Lebensentwurf und damit als eine Grundbedingung freiheitlicher Verfassungen.[502] Es würde die Betroffenen in ihrer Freiheit erheblich gefährden, dürfte der Gesetzgeber die im Vertrauen auf die geltende Rechtslage erworbenen Rechte nachträglich verschlechtern.[503] Speziell zum Steuerrecht führte das Gericht in zahlreichen Entscheidungen aus, dass Gesetze, die dem Bürger rückwirkend eine Steuer auferlegen oder rückwirkend den Steuersatz erhöhen, grundsätzlich unzulässig sind.[504] Das Rückwirkungsverbot wirkt nicht absolut. Im Grundsatz des Vertrauensschutzes findet es nicht nur seinen Grund, sondern auch seine Grenze.[505] Daher kann es durchbrochen werden, wenn sich kein Vertrauen auf den Bestand des geltenden Rechts bilden konnte oder ein solches sachlich nicht gerechtfertigt ist.[506] Das Bundesverfassungsgericht stellte hierzu einen nicht abschließenden Ausnahmekatalog zusammen.[507] Es handelt sich um typisierte Fallgruppen ausnahmsweise fehlenden bzw. nicht schutzwürdigen Vertrauens.

Bundesverfassungsgerichts, S. 329 (333 f.), kritisiert die Vermengung beider Abgrenzungskriterien und damit einhergehende weitere Unklarheiten.

501 BVerfGE 13, 261 (271); 14, 288 (297 ff.); 19, 187 (195); 22, 330 (347); 30, 250 (267); 30, 367 (385 f.); 30, 392 (401); 48, 1 (20); 97, 67 (78); 132, 302 (Rn. 42); 135, 1 (Rn. 60); zuletzt BVerfGE 148, 217 (Rn. 135).

502 Siehe Nachweise in Fn. 209.

503 Vgl. dazu BVerfGE 135, 1 (Rn. 60); 132, 302 (Rn. 41); 127, 1 (16); 114, 258 (300 f.).

504 Z.B. BVerfGE 13, 261 (271); 19, 187 (195); 22, 330 (347); 30, 272 (285).

505 Zuletzt BVerfGE 135, 1 (Rn. 64).

506 BVerfGE 105, 17 (40); 135, 1 (Rn. 61), mit weiteren Nachweisen.

507 Erstmalig in BVerfGE 13, 261 (271 f.).

Unechte Rückwirkung hält das Bundesverfassungsgericht hingegen für grundsätzlich zulässig.[508] Dabei verweist es auf das Recht der Legislative, die Rechtslage für die Zukunft neu zu gestalten. Dies umfasst die Befugnis, auf bestehende Rechtsbeziehungen und Rechtsverhältnisse einzuwirken.[509] Vor diesem Hintergrund sind unechte Rückwirkungen grundsätzlich hinzunehmen. Jedoch kann diese Rückwirkungsart ausnahmsweise unzulässig sein. Dies ist im Rahmen einer Abwägung zwischen dem gesetzgeberischen Änderungsinteresse und dem Vertrauensschutzinteresse des Betroffenen zu ermitteln.[510]

Die Rechtsprechung hat somit ein Regel-Ausnahme-Verhältnis entwickelt. Während eine echte Rückwirkung grundsätzlich unzulässig ist, ist eine unechte Rückwirkung grundsätzlich zulässig. In beiden Fällen besteht aber die Möglichkeit, den konkreten Fall wertend zu beurteilen. Obwohl das Verbot rückwirkender Gesetze subjektivrechtlich begründet wird[511], kann das Gesetzesvertrauen nicht individuell bestimmt werden. Wegen des generell-abstrakten Charakters legislativer Akte ist – wie stets bei verfassungsrechtlichen Anforderungen an ein Gesetz – eine objektiv typisierende Betrachtung maßgeblich.[512] Es kommt also weder auf subjektive Vorstellungen des Betroffenen noch auf seine individuelle Situation an. Irrelevant ist daher, ob der Einzelne das Gesetz tatsächlich kannte oder auf seiner Grundlage gehandelt hat. Der Prüfung der Schutzwürdigkeit des Vertrauens ist vielmehr die typische Lage eines Durchschnittsbürgers zugrunde zu legen.[513] Es geht darum, ob der Bürger vertrauen durfte, nicht ob er konkret vertraut hat.[514] Entscheidend ist somit, ob die bisherige Regelung abstrakt geeignet ist, das Vertrauen der Normadressaten auf ihren Fortbestand zu begründen und ob auf ihrer Grundlage generell eine Vertrauensdisposition getroffen werden konnte.[515]

---

508 Z.B. BVerfGE 30, 392 (401 f.); 48, 403 (415); 39, 128 (143 ff.); 67, 1 (15); 95, 64 (86); 97, 67 (78 f.).

509 Etwa BVerfGE 48, 403 (415).

510 Nachweise in Fn. 508.

511 Dazu oben Kapitel 2.B.

512 *Rensmann*, Reformdruck und Vertrauensschutz, JZ 1999, S. 168 (172 f.).

513 Etwa BVerfGE 32, 111 (123); *Schulze-Fielitz*, in: Dreier (Hrsg.), GG II, Art. 20 Rn. 147.

514 *Hey*, Verbot rückwirkender Klarstellung als Weg zu besserer Gesetzgebung?, NJW 2014, S. 1564 (1566).

515 Zum Ganzen *Maurer*, Kontinuitätsgewähr und Vertrauensschutz, in: Isensee/Kirchhof (Hrsg.), HdStR Bd. IV, § 79 Rn. 40; *Schönfeld/Bergmann*, Das Ende rückwirkend „klarstellender" Gesetze im Steuerrecht, DStR 2015, S. 256 (259 f.).

Nachfolgend sind die verfassungsrechtlichen Zulässigkeitsgrenzen näher darzustellen. Zunächst sind die einzelnen von der Rechtsprechung des Bundesverfassungsgerichts entwickelten Ausnahmetatbestände zu erörtern. Anschließend ist auf die bei unechter Rückwirkung durchzuführende Abwägung einzugehen.

I. Einzelne Ausnahmetatbestände

In der Ausgangsentscheidung[516] nannte das Gericht vier Ausnahmetatbestände, bei deren Vorliegen eine echte Rückwirkung verfassungsrechtlich Bestand haben kann. Es sind die Hauptanwendungsfälle typischerweise fehlenden Vertrauens. Zum einen ist das Vertrauen nicht schutzwürdig, wenn die Änderung der Rechtslage für den Bürger vorhersehbar war. Der Vertrauensschutz entfällt ferner, wenn das geltende Recht so unklar und verworren ist, dass eine Klärung erwartet werden musste. Außerdem kann sich der Bürger nicht auf den durch eine nichtige Norm erzeugten Rechtsschein verlassen. Schließlich muss der Vertrauensschutz zurücktreten, wenn überragende Belange des Gemeinwohls, die dem Gebot der Rechtssicherheit übergeordnet sind, eine Rückwirkungsanordnung rechtfertigen. Später kam der sogenannte Bagatellvorbehalt als weitere Fallgruppe hinzu. Danach ist eine rückwirkende Gesetzesänderung zulässig, wenn dadurch kein oder nur ganz unerheblicher Schaden entsteht.[517]

1. Vorhersehbarkeit der Änderung der Rechtslage

Die Vorhersehbarkeit von Gesetzesänderungen ist der in der Rechtsprechungspraxis bedeutendste und am häufigsten angewandte Ausnahmetatbestand. Danach ist eine echte Rückwirkung zulässig, wenn der Gesetzesadressat auf den Fortbestand der alten Rechtslage für den Rückwirkungszeitraum nicht vertrauen durfte, sondern vielmehr mit der getroffenen Neuregelung rechnen musste.[518] Es erscheint sachgerecht, das Vertrauen des Normbetroffenen entfallen zu lassen, wenn dieser von der bevorstehenden Gesetzesänderung Kenntnis hat oder haben muss. Den erkennbaren Willen des Gesetzgebers, die Rechtslage zu ändern, darf er nicht ignorieren.[519] Der Gesetzgeber kann also das zunächst

---

516 BVerfGE 13, 261 (271 f.), zuletzt bestätigt durch BVerfGE 135, 1 (Rn. 61).

517 BVerfGE 30, 367 (389).

518 BVerfGE 13, 261 (272); 19, 187 (196); 22, 330 (347); 30, 272 (286); 30, 367 (387); 72, 200 (260 f.); 95, 64 (86 f.); 122, 374 (394); angedeutet bereits in BVerfGE 1, 264 (280).

519 *Hey*, Die rückwirkende Abschaffung der Sonderabschreibungen auf Schiffsbeteiligungen, BB 1998, S. 1444 (1448).

vorhandene Vertrauen zerstören und das Inkrafttreten einer Neuregelung in verfassungskonformer Weise auf diesen Zeitpunkt zurückbeziehen. Fraglich ist, von welchem Zeitpunkt an das Vertrauen des Bürgers nicht mehr geschützt ist. Es gilt also den vertrauenszerstörenden Zeitpunkt auf der Zeitskala des Gesetzgebungsverfahrens[520] zu bestimmen. Ob bereits bestimmte vorlegislatorische Maßnahmen, entsprechende Beschlüsse initiativberechtigter Organe, das Einbringen des Gesetzentwurfs, der parlamentarische Gesetzesbeschluss oder aber erst die verfahrensabschließende Gesetzesverkündung das Vertrauen des Bürgers ausschließt, wird kontrovers diskutiert und bedarf an dieser Stelle einer näheren Darstellung.

a) Gesetzesbeschluss des Bundestages

In seiner Rechtsprechung hat das Bundesverfassungsgericht den Wegfall des schutzwürdigen Vertrauens wiederholt auf den Zeitpunkt des Gesetzesbeschlusses über die Neuregelung festgelegt.[521] Der förmliche, endgültige Beschluss des Parlaments über die Rechtsänderung sei geeignet, das Vertrauen in den Fortbestand der geltenden Rechtslage zu zerstören. Von diesem Zeitpunkt an liege das Zwischenergebnis des Gesetzgebungsverfahrens offen zutage und könne von jedem zur Kenntnis genommen werden. Die Betroffenen müssen mit der Verkündung und dem Inkrafttreten der Neuregelung rechnen, weshalb es ihnen zuzumuten sei, ihr Verhalten auf die beschlossene Gesetzeslage einzurichten.

Jede Festlegung eines für das Ende des schutzwürdigen Vertrauens maßgeblichen Zeitpunkts stelle notwendig einen Ausgleich zwischen gegenläufigen Interessen dar. Bei diesen handele es sich zum einen um das Interesse des Einzelnen, dass er sich eine Neuregelung erst entgegenhalten lassen muss, wenn sie endgültig verbindlich geworden ist und er sich über ihren vollständigen Inhalt genau unterrichten konnte. Bestmögliche Lösung aus dieser Sicht sei es, auf den Zeitpunkt der Verkündung einer Neuregelung abzustellen. Dem stehe aber das staatliche Interesse gegenüber, dass eine vom Gesetzgeber für geboten erachtete Neuregelung alsbald greift und der politische Wille nicht durch Reaktionen des Normadressaten konterkariert wird. Diesem Ziel diene es am besten, den

520 Zum Steuergesetzgebungsverfahren *Tipke*, Die Steuerrechtsordnung III, S. 1334 ff.

521 Siehe etwa BVerfGE 13, 206 (213); 13, 261 (272 f.); 14, 288 (298); 23, 12 (33); 30, 272 (286 f.); 31, 222 (227); 72, 200 (260 ff.); 95, 64 (86 f.); 114, 258 (300); zustimmend *Leisner*, Vertrauen in staatliches Handeln – ein unkalkulierbares Risiko?, StuW 1998, S. 254 (260); *Schmidt*, Die verfassungsrechtliche Zulässigkeit rückwirkender Gesetze, DB 1993, S. 2250 (2255).

Vertrauensschutz spätestens mit der Einbringung des Gesetzentwurfs entfallen zu lassen. In diesem Spannungsfeld sei es der verhältnismäßig beste Ausgleich, auf den Zeitpunkt des – vorbehaltlich neuerlicher Beschlussfassung gemäß Art. 77 Abs. 2 bis 4 GG – endgültigen Gesetzesbeschlusses des Bundestages abzustellen.[522] Mit diesem Beschluss sei der wesentliche Unsicherheitsfaktor über das „Ob" und „Wie" der Neuregelung beseitigt. Er stelle einen wesentlichen Markstein auf dem Weg der Gesetzwerdung dar und trage beiden gegenläufigen Interessen Rechnung. Stehe damit – schon wegen der Mitwirkungsbefugnisse des Bundesrates – auch weder der Inhalt des künftigen Gesetzes fest, noch dass es überhaupt endgültig zustande kommen wird, so dürfe der Einzelne gleichwohl von diesem Einschnitt an nicht mehr auf das Fortbestehen der bisherigen Rechtslage vertrauen.[523] Nach dieser Rechtsprechung ist es somit zulässig, den zeitlichen Anwendungsbereich einer Norm auf den Zeitpunkt des Gesetzesbeschlusses im Bundestag zu erstrecken.

Das Abstellen auf den Zeitpunkt des Gesetzesbeschlusses wird aus mehreren Gründen abgelehnt. Zum einen werden Bedenken im Hinblick auf die vorausgesetzte Informationspflicht des Bürgers geäußert. Das Erfordernis der Kenntnis bzw. des aus rechtlicher Sicht maßgeblichen Kennenmüssens vom Gesetzesbeschluss sei eine Überforderung des Bürgers. Angesichts des Publizitätsgebotes sei er von Verfassungs wegen hierzu gerade nicht verpflichtet. Verlangt werden könne nur die Kenntnis eines ordnungsgemäß verkündeten Gesetzes. Eine Pflicht hingegen, sich über jeden parlamentarischen Gesetzesbeschluss bzw. über den Gesetzesinhalt im jeweiligen Stadium des komplizierten Gesetzgebungsverfahrens zu informieren, bestehe nicht.[524]

Zudem vernachlässige diese Ansicht die Rolle anderer am Gesetzgebungsverfahren beteiligter Verfassungsorgane, die auf den Inhalt des Gesetzes Einfluss

522 BVerfGE 72, 200 (261 f.).

523 BVerfGE 72, 200 (262). Mangels der dem Gesetzgebungsverfahren vergleichbaren Publizität kann diese Rechtsprechung nicht auf untergesetzliche Normen angewandt werden, dazu *Wernsmann*, in: Hübschmann/Hepp/Spitaler (Hrsg.), AO/FGO, § 4 Rn. 751, mit weiteren Nachweisen.

524 *Rupp-von Brünneck*, Sondervotum, BVerfGE 32, 129 (137 f.); *von Schlabrendorff*, Sondervotum, BVerfGE 37, 363 (419); aus dem Schrifttum etwa *Albert*, Vertrauensschutz und rückwirkende Besteuerung, S. 58 f.; *Maurer*, Kontinuitätsgewähr und Vertrauensschutz, in: Isensee/Kirchhof (Hrsg.), HdStR Bd. IV, § 79 Rn. 50; *Weinheimer*, Steuerliche Rückwirkung – ein umfassendes Problem, S. 22.

nehmen können.[525] Denn mit dem Beschluss im Bundestag sei noch nicht über das Schicksal des Gesetzes entschieden. Bei Einspruchsgesetzen könne der Bundesrat das Zustandekommen des Gesetzes verzögern, bei Zustimmungsgesetzen sogar verhindern. Das Vertrauen des Bürgers entfalle aber erst, wenn der Inhalt der Neuregelung endgültig feststeht. Häufig nehme ein Gesetz seine endgültige Gestalt erst nach Beratungen im Bundesrat, im Vermittlungsausschuss und nach neuerlicher Beschlussfassung im Bundestag an (Art. 77 Abs. 2 bis 4 GG). Die Gesetzesinitiative könne aber auch – gerade im Falle unterschiedlicher politischer Mehrheitsverhältnisse in Bundestag und Bundesrat – scheitern, so dass die im Bundestag beschlossene Neuregelung nie in Kraft tritt. Vor allem bei überwiegend zustimmungspflichtigen Steuergesetzen (Art. 105 Abs. 3 GG in Verbindung mit Art. 106 GG) stehe der Norminhalt häufig erst nach Abschluss des Vermittlungsverfahrens fest.[526] Daher solle das Vertrauen des Bürgers wenigstens bis zu diesem Zeitpunkt geschützt bleiben.[527]

Außerdem wird eingewandt, in der Zeit zwischen dem Parlamentsbeschluss und der Gesetzesverkündung entstehe für den Bürger eine unhaltbare, mit erheblicher Unsicherheit verbundene Situation. Denn einerseits ist die beschlossene Regelung noch kein geltendes Recht, andererseits bildet die noch geltende Rechtslage angesichts der bevorstehenden Änderung keine Vertrauensgrundlage mehr. Bis zum Zeitpunkt der Verkündung des neuen Gesetzes entstehe also ein Rechtsvakuum.[528]

---

525 Z.B. *Schwarz*, Vertrauensschutz als Verfassungsprinzip, S. 119; *Wissenschaftlicher Beirat Steuern der Ernst & Young GmbH*, Zur Rückwirkung von Normen des Steuerrechts, DB 2012, S. 761 (762).

526 In einer jüngeren Entscheidung zur unechten Rückwirkung hat das Gericht angesichts der hohen Wahrscheinlichkeit der Annahme des Vermittlungsvorschlags auf diesen abgestellt, BVerfGE 132, 302 (Rn. 60).

527 Zum Ganzen Hey, Steuerplanungssicherheit als Rechtsproblem, S. 324 f.; *Rupp-von Brünneck*, Sondervotum, BVerfGE 32, 129 (137); differenzierend *Muckel*, Die Rückwirkung von Gesetzen in der neueren Rechtsprechung des Bundesverfassungsgerichts, JA 1994, S. 13 (15); schon früher *Haas*, Vertrauensschutz im Steuerrecht, S. 38 f.; *Lang*, Verfassungsrechtliche Zulässigkeit rückwirkender Steuergesetze, WPg 1998, S. 163 (171 f.), stellt bei zustimmungsbedürftigen Gesetzen auf den Zeitpunkt der Zustimmung des Bundesrats ab.

528 Siehe dazu *Albert*, Vertrauensschutz und rückwirkende Besteuerung, S. 58 f. Gegen eine quasi-normative Vorwirkung des Gesetzesbeschlusses wendet sich *Maurer*, Kontinuitätsgewähr und Vertrauensschutz, in: Isensee/Kirchhof (Hrsg.), HdStR Bd. IV, § 79 Rn. 51, der die Relativierung des geltenden Rechts unter dem Aspekt der schon für sich fraglichen Voraussehbarkeit einer rückwirkenden Regelung für einen Verstoß

b) Vorlegislatorische Maßnahmen, insbesondere Ankündigung einer Gesetzesänderung

Das Bekanntwerden von Gesetzesinitiativen und die öffentliche Berichterstattung über die Vorbereitung einer Neuregelung durch die gesetzgebenden Körperschaften sollen nach Ansicht des Bundesverfassungsgerichts das Vertrauen nicht beeinträchtigen.[529] Ebenfalls keine vertrauenszerstörende Wirkung hätten Berichte über den Regierungsentwurf eines Gesetzes sowie über die Arbeit von Parlamentsausschüssen an einer Neuregelung.[530] Demnach vermögen vorlegislatorische Maßnahmen das Vertrauen in den Bestand des geltenden Rechts nicht zu zerstören. Auch die Einbringung eines Gesetzentwurfs in den Bundestag durch ein initiativberechtigtes Organ ist nicht geeignet, das Vertrauen des Bürgers in den Bestand des geltenden Rechts zu beseitigen.[531]

Diese Auffassung wird auch vom Schrifttum geteilt. Die politische Ankündigung eines bestimmten Gesetzesvorhabens sei mit erheblichen Unwägbarkeiten und Unsicherheiten behaftet und stelle daher kein geeignetes Beurteilungskriterium für eine folgenschwere Entscheidung hinsichtlich der Zulässigkeit einer Rückwirkung dar.[532] Die vertrauenszerstörende Wirkung vorlegislatorischer Maßnahmen wird vor allem mit dem Argument abgelehnt, dass diese noch kein neues Recht setzen, sondern lediglich die Normadressaten verunsichern.[533] Es

---

gegen die Rechtssicherheit hält; siehe auch *Weinheimer*, Steuerliche Rückwirkung – ein umfassendes Problem, S. 23; *Wernsmann*, Grundfälle zur verfassungsrechtlichen Zulässigkeit rückwirkender Gesetze, JuS 1999, S. 1177 (1180), hält diesen Einwand hingegen für unbegründet, weil der Gesetzesbeschluss lediglich das Vertrauen in den Bestand der bisherigen Rechtslage beseitige. Ob das neue Recht bereits bestehe, sei für den Wegfall des Vertrauensschutzes unerheblich; hierzu auch *Schmidt*, Die verfassungsrechtliche Zulässigkeit rückwirkender Gesetze, DB 1993, S. 2250 (2255).

529 BVerfGE 30, 272 (287); 72, 200 (261).

530 BVerfGE 14, 288 (298); 30, 272 (287); 31, 222 (227).

531 BVerfGE 13, 261 (273); 31, 222 (227).

532 Siehe z.B. *Schaumburg*, Rückwirkung und Planungssicherheit im Steuerrecht, DB 2000, S. 1884 (1888); *Schmidt*, Die verfassungsrechtliche Zulässigkeit rückwirkender Gesetze, DB 1993, S. 2250 (2254). *Desens*, Vertrauen in das Steuergesetz, in: Rensen/Brink (Hrsg.), Linien der Rechtsprechung des Bundesverfassungsgerichts, S. 329 (352), will den dispositionsbezogenen Vertrauensschutz mit dem Beschluss, ein neues Gesetz in das Gesetzgebungsverfahren einzubringen (Art. 76 Abs. 1 GG), entfallen lassen.

533 *Tipke*, Die Steuerrechtsordnung I, S. 160; *Lang*, Verfassungsrechtliche Zulässigkeit rückwirkender Steuergesetze, WPg 1998, S. 163 (171); siehe ferner *Jachmann*, Wenn die Rückwirkung zur gesetzgeberischen Routine wird…, in: Festschrift für A.

sei ungewiss, ob ein Entwurf initiativberechtigter Organe überhaupt und in der vorgesehenen Form zum geltenden Recht wird.[534] Häufig erfährt der Gesetzesvorschlag Änderungen im Verlauf des Gesetzgebungsverfahrens. Auch wenn die Bundesregierung über das Initiativrecht verfügt, liegt die Entscheidung über den Erlass und den Inhalt eines Gesetzes allein beim parlamentarischen Gesetzgeber.[535] Das verabschiedete Gesetz entspricht daher nicht zwingend dem Gesetzentwurf.

Dennoch hat der Zweite Senat des Bundesverfassungsgerichts in seinem Beschluss zur Schiffsbausubvention[536] auf den Zeitpunkt der Ankündigung der Gesetzesinitiative durch die Bundesregierung abgestellt und damit den Zeitpunkt der Vertrauenszerstörung im Gegensatz zur früheren Rechtsprechung weit vorverlegt.[537] Die Entscheidung betraf die Verfassungsmäßigkeit der rückwirkenden Abschaffung von Sonderabschreibungen für Handelsschiffe und Flugzeuge. Mit der Einführung der Abschreibungsmöglichkeit für Handelsschiffe bezweckte der Gesetzgeber die Stärkung des Wirtschaftsstandortes Deutschland im Europäischen Binnenmarkt. Nachdem sich die Schiffsbausubventionen als wirtschaftlich unsinnig erwiesen haben, sollten sie aufgehoben werden. Im Rahmen des beschlossenen „Programms für mehr Wachstum und Beschäftigung“ kündigte die Bundesregierung am 25.04.1996 an, die Abschreibungsbegünstigung für Aufträge nach dem 30.04.1996 zu streichen. Der Gesetzentwurf sah die Inanspruchnahme von Sonderabschreibungen nur noch für solche Verträge vor, die vor dem 01.05.1996 geschlossen worden sind.[538] Nach der Ankündigung

---

Raupach, S. 27 (40); *Schwarz*, Vertrauensschutz als Verfassungsprinzip, S. 305 f.; differenzierend unter Berücksichtigung der Umstände des Gesetzgebungsverfahrens im konkreten Fall *Rensmann*, Reformdruck und Vertrauensschutz, JZ 1999, S. 168 (174).

534 Z.B. *Friauf*, Gesetzesankündigung und rückwirkende Gesetzgebung im Steuer- und Wirtschaftsrecht, BB 1972, S. 669 (677 f.).

535 Ausführlich hierzu *Hey*, Die rückwirkende Abschaffung der Sonderabschreibungen auf Schiffsbeteiligungen, BB 1998, S. 1444 (1449 f.); siehe auch *Friauf*, Gesetzesankündigung und rückwirkende Gesetzgebung im Steuer- und Wirtschaftsrecht, BB 1972, S. 669 (677 f.).

536 BVerfGE 97, 67 (67 ff.).

537 Durch Formulierungen wie „grundsätzlich“, z.B. in BVerfGE 14, 288 (298); 30, 272 (287), oder „in der Regel“, wie in BVerfGE 72, 200 (261), hat das Bundesverfassungsgericht zu erkennen gegeben, dass es sich bei dem Zeitpunkt des parlamentarischen Gesetzesbeschlusses um keine absolute Grenze handelt. *Schwarz*, Vertrauensschutz als Verfassungsprinzip, S. 129, kritisiert insofern die Unbestimmtheit der Grenzziehung zwischen zulässiger und unzulässiger Rückwirkung.

538 BT-Drs. 13/4839, S. 79.

der Bundesregierung kam es in dem Zeitraum zwischen dem 25.04. und dem 30.04.1996 zum Abschluss einer Vielzahl neuer Schiffsbauverträge. Deren steuererheblicher Vollzug hätte sich auf mehrere Jahre nach der Gesetzesänderung erstreckt. Damit versuchten die Steuerpflichtigen, sich die Vorteile der auslaufenden Abschreibungsbegünstigung zu sichern. Um die staatliche Förderung dieser Verträge gemäß der Intention des Gesetzgebers auszuschießen, wurde jedoch der Stichtag auf Vorschlag des Bundesfinanzministeriums auf den 25.04.1996, also auf den Tag des Kabinettsbeschlusses, vorverlegt.

Die Senatsmehrheit hat die Vorverlegung des Stichtages auf den Zeitpunkt der Gesetzesankündigung gebilligt.[539] Zwar bezeichnet das Gericht diesen Zeitpunkt nicht explizit als vertrauenszerstörend, misst ihm aber im Rahmen des Gemeinwohlvorbehalts – wo der Vertrauensschutz erörtert wird[540] – diese Wirkung bei.[541] Die Ankündigung der Bundesregierung, die Abschreibungsbegünstigungen erst für die Aufträge nach dem 30.04.1996 streichen zu wollen, begründe kein schutzwürdiges Vertrauen der Betroffenen darauf, dass dieser Termin eingehalten wird.[542] Dabei wird auf das Prinzip der Gewaltenteilung verwiesen. Die Bundesregierung als Exekutivorgan könne die Gesetzesbeschlüsse des parlamentarischen Gesetzgebers nicht – auch nicht hinsichtlich ihres Zeitpunkts – vorwegnehmen und deshalb auch nicht vorankündigen.[543] Die Entscheidung des Parlaments, den Stichtag vorzuverlegen, sei daher verfassungsrechtlich nicht zu beanstanden. Erkennbares Ziel des Abstellens auf den Ankündigungszeitpunkt einer entsprechenden Änderung war die Verhinderung von Ankündigungs- und Mitnahmeeffekten. Denn die Steuerpflichtigen können

---

539 Das Gericht ließ dabei offen, um welche der beiden Rückwirkungsformen es sich handelt, weil die rückwirkende Aufhebung von Sonderabschreibungen jedenfalls nach den strengeren Maßstäben einer Rückbewirkung von Rechtsfolgen zulässig sei, BVerfGE 97, 67 (81). *Rensmann*, Reformdruck und Vertrauensschutz, JZ 1999, S. 168 (168), interpretiert dies als Durchbrechung der an die überkommene Unterscheidung von echter und unechter Rückwirkung anknüpfenden Typisierung des Bestandsvertrauens; siehe auch *Jachmann*, Wenn die Rückwirkung zur gesetzgeberischen Routine wird…, in: Festschrift für A. Raupach, S. 27 (30 f.).

540 Das Gericht prüft Vertrauensschutz nicht unter dem Stichwort der Vorhersehbarkeit, sondern im Rahmen des Ausnahmetatbestandes der zwingenden Gründe des Allgemeinwohls, BVerfGE 97, 67 (81 f.).

541 *Hey*, Die rückwirkende Abschaffung der Sonderabschreibungen auf Schiffsbeteiligungen, BB 1998, S. 1444 (1449).

542 BVerfGE 97, 67 (83).

543 BVerfGE 97, 67 (83 f.).

die Dauer des Gesetzgebungsverfahrens ausnutzen, um den bisherigen Vergünstigungstatbestand noch vor dem Parlamentsbeschluss über die Gesetzesänderung zu erfüllen und damit in den Genuss der auslaufenden Subvention zu kommen. Dadurch werden das Regelungsziel und der gesetzgeberische Wille konterkariert. Im vorliegenden Fall war die weitere Subvention von Schiffsbau nach Einschätzung der Bundesregierung wirtschaftlich unsinnig und sollte deshalb alsbald entfallen. Zur Verwirklichung des gemeinen Wohls benötige der Gesetzgeber einen Gestaltungsraum, „um aufgetretenen Missständen einer Gesetzeslage alsbald abzuhelfen, ohne dass Dispositionen der Gesetzesadressaten die Neuregelung kurz vor ihrem Erlass durch Ausnutzung der bisherigen Regelung unterlaufen können".[544] Der Bürger dürfe die Gestaltungskompetenz und den Gestaltungswillen des Gesetzgebers nicht unterlaufen, wenn dieser die Steuervergünstigung für Verträge entfallen lassen will, die in Kenntnis der Änderungsabsicht geschlossen wurden.[545] Nutze der Bürger dennoch die Ankündigung einer Gesetzesänderung, um der vom Gesetzgeber beabsichtigten Wirkung zuvorzukommen, könne er sich nicht auf Vertrauensschutz berufen.[546] Die Ankündigung einer Neuregelung bildet allerdings keine starre zeitliche Grenze für das Entfallen des Vertrauens. Vielmehr wird der Ankündigungseffekt zum Abwägungskriterium.[547]

c) Gesetzesverkündung

Nach einer im Schrifttum weit verbreiteten Ansicht entfällt das schutzwürdige Vertrauen erst im Zeitpunkt der Verkündung eines neuen Gesetzes.[548] Demnach

---

544 BVerfGE 97, 67 (82); siehe auch BVerfGE 95, 64 (89) für tatbestandliche Rückanknüpfung.

545 BVerfGE 97, 67 (82).

546 BVerfGE, 97, 67 (82).

547 So wies das Gericht in der Sozialpfandbriefentscheidung darauf hin, dass Äußerungen außerparlamentarischer Natur geeignet sind, das Vertrauen sowohl abzuschwächen als auch zu verstärken, BVerfGE 105, 17 (39). In diesem Sinne auch *Jachmann*, Wenn die Rückwirkung zur gesetzgeberischen Routine wird…, in: Festschrift für A. Raupach, S. 27 (40 f.).

548 Etwa *Albert*, Vertrauensschutz und rückwirkende Besteuerung, S. 59; *Hey*, Steuerplanungssicherheit als Rechtsproblem, S. 319 ff.; *Hey*, Die rückwirkende Abschaffung der Sonderabschreibungen auf Schiffsbeteiligungen, BB 1998, S. 1444 (1450); *Englisch/Plum*, Schutz des Vertrauens auf Steuergesetze, Finanzrechtsprechung und Regelungen der Finanzverwaltung, StuW 2004, S. 342 (354); *Lang*, Verfassungsrechtliche Zulässigkeit rückwirkender Steuergesetze, WPg 1998, S. 163 (171 f.); *Maurer*, Kontinuitätsgewähr und Vertrauensschutz, in: Isensee/Kirchhof (Hrsg.), HdStR Bd. IV, § 79

sind weder vorlegislatorische Maßnahmen noch der Gesetzesbeschluss des Bundestages geeignet, das Vertrauen des Bürgers zu zerstören. Erst mit der das Gesetzgebungsverfahren abschließenden Verkündung erlange eine Norm rechtliche Existenz und ersetze die bislang geltende Rechtslage durch eine neue.[549] Sie entfalte Geltungskraft und werde für den Normadressaten verbindlich. Auch der Inhalt einer Norm stehe ab diesem Zeitpunkt endgültig fest. Der Vertrauensschutz könne daher erst mit diesem sicheren Zeitpunkt wegfallen.[550] Die rückwirkende Geltung einer Norm für den Zeitraum vor ihrer Verkündung ist demnach nicht zulässig.

Die Publikation des vom Bundespräsidenten unterzeichneten Normtextes im Bundesgesetzblatt erfüllt das verfassungsrechtliche Erfordernis der Bekanntmachung. Dies korrespondiert mit der Informationspflicht des Normadressaten. Ab dem Zeitpunkt der Verkündung besteht die Möglichkeit, sich von der Neuregelung verlässlich zu unterrichten. Deshalb kann sich der Bürger erst von diesem Zeitpunkt an nicht mehr auf die Unkenntnis des Gesetzes berufen.[551] Da das Vertrauen des Bürgers in den Bestand der bisherigen Rechtslage somit bis zum endgültigen Abschluss des Gesetzgebungsverfahrens geschützt ist, würde der Ausnahmetatbestand der Vorhersehbarkeit einer Neuregelung nie greifen.

2. Ersetzung einer nichtigen Rechtsnorm

Nach Auffassung des Bundesverfassungsgerichts ist es dem Gesetzgeber unter Umständen erlaubt, eine nichtige Rechtsnorm rückwirkend durch eine

---

Rn. 50; *Schaumburg*, Rückwirkung und Planungssicherheit im Steuerrecht, DB 2000, S. 1884 (1888); *Tipke*, Die Steuerrechtsordnung I, S. 160 f.; *Weinheimer*, Steuerliche Rückwirkung – ein umfassendes Problem, S. 22; a.A. *Leisner*, Vertrauen in staatliches Handeln – ein unkalkulierbares Risiko?, StuW 1998, S. 254 (260), die die Wahl dieses Zeitpunktes ablehnt, weil er die Belange des Gesetzgebers, nämlich sein Interesse an einem schnellstmöglichen Greifen einer Regelung, vernachlässigt.

549 *Lang*, Verfassungsrechtliche Zulässigkeit rückwirkender Steuergesetze, WPg 1998, S. 163 (171 f.); *Wissenschaftlicher Beirat Steuern der Ernst & Young GmbH*, Zur Rückwirkung von Normen des Steuerrechts, DB 2012, S. 761 (762).

550 *Tipke*, Die Steuerrechtsordnung I, S. 160; vgl. auch *Lang*, Verfassungsrechtliche Zulässigkeit rückwirkender Steuergesetze, WPg 1998, S. 163 (172).

551 So auch *Aschke*, Übergangsregelungen als verfassungsrechtliches Problem, S. 4 ff.; *Albert*, Vertrauensschutz und rückwirkende Besteuerung, S. 59 f.; *Maurer*, Kontinuitätsgewähr und Vertrauensschutz, in: Isensee/Kirchhof (Hrsg.), HdStR Bd. IV, § 79 Rn. 50; differenzierend *Rensmann*, Reformdruck und Vertrauensschutz, JZ 1999, S. 168 (173 f.).

verfassungsrechtlich nicht zu beanstandende Norm zu ersetzen. Denn der Bürger kann sich nicht immer auf den durch eine ungültige Norm erzeugten Rechtsschein verlassen.[552] Das Vertrauen, das sich auf eine nur scheinbar gültige, in Wirklichkeit aber nichtige Rechtsnorm gründe, verdiene keinen Schutz und könne daher einer Rückwirkung nicht entgegengehalten werden.[553] Eine rückwirkende Wiederherstellung der rechtmäßigen Gesetzeslage kann mit Blick auf die Richtigkeit des Rechts und den Gleichheitssatz verfassungsrechtlich sogar geboten sein.[554]

Die im Schrifttum geäußerten Zweifel an der Rechtmäßigkeit einer Norm genügen für die Anwendung dieses Ausnahmetatbestandes nicht. Selbst berechtigte Bedenken können die Existenz eines Gesetzes nicht berühren. Die Vermutung der Verfassungsmäßigkeit, die förmliche Gesetze in sich tragen, kann grundsätzlich nur durch eine verbindliche autoritative Nichtigkeitserklärung des Bundesverfassungsgerichts widerlegt werden (§§ 78 Satz 1, 82 Abs. 1, 95 Abs. 3 Satz 1 BVerfGG).[555] Bis zur Feststellung der Nichtigkeit behält ein Gesetz seine Gültigkeit und ist zu beachten. Das Bundesverfassungsgericht geht von einer ipso-iure-Nichtigkeit der verfassungswidrigen Norm aus; die gerichtliche Nichtigkeitserklärung wirkt also ex tunc.[556] Eine Vertrauensgrundlage kann mithin nur der von einer nichtigen Norm erzeugte Rechtsschein bilden.[557] Nach der

552 BVerfGE 13, 261 (272); 18, 429 (439).

553 Etwa BVerfGE 19, 187 (197); 50, 177 (193 f.).

554 *Maurer*, Kontinuitätsgewähr und Vertrauensschutz, in: Isensee/Kirchhof (Hrsg.), HdStR Bd. IV, § 79 Rn. 47; *Hey*, Vertrauen in das fehlerhafte Steuergesetz, in: DStJG 27 (2004), S. 91 (91 f., 110 ff.), spricht insofern von etwaigen Rückwirkungsgeboten; vgl. aus der Rechtsprechung BVerfGE 7, 89 (94).

555 Etwa *Hey*, Steuerplanungssicherheit als Rechtsproblem, S. 303. Das Bundesverfassungsgericht ließ hingegen in der Entscheidung zum gewerbesteuerlichen Staffeltarif die Rückwirkung zu, weil die geänderte Norm aus Sicht des Gesetzgebers verfassungswidrig war, BVerfGE 19, 187 (198).

556 Siehe z.B. BVerfGE 7, 377 (387).

557 *Englisch/Plum*, Schutz des Vertrauens auf Steuergesetze, Finanzrechtsprechung und Regelungen der Finanzverwaltung, StuW 2004, S. 342 (352); *Muckel*, Kriterien des verfassungsrechtlichen Vertrauensschutzes bei Gesetzesänderungen, S. 87 f.; *Hey*, Vertrauen in das fehlerhafte Steuergesetz, in: DStJG 27 (2004), S. 91 (99 f.). *Helbich*, Vertrauensschutz in Verwaltungsvorschriften des Steuerrechts, S. 173 ff., hat herausgearbeitet, dass in den Fällen einer nichtigen Norm nicht bereits der Vertrauenstatbestand entfällt. Auch verfassungswidrige Vorschriften tragen den Rechtsschein ihrer Gültigkeit in sich, so dass allenfalls die Schutzwürdigkeit des auf den Rechtsschein gegründeten Vertrauens abzuschwächen oder zu versagen ist; zur Übertragung der privatrechtlichen Dogmatik der Rechtsscheinhaftung auf das öffentliche Recht

Rechtsprechung des Bundesverfassungsgerichts darf der Gesetzgeber die infolge der deklaratorisch wirkenden Ungültigkeitserklärung entstehenden Gesetzeslücken durch eine neue Regelung rückwirkend schließen.

Im Steuer- und Sozialrecht wird der schroffe Nichtigkeitsausspruch häufig durch die behutsamere Form einer Unvereinbarkeitserklärung ersetzt.[558] Diese sei dann geboten, wenn die Nichtigkeitsfolge einen Zustand geschaffen hätte, der der verfassungsmäßigen Ordnung noch ferner stünde als die verfassungswidrige Regelung.[559] Auch beim Verstoß gegen den Gleichheitssatz sieht das Bundesverfassungsgericht mit Rücksicht auf die Gestaltungsfreiheit des Gesetzgebers vom Nichtigkeitsausspruch regelmäßig ab. Da dem Gesetzgeber zur Beseitigung des Gleichheitsverstoßes mehrere Möglichkeiten zur Verfügung stehen, stellt das Gericht die Verfassungswidrigkeit oder, gleichbedeutend, die Unvereinbarkeit der Norm mit dem Grundgesetz fest.[560] Dies hat ebenso wie eine Nichtigerklärung zur Folge, dass Gerichte und Verwaltung die Norm im Umfang der festgestellten Unvereinbarkeit nicht mehr anwenden dürfen.[561] Für den Gesetzgeber wird die Pflicht begründet, eine der Verfassung entsprechende Rechtslage herzustellen. Diese Verpflichtung erstreckt sich grundsätzlich auf den gesamten von der Unvereinbarkeitserklärung betroffenen Zeitraum. Sie erfasst zumindest alle noch nicht rechts- oder bestandskräftigen Entscheidungen, die auf den für verfassungswidrig erklärten Normen beruhen.[562]

Um den Eintritt eines rechtlichen Vakuums bis zur Gesetzesreform und damit eines noch verfassungswidrigeren Zustandes zu verhindern, verbindet

---

Werder, Dispositionsschutz bei der Änderung von Steuergesetzen zwischen Rückwirkungsverbot und Kontinuitätsgebot, S. 106 ff.

558 Der Entscheidungsausspruch der Unvereinbarkeitserklärung ist ein Produkt richterlicher Rechtsfortbildung und wird gesetzlich in §§ 79 Abs. 1, 31 Abs. 2 Satz 2 BVerfGG vorausgesetzt. Kritisch zu dieser Entscheidungsform *Seer*, Die Unvereinbarkeitserklärung des BVerfG am Beispiel seiner Rechtsprechung zum Abgabenrecht, NJW 1996, S. 285 (289 ff.); siehe auch *Drüen*, Haushaltsvorbehalt bei der Verwerfung verfassungswidriger Steuergesetze?, FR 1999, S. 289 (290).

559 BVerfGE 87, 153 (177 f.); 33, 303 (305, 347 f.).

560 Siehe etwa BVerfGE 148, 147 (Rn. 165); 138, 136 (Rn. 286); 126, 400 (431); 122, 210 (245); 117, 1 (69); 107, 27 (57); 99, 208 (298) – ständige Rechtsprechung.

561 BVerfGE 55, 100 (110 f.); 87, 153 (178); 99, 280 (298); zuletzt BVerfGE 148, 147 (Rn. 165).

562 BVerfGE 120, 125 (168); 117, 1 (70); 105, 73 (134); 99, 280 (298); 87, 153 (178). Bei der rückwirkenden Umgestaltung der Rechtslage hat der Gesetzgeber auch die Fragen der Übergangsgerechtigkeit zu bedenken, BVerfGE 107, 27 (58).

das Bundesverfassungsgericht die Unvereinbarkeitserklärung häufig mit einer Übergangsregelung. Es ordnet die befristete vorläufige Weitergeltung der verfassungswidrigen Norm bis zur Neuregelung beispielsweise in Kombination mit einem Pro-Futuro-Reformauftrag an.[563] Damit wird der Gesetzgeber unter Aufrechterhaltung des verfassungswidrigen Rechtszustandes und unter Verzicht auf eine rückwirkende Korrektur verpflichtet, die Rechtslage innerhalb einer bestimmten Frist für die Zukunft verfassungskonform umzugestalten.[564] So erklärte der Erste Senat in seinem Urteil zum Erbschaftsteuerrecht die Verschonungsregelung in §§ 13a und 13b in Verbindung mit § 19 Abs. 1 ErbStG lediglich für unvereinbar mit Art. 3 Abs. 1 GG. Zugleich wurde die Fortgeltung dieser Normen angeordnet und der Gesetzgeber unter Fristsetzung verpflichtet, eine verfassungskonforme Neuregelung zu treffen.[565] Hierbei stellte das Gericht folgende Erwägungen an: Die Nichtanwendbarkeit der Bestimmungen, verbunden mit der Pflicht des Gesetzgebers zur rückwirkenden Neuregelung, bringe erhebliche haushaltswirtschaftliche Unsicherheiten mit sich. Das Aufkommen aus der Erbschaft- und Schenkungsteuer, welches für die finanzielle Ausstattung der Länder erhebliche Bedeutung hat, bleibe während der Übergangszeit nach Grund und Umfang im Unklaren. Bei der nach einer Neuregelung gebotenen Rückabwicklung würden sich zudem gravierende verwaltungstechnische Probleme ergeben. Ferner könnten Erb- und Schenkungsfälle mangels gültiger Regelung während der Übergangszeit bis zur Neugestaltung der Rechtslage

563 Eine befristete Fortgeltungsanordnung kommt nach der Rechtsprechung des Bundesverfassungsgerichts aus Gesichtspunkten einer verlässlichen Finanz- und Haushaltsplanung sowie dann in Frage, wenn die Verfassungsrechtslage bisher nicht hinreichend geklärt war und dem Gesetzgeber aus diesem Grund eine angemessene Frist zur Schaffung einer Neuregelung zu gewähren ist, siehe z.B. BVerfGE 148, 147 (Rn. 170); 139, 285 (Rn. 89); 138, 136 (Rn. 287); 120, 125 (168). Die temporäre Beibehaltung des verfassungswidrigen Zustands im Interesse einer geordneten Finanz- und Haushaltsplanung kritisiert *Drüen*, Haushaltsvorbehalt bei der Verwerfung verfassungswidriger Steuergesetze?, FR 1999, S. 289 (290 ff.). Die Unvereinbarkeitsaussprüche des Bundesverfassungsgerichts haben im Gegensatz zur Nichtigerklärung Ex-nunc oder Zukunftswirkung, dazu *Seer*, Die Unvereinbarkeitserklärung des BVerfG am Beispiel seiner Rechtsprechung zum Abgabenrecht, NJW 1996, S. 285 (288 f.).

564 Z.B. BVerfGE 125, 175 (257 f.); 120, 125 (168); 119, 331 (382 f.); 99, 216 (244); 61, 319 (356). Die Anwendung der für gleichheitswidrig erklärten Bestimmungen der Einheitsbewertung wurde aufgrund der besonderen Sachgesetzlichkeiten der Grundsteuer für weitere fünf Jahre nach Verkündung der Neuregelung angeordnet, BVerfGE 148, 147 (Rn. 177 ff.).

565 BVerfGE 138, 136 (Rn. 285 ff.).

steuerrechtlich nicht abgewickelt werden.[566] Vor allem aber wäre die Ungewissheit über die künftigen Regeln des Erbschaft- und Schenkungsteuerrechts für die Normadressaten schwer erträglich.[567] Denn diese hätten ein berechtigtes Interesse an einer verlässlichen Rechtsgrundlage für die Steuerplanung. Die Fortgeltung der beanstandeten Vorschriften hielt das Gericht vor dem Hintergrund für hinnehmbar, dass eine der Hauptlücken für unerwünschte steuerliche Gestaltungen durch die zu diesem Zeitpunkt bereits erlassene Gesetzesregelung weitgehend geschlossen war. Das Gericht wies ausdrücklich darauf hin, dass die Fortgeltungsanordnung keinen Vertrauensschutz gegen eine auf den Zeitpunkt der Verkündung des Urteils bezogene rückwirkende Neuregelung begründet, wenn die als gleichheitswidrig befundenen Normen durch Steuergestaltung exzessiv ausgenutzt werden.[568]

Unter Berufung auf den Ausnahmetatbestand einer nichtigen Norm erlaubt das Bundesverfassungsgericht auch den rückwirkenden Neuerlass verfahrensfehlerhaft zustande gekommener Abgabennormen (sogenannte Novation).[569] Der Betroffene dürfe nicht darauf vertrauen, nach Feststellung der Ungültigkeit eines Abgabentatbestandes nicht wie in der verfassungswidrigen Norm vorgesehen belastet und von der Abgabepflicht ganz befreit zu werden. Dies gelte vor allem dann, wenn der angegriffenen Regelung lediglich Bedenken formeller Art entgegenstehen.[570] Das Vertrauen des Abgabepflichtigen beziehe sich in diesen Fällen auf die wirkliche Rechtslage, also auf die für ihn günstige Ungültigkeit einer belastenden Norm. Dieses Vertrauen könne schon durch den Rechtsschein der Gültigkeit der noch nicht ausdrücklich aufgehobenen Norm ausgeschlossen werden.[571] In der Praxis kommt diese Fallgruppe vorrangig im

566 BVerfGE 138, 136 (Rn. 289 f.).

567 BVerfGE 138, 136 (Rn. 291).

568 BVerfGE 138, 136 (Rn. 292). Zur Vertrauensschutzproblematik im Falle der Nichteinhaltung der gerichtlich vorgegebenen Frist zur Neuregelung *Fischer*, Die Verfassungsmäßigkeit rückwirkender Normen, NJW 2001, S. 861 (862 f.).

569 Siehe BVerfGE 22, 330 (348); 48, 1 (20). Bereits in einer seiner früheren Entscheidungen hat das Bundesverfassungsgericht die rückwirkende Heilung einer mangels einer Ermächtigungsgrundlage unwirksamen Hundesteuerverordnung durch ein fehlerfreies Hundesteuergesetz für zulässig erachtet, BVerfGE 7, 89 (93).

570 BVerfGE 22, 330 (348).

571 BVerfGE 22, 330 (348); 48, 1 (20). Zu widersprüchlichen Äußerungen des Gerichts bezüglich des vom Rechtsschein einer Norm erzeugten Vertrauens *Helbich*, Vertrauensschutz in Verwaltungsvorschriften des Steuerrechts, S. 173 f.; *Hey*, Steuerplanungssicherheit als Rechtsproblem, S. 302 f.; *Pieroth*, Rückwirkung und Übergangsrecht, S. 89; relativierend hingegen *Maurer*, Kontinuitätsgewähr und Vertrauensschutz,

Bereich des kommunalen Satzungsrechts zur Anwendung.[572] Eine rückwirkende Inkraftsetzung einer wegen eines Rechtsfehlers im Beitragsmaßstab oder wegen eines Verfahrensfehlers unwirksamen Satzung wird zugelassen, um eine gültige Rechtsgrundlage für die Gebührenerhebung zu schaffen. Dem steht nach Auffassung der Rechtsprechung kein Vertrauensschutz entgegen. Das Vertrauen darauf, dass eine Satzung ungültig ist, wird für nicht schützenswert erachtet. Vielmehr müsse der Betroffene damit rechnen, dass der Normgeber von dem ihm eingeräumten Recht Gebrauch macht bzw. der ihm obliegenden Pflicht zur Beitragserhebung nachkommt, sobald die tatsächlichen oder rechtlichen Voraussetzungen dafür vorliegen.[573]

Am Ausnahmetatbestand der rückwirkenden Ersetzung einer verfassungswidrigen Norm wird kritisiert, dass die mangelhafte Gesetzgebung zu Lasten des Bürgers geht. Die Korrektur eines verfassungswidrigen Gesetzes, das ausschließlich im Verantwortungsbereich des Gesetzgebers liegt, darf nicht rückwirkend den Bürger belasten.[574] Ein ordnungsgemäß erlassenes Gesetz trägt die Vermutung seiner Verfassungskonformität in sich und sei von Bürgern und Behörden bis zur Widerlegung durch das Bundesverfassungsgericht zu beachten.[575]

---

in: Isensee/Kirchhof (Hrsg.), HdStR Bd. IV, § 79 Rn. 47. *Hey*, Vertrauen in das fehlerhafte Steuergesetz, in: DStJG 27 (2004), S. 91 (108), geht davon aus, dass der Bürger sich auch zu seinen Lasten am Rechtsschein des ungültigen Gesetzes festhalten lassen muss, äußert allerdings Bedenken hinsichtlich der sanktionslosen Möglichkeit rückwirkender Heilung von Verfahrensfehlern, weil die Vorschriften über das Gesetzgebungsverfahren weitgehend an Bedeutung verlieren würden. Zudem würde das Vertrauen in die Nichtigkeits-Rechtsfolge verfassungswidriger Gesetze verletzt.

572 Eingehend hierzu *Völker*, Vertrauensschutz und Entstehen sachlicher Beitragspflichten im Kommunalabgabenrecht, S. 59 ff.

573 *Völker*, Vertrauensschutz und Entstehen sachlicher Beitragspflichten im Kommunalabgabenrecht, S. 83 ff., mit zahlreichen Nachweisen aus der Rechtsprechung des Bundesverwaltungsgerichts. Die Rechtsprechung zur Rückwirkung im Kommunalabgabenrecht wurde durch die Entscheidung der Zweiten Kammer des Ersten Senats vom 12.11.2015 – 1 BvR 2961/14, 1 BvR 3051/14 – grundlegend reformiert, siehe dazu die Besprechung von *Correl*, NVwZ 2016, S. 306 (306 ff.); *Mittag/Böttcher/Niklas*, Wasseranschlussbeiträge noch nach Jahrzehnten – Verfassungswidriger Vertrauensbruch in Brandenburg, NJ 2016, S 363 (364 ff.).

574 Siehe etwa *Schwarz*, Vertrauensschutz als Verfassungsprinzip, S. 128 ff.; *Schön*, „Rückwirkende Klarstellungen“ des Steuergesetzgebers als Verfassungsproblem, in: Festschrift für J. Lang, S. 221 (226).

575 *Englisch/Plum*, Schutz des Vertrauens auf Steuergesetze, Finanzrechtsprechung und Regelungen der Finanzverwaltung, StuW 2004, S. 342 (352).

Demnach bildet der Rechtsschein eines förmlich verkündeten Gesetzes grundsätzlich eine taugliche Vertrauensgrundlage.[576] Darauf gegründetes Vertrauen ist nicht weniger schutzwürdig als das auf einem gültigen Gesetz beruhende Vertrauen. Stellt sich eine Norm als verfassungswidrig heraus, kann dieses Risiko nicht dem Normadressaten aufgebürdet werden. Die nachträgliche Ersetzung einer nichtigen Regelung soll daher nicht ohne Berücksichtigung des Vertrauens des Bürgers zulässig sein. Allenfalls in den Fällen evidenter, für den Betroffenen von Anfang an erkennbarer Verfassungswidrigkeit der Rechtslage darf eine Rückwirkung gerechtfertigt sein, wobei an die Erkennbarkeit keine zu hohen Anforderungen zu stellen sind.[577]

3. *Unklare und verworrene Rechtslage*

Nach der bundesverfassungsgerichtlichen Rechtsprechung entfällt der Vertrauensschutz auch dann, wenn die Rechtslage so unklar und verworren war, dass eine gesetzliche Klärung erwartet werden musste.[578] Wegen einer mangelhaften oder brüchigen Rechtslage fehlt es bereits an einer geeigneten Vertrauensgrundlage, so dass kein Vertrauen entstehen kann.[579] Dem Gesetzgeber ist es demnach gestattet, eine Norm mit Wirkung für die Vergangenheit zu „reparieren", auch wenn dadurch die Rechtsposition des Bürgers verschlechtert wird.

Fraglich ist, wann eine solche die Rückwirkung rechtfertigende Unklarheit gegeben ist. In einer seiner früheren Entscheidungen verneinte das Bundesverfassungsgericht das Bestehen einer unklaren und verworrenen Rechtslage, weil die fragliche Vorschrift trotz erheblicher Unklarheiten und Zweifel eine sinnvolle Regelung ergab und die Rechtslage nicht so undurchsichtig war, dass der Gesetzgeber hätte klärend eingreifen müssen.[580] Später sah es das Bundesverfassungsgericht als ausreichend an, wenn die ursprüngliche Regelung von Anfang

576 *Helbich*, Vertrauensschutz in Verwaltungsvorschriften des Steuerrechts, S. 173 f.

577 Siehe hierzu *Hey*, Vertrauen in das fehlerhafte Steuergesetz, in: DStJG 27 (2004), S. 91 (103 f.) sowie *Schwarz*, Vertrauensschutz als Verfassungsprinzip, S. 129 f.

578 BVerfGE 13, 261 (272); 18, 429 (439); 30, 367 (388); 45, 142 (173 f.); 50, 177 (193 f.); 72, 200 (259); 88, 384 (404); 98, 17 (39); 122, 374 (394); 126, 369 (393 f.); 135, 1 (Rn. 62).

579 Vgl. BVerfGE 98, 17 (39); *Maurer*, Kontinuitätsgewähr und Vertrauensschutz, in: Isensee/Kirchhof (Hrsg.), HdStR Bd. IV, § 79 Rn. 45, der darauf hinweist, dass die rückwirkende Klärung aus Gründen der Rechtssicherheit und der materiellen Gerechtigkeit unter Umständen geboten sein kann; *Wernsmann*, in: Hübschmann/Hepp/Spitaler (Hrsg.), AO/FGO, § 4 Rn. 752, spricht hingegen von fehlender Schutzwürdigkeit des Vertrauens.

580 BVerfGE 24, 75 (100 f.).

an Anlass zu zahlreichen Auslegungsproblemen gegeben hatte, „deren Lösung nicht allein aus dem Wortlaut, sondern nur in einer Zusammenschau von Wortlaut, Entstehungsgeschichte, System und gesetzgeberischer Zielsetzung möglich war" und die gesetzliche Regelung, jedenfalls bis zur höchstrichterlichen Klärung, erkennbar unklar war.[581] Diesen tendenziell gegenläufigen Ausführungen des Gerichts lassen sich keine eindeutigen Grenzen einer unklaren und verworrenen Rechtslage entnehmen.[582] Es bleibt offen, wann mit einer Korrektur der Rechtslage infolge ihrer Unklarheit und Verworrenheit zu rechnen ist. Keine Unklarheit im Sinne der Rückwirkungsrechtsprechung kann jedenfalls dann aufkommen, wenn Irrtümer des Gesetzgebers eine Divergenz zwischen Regelungsabsicht und objektivem Gesetzeswortlaut bewirken. Ebenso unbeachtlich sind die Schwerverständlichkeit und die Komplexität einer Rechtsmaterie.[583]

Gegen die Fallgruppe der unklaren und verworrenen Rechtslage bestehen erhebliche Bedenken. Zwar entspricht eine unklare und verworrene Rechtslage nicht den Anforderungen eines Rechtsstaates. Jedoch ist verfassungsrechtlich bedenklich, die Nachteile unvollkommener Gesetzgebung dem Bürger anzulasten. Denn dieser Ausnahmetatbestand erlaubt, das Risiko von Unzulänglichkeiten einer gesetzlichen Regelung und damit ein in den staatlichen Verantwortungsbereich fallendes Versäumnis auf den Bürger zu verlagern.[584] Wie im Falle eines nichtigen Gesetzes billigt das Bundesverfassungsgericht dem Gesetzgeber, der ein nachbesserungsbedürftiges Gesetz produziert, anschließend die Befugnis zu, die Rechtslage auf Kosten des Bürgers rückwirkend nachzubessern.

---

581 BVerfGE 50, 177 (194); *Pieroth*, Rückwirkung und Übergangsrecht, S. 88 f., kritisiert, dass damit das klassische methodische Instrumentarium jeder Falllösung bezeichnet ist und der so verstandene Ausnahmetatbestand der unklaren und verworrenen Rechtslage eine Rückwirkung immer legitimieren würde; nach *Hey*, Vertrauen in das fehlerhafte Steuergesetz, in: DStJG 27 (2004), S. 91 (100), dürfte eine das Entstehen schutzwürdigen Vertrauens ausschließende Unklarheit der Norm angesichts der Interpretationsmöglichkeit durch Verwaltung und Rechtsprechung äußerst selten bestehen und allenfalls unmittelbar nach dem Erlass des betreffenden Gesetzes auftreten.

582 Vgl. *Stötzel*, Vertrauensschutz und Gesetzesrückwirkung, S. 106 f.

583 Zum Ganzen *Schnapp*, Unbegrenzte Nachbesserung von Gesetzen bei unklarer und verworrener Rechtslage?, JZ 2011, S. 1125 (1131 f.).

584 Siehe z.B. *Rensmann*, Reformdruck und Vertrauensschutz, JZ 1999, S. 168 (173); *Schaumburg*, Rückwirkung und Planungssicherheit im Steuerrecht, DB 2000, S. 1884 (1886); *Schnapp*, Unbegrenzte Nachbesserung von Gesetzen bei unklarer und verworrener Rechtslage?, JZ 2011, S. 1125 (1132 f.); *Schwarz*, Vertrauensschutz als Verfassungsprinzip, S. 129; *Weinheimer*, Steuerliche Rückwirkung – ein umfassendes Problem, S. 24.

Der Gesetzgeber braucht sich also gar nicht mehr um klare Gesetze zu bemühen.[585] Das Defizit einer Norm wirkt sich somit gleich doppelt zu Lasten des Bürgers aus. Denn zum einen wird ihm eine geeignete und eindeutige Rechtsgrundlage vorenthalten. Zum anderen dürfen gesetzliche Mängel im Nachhinein zu seinen Lasten behoben werden.[586]

Gerade die Rechtssicherheit als Element der Rechtsstaatlichkeit besagt, dass der Bürger sich auf den Bestand und die Unzerbrechlichkeit von Normen bis zu ihrer Aufhebung verlassen kann. Durch das dem Gesetzgeber eingeräumte Privileg, seine Fehler rückwirkend zu korrigieren, wird dieses Vertrauen enttäuscht und der Grundsatz des Vertrauensschutzes ins Gegenteil verkehrt.[587] Ein unklares und verworrenes Recht müsste bereits wegen Unbestimmtheit verfassungswidrig sein. Hält man es aber für geltendes anwendbares Recht, so darf auch das Vertrauen darauf nicht verneint werden.[588] Zudem wird dem Bürger eine „privatjuristische" Analyse zugemutet und damit mehr an Erkenntnisfähigkeit als vom Gesetzgeber verlangt.[589]

Ursprünglich sollte der Ausnahmetatbestand der unklaren und verworrenen Rechtslage die Fälle der diffusen Rechtsvorschriften der Nachkriegszeit erfassen und deren rückwirkende Klärung im Sinne der Rechtssicherheit legitimieren. Heute darf diese Fallgruppe nicht zur rückwirkenden Änderung auslegungsbedürftiger Vorschriften oder zur allgemeinen Fehlerbeseitigung missbraucht werden.[590] Angesichts der von der Rechtsprechung niedrig gesetzten Schwelle für die Unklarheit einer gesetzlichen Regelung ist die Kritik vor allem aus den Reihen der Steuerrechtswissenschaft laut. Denn kaum ein Steuergesetz lässt sich allein anhand des Wortlautes auslegen. Selbst bei Anwendung anerkannter Auslegungsmethoden ist der Inhalt der steuerrechtlichen Vorschriften nicht immer evident. Die Unklarheit und Verworrenheit stellen hier beinahe den

---

585 *Albert*, Vertrauensschutz und rückwirkende Besteuerung, S. 45.

586 *Schön*, „Rückwirkende Klarstellungen" des Steuergesetzgebers als Verfassungsproblem, in: Festschrift für J. Lang, S. 221 (228).

587 *Schnapp*, Unbegrenzte Nachbesserung von Gesetzen bei unklarer und verworrener Rechtslage?, JZ 2011, S. 1125 (1132).

588 So *Tipke*, Die Steuerrechtsordnung I, S. 161.

589 *Schwarz*, Vertrauensschutz als Verfassungsprinzip, S. 129, im Anschluss an *Pieroth*, Rückwirkung und Übergangsrecht, S. 88.

590 Hierzu *Maurer*, Kontinuitätsgewähr und Vertrauensschutz, in: Isensee/Kirchhof (Hrsg.), HdStR Bd. IV, § 79 Rn. 45; *Schön*, „Rückwirkende Klarstellungen" des Steuergesetzgebers als Verfassungsproblem, in: Festschrift für J. Lang, S. 221 (227); *Wernsmann*, in: Hübschmann/Hepp/Spitaler (Hrsg.), AO/FGO, § 4 Rn. 753.

Normalzustand dar.[591] Das Rückwirkungsverbot würde im Steuerrecht leerlaufen. Daher wird verlangt, das Vertrauen nur im Falle einer offensichtlichen Verfassungswidrigkeit entfallen zu lassen.[592] Besonders kritisch ist die Heranziehung dieser Fallgruppe zur Rechtfertigung legislatorischer „Klarstellungen" zu sehen. Hier setzte das Bundesverfassungsgericht mit der Grundsatzentscheidung aus dem Jahr 2013[593] neue Maßstäbe. Diese Entscheidung ist für die Rückwirkungsdogmatik wegweisend und wird im Rahmen der Darstellung der aktuellen Rechtsprechung genauer erörtert.

4. *Zwingende Gründe des Gemeinwohls*

Eine echte Rückwirkung ist ferner ausnahmsweise zulässig, wenn zwingende Gründe des Gemeinwohls vorliegen, die dem Gebot der Rechtssicherheit übergeordnet sind.[594] Während die vorstehend erörterten Ausnahmetatbestände auf dem Gedanken der Vorhersehbarkeit der Gesetzesänderung beruhen und das Ergebnis vorweggenommener Abwägung darstellen, ermöglicht der Ausnahmetatbestand der Gemeinwohlgründe eine einzelfallbezogene Abwägung zwischen individuellem Bestandsinteresse und legislativem Gestaltungsbedarf.

Der Gemeinwohlvorbehalt ist zwar in der Grundsatzentscheidung des Bundesverfassungsgerichts genannt.[595] In der Spruchpraxis blieb aber diese Fallgruppe zunächst unbedeutend und wurde gelegentlich hilfsweise erwähnt. Eine Definition fehlt bis heute.[596] Ungeklärt bleibt, was genau unter Gemeinwohlgründen

---

591 Siehe z.B. *Lang*, Verfassungsrechtliche Zulässigkeit rückwirkender Steuergesetze, WPg 1998, S. 163 (165); *Schaumburg*, Rückwirkung und Planungssicherheit im Steuerrecht, DB 2000, S. 1884 (1886).

592 *Schwarz*, Vertrauensschutz als Verfassungsprinzip, S. 129; *Wernsmann*, in: Hübschmann/Hepp/Spitaler (Hrsg.), AO/FGO, § 4 Rn. 753; siehe auch *Mellinghoff*, Vertrauen in das Steuergesetz, in: DStJG 27 (2004), S. 25 (36). *Englisch/Plum*, Schutz des Vertrauens auf Steuergesetze, Finanzrechtsprechung und Regelungen der Finanzverwaltung, StuW 2004, S. 342 (353), verneinen eine taugliche Vertrauensgrundlage, sofern die Unklarheit der Norm so gravierend ist, dass ein aus ihr sinnvoll herzuleitender Dispositionsbezug ausscheidet.

593 Beschluss des Ersten Senats vom 17.12.2013, BVerfGE 135, 1 (1 ff.).

594 BVerfGE 13, 261 (271 f.); 18, 429 (439); 30, 367 (390 f.); 72, 200 (260); 88, 384 (404); 95, 64 (87); 97, 67 (81 f.); 101, 239 (263 f.); 122, 374 (394 f.).

595 BVerfGE 13, 261 (272).

596 Um eine abstrakte Definition hat sich der Bundesfinanzhof bemüht. Unter „zwingenden Gründen des Gemeinwohls" versteht er Anlässe, die ein sofortiges Greifen gesetzgeberischer Maßnahmen notwendig machen, um drohende Nachteile für die Allgemeinheit abzuwenden, BFH vom 27.03.1981, BStBl. II 1981, S. 595 (599).

zu verstehen ist und wann diese zwingend sind. Dieser Zustand mag unbefriedigend sein.[597] Angesichts des offenen Tatbestandes, der unter Berücksichtigung der Umstände des konkreten Falles eine interessengerechte Entscheidung ermöglichen soll, ist eine starre Definition jedoch weder notwendig noch sinnvoll.[598] Denn sie kann nicht alle denkbaren Konstellationen und Lebenssachverhalte erfassen. Der Rechtsprechung lässt sich entnehmen, dass nicht jedes dem Gemeinwohl dienende sachliche Regelungsinteresse des Gesetzgebers eine Rückwirkung rechtfertigen kann. Das allgemeine Änderungsinteresse reicht hierfür gerade nicht aus. Um schutzwürdige Vertrauensinteressen zu überwinden, sind vielmehr spezielle zwingende Gründe erforderlich. Dabei muss hinsichtlich der Rückwirkung eine hinnehmbare Zweck-Mittel-Relation bestehen.[599]

Als ein zwingender Gemeinwohlgrund wurde in der Rechtsprechung die Verhinderung von Ankündigungseffekten angesehen.[600] In der bereits erwähnten Schiffsbauentscheidung erklärte der Zweite Senat die rückwirkende Abschaffung von Verschonungssubventionen unter Hinweis auf den Gemeinwohlvorbehalt für zulässig.[601] Danach darf der Gesetzgeber die steuerlich motivierten Gestaltungen als Folge einer Gesetzesankündigung durch Vorverlegung des Rückwirkungszeitpunktes verhindern, wenn dadurch der Gesetzeszweck unterlaufen zu werden droht.[602] Dies bejahte das Gericht, weil der Gesetzgeber die Steuervergünstigung für Verträge streichen wollte, die zwischen dem Bekanntwerden

---

597 Kritisch etwa *Tipke*, Die Steuerrechtsordnung I, S. 161 f. *Schwarz*, Vertrauensschutz als Verfassungsprinzip, S. 130, fordert nähere Konturierung des Tatbestandsmerkmals der „zwingenden Gründe", um den Rückgriff auf ein inhaltsleeres, aber gewichtig klingendes Argumentationsmuster zu vermeiden.

598 Zur Sinnhaftigkeit einer starren Begriffsfestlegung in Bezug auf schwerwiegende Gründe, die zur Rechtfertigung rückwirkender Rechtsprechungsänderung erforderlich sind, *Ebner*, Vertrauensschutz und Kontinuitätsgewähr in der höchstrichterlichen Rechtsprechung am Beispiel des Steuerrechts, S. 52 f.

599 *Wernsmann*, in: Hübschmann/Hepp/Spitaler (Hrsg.), AO/FGO, § 4 Rn. 761.

600 BVerfGE 97, 67 (81 f.); siehe auch BVerfGE 95, 64 (88 ff.) zur unechten Rückwirkung. Instruktiv zum Ankündigungseffekt *Friauf*, Gesetzesankündigung und rückwirkende Gesetzgebung im Steuer- und Wirtschaftsrecht, BB 1972, S. 669 (671 ff.); *Schmidt*, Die verfassungsrechtliche Zulässigkeit rückwirkender Gesetze, DB 1993, S. 2250 (2254 f.).

601 BVerfGE 97, 67 (81 f.). Detaillierte Auseinandersetzung mit der Entscheidung findet sich bei *Hey*, Die rückwirkende Abschaffung der Sonderabschreibungen auf Schiffsbeteiligungen, BB 1998, S. 1444 (1444 ff.); *Leisner*, Vertrauen in staatliches Handeln – ein unkalkulierbares Risiko?, StuW 1998, S. 254 (254 ff.); *Schwarz*, Vertrauensschutz als Verfassungsprinzip, S. 114 ff.

602 BVerfGE 97, 67 (82).

der beabsichtigten Gesetzesänderung und dem Gesetzesbeschluss geschlossen worden sind, um den steuerlichen Vorteil auch noch Jahre nach der Gesetzesänderung nutzen zu können. In einem solchen Fall muss der Gesetzgeber zur sofortigen Abwehr offensichtlicher Gefahren und Missstände geeignete und notwendige Maßnahmen treffen können.[603] Rückwirkende Gesetzesänderung sah das Gericht als ein geeignetes Mittel an, um Ankündigungs- und Mitnahmeeffekte zu neutralisieren. Der Steuerpflichtige durfte die Gestaltungskompetenz und den Gestaltungswillen des Gesetzgebers nicht unterlaufen, indem er in Kenntnis der gesetzgeberischen Änderungsabsicht die alte Rechtslage während der Dauer des Gesetzgebungsverfahrens massenhaft ausnutzte.[604] Nach Ansicht des Gerichts rechtfertigten hier zwingende Gründe des gemeinen Wohls eine Rückwirkung.[605] Dabei nahm es allerdings eine umfassende, alle Umstände des Falles berücksichtigende Abwägung im Sinne dieses Ausnahmetatbestandes nicht vor. Überbetont wurde der durch die Reformankündigung ausgelöste Anlockungs- und Mitnahmeeffekt. Nicht gesondert geprüft wurden hingegen die Geeignetheit und Erforderlichkeit der auf den Ankündigungszeitpunkt zurückbezogenen Subventionsabschaffung zur Verwirklichung des gesetzgeberischen Zwecks.[606] Die Dispositionen des Bürgers stufte die Senatsmehrheit mit dem Hinweis darauf, dass diese gerade mit Blick auf die angekündigte Gesetzesänderung getroffen wurden, als nachrangig ein. Dabei sind Dispositionen, die der Steuerpflichtige unter Ausschöpfung der nach geltendem Recht bestehenden

603 BVerfGE 97, 67 (81 f.); kritisch hierzu *Leisner*, Vertrauen in staatliches Handeln – ein unkalkulierbares Risiko?, StuW 1998, S. 254 (264); *Schwarz*, Vertrauensschutz als Verfassungsprinzip, S. 121 f.

604 BVerfGE 97, 67 (82); zustimmend *Desens*, Vertrauen in das Steuergesetz, in: Rensen/Brink (Hrsg.), Linien der Rechtsprechung des Bundesverfassungsgerichts, S. 329 (351 f.); restriktiver *Hey*, Steuerplanungssicherheit als Rechtsproblem, S. 384, die Vermeidung von Ankündigungseffekten als Rechtfertigungsgrund anerkennt, wenn das Verhalten der Betroffenen dazu führt, dass die Erreichung des Gesetzeszwecks vollständig vereitelt wird oder schwerwiegende volkswirtschaftliche Fehllenkungen zu befürchten sind.

605 Das Gericht argumentiert zusätzlich mit der Vorhersehbarkeit der Gesetzesänderung für den Steuerpflichtigen. Eine klare Abgrenzung zwischen den beiden Ausnahmetatbeständen erfolgt nicht. Kritisch insofern *Leisner*, Vertrauen in staatliches Handeln – ein unkalkulierbares Risiko?, StuW 1998, S. 254 (264). *Hey*, Steuerplanungssicherheit als Rechtsproblem, S. 378 f., weist darauf hin, dass die Ankündigungseffekte überhaupt nur dann vermieden werden können, wenn die Änderung nicht vorhersehbar ist.

606 Dazu *Hey*, Die rückwirkende Abschaffung der Sonderabschreibungen auf Schiffsbeteiligungen, BB 1998, S. 1444 (1451).

Gestaltungsmöglichkeiten trifft, mangels Rechtsmissbrauchs nicht weniger schutzwürdig.[607] Im Hinblick auf den in der Regierungsankündigung genannten Stichtag verdiente das Vertrauen des Steuerpflichtigen im vorliegenden Fall einen besonderen Schutz.[608] Diese Festlegung in zeitlicher Sicht erzeugte einen Anlockungseffekt und setzte unter dem Blickwinkel des Vertrauensschutzes der Rückwirkung eine Grenze, auch wenn sie den Gesetzgeber nicht bindet.[609] Für einen gesteigerten Vertrauensschutz sprach vorliegend auch der staatlich veranlasste Steuerungscharakter der geänderten Vorschrift, der eine andere Beurteilung der Gewährung des Vertrauensschutzes als beim Vorliegen einer lastenausteilenden Norm erfordert.[610] Zudem blieb der Umstand außer Betracht, dass die rückwirkende Subventionsabschaffung verhältnismäßig geringe Auswirkungen auf das Volumen der Steuereinnahmen hat.[611] Schließlich ließ das Gericht die Einschätzung der Bundesregierung, dass die weitere Subventionierung wirtschaftlich unsinnig ist und daher alsbald abgeschafft werden muss, ohne nähere Untersuchung genügen.[612]

Im Bereich des Abgabenrechts wird neben der Steuergerechtigkeit vor allem das Fiskalinteresse des Staates als das zwingende Gemeinwohlinteresse zur Legitimation der Rückwirkung ins Feld geführt. Für fiskalisch motivierte

---

607 *Schaumburg*, Rückwirkung und Planungssicherheit im Steuerrecht, DB 2000, S. 1884 (1888); siehe auch *Hey*, Die rückwirkende Abschaffung der Sonderabschreibungen auf Schiffsbeteiligungen, BB 1998, S. 1444 (1450).

608 Richter *Kruis*, Sondervotum, BVerfGE 97, 67 (86), sieht in der Regierungsankündigung insoweit eine positive, vertrauensrelevante Wirkung, als die Betroffenen auf den Fortbestand der Abschreibungsmöglichkeit bis zu dem genannten Stichtag vertrauen durften; *Hey*, Die rückwirkende Abschaffung der Sonderabschreibungen auf Schiffsbeteiligungen, BB 1998, S. 1444 (1449), weist zu Recht auf die Widersprüchlichkeit der Begründung des Gerichts hin, wenn dieses die Regierungsankündigung im Hinblick auf den 30.04. zur bloßen „Absichtserklärung" verharmlost, dieser aber gleichzeitig im Hinblick auf den 25.04. vertrauenszerstörende Wirkung beimisst; kritisch insoweit auch *Leisner*, Vertrauen in staatliches Handeln – ein unkalkulierbares Risiko?, StuW 1998, S. 254 (261).

609 *Kruis*, Sondervotum, BVerfGE 97, 85 (86); *Leisner*, Vertrauen in staatliches Handeln – ein unkalkulierbares Risiko?, StuW 1998, S. 254 (261 f.).

610 So z.B. *Leisner*, Vertrauen in staatliches Handeln – ein unkalkulierbares Risiko?, StuW 1998, S. 254 (263); *Schwarz*, Vertrauensschutz als Verfassungsprinzip, S. 120 f.

611 *Kruis*, Sondervotum, BVerfGE 97, 85 (87); kritisch auch *Schwarz*, Vertrauensschutz als Verfassungsprinzip, S. 121.

612 BVerfGE 97, 67 (81); siehe zum Ganzen auch *Rensmann*, Reformdruck und Vertrauensschutz, JZ 1999, S. 168 (174 f.).

Steuergesetze könnte der Finanzbedarf des Staates und die Verbesserung der finanziellen Lage öffentlicher Haushalte als Rechtfertigungsgrund gelten.[613] Die Erzielung von Einnahmen allein rechtfertigt jedoch keine Durchbrechung des Rückwirkungsverbots. Zwar ist der Staat des Grundgesetzes ein Steuerstaat, der auf zufließende Steuererträge angewiesen ist. Erst das ausreichende Staatsbudget ermöglicht es dem Staat, seinen Aufgaben gerecht zu werden. Auch die Leistungsansprüche der Bürger können nur erfüllt werden, wenn hierfür notwendige Mittel vorhanden sind. Angesichts dieser Gewährleistungsfunktion für die Staatstätigkeit sind Deckung des öffentlichen Finanzbedarfs, Haushaltssanierung sowie Erzielung von Mehreinkünften gewichtige öffentliche Interessen. Das bedeutet allerdings nicht, dass das dem Allgemeinwohl dienende Fiskalinteresse gegenüber dem Vertrauensschutzinteresse den Vorrang genießt.[614] Der öffentliche Finanzbedarf stellt nicht a priori einen zwingenden Gemeinwohlgrund dar, der den Gesetzgeber berechtigt, in abgeschlossene Veranlagungszeiträume einzugreifen.[615] Rein haushaltspolitische Erwägungen legitimieren also rückwirkende Eingriffe in Rechtspositionen der Steuerpflichtigen genauso wenig wie eine gleichheitswidrige Belastung.[616] Anderenfalls würde der Vertrauensschutz im Steuerrecht leerlaufen.[617] Auch nach Auffassung des Bundesverfassungsgerichts ist die bloße Absicht, staatliche Mehreinkünfte zu erzielen, für sich genommen kein den Vertrauensschutz betroffener Steuerpflichtiger regelmäßig überwiegendes Gemeinwohlinteresse, weil dieses Ziel durch jedes, auch durch sprunghaftes und willkürliches Besteuern erreicht würde.[618] Diese

---

613 Dazu grundsätzlich *Hey*, Steuerplanungssicherheit als Rechtsproblem, S. 335 ff.; zur Berücksichtigung fiskalischer Interessen im Rahmen der Abwägung *Drüen*, Rechtsschutz gegen rückwirkende Gesetze, StuW 2006, S. 358 (364 f.).

614 *Drüen*, Rechtsschutz gegen rückwirkende Gesetze, StuW 2006, S. 358 (364 f.); *Hey*, Steuerplanungssicherheit als Rechtsproblem, S. 337; siehe auch *Schaumburg*, Rückwirkung und Planungssicherheit im Steuerrecht, DB 2000, S. 1884 (1886).

615 *Schön*, „Rückwirkende Klarstellungen" des Steuergesetzgebers als Verfassungsproblem, in: Festschrift für J. Lang, S. 221 (233 f.); relativierend zu den berechtigten haushaltsrechtlichen Sicherungsinteressen am Steueraufkommen *Osterloh*, Neuere Entwicklungen zum verfassungsrechtlichen Vertrauensschutz im Steuerrecht, StuW 2015, S. 201 (207).

616 Z.B. BVerfGE 116, 164 (182); 82, 60 (89).

617 Etwa *Hey*, Steuerrecht und Staatsrecht im Dialog: Nimmt das Steuerrecht in der Judikatur des BVerfG eine Sonderrolle ein?, StuW 2015, S. 3 (14).

618 BVerfGE 105, 17 (45). Bereits 1953 wies das Bundesverfassungsgericht in dem Urteil zur Haftentschädigung darauf hin, dass die begrenzten fiskalischen Interessen, wie sie für den Erlass des streitentscheidenden Gesetzes mitbestimmend waren, die Preisgabe

Feststellung bezog sich zwar auf Gemeinwohlbelange im Rahmen der Prüfung einer unechten Rückwirkung.[619] Da jedoch für zwingende Gründe des gemeinen Wohls strengere Voraussetzungen als im Falle einer unechten Rückwirkung gelten, bei der lediglich die Anforderungen des Gemeinwohls mit dem Ausmaß des Vertrauensschadens abzuwägen sind[620], hat sie hier erst recht ihre Gültigkeit. Auch im Schrifttum wird die Rückwirkung allein zum Zweck der Mittelbeschaffung strikt abgelehnt. Eine Rechtfertigung wird lediglich im Sinne eines Krisen- und Notstandsvorbehalts akzeptiert, wobei die allgemeine Finanznot des Staates noch keine Notstandsqualität begründet.[621] Der öffentliche Finanzbedarf darf nicht zur Schwächung des Vertrauensschutzes führen; der Staat hat sich finanzielle Mittel dort zu beschaffen, „wo kein Vertrauen besteht".[622]

Der Ausnahmetatbestand der zwingenden Gemeinwohlgründe wird wegen seiner Abstraktheit und Unbestimmtheit des Gemeinwohlbegriffs kritisiert, der alle legitimen Staatsziele umfassen könnte. Es bestehe die Gefahr, dass diese Rechtsfertigungsfigur willkürlich und unkontrolliert zur Anwendung kommt.[623] Gefordert wird daher eine restriktive Handhabung dieses Rechtfertigungsgrundes, der nur in extremen Ausnahmefällen greifen soll.[624]

---

der Rechtssicherheit nicht rechtfertigen und daher keine besonders zwingenden, den Erwägungen der Rechtssicherheit übergeordneten Gründe darstellen, BVerfGE 2, 380 (405). Auch eine unvermeidlich entstehende größere finanzielle Belastung des Haushalts wurde nicht als zwingender Grund akzeptiert, BVerfGE 30, 367 (391).

619 Zu Gunsten des gesetzgeberischen Änderungsinteresses berücksichtigte das Gericht im Rahmen der Abwägung den Abbau ungerechtfertigter Steuervergünstigungen sowie Vereinfachung des Einkommensteuerrechts. Als einen überragenden Belang des Gemeinwohls wertete es die Bewältigung der finanziellen Lasten der Wiedervereinigung, BVerfGE 105, 17 (35 ff.).

620 BVerfGE 30, 367 (390 f.).

621 *Hey*, Steuerplanungssicherheit als Rechtsproblem, S. 337 f., 341 ff., die vor der Gefahr eines Dispositionsschutzes nach Kassenlage warnt; siehe auch *Tipke*, Die Steuerrechtsordnung I, S. 162. Auf die Anforderungen des Schrifttums an die öffentlichen Finanzinteressen als Rechtfertigungsgrund wird noch im Rahmen der Zulässigkeit der unechten Rückwirkung einzugehen sein.

622 *Leisner*, Das Gesetzesvertrauen des Bürgers, in: Festschrift für F. Berber, S. 273 (295); zustimmend *Isensee*, Vertrauensschutz für Steuervorteile, in: Festschrift für F. Klein, S. 611 (628).

623 So etwa *Schwarz*, Vertrauensschutz als Verfassungsprinzip, S. 130.

624 *Albert*, Vertrauensschutz und rückwirkende Besteuerung, S. 49 f.; *Schwarz*, Vertrauensschutz als Verfassungsprinzip, S. 130; *Wernsmann*, in: Hübschmann/Hepp/Spitaler (Hrsg.), AO/FGO, § 4 Rn. 761.

5. *Bagatellvorbehalt*

Schließlich gilt beim Vertrauensschutz ein Bagatellvorbehalt. Danach ist die rückwirkende Gesetzesänderung zulässig, wenn sie keinen oder nur einen ganz unerheblichen Schaden verursacht.[625] Dieser Ausnahmetatbestand kam zum in der Grundsatzentscheidung nicht abschließend aufgestellten Katalog hinzu.

Erfasst sind nur sachliche oder rechtliche Auswirkungen einer rückwirkenden Vorschrift. Maßgeblich ist der infolge der Rückwirkung entstandene Schaden. Dabei kommt es nicht auf den entstandenen Gesamtschaden an. Vielmehr muss der verursachte Schaden für den einzelnen Betroffenen unerheblich sein. Die Anzahl der von der rückwirkenden Norm Betroffenen ist irrelevant. Denn eine nachteilige Regelung ist auch dann am Rechtsstaatsprinzip zu messen, wenn sie nur wenige Normadressaten betrifft. Auch wenn die rückwirkende Regelung zu einer nicht unerheblichen Verschlechterung für nur wenige Bürger führt, werden diese in ihrem berechtigten Vertrauen auf die geltende Rechtslage enttäuscht.[626] Das Geringfügigkeitsargument greift demnach nicht, wenn die Anzahl der Betroffenen gering, der jeweils entstandene Schaden aber erheblich ist.[627]

In der Literatur wird der Bagatellvorbehalt aus Gründen der Praktikabilität befürwortet.[628] Zudem könnten dem Bürger angesichts der Gestaltungsfreiheit des Gesetzgebers geringfügige Belastungen zugemutet werden.[629] Hier gewinnt die Aussage des Bundesverfassungsgerichts, wonach der verfassungsrechtliche Vertrauensschutz nicht so weit gehe, den Staatsbürger vor jeder Enttäuschung

---

625 BVerfGE 30, 367 (389); 72, 200 (258 f.); angedeutet bereits in BVerfGE 7, 89 (93), wo das Gericht darauf hinweist, dass ein Abgabengesetz durch seine Rückwirkung die rechtsstaatlichen Grenzen jedenfalls dann nicht überschreitet, wenn die finanzielle Belastung voraussehbar, durch sachliche Erwägungen gerechtfertigt und im Einzelnen unbedeutend ist.

626 BVerfGE 30, 367 (390).

627 Für das Steuerrecht verneinte das Gericht den Rechtfertigungsgrund des Bagatellvorbehalts angesichts der Höhe der zu versteuernden Einkünfte in BVerfGE 72, 200 (258 f.) und angesichts der Erheblichkeit der steuerlichen Mehrbelastungen, die infolge der rückwirkenden Norm entstanden sind, in BVerfGE 95, 64 (86 f.).

628 *Tipke*, Die Steuerrechtsordnung I, S. 161.

629 *Schwarz*, Vertrauensschutz als Verfassungsprinzip, S. 128; vgl. auch *Maurer*, Kontinuitätsgewähr und Vertrauensschutz, in: Isensee/Kirchhof (Hrsg.), HdStR Bd. IV, § 79 Rn. 55; *Spindler*, Rückwirkung von Steuergesetzen, in: DStJG 27 (2004), S. 69 (87), sieht hingegen keine Notwendigkeit für einen Bagatellvorbehalt.

zu bewahren[630], an Bedeutung. Andererseits wird darauf hingewiesen, dass die Bewertung der Geringfügigkeit einer Belastung ein Einfallstor für subjektive Wertungsmöglichkeiten bietet, so dass bei dieser Fallgruppe Zurückhaltung geboten ist.[631] In der Spruchpraxis des Bundesverfassungsgerichts kommt diesem Ausnahmetatbestand jedoch keine nennenswerte Bedeutung zu.[632]

6. *Weitere Fallgruppen der Zulässigkeit echter Rückwirkung*

In der Rechtsprechung des Bundesverfassungsgerichts zur Zulässigkeit rückwirkender Gesetzgebung tauchen weitere Rechtfertigungsgründe auf. Diese werden jedoch nicht als eigenständige Fallgruppen der ausnahmsweisen Zulässigkeit echter Rückwirkungen behandelt.[633] Die Änderung der Rechtslage ist beispielsweise nicht nur im Hinblick auf das laufende Gesetzgebungsverfahren vorhersehbar. Diesem Ausnahmetatbestand lassen sich auch andere Konstellationen zuordnen. So kann ein vorläufiges Gesetz, welches erkennbar unter dem Vorbehalt einer endgültigen Regelung steht, in diesem Umfang kein schutzwürdiges Vertrauen begründen.[634] Vielmehr muss der Bürger in diesem Fall mit einer Änderung rechnen. Daher erklärte das Bundesverfassungsgericht das rückwirkende Bundesentschädigungsgesetz vom 29.06.1956[635], welches das offensichtlich nur vorläufige Bundesergänzungsgesetz zur Entschädigung für Opfer der nationalsozialistischen Verfolgung vom 18.09.1953[636] ablöste, für zulässig.[637] Angesichts des ausgesprochen vorläufigen Charakters des Bundesergänzungsgesetzes,

---

630 So etwa BVerfGE 30, 367 (389); 48, 403 (416); 63, 312 (331); 76, 256 (349); zuletzt BVerfGE 132, 302 (Rn. 45).

631 *Muckel*, Kriterien des verfassungsrechtlichen Vertrauensschutzes bei Gesetzesänderungen, S. 115.

632 Im Falle einer unechten Rückwirkung kam die Schwere des Eingriffs hingegen als ein entscheidendes Argument im Rahmen der Abwägung schon öfter zum Tragen, siehe z.B. BVerfGE 71, 1 (13).

633 *Berger*, Zulässigkeitsgrenzen der Rückwirkung von Gesetzen, S. 49 f., geht davon aus, dass alle weiteren vom Gericht entwickelten Ausnahmen in die bereits vorhandenen Ausnahmetatbestände als Unterfälle einzuordnen sind.

634 Zur eingeschränkten Zulässigkeit vorläufiger gesetzlicher Regelungen, die nur ausnahmsweise im Hinblick auf die Belange des Gemeinwohls gerechtfertigt sein können, *Maurer*, Kontinuitätsgewähr und Vertrauensschutz, in: Isensee/Kirchhof (Hrsg.), HdStR Bd. IV, § 79 Rn. 48.

635 BGBl. I 1956, S. 559.

636 BGBl. I 1953, S. 1387.

637 BVerfGE 13, 39 (45 f.); siehe auch BVerfGE 15, 167 (207); 18, 196 (202 f.); 38, 128 (136).

über den in den Kreisen der Betroffenen kein Zweifel bestanden habe, hätte niemand auf den Fortbestand seiner Regelungen vertrauen können.[638] Damit sind erkennbar vorläufige und ergänzungsbedürftige Regelungen nicht geeignet, das berechtigte Vertrauen hervorzurufen. In diesem Fall fehlt bereits die Vertrauensgrundlage.

Der Fallgruppe der Vorhersehbarkeit der Rechtsänderung stellte das Gericht die Situation gleich, wenn das vorhergehende Gesetz eindeutig auf eine künftige gesetzliche Regelung hinweist[639] oder wenn aufgrund einer Ermächtigung durch die Kommission der Europäischen Gemeinschaften eine Rechtsverordnung erlassen wird, deren Anwendungsbereich auf den in der Ermächtigung genannten Zeitpunkt zurückbezogen wird[640]. Auch den Fall der Reaktionsgesetzgebung behandelt das Bundesverfassungsgericht nicht als eine eigenständige Fallgruppe. Es greift hier auf ein ähnliches Begründungsmuster wie bei einer rückwirkenden Regelung im Falle einer Unvereinbarkeitserklärung zurück.[641]

Einen Sonderfall stellt die Umsetzung einer Verpflichtung aus völkerrechtlichen Verträgen dar. Die Rechtsprechung hierzu ist nicht einheitlich. Nach der Entscheidung zum Außensteuergesetz ist der maßgebliche Zeitpunkt für den Wegfall des zuvor gegebenen schutzwürdigen Vertrauens in den Bestand der ursprünglichen Rechtslage der Tag des Gesetzesbeschlusses über das Zustimmungsgesetz im Sinne des Art. 59 Abs. 2 GG.[642] Der vorherige Abschluss des Vertrages auf der völkerrechtlichen Ebene und dessen Veröffentlichung haben demnach noch keine vertrauenszerstörende Wirkung. Die Anwendung der entsprechenden Vertragsbestimmungen vor dem Zeitpunkt des Beschlusses im Bundestag über die Transformation des Abkommens in das innerstaatliche Recht sei von Verfassungs wegen gehindert.[643] In seiner Entscheidung zum deutsch-österreichischen Ausgleichsvertrag hat das Gericht hingegen auf den Zeitpunkt abgestellt, in dem sich eine vertragliche Vereinbarung zwischen den beiden Staaten abzeichnete.[644]

---

638 BVerfGE 13, 39 (45 f.); 18, 196 (202 f.).

639 BVerfGE 29, 413 (432 f.).

640 BVerfGE 45, 142 (175 ff.).

641 BVerfGE 81, 228 (239).

642 BVerfGE 72, 200 (271); so auch die Entscheidung zum Doppelbesteuerungsabkommen mit der Schweiz, BVerfGE 30, 272 (287).

643 BVerfGE 72, 200 (271 f.).

644 BVerfGE 32, 111 (124 f.); a.A. *Rupp-von Brünneck*, Sondervotum, BVerfGE 32, 129 (138).

Der Ausnahmetatbestand einer unklaren und verworrenen Rechtslage bzw. einer ungültigen Norm wurde auf Rechtslagen ausgeweitet, in denen die bisherige Regelung lückenhaft[645] oder in einem Maße systemwidrig und unbillig ist, dass ernsthafte Zweifel an ihrer Verfassungsmäßigkeit bestehen[646]. Dass eine solche Regelung auch für die Vergangenheit keinen Bestand haben kann, müsse sich dem Bürger aufdrängen.[647] Hat also der Gesetzgeber für die Betroffenen erkennbar eine systemwidrige und unbillige Regelung getroffen[648] oder erweist sich eine Norm infolge des Wegfalls einer anderen Norm in der gesetzlichen Gesamtregelung offenbar als systemwidrig[649], darf sie rückwirkend ersetzt werden. Denn eine offenbar systemwidrige und ungerechte Norm begründe ebenso wenig schutzwürdiges Vertrauen wie eine ungültige Norm.[650] In diesen Fällen sei es dem Gesetzgeber nicht verwehrt, Rechtssicherheit und Gerechtigkeit durch rückwirkende Regelungen wiederherzustellen; dies erfordere das Rechtsstaatsprinzip selbst.[651] Eine solche Korrektur sei bereits vor Feststellung der Nichtigkeit der Norm aufgrund berechtigter Zweifel an ihrer Verfassungsmäßigkeit zulässig.[652] Da in diesen Fällen einerseits dem Bürger eine hohe Erkenntnisfähigkeit abverlangt wird, andererseits dem für die Verfassungsmäßigkeit eines Gesetzes verantwortlichen Gesetzgeber die Revisionsbefugnis zugestanden wird, gilt die gegen die Fallgruppe der unklaren und verworrenen Rechtslage geäußerte Kritik auch hier.

II. Zulässigkeitsprüfung unechter Rückwirkung

Nach tradierter Rechtsprechung des Bundesverfassungsgerichts ist eine unechte Rückwirkung grundsätzlich zulässig.[653] Soweit nicht besondere Momente der Schutzwürdigkeit hinzutreten, ist die schlichte Erwartung, das geltende Recht werde unverändert fortbestehen, verfassungsrechtlich nicht geschützt.[654] Der

645 BVerfGE 11, 64 (73 ff.); 13, 261 (272); 72, 200 (260).

646 BVerfGE 13, 215 (224 f); 19, 187 (197); 30, 367 (388).

647 Die Argumentation, der Bürger müsse bei Systemwidrigkeit einer gesetzlichen Regelung mit der Reaktion des korrigierenden Gesetzgebers rechnen, deutet auf die Fallgruppe der Vorhersehbarkeit hin.

648 BVerfGE 13, 215 (224 f.); 30, 367 (388).

649 BVerfGE 19, 187 (197).

650 BVerfGE 19, 187 (197).

651 BVerfGE 13, 215 (225); 19, 187 (197); 30, 367 (388).

652 BVerfGE 19, 187 (198).

653 BVerfGE 30, 392 (402 f.); 101, 239 (263); 103, 197 (288); 103, 392 (403); 109, 96 (122); 122, 374 (394), 127, 1 (17); 132, 302 (Rn. 43); zuletzt BVerfGE 148, 217 (Rn. 136).

654 Vgl. BVerfGE 68, 193 (222); 105, 17 (40); 109, 133 (180 f.).

verfassungsrechtliche Vertrauensschutz gehe nämlich nicht so weit, dem Bürger jegliche Enttäuschung zu ersparen.[655] Bei Einwirkung auf noch nicht abgeschlossene Tatbestände tritt das Bestandsinteresse des Bürgers hinter das Änderungsinteresse des Gesetzgebers zurück. Allerdings kann auch eine unechte Rückwirkung wegen Verstoßes gegen das Vertrauensschutzprinzip ausnahmsweise verfassungswidrig sein. Damit kehrt sich das für die echte Rückwirkung zugunsten des Bürgers geltende Regel-Ausnahme-Verhältnis bei der unechten Rückwirkung zu seinen Lasten um.[656] Während die Rechtsprechung für die Beurteilung der Zulässigkeit echter Rückwirkung die Hauptanwendungsfälle, in denen Vertrauensschutz ausnahmsweise entfällt, in Fallgruppen typisiert hat, kann sich die ausnahmsweise Unzulässigkeit einer unechten Rückwirkung aus der einzelfallbezogenen Abwägung ergeben. Dies ist dann der Fall, wenn die vom Gesetzgeber angeordnete unechte Rückwirkung zur Erreichung des Gesetzeszwecks nicht geeignet bzw. erforderlich ist oder wenn das Bestandsinteresse der Betroffenen die Veränderungsgründe des Gesetzgebers überwiegt.[657]

Ausgehend vom Grundsatz der Zulässigkeit ist eine die Umstände des konkreten Falles berücksichtigende Abwägung vorzunehmen.[658] Unter Wahrung des

655 Vgl. BVerfGE 14, 288 (299); 48, 403 (416); 63, 312 (331); 76, 256 (349 f.); 109, 133 (180 f.); 132, 302 (Rn. 45).

656 Siehe auch *Schwarz*, Vertrauensschutz als Verfassungsprinzip, S. 108; schon früher *Friauf*, Gesetzesankündigung und rückwirkende Gesetzgebung im Steuer- und Wirtschaftsrecht, BB 1972, S. 669 (673 f.).

657 So die am häufigsten anzutreffende Formulierung, siehe z.B. BVerfGE 48, 403 (416); 95, 64 (86); 101, 239 (263); 109, 96 (122). Teilweise verlangt das Gericht das Überwiegen der öffentlichen Belange gegenüber dem schützenswerten Vertrauen, so etwa BVerfGE 89, 48 (66); 105, 17 (37); vgl. auch BVerfGE 36, 73 (82); 40, 65 (75 f.), wonach das öffentliche Interesse das Individualinteresse nicht übersteigen darf. Zur Kritik an der unklaren grundsätzlichen Gewichtung von Vertrauens- und Änderungsinteresse *Compes*, Der gesetzgeberische Eingriff in nach altem Recht bestehende Rechtspositionen und deren weiche Überleitung in der Rechtsprechung des Bundesverfassungsgerichtes, S. 104.

658 Berührt die rückwirkende Regelung Grundrechte, die mit der Verwirklichung des jeweiligen Tatbestandsmerkmals vor Verkündung der Norm „ins Werk gesetzt“ worden sind, so ist sie an diesen Grundrechten zu messen. Die rechtsstaatlichen Grundsätze des Vertrauensschutzes, der Rechtssicherheit und der Verhältnismäßigkeit fließen dann in die grundrechtliche Bewertung ein. Die Grenzen gesetzgeberischer Regelungsbefugnis ergeben sich auch hier aus einer Interessenabwägung zwischen dem Gewicht der berührten Vertrauensschutzbelange und der Bedeutung gesetzgeberischen Anliegens für das Gemeinwohl, siehe dazu BVerfGE 109, 133 (182).

Verhältnismäßigkeitsgrundsatzes sind das Vertrauen des Einzelnen auf die Fortgeltung der Rechtslage und das mit der Gesetzesänderung verfolgte Allgemeininteresse gegeneinander abzuwägen.[659] Auf der einen Seite sind das Ausmaß des Vertrauensschadens, die Vertrauensintensität, der Inhalt der Vertrauensgrundlage und der Verbindlichkeitsgrad einer Disposition[660], auf der anderen Seite der Wert und die Dringlichkeit des gesetzgeberischen Anliegens für das Gemeinwohl[661] zu berücksichtigen.[662]

Diese zunächst sehr weit gefassten Kriterien konkretisiert das Gericht im jeweils zur Entscheidung vorliegenden Fall. Die am Einzelfall orientierte Abwägung ermöglicht somit lediglich eine punktuelle Benennung der Kriterien. Die in der Rechtsprechung getroffenen Aussagen sind oft nicht verallgemeinerungsfähig. Angesichts der Vielfalt der Konstellationen artet die Judikatur in eine unüberschaubare Kasuistik aus. Der Abwägungsvorgang ist daher wenig handhabbar und immer mit Ungewissheit verbunden. Gleichwohl soll an dieser Stelle

---

659 Z.B. BVerfGE 14, 288 (299 f.); 30, 392 (404); 67, 1 (15); 88, 384 (406 f.); 95, 64 (86); 105, 17 (37); 101, 239 (263); 114, 258 (300); 116, 96 (132); 122, 374 (394); 123, 186 (257). Nach *Blanke*, Vertrauensschutz im deutschen und europäischen Verwaltungsrecht, S. 134 f., sind der Grundsatz der Verhältnismäßigkeit, das Übermaßverbot, das Gebot möglichst schonenden Ausgleichs und der praktischen Konkordanz, die das Bundesverfassungsgericht innerhalb der Abwägung miteinander verzahnt, als Bestandteile des Abwägungsprozesses zu werten.

660 Siehe etwa BVerfGE 76, 256 (356); 105, 17 (44).

661 *Desens*, Vertrauen in das Steuergesetz, in: Rensen/Brink (Hrsg.), Linien der Rechtsprechung des Bundesverfassungsgerichts, S. 329 (343), weist darauf hin, dass in die Abwägung nicht das allgemeine Interesse an der Änderung der Rechtslage, sondern gerade an der Erfassung von bereits ins Werk gesetzten Altfällen einzustellen ist; *Hey*, Steuerplanungssicherheit als Rechtsproblem, S. 331, bezeichnet die fehlende Differenzierung zwischen der Änderungsberechtigung an sich und der Berechtigung zur Gesetzesänderung mit Vergangenheitsbezug als eines der schwerwiegendsten Missverständnisse der Rückwirkungsjudikatur; siehe dazu auch *Stötzel*, Vertrauensschutz und Gesetzesrückwirkung, S. 141 f.

662 Bezüglich des Änderungsanliegens gesteht das Bundesverfassungsgericht dem Gesetzgeber einen weiten Einschätzungsspielraum zu, siehe etwa BVerfGE 72, 175 (199); 76, 256 (356); 96, 64 (89); 105, 17 (44). Das allgemeine Änderungsinteresse allein kann eine unechte Rückwirkung nur dann rechtfertigen, wenn sich kein qualifiziertes Vertrauensinteresse feststellen lässt, hierzu *Desens*, Vertrauen in das Steuergesetz, in: Rensen/Brink (Hrsg.), Linien der Rechtsprechung des Bundesverfassungsgerichts, S. 329 (347 f.).

ein Überblick über die einzelnen Abwägungskriterien – ohne Anspruch auf Vollständigkeit – erfolgen.

1. Fehlendes bzw. nicht schutzwürdiges Vertrauen

Die von der Rechtsprechung falltypisch entwickelten Ausnahmetatbestände zulässiger echter Rückwirkung gelten a maiore ad minus für die weniger eingriffsintensive Form unechter Rückwirkung.[663] So wurde das Argument der Voraussehbarkeit von Gesetzesänderungen mehrmals zur Beurteilung der Zulässigkeit unechter Rückwirkung herangezogen. Als vertrauensreduzierend wurde etwa der Kabinettbeschluss[664], die Einbringung von Gesetzesvorlagen[665], Medienberichterstattung[666] oder politische Diskussion über die Strukturreform[667] bewertet. Die Unklarheit und Verworrenheit[668] oder die Systemwidrigkeit[669] der bisherigen Rechtslage spricht auch im Falle unechter Rückwirkungen für das gesetzgeberische Änderungsinteresse. Ferner können die Bedeutung des mit der Neuregelung verfolgten Zwecks und die Dringlichkeit der Neuregelung das Bestandsinteresse überwiegen. Das Bundesverfassungsgericht hat beispielsweise das Interesse an der schnellen Rechtsvereinheitlichung[670], die wirtschafts- und sozialpolitischen Förderungsziele[671] sowie die Wahrung des außenwirtschaftlichen Gleichgewichts[672] als Gemeinwohlbelange berücksichtigt.

---

663 Dazu auch *Albert*, Vertrauensschutz und rückwirkende Besteuerung, S. 43. In der Schiffsbauentscheidung wurde die Frage nach der Rückwirkungsart mit der Begründung offengelassen, die rückwirkende Regelung sei bereits nach den strengeren Maßstäben der echten Rückwirkung zulässig, BVerfGE 96, 67 (81); kritisch hierzu *Leisner*, Vertrauen in staatliches Handeln – ein unkalkulierbares Risiko?, StuW 1998, S. 254 (257 ff.), die die Subventionsstreichung im vorliegenden Fall als echte Rückwirkung einordnet; siehe auch *Spindler*, Verfassungsrechtliche Grenzen einer Rückwirkung von Steuergesetzen, DStR 1998, S. 953 (957 f.).

664 BVerfGE 95, 64 (88 f.).

665 BVerfGE 71, 230 (252).

666 So etwa in BVerfGE 75, 246 (281).

667 BVerfGE 67, 1 (19 f.).

668 BVerfGE 79, 29 (46 f.); 97, 271 (289).

669 BVerfGE 97, 378 (389).

670 BVerfGE 67, 1 (17).

671 BVerfGE 88, 384 (407); 95, 64 (88); 105, 17 (35).

672 BVerfGE 30, 250 (268 f.).

2. *Vertrauensbeeinträchtigung*

Für das Bestandsinteresse kann in erster Linie die Intensität der Vertrauensbeeinträchtigung angeführt werden. Maßgeblich ist, in welchem Umfang Gesetzesänderungen Rechtspositionen des Bürgers entwerten oder beschränken.[673] Dabei kann auch der Verbindlichkeitsgrad oder die Unumkehrbarkeit der Disposition relevant sein.[674] Im steuerrechtlichen Schrifttum wird kontrovers diskutiert, ob die aufgrund von steuerlichen Lenkungsnormen getätigten Dispositionen eine erhöhte Bestandserwartung begründen und mithin in besonderem Maße schutzwürdig sind.[675] Im Gegensatz zu Fiskalzwecknormen sollen diese den Bürger durch gezielte Verhaltensanreize, etwa durch ein gesetzliches Angebot einer Verschonungssubvention, zu einem bestimmten Verhalten veranlassen.[676] Diejenigen, die sich auf das gesetzliche Angebot einlassen und gesetzlich intendierte Dispositionen treffen, seien in besonderer Weise schutzbedürftig. Durch die Inanspruchnahme der in Aussicht gestellten Vergünstigung bilde sich ein

---

673 BVerfGE 25, 371 (406); 39, 128 (144); 40, 65 (77).

674 Vgl. BVerfGE 71, 1 (13); dazu auch *Desens*, Vertrauen in das Steuergesetz, in: Rensen/Brink (Hrsg.), Linien der Rechtsprechung des Bundesverfassungsgerichts, S. 329 (346 f.).

675 Dafür plädieren z.B. *Isensee*, Vertrauensschutz für Steuervorteile, in: Festschrift für F. Klein, S. 611 (613 f.); *Lang*, Verfassungsrechtliche Zulässigkeit rückwirkender Steuergesetze, WPg 1998, S. 163 (173 f.); *Muckel*, Kriterien des verfassungsrechtlichen Vertrauensschutzes bei Gesetzesänderungen, S. 101 f.; *Rensmann*, Reformdruck und Vertrauensschutz, JZ 1999, S. 168 (171); *Schaumburg*, Rückwirkung und Planungssicherheit im Steuerrecht, DB 2000, S. 1884 (1889); *Tipke*, Die Steuerrechtsordnung I, S. 191. Ablehnend etwa *Albert*, Vertrauensschutz und rückwirkende Besteuerung, S. 68; *Arndt/Schumacher*, Echte Fortschritte bei der unechten Rückwirkung?, NJW 1998, S. 1538 (1539); *Hey*, Steuerplanungssicherheit als Rechtsproblem, S. 309 ff.; *P. Kirchhof*, Rückwirkung von Steuergesetzen, StuW 2000, S. 221 (226); *Pieroth*, Rückwirkung und Übergangsrecht, S. 354 f.; *Mellinghoff*, Vertrauen in das Steuergesetz, in: DStJG 27 (2004), S. 25 (37), will den Regelungszweck einer Norm im Rahmen der Schutzwürdigkeit des Vertrauens berücksichtigen; siehe auch *Jachmann*, Wenn die Rückwirkung zur gesetzgeberischen Routine wird..., in: Festschrift für A. Raupach, S. 27 (37). Im Hinblick auf die Art der Norm wird im Steuerrecht erörtert, ob allgemeine Tarifvorschriften eine Vertrauensgrundlage bilden, siehe dazu etwa *Englisch/Plum*, Schutz des Vertrauens auf Steuergesetze, Finanzrechtsprechung und Regelungen der Finanzverwaltung, StuW 2004, S. 342 (350 f.), mit weiteren Nachweisen.

676 Zur für das Steuerrecht typischen Lenkungsgesetzgebung siehe oben Kapitel 1.D.

besonderes Treue begründendes Rechtsverhältnis zwischen Staat und Bürger, welches den Gesetzgeber binde und ein widersprüchliches Verhalten verbiete.[677]

Als Gegenargument wird zum einen angeführt, dass eine eindeutige Grenzziehung zwischen Fiskal- und Lenkungsnormen häufig nicht zweifelsfrei möglich ist.[678] Die Intensität des Vertrauensschutzes kann daher nicht von der unsicheren Einordnung der Norm abhängig gemacht werden. Zum anderen sei die Unterscheidung zwischen Lenkungs- und Fiskalzwecknormen nicht überzeugend, weil das Steuerrecht auch in seinen Regelsteuerbelastungen vielfach Anlass für Steuergestaltungen gibt. Somit können auch Fiskalzwecknormen die Verhaltensweisen des Bürgers entscheidend beeinflussen und eine schutzwürdige Vertrauensgrundlage bilden.[679] Eine erhöhte Schutzwirkung von Lenkungsnormen und erst recht ein Dispositionsschutz nur für Lenkungsnormen wird daher abgelehnt.

Das Bundesverfassungsgericht erkennt dem Grunde nach die besondere Schutzwürdigkeit der durch verhaltenslenkende Normen veranlassten Disposition an, indem es in der Schiffsbauentscheidung ausführt, dass die steuerrechtlichen Dispositionsbedingungen vom Tag der Entscheidung an eine Vertrauensgrundlage bilden, auf die der Steuerpflichtige sein steuerbegünstigendes Verhalten stütze.[680] In seinem Beschluss zu Sozialpfandbriefen vertrat das Gericht die Auffassung, die Vertrauensgrundlage sei dadurch verstärkt worden, dass es sich bei der rückwirkend aufgehobenen, die Steuerfreiheit von Zinsen regelnden Vorschrift des § 3a Abs. 1 Nr. 1 EStG a.F. um eine steuerrechtliche Lenkungsnorm gehandelt hat. Dadurch sollten die Anleger gezielt zum Erwerb von Sozialpfandbriefen veranlasst werden.[681] Die gesetzlich vorgesehene Steuerfreiheit sei maßgeblicher Bestandteil ihrer Entscheidung, diese Wertpapiere

677 Siehe Nachweise in Fn. 675.

678 Z.B. *Wernsmann*, Verhaltenslenkung in einem rationalen Steuersystem, S. 413 f., mit weiteren Nachweisen.

679 *Arndt/Schumacher*, Echte Fortschritte bei der unechten Rückwirkung?, NJW 1998, S. 1538 (1539); *Englisch/Plum*, Schutz des Vertrauens auf Steuergesetze, Finanzrechtsprechung und Regelungen der Finanzverwaltung, StuW 2004, S. 342 (350); *Hey*, Steuerplanungssicherheit als Rechtsproblem, S. 313; *P. Kirchhof*, Rückwirkung von Steuergesetzen, StuW 2000, S. 221 (226).

680 BVerfGE 97, 67 (80); siehe auch BVerfGE 105, 17 (40); *Arndt/Schumacher*, Echte Fortschritte bei der unechten Rückwirkung?, NJW 1998, S. 1538 (1539), folgern daraus, dass das Gericht eine entsprechende Differenzierung zwischen steuerlichen Lenkungs- und Fiskalzwecknormen vornimmt.

681 BVerfGE 105, 17 (38).

zu erwerben. Gleichzeitig betont das Gericht für den Fall unbefristeter und über lange Zeit wirkender Steuervergünstigungen, der Steuerpflichtige könne sich nicht darauf berufen, dass die Vergünstigungen, die der Gesetzgeber zu sozial- oder wirtschaftspolitischen Zwecken gewährt, nicht mehr zu seinen Lasten verändert werden dürfen.[682] Insbesondere dann, wenn die beeinträchtigte Rechtsposition auf staatlicher Gewährung beruhe, gehe der verfassungsrechtliche Vertrauensschutz nicht so weit, den Steuerpflichtigen vor jeder Enttäuschung zu bewahren. Der Gesetzgeber sei grundsätzlich berechtigt, die steuerlichen Folgen eines in der Vergangenheit liegenden, von schützenswertem Vertrauen getragenen Verhaltens für die Zukunft zu verschärfen und auf veränderte soziale Gegebenheiten mit einer Änderung des Normenwerks zu reagieren.[683] Dem erhöhten Schutz von Lenkungsnormen wird also das staatliche Interesse an der Korrektur von Lenkungseffekten entgegengesetzt. Dem Gesetzgeber wird die Befugnis zuerkannt, auf Fehlentwicklungen, Ineffektivität oder das Entfallen des Förderziels einer steuerlichen Vergünstigung zu reagieren. Im Rahmen der Abwägung berücksichtigte das Gericht den Umstand, dass die Aufhebung von Subventionen keine Grundrechtsverletzung darstellt.[684] Die Aufhebung der Steuerbefreiung greife nicht entwertend in die Nutzung von Kapital und in Investitionen ein, die auf der Grundlage des bis dahin geltenden Steuerrechts getätigt worden sind. Beachtung fand auch der Umfang der vorgenommenen Dispositionen.[685] Die unterschiedlichen Äußerungen von öffentlichen Stellen in Bezug auf die Reformbedürftigkeit wertete das Gericht teilweise als Stärkung, teilweise als Abschwächung der Schutzwürdigkeit des Vertrauens.[686] Auf der gesetzgeberischen Seite wurde das Bestreben nach der Vereinfachung des Steuerrechts berücksichtigt. Dieses allein lasse jedoch ein schutzwürdiges Vertrauen nicht zurücktreten. Für auschlaggebend hielt das Gericht das gesetzgeberische Ziel der Bewältigung der finanziellen Lasten der deutschen Wiedervereinigung. Dabei handele es sich um einen überragenden Belang des Gemeinwohls, hinter dem auch die Vertrauensschutzinteressen der Betroffenen zurückstehen müssten.[687] Zwar sei die bloße Absicht, staatliche Mehreinkünfte zu erzielen, für sich genommen noch kein den Vertrauensschutz betroffener Steuerpflichtiger

682 BVerfGE 105, 17 (40).
683 BVerfGE 105, 17 (43 f.).
684 BVerfGE 105, 17 (30 ff.); siehe auch BVerfGE 97, 67 (83).
685 BVerfGE 105, 17 (44).
686 BVerfGE 105, 17 (42 f.).
687 BVerfGE 105, 17 (44 f.).

regelmäßig überwindendes Gemeinwohlinteresse. Das Interesse des Staates, durch die Änderung von Steuergesetzen unerwartete Mindereinnahmen auszugleichen oder bestimmte Lenkungseffekte des Steuerrechts zu korrigieren, sei hingegen ein wichtiger Gemeinwohlbelang.[688] Neben anderen Zielen diene die Streichung von Steuervergünstigung der Mitfinanzierung der durch die Änderungen der politischen Lage hervorgerufenen neuen Aufgaben. Die Abwägung ergab, dass das öffentliche Interesse an einer Aufhebung von Steuervergünstigungen das schutzwürdige Vertrauen in den Fortbestand der Begünstigung überwiegt.[689] Diese Entscheidung wie auch die Schiffsbauentscheidung zeigen, dass die Qualität einer Vorschrift als Lenkungsnorm nicht allein über die Gewährung des Vertrauensschutzes entscheidet. Die besondere Schutzbedürftigkeit von auf Lenkungsnormen gestützten Dispositionen des Steuerpflichtigen ist aber im Rahmen der Abwägung zu berücksichtigen.[690]

3. *Fiskalinteressen des Staates*

Während fiskalische Interessen des Staates im Rahmen der Prüfung der ausnahmsweisen Zulässigkeit einer echten Rückwirkung nicht als zwingender Grund des Gemeinwohls akzeptiert werden[691], haben sich haushaltspolitische Erwägungen des Gesetzgebers schon öfter als wirksames Argument zur Rechtfertigung einer unechten Rückwirkung erwiesen.[692] Das Bundesverfassungsgericht hielt bereits mehrfach die beabsichtigte Sanierung der Staatsfinanzen ebenso wie konjunkturelle Steuerungsmaßnahmen für eine übergreifende und legitime Aufgabe des Gesetzgebers im Interesse des Staatsganzen.[693] Die bloße Absicht, Mehreinkünfte zu erzielen, reiche jedoch für sich genommen noch nicht aus, um das Vertrauensschutzinteresse zu überwinden.[694] Unspezifischer Finanzbedarf

688 BVerfGE 105, 17 (45).

689 Anschließend erörterte das Gericht das Erfordernis einer Übergangsregelung, BVerfGE 105, 17 (45 f.).

690 In diesem Sinne *Schwarz*, Vertrauensschutz als Verfassungsprinzip, S. 120 f.

691 Dazu oben unter D.I.4.

692 Siehe z.B. BVerfGE 50, 386 (396); 63, 312 (330); 64, 87 (106); 87, 153 (178 f.).

693 BVerfGE 48, 403 (418); 60, 16 (43); 72, 175 (197 f.).

694 BVerfGE 105, 17 (45); zustimmend *Drüen*, Rechtsschutz gegen rückwirkende Gesetze, StuW 2006, S. 358 (364); siehe zuletzt BVerfGE 127, 31 (59), wonach allgemeine Ziele der Erhöhung des Steueraufkommens allein nicht zur Rechtfertigung einer unechten Rückwirkung ausreichen.

ist demnach auch bei unechten Rückwirkungen unbeachtlich.[695] Die Verfolgung konkreter fiskalischer Zwecke ist aber im Rahmen der Interessenabwägung berücksichtigungsfähig. Auch nach der im Schrifttum vertretenen Ansicht ist das allgemeine öffentliche Interesse an einer ausgewogenen Haushaltslage allein nicht geeignet, die Einbeziehung der Altsachverhalte zu rechtfertigen.[696] Angesichts der Gefahr, unter Hinweis auf die angespannte Finanzlage – ein Dauerzustand im modernen Staat – eine Rückwirkung legitimieren zu können, müsse es sich um ein fiskalisches Interesse von erheblichem Gewicht bzw. um eine besondere Dringlichkeit des Finanzbedarfs handeln. Verlangt wird etwa ein drohender Staatsbankrott[697] oder eine Störung des wirtschaftlichen Gleichgewichts[698].

4. *Übergangsregelungen*

Die Verfassungswidrigkeit einer rückwirkenden Regelung kann der Gesetzgeber häufig durch den Erlass angemessener Übergangsregelungen für Altfälle vermeiden.[699] Die vielfältigen Überleitungsmethoden bieten Flexibilität und dienen als Instrument schonenden Ausgleichs widerstreitender Interessen.[700]

---

695 Bei der Bewältigung der finanziellen Lasten der deutschen Wiedervereinigung, die das Gericht in der Sozialpfandbriefentscheidung als einen überwiegenden Belang des Gemeinwohls anerkannt hat, handelte es sich nicht um einen allgemeinen, sondern um einen spezifischen Finanzbedarf.

696 Insbesondere *Drüen*, Rechtsschutz gegen rückwirkende Gesetze, StuW 2006, S. 358 (364 f.); *Hey*, Steuerplanungssicherheit als Rechtsproblem, S. 335 ff.; siehe auch *Mellinghoff*, Vertrauen in das Steuergesetz, in: DStJG 27 (2004), S. 25 (52).

697 *Maurer*, Kontinuitätsgewähr und Vertrauensschutz, in: Isensee/Kirchhof (Hrsg.), HdStR Bd. IV, § 79 Rn. 54.

698 Vgl. *Schön*, „Rückwirkende Klarstellungen" des Steuergesetzgebers als Verfassungsproblem, in: Festschrift für J. Lang, S. 221 (234); restriktiv auch *Englisch/Plum*, Schutz des Vertrauens auf Steuergesetze, Finanzrechtsprechung und Regelungen der Finanzverwaltung, StuW 2004, S. 342 (356 f.); *Spindler*, Rückwirkung von Steuergesetzen, in: DStJG 27 (2004), S. 69 (86 f.); *Drüen*, Rechtsschutz gegen rückwirkende Gesetze, StuW 2006, S. 358 (364), lässt einen staatlichen „Katastrophenvorbehalt" zu; *Desens*, Vertrauen in das Steuergesetz, in: Rensen/Brink (Hrsg.), Linien der Rechtsprechung des Bundesverfassungsgerichts, S. 329 (349), bemängelt die praktische Undefinierbarkeit dieser Grenzen und fordert, dass es sich um Mittel handelt, die akut oder außerplanmäßig benötigt werden und die nicht mehr in zukünftigen Veranlagungszeiträumen beschafft werden können.

699 Siehe Literaturnachweise zum Übergangsrecht in Fn. 226.

700 *Muckel*, Kriterien des verfassungsrechtlichen Vertrauensschutzes bei Gesetzesänderungen, S. 119.

Sie können etwa in Form der Gewährung von Kompensation, der befristeten Weitergeltung des bisherigen Rechts für Altfälle oder einer Härteklausel die Vertrauensbeeinträchtigung abmildern. Die Notwendigkeit bzw. Angemessenheit einer Überleitungsvorschrift wird vom Bundesverfassungsgericht überprüft und in Konkretisierung des Verhältnismäßigkeitsgrundsatzes verlangt, wobei dem Gesetzgeber insofern ein weiter Gestaltungsspielraum zugebilligt wird.[701]

5. *Zwischenergebnis*

In der Gerichtspraxis wurde die grundsätzlich zulässige unechte Rückwirkung nur in seltenen Ausnamefällen für verfassungswidrig erklärt. Die Ursache dafür wird im defizitären Abwägungsprogramm gesehen. Die Kollision von Vertrauensschutz und Änderungsinteresse löst das Bundesverfassungsgericht regelmäßig zugunsten des Gesetzgebers auf. Fälle, in denen als Ergebnis der Abwägung das Individualinteresse des Bürgers überwiegt, sind hingegen rar.[702] Der Grundsatz der Zulässigkeit unechter Rückwirkung kommt somit einer Regel sehr nahe.[703] Der in der Erfolgsquote zum Ausdruck kommende schwache Vertrauensschutz ist der Hauptkritikpunkt gegen die unechte Rückwirkung.[704] Eine grundlegende Modifizierung hat die Zulässigkeitsprüfung einer unechten Rückwirkung durch die jüngere Rechtsprechung des Bundesverfassungsgerichts erfahren.[705] Darauf wird später ausführlich einzugehen sein.[706]

III. „Dritte" Kategorie der Rückwirkung

Das Bundesverfassungsgericht hatte die Gelegenheit, sich selbst davon zu überzeugen, dass der von ihm postulierte Dualismus nicht geeignet ist, sämtliche Erscheinungsformen einer vertrauensschutzrelevanten Norm zu erfassen. Das

701 Siehe z.B. BVerfGE 58, 300 (351); 62, 117 (162 ff.); 70, 69 (87 ff.); 71, 255 (274 f.); 74, 129 (155); 78, 249 (285); 105, 17 (45).

702 Nachweise bei *Hey*, Steuerplanungssicherheit als Rechtsproblem, S. 211, sowie bei *Pieroth*, Die neue Rechtsprechung des Bundesverfassungsgerichts zum Grundsatz des Vertrauensschutzes, JZ 1990, S. 279 (285).

703 *Hey*, Steuerplanungssicherheit als Rechtsproblem, S. 210.

704 *Englisch/Plum*, Schutz des Vertrauens auf Steuergesetze, Finanzrechtsprechung und Regelungen der Finanzverwaltung, StuW 2004, S. 342 (356 ff.), entwickeln allgemeine Abwägungskriterien für die Rationalisierung des Abwägungsvorgangs bei der unechten Rückwirkung.

705 BVerfGE 127, 1 (16 ff.); 127, 31 (47 ff.); 127, 61 (75 ff.); 132, 302 (317 ff.).

706 Kapitel 5.A.

Gericht erkannte, dass der Gesetzgeber auch bei Gesetzesänderungen jenseits der Rückwirkungsformen das verfassungsrechtliche Gebot der Rechtssicherheit und des Vertrauensschutzes tangieren kann. So konnte die zu überprüfende Vorschrift in der Entscheidung zum Berlinhilfegesetz unter Zugrundelegung gerichtseigener Terminologie weder der Kategorie der echten noch der unechten Rückwirkung zugeordnet werden.[707] Die Geltungsdauer der geänderten Vorschrift, die Umsatzsteuervorteile für den Bereich der Zigarettenindustrie vorsah, war auf fünf Jahre befristet. Noch vor Ablauf dieser Frist wurden die Steuervergünstigungen gekürzt. Der vorliegende Sachverhalt ließ sich nicht unter die Kategorien der Rückwirkung subsumieren.[708] Dennoch begründete nach Auffassung des Gerichts die ursprüngliche Rechtslage einen Vertrauenstatbestand, auf den sich die begünstigten Steuerpflichtigen bei ihren finanziellen und wirtschaftlichen Dispositionen verlassen durften.[709] Dieser genieße grundsätzlich keinen geringeren Schutz als den, der nach der Rechtsprechung des Bundesverfassungsgerichts im Falle einer unechten Rückwirkung von Gesetzen bestehe.[710] Anschließend wurde eine Abwägung zwischen dem Ausmaß des Vertrauensschadens einerseits und den die Gesetzesänderung tragenden Zielsetzungen anderseits vorgenommen.[711] Im Ergebnis besteht somit kein sachlicher Unterschied zum Prüfungsmaßstab der unechten Rückwirkung.

E. Veranlagungszeitraum-Rechtsprechung im Steuerrecht

Wie bereits ausgeführt, dient nach der bundesverfassungsgerichtlichen Rechtsprechung als Abgrenzungskriterium zwischen echter und unechter Rückwirkung

---

707 BVerfGE 30, 392 (401 ff.). Auch in seinen späteren Entscheidungen prüft das Gericht die angegriffenen Regelungen, die nicht rückwirkend sind, unter dem Gesichtspunkt des Vertrauensschutzes, vgl. etwa BVerfGE 80, 137 (163); zum Ganzen *Wernsmann*, in: Hübschmann/Hepp/Spitaler (Hrsg.), AO/FGO, § 4 Rn. 778 ff.

708 A.A. *Iliopoulos-Strangas*, Rückwirkung und Sofortwirkung von Gesetzen, S. 44, die von einem Sonderfall unecht rückwirkender Gesetze ausgeht.

709 In der Gefrierfleischentscheidung des Reichsgerichts, die ebenfalls eine vorzeitige Änderung einer abgabenrechtlichen Vergünstigung zum Gegenstand hatte, wurde hingegen kein Vertrauenstatbestand angenommen, RGZ 139, 177 (189 ff.); siehe dazu *Ossenbühl*, Vertrauensschutz im sozialen Rechtsstaat, DÖV 1972, S. 25 (30); *Götz*, Bundesverfassungsgericht und Vertrauensschutz, in: Starck/Drath (Hrsg.), S. 421 (444 f.), der die vorliegende Problematik unter dem Begriff der Plangewährleistung diskutiert.

710 BVerfGE 30, 392 (404).

711 BVerfGE 30, 392 (404).

die Abgeschlossenheit eines Tatbestandes. Ob der Tatbestand abgeschlossen ist, beurteilt sich einzelfallbezogen unter Berücksichtigung des „einfachen Rechts". Somit können die Spezifika der jeweiligen Rechtsmaterie für die Abgrenzung ausschlaggebend sein. Im Steuerrecht knüpft die Rechtsprechung an den einfachgesetzlich definierten Zeitpunkt der Entstehung der Steuerschuld an. Somit erfolgt die Einordnung einer steuergesetzlichen Rückwirkung anhand des Prinzips der Abschnittsbesteuerung.[712]

Ansprüche aus dem Steuerschuldverhältnis entstehen gemäß § 38 in Verbindung mit § 37 Abs. 1 AO mit der Verwirklichung des gesetzlichen Tatbestandes, an den das Gesetz die Leistungspflicht knüpft. Bei periodischen Steuern gehört der Ablauf der Besteuerungsperiode zu den Tatbestandsmerkmalen. Die Steuerschuld und damit der Steueranspruch des Staates entstehen erst am Ende dieses Zeitraums ohne weiteres Zutun des Steuerpflichtigen. Im Fall der Einkommensteuer ist der Steuertatbestand mit Ablauf des Kalenderjahres als Veranlagungszeitraum abgeschlossen (§§ 36 Abs. 1 in Verbindung mit § 25 Abs. 1 EStG).[713] Die Gewerbesteuer entsteht, soweit es sich nicht um Vorauszahlungen handelt, mit Ablauf des Kalenderjahres als Erhebungszeitraum (§ 18 in Verbindung mit § 14 Satz 2 GewStG). Für die Körperschaftsteuer ist nach § 30 Nr. 3 in Verbindung mit § 7 Abs. 3 Satz 2 KStG ebenfalls das Kalenderjahr maßgeblich, soweit diese weder in Form des Steuerabzuges noch im Wege der Vorauszahlungen erhoben wird. Die Umsatzsteuer entsteht nach § 13 Abs. 1 UStG in der Regel mit Ablauf des Voranmeldungszeitraums. Dieser beträgt gemäß § 18 Abs. 2 UStG das Kalendervierteljahr oder den Kalendermonat. Die Rückwirkungsjudikatur für das Steuerrecht basiert auf diesen einfachgesetzlichen Regelungen.[714] Als Abgrenzungslinie zwischen den beiden Rückwirkungsarten gilt hier die Entstehung der Steuer mit Ablauf der Besteuerungsperiode.[715] Infolgedessen nimmt

---

712 Zum steuerrechtlichen Periodizitätsprinzip oben Kapitel 1.F.

713 Von diesem für das Veranlagungsverfahren maßgeblichen Zeitraum ist der materiellrechtliche Ermittlungszeitraum für das zu versteuernde Einkommen nach § 2 Abs. 7 EStG zu unterscheiden, eingehend z.B. *Seeger*, in: Schmidt (Hrsg.), EStG, § 25 Rn. 1 ff.

714 Die Kritik macht insofern geltend, dass die Beurteilung einer verfassungsrechtlichen Frage von der einfachgesetzlichen Ausgestaltung der Norm abhängig ist. Damit liege es letztlich bei dem Gesetzgeber, die Grenze zwischen echter und unechter Rückwirkung zu ziehen, *Bauer*, Bundesverfassungsgericht und Rückwirkungsverbot, JuS 1984, S. 241 (245); *Schwarz*, Vertrauensschutz als Verfassungsprinzip, S. 111.

715 BVerfGE 13, 261 (272); 13, 274 (277) für die Körperschaftsteuer, BVerfGE 18, 135 (142 f.); 30, 272 (285); 72, 200 (253) für die Einkommensteuer, BVerfGE 13, 279 (282 f.); 19, 187 (195); 132, 302 (Rn. 44); 148, 217 (Rn. 137) für die Gewerbesteuer. Gestützt auf § 13 UStG stellt das Gericht bei der Umsatzsteuer nicht auf den Besteuerungs-,

das Bundesverfassungsgericht eine echte Rückwirkung nur dann an, wenn ein nach Ablauf des Veranlagungszeitraums verkündetes Steuergesetz mit Wirkung für die zurückliegende Zeiträume eine ursprünglich geltende Rechtslage ändert. In diesem Fall greife das Änderungsgesetz nachträglich in bereits abgeschlossene Steuertatbestände ein. Ein während des laufenden Veranlagungszeitraums erlassenes Gesetz mit Wirkung für den Beginn des Veranlagungszeitraums wird hingegen der Kategorie der unechten Rückwirkung zugeordnet. Da der für die Entstehung der Steuerschuld relevante Tatbestand noch nicht abgeschlossen sei, knüpfe die Neuregelung lediglich an gegenwärtige, noch offene Steuersachverhalte an.[716] Wird also ein Gesetz vor Ablauf der Besteuerungsperiode mit Wirkung für diese verkündet, so handelt es sich lediglich um eine Neubestimmung bislang noch nicht eingetretener Rechtsfolgen.[717] Solche Gesetzesänderungen sind somit grundsätzlich zulässig.

Anfangs galt die Veranlagungszeitraum-Rechtsprechung für Gesetze, die das Steuertarifsystem betrafen.[718] Nach Ansicht des Bundesverfassungsgerichts kann der Steuerpflichtige angesichts der Erfordernisse der öffentlichen Finanzwirtschaft nicht darauf vertrauen, dass der Steuertarif für den gesamten

---

sondern auf den Voranmeldungszeitraum ab, BVerfGE 30, 250 (267); 30, 392 (401 f.); a.A. *Helbich*, Vertrauensschutz in Verwaltungsvorschriften des Steuerrechts, S. 199 ff., der dem Umsatzsteuerrecht einen umsatzbezogenen Rückwirkungsbegriff zugrunde legt. Er argumentiert, dass im Gegensatz zu der Einkommen-, Körperschaft- oder Gewerbesteuer das Umsatzsteuerrecht nicht an ein Gesamteinkommen bzw. die Totalperiode oder abstrakte Ertragskraft des Gewerbebetriebes, sondern an die im Einzelumsatz zum Ausdruck kommende individuelle Leistungsfähigkeit des Verbrauchers anknüpfe. Die Abgrenzung zwischen echter und unechter Rückwirkung orientiere sich daher an der Verwirklichung des Steuertatbestandes, welcher zu einem steuerpflichtigen Umsatz führt.

716 So z.B. BVerfGE 13, 274 (277); 18, 135 (142 f.); 30, 392 (401 f.).

717 BVerfGE 72, 200 (253).

718 Bei den nicht periodisch veranlagten Steuern wie z.B. Erbschaft- und Schenkungsteuer oder Grunderwerbsteuer wird ein einzelner Vorgang zum Steuerbelastungsgrund. Für die Abgrenzung ist der Eintritt des Ereignisses, welches die Steuerpflicht auslöst, maßgeblich, siehe dazu *Hey*, Steuerplanungssicherheit als Rechtsproblem, S. 213; *Wissenschaftlicher Beirat Steuern der Ernst & Young GmbH*, Zur Rückwirkung von Normen des Steuerrechts, DB 2012, S. 761 (762). Die Entstehungstatbestände indirekter Steuern sind tatsächliche Vorgänge, wie z.B. Einfuhr oder Inverkehrbringen, die die Steuerschuld und damit die verfassungsrechtlich geschützte Rechtsposition entstehen lassen, *P. Kirchhof*, Die verfassungsrechtlichen Grenzen rückwirkender Steuergesetze, DStR 2015, S. 717 (718 f.).

Veranlagungszeitraum unverändert bleibt, wohl aber darauf, dass sich eine Erhöhung in maßvollen Grenzen hält.[719] Ungeachtet geäußerter Bedenken[720] wurde diese Rechtsprechung auch auf die Verschärfungen des Steuertatbestandes und die Einführung von Steuerbelastungen ausgeweitet.[721] Zur Rechtfertigung der Rückwirkung wurde auch hier auf die Vorläufigkeit des Einkommensteuerrechts vor Ablauf des Veranlagungszeitraums verwiesen. Denn bis zu diesem Zeitpunkt sei die Höhe der zu entrichtenden Steuer unbekannt.[722]

Dieser rein formal-rechtliche Ansatz knüpft den verfassungsrechtlichen Vertrauensschutz an das steuerrechtliche Periodizitätsprinzip. Auf die Durchführung des Besteuerungsverfahrens, d.h. auf die Festsetzung der Steuerschuld, kommt es nicht an. Ebenfalls unerheblich sind die bereits im Jahresverlauf eintretende Verwirklichungen des Sachverhalts und getätigte steuerauslösende Dispositionen, die sich in einer nach Ablauf des Jahres festzusetzenden Steuerschuld finden. Das Abstellen allein auf den Zeitpunkt der Entstehung des Steueranspruches mit Ablauf des Besteuerungsabschnitts hat zur Folge, dass ein bis zum 31.12. eines Jahres verkündetes Gesetz mit Wirkung für dieses Jahr lediglich als unechte Rückwirkung qualifiziert wird. So verwundert es nicht, dass der Steuergesetzgeber kurz vor Jahresende besonders aktiv ist.[723]

---

719 BVerfGE 13, 274 (277 f.); 13, 279 (282).

720 Selbst im Falle einer Steuertariferhöhung im laufenden Veranlagungszeitraum werden die unter dem bis zur Verkündung des Änderungsgesetzes geltenden Tarif erzielten Einkünfte nachträglich höher belastet, siehe dazu *Götz*, Bundesverfassungsgericht und Vertrauensschutz, in: Starck/Drath (Hrsg.), S. 421 (429), unter Hinweis auf *Klein/Barbey*, Bundesverfassungsgericht und Rückwirkung von Gesetzen, S. 56; *Lang*, Verfassungsrechtliche Zulässigkeit rückwirkender Steuergesetze, WPg 1998, S. 163 (173), will hingegen im Interesse der Haushaltsflexibilität die Anhebung von Steuersätzen während des Veranlagungszeitraumes zulassen. Die Frage der Zulässigkeit von Tariferhöhungen während des laufenden Veranlagungszeitraums wurde zuletzt in BVerfGE 127, 1 (26) mangels Entscheidungsrelevanz offengelassen. *Birk*, Der Schutz vermögenswerter Positionen bei der Änderung von Steuergesetzen, FR 2011, S. 1 (8), folgert aus dieser Rechtsprechung, dass Tariferhöhungen während des Veranlagungszeitraumes generell unzulässig sind.

721 Siehe etwa BVerfGE 30, 250 (267 f.); 72, 200 (253 f.; 264).

722 BVerfGE 72, 200 (255); so auch schon in BVerfGE 13, 274 (277 f.); ablehnend Richter *Steinberger*, Sondervotum, BVerfGE 72, 276 (277), der die Steuerrechtslage im Zeitpunkt des Zuflusses der Einkünfte für maßgeblich hält.

723 *F. Kirchhof*, Der Weg zur verfassungsgerechten Besteuerung, StuW 2002, S. 185 (196), spricht von „Dezembergesetzen". Richter *Steinberger*, Sondervotum, BVerfGE 72, 276 (278), stellt insofern einen Vergleich mit dem Grimmschen Märchen auf: Immer, wenn der Steuerpflichtige sich erschöpft dem Ende des Geschäftsjahres nähere, warte

Die streng am Annuitätsprinzip ausgerichtete Veranlagungszeitraum-Rechtsprechung ist auf heftige Kritik gestoßen.[724] Die Abschnittsbesteuerung sei eine lediglich das Veranlagungsverfahren betreffende einfachgesetzliche Regelung. Der rein technische Belastungszeitpunkt am Ende des Kalenderjahres habe keine vertrauensschutzrechtliche Relevanz.[725] Habe der Steuerpflichtige ausgehend vom geltenden Recht Entscheidungen getroffen, die das neue Gesetz nachträglich anders bewerte, so mache es für die Schutzwürdigkeit seines Vertrauens keinen Unterschied, ob die Neuregelung am letzten Tag eines Veranlagungszeitraums oder einen Tag danach in Kraft trete.[726] Übereinstimmend wird daher bemängelt, dass die Abgrenzung zwischen echter und unechter Rückwirkung nach dem Kriterium der Entstehung der Steuerschuld zu willkürlichen Ergebnissen führt.

Argumentiert wird zudem mit dem Gedanken der Planungssicherheit. Das Steuerrecht setzt Rahmenbedingungen, die ein geordnetes Wirtschaften ermöglichen, und stellt dem Steuerpflichtigen vielfältige Gestaltungsmöglichkeiten zur Verfügung. Etwa durch die Rechtsformwahl oder die Inanspruchnahme von gesetzlich vorgesehenen Steuersparangeboten kann die Höhe der zu entrichtenden Steuer beeinflusst werden. In seine Überlegungen bezieht der Einzelne auch die Erwartung ein, dass die Vorschrift, die einen Sachverhalt regelt, für die

---

dort schon der Fiskus mit einem geänderten Steuergesetz. Das Einkommensteuerrecht sei kein Feld, auf dem Wettläufe zwischen Bürger und Steuergesetzgeber wie zwischen Hase und Igel ausgetragen werden sollten. Unter Hinweis darauf, dass das Steuerrecht die Lebensverhältnisse des Einzelnen wie der Volkswirtschaft im Ganzen wesentlich bestimmt, wertet er die Mehrheitsentscheidung zum Außensteuergesetz, BVerfGE 72, 200 (200 ff.), als einen „Schlag gegen die Verlässlichkeit der Rechtsordnung".

724 Etwa *Birk*, Kontinuitätsgewähr und Vertrauensschutz, in: DStJG 27 (2004), S. 9 (16); *Hey*, in: Tipke/Lang (Hrsg.), Steuerrecht, § 3 Rn. 264; *F. Kirchhof*, Der Weg zur verfassungsgerechten Besteuerung, StuW 2002, S. 185 (196 ff.); *Lang*, Verfassungsrechtliche Zulässigkeit rückwirkender Steuergesetze, WPg 1998, S. 163 (168 ff.); *Mellinghoff*, Vertrauen in das Steuergesetz, in: DStJG 27 (2004), S. 25 (45 ff.); *Schaumburg*, Rückwirkung und Planungssicherheit im Steuerrecht, DB 2000, S. 1884 (1886 f.); *Spindler*, Verfassungsrechtliche Grenzen einer Rückwirkung von Steuergesetzen, DStR 1998, S. 953 (958); *Schwarz*, Vertrauensschutz als Verfassungsprinzip, S. 109 ff.; *Weber-Dürler*, Vertrauensschutz im öffentlichen Recht, S. 284 ff.; *Vogel*, Rückwirkung: eine festgefahrene Diskussion, in: Festschrift für M. Heckel, S. 875 (880 ff.).

725 *F. Kirchhof*, Der Weg zur verfassungsgerechten Besteuerung, StuW 2002, S. 185 (197); *Hey*, in: Tipke/Lang (Hrsg.), Steuerrecht, § 3 Rn. 264; *Tipke*, Die Steuerrechtsordnung I, S. 156 f.

726 Siehe Beispiele bei *Tipke*, Die Steuerrechtsordnung I, S. 157.

Zukunft verbindlich bleibt.[727] Entscheidungen, die in Ausübung wirtschaftlicher Freiheit getroffenen werden, liegt das geltende Recht zugrunde. Es bestehe daher ein besonders hohes Interesse an Entscheidungs- und Planungssicherheit. Denn die rückwirkende Gesetzgebung kann den getroffenen Entscheidungen im Nachhinein die Grundlage entziehen und das in den Fortbestand der Rechtslage gesetzte Vertrauen enttäuschen. Der Zeitpunkt des Entstehens des Steuertatbestandes darf nicht über die Gewährung des Vertrauensschutzes entscheiden.[728] Maßgeblich für die Beurteilung der Zulässigkeit rückwirkender Steuergesetzgebung soll vielmehr das steuerrelevante Verhalten als Vertrauensbetätigung sein.[729] Von diesen Überlegungen ist der Vorschlag eines einheitlichen dispositionsbezogenen Rückwirkungsbegriffs getragen.[730]

Zwar sind in der Rückwirkungsrechtsprechung häufig Ausführungen zur Rolle von Dispositionen anzutreffen: Es würde den Einzelnen in seiner Freiheit erheblich gefährden, dürfte die öffentliche Gewalt an sein Verhalten oder an ihn betreffende Umstände im Nachhinein ungünstigere Rechtsfolgen knüpfen als zum Zeitpunkt seines rechtserheblichen Verhaltens.[731] Dem Gesetzgeber sei es verwehrt, einen entwertenden Eingriff vorzunehmen, den der Betroffene

---

727 *Muckel*, Kriterien des verfassungsrechtlichen Vertrauensschutzes bei Gesetzesänderungen, S. 81; *Hahn*, Zur Rückwirkung im Steuerrecht, S. 59 ff.; siehe auch *Lang*, Verfassungsrechtliche Zulässigkeit rückwirkender Steuergesetze, WPg 1998, S. 163 (168 f.); *Schaumburg*, Rückwirkung und Planungssicherheit im Steuerrecht, DB 2000, S. 1884 (1884).

728 *Hey*, Steuerplanungssicherheit als Rechtsproblem, S. 218, die auf die Inkongruenz von der formal-rechtlichen Betrachtung des Bundesverfassungsgerichts und der Steuerplanungssicherheit hinweist.

729 Der Rechtsprechung wird daher vorgeworfen, den zum Jahresende entstehenden gesetzlichen Steueranspruch mit den nach den steuerrechtlichen Tatbeständen maßgebenden Sachverhaltsgestaltungen, an die der Vertrauensschutz anknüpfe, zu vermengen, z.B. *Spindler*, Rückwirkung von Steuergesetzen, in: DStJG 27 (2004), S. 69 (76).

730 *Lehner*, Das Rückwirkungsproblem im Spiegel der Abschnittsbesteuerung, in: Festschrift für A. Raupach, S. 67 (73 ff.), sieht hingegen im Periodizitätsprinzip eine rechtliche Grundlage für differenzierten Vertrauensschutz im Steuerrecht; nach *Ismer*, Prinzipien der Einkünfteermittlung – Periodizitätsprinzip, in: DStJG 34 (2011) S. 91 (92 f.), bildet das Prinzip der Abschnittsbesteuerung einen geeigneten Anknüpfungspunkt für die Intensität des Vertrauensschutzes; ähnlich *Wernsmann*, in: Hübschmann/Hepp/Spitaler (Hrsg.), AO/FGO, § 4 Rn. 739; *Helbich*, Vertrauensschutz in Verwaltungsvorschriften des Steuerrechts, S. 128 f.

731 Z.B. BVerfGE 30, 272 (285); 72, 200 (257 f.); 50, 177 (194).

bei seinen Dispositionen nicht berücksichtigen konnte.[732] Trotz dieser Feststellungen legte das Gericht seiner Rechtsprechung die formalisierte, am Annuitätsprinzip ausgerichtete Betrachtung zugrunde. Eine Wende zeichnete sich in dem bereits erwähnten Beschluss des Zweiten Senats zu Schiffsbausubventionen aus dem Jahr 1997 ab.[733] Hier rückten die Dispositionsentscheidungen des Steuerpflichtigen besonders deutlich in den Vordergrund. Das Gericht verweist zunächst auf die frühere Veranlagungszeitraum-Rechtsprechung.[734] Sodann führt es zum vorliegenden Fall aus, dass das gesetzliche Angebot einer Verschonungssubvention, die der Steuerpflichtige nur während des Veranlagungszeitraums annehmen kann, für diese Disposition in ihrer zeitlichen Bindung eine Vertrauensgrundlage schaffe. Auf diese stütze der Steuerpflichtige seine Entscheidung über das subventionsbegünstigte Verhalten. Mit dieser Entscheidung sei die Lenkungs- und Gestaltungswirkung des Subventionsangebots abschließend erreicht. Von diesem Zeitpunkt an würden die im Steuergesetz enthaltenen Dispositionsbedingungen zu einer schutzwürdigen Vertrauensgrundlage. Zwar bestimme das steuerliche Jährlichkeitsprinzip den zeitlichen Rahmen, in dem der Subventionsanspruch erfüllt werde; die Dispositionsentscheidung des Bürgers sei aber davon unabhängig.[735] Somit erkennt das Gericht – zumindest für den Fall steuerlicher Lenkungsnormen – an, dass auch innerhalb des Veranlagungszeitraums schutzwürdiges Vertrauen entstehen kann. Die Anknüpfung an das Verhalten des Bürgers gab den Anlass, einen Bruch mit der früheren Rechtsprechung zu vermuten.[736] Die sich in diesem Judikat abzeichnende Abkehr wurde jedoch nicht vollzogen. In der Pfandbriefentscheidung[737] kehrte das Gericht zu der herkömmlichen Abgrenzung anhand des Veranlagungszeitraums zurück.[738] Die im Hinblick auf die gesetzliche Abschreibungsmöglichkeit getroffenen Dispositionen hob es aber auch hier hervor: Steuerrechtliche Dispositionsbedingungen bilden vom Tag der Entscheidung an eine Vertrauensgrundlage, auf die

---

732 So etwa BVerfGE 14, 288 (297 f.); 72, 175 (196).

733 BVerfGE 97, 67 (67 ff.).

734 BVerfGE 97, 67 (80).

735 BVerfGE 97, 67 (80 f.).

736 *Albert*, Vertrauensschutz und rückwirkende Besteuerung, S. 62, 66; *Arndt/Schumacher*, Echte Fortschritte bei der unechten Rückwirkung?, NJW 1998, S. 1538 (1539); *P. Kirchhof*, Rückwirkung von Steuergesetzen, StuW 2000, S. 221 (223); *Rensmann*, Reformdruck und Vertrauensschutz, JZ 1999, S. 168 (171 f.).

737 BVerfGE 105, 17 (17 ff.).

738 Eine Analyse und ein Vergleich beider Entscheidungen finden sich bei *Wernsmann*, Verhaltenslenkung in einem rationalen Steuersystem, S. 79 ff.

der Steuerpflichtige sein Verhalten stützte.[739] Diese Dispositionen wurden im Rahmen der Abwägungsentscheidung gewichtet.

F. Kritik am Rückwirkungskonzept des Bundesverfassungsgerichts

An der Rückwirkungslehre des Bundesverfassungsgerichts ist viel Kritik geübt worden. Sie folgte sowohl aus den eigenen Reihen[740] als auch aus dem Schrifttum[741]. Der Hauptgrund für die unbefriedigenden Ergebnisse der Rückwirkungsjudikatur und den defizitären Vertrauensschutz wird in der kategorialen Differenzierung zwischen den beiden Rückwirkungsarten gesehen.[742] Bemängelt werden neben der uneinheitlichen Terminologie[743] vor allem die Abgrenzungsmethoden. Die Unbestimmtheit des Abgrenzungsmerkmals der Abgeschlossenheit[744] und die Vielzahl möglicher Anknüpfungspunkte führe zu einer schwer überschaubaren Einzelfallkasuistik. Dies erzeuge beim Bürger den Eindruck willkürlicher Grenzziehungen.[745] Es fehlen klare und verlässliche Abgrenzungskriterien, die Vergangenheitsanknüpfungen seien hierzu zu vielfältig und die

---

739 BVerfGE 105, 17 (37 f., 40).

740 Sondervoten von *Seuffert*, BVerfGE 31, 94 (100 ff.); *Rupp-von Brünneck*, BVerfGE 32, 111 (129 ff.); *von Schlabrendorff*, BVerfGE 37, 363 (414 ff.); *Steinberger*, BVerfGE 48, 1 (23 ff.) sowie 72, 200 (276 ff.); *Steinberger/Böckenförde*, BVerfGE 67, 1 (21 ff.); *Kruis*, BVerfGE 97, 67 (85 ff.).

741 Eine zusammenfassende Darstellung findet sich bei *Stötzel*, Vertrauensschutz und Gesetzesrückwirkung, S. 101 ff.

742 Insbesondere *Hey*, Steuerplanungssicherheit als Rechtsproblem, S. 232; siehe auch *Compes*, Der gesetzgeberische Eingriff in nach altem Recht bestehende Rechtspositionen und deren weiche Überleitung in der Rechtsprechung des Bundesverfassungsgerichtes, S. 105; *Muckel*, Kriterien des verfassungsrechtlichen Vertrauensschutzes bei Gesetzesänderungen, S. 74; *Pieroth*, Rückwirkung und Übergangsrecht, S. 79 ff.

743 Zur Kritik am unterschiedlichen Sprachgebrauch, „Sachverhalt und Rechtsbeziehungen" einerseits und „Tatbestand" andererseits, *Hahn*, Zur Rückwirkung im Steuerrecht, S. 35 ff.; *Pieroth*, Rückwirkung und Übergangsrecht, S. 79 ff.; *Vogel*, Rückwirkung: eine festgefahrene Diskussion, in: Festschrift für M. Heckel, S. 875 (877); *Weinheimer*, Steuerliche Rückwirkung – ein umfassendes Problem, S. 10.

744 Zur nicht hinreichenden Präzisierung des Abgeschlossenheitskriteriums etwa *El Mourabit/Seufer*, Die zeitliche Reichweite des Vertrauensschutzes im Ertragsteuerrecht, FR 2012, S. 135 (138 f.).

745 Z.B. *Altmeyer*, Vertrauensschutz im Recht der Europäischen Union und im deutschen Recht, S. 133.

Normstrukturen der unterschiedlichen Rechtsmaterien zu komplex.[746] Zudem sei die schematische Abgrenzung missbrauchsanfällig und manipulierbar.[747] Denn die Entscheidung darüber, ob eine Regelung an bereits abgeschlossene Tatbestände anknüpft und damit als echte Rückwirkung zu werten ist, sei oft nur eine Frage der Gesetzgebungstechnik.[748] Durch die entsprechende gesetzestechnische Ausgestaltung oder die Wahl des Anknüpfungspunktes sei die Einordnung einer Norm in eine der Rückwirkungskategorien beeinflussbar.[749] Damit hätte es der Gesetzgeber in der Hand, selbst über die Rückwirkungsform zu bestimmen.

Dies sei angesichts der an die jeweilige Rückwirkungsart geknüpften starren Rechtsfolgen nicht hinnehmbar. Nach der bundesverfassungsgerichtlichen Rechtsprechung hat die Einordnung präjudizielle Wirkung.[750] Die Bestimmung der Rückwirkungsart löst nämlich das Regel-Ausnahme-Verhältnis aus, ohne dass die einzelnen Vertrauensgesichtspunkte zum Tragen kommen. Während

---

746 *Fischer*, Die Verfassungsmäßigkeit rückwirkender Normen, NJW 2001, S. 861 (865); *Pieroth*, Rückwirkung und Übergangsrecht, S. 83 f.; *Pieroth*, Die neue Rechtsprechung des Bundesverfassungsgerichts zum Grundsatz des Vertrauensschutzes, JZ 1990, S. 279 (280); siehe auch *Schwarz*, Vertrauensschutz als Verfassungsprinzip, S. 110.

747 Z.B. *Leisner*, Kontinuität als Verfassungsprinzip, S. 480.

748 Grundlegend *Bauer*, Bundesverfassungsgericht und Rückwirkungsverbot, JuS 1984, S. 241 (245); siehe auch *Hahn*, Zur Rückwirkung im Steuerrecht, S. 32 ff.; *Muckel*, Kriterien des verfassungsrechtlichen Vertrauensschutzes bei Gesetzesänderungen, S. 72; *Mellinghoff*, Vertrauen in das Steuergesetz, in: DStJG 27 (2004), S. 25 (43); einschränkend hingegen *Fiedler*, Neuorientierung der Verfassungsrechtsprechung zum Rückwirkungsverbot und zum Vertrauensschutz?, NJW 1988, S. 1624 (1626); siehe auch *Götz*, Bundesverfassungsgericht und Vertrauensschutz, in: Starck/Drath (Hrsg.), S. 421 (428 f.), mit dem Hinweis auf Gestaltungsspielräume des Gesetzgebers.

749 Beispiele bei *Berger*, Zulässigkeitsgrenzen der Rückwirkung von Gesetzen, S. 58.

750 *Friauf*, Gesetzesankündigung und rückwirkende Gesetzgebung im Steuer- und Wirtschaftsrecht, BB 1972, S. 669 (674); *Hey*, Steuerplanungssicherheit als Rechtsproblem, S. 209 ff.; 232 f.; *Jachmann*, Wenn die Rückwirkung zur gesetzgeberischen Routine wird…, in: Festschrift für A. Raupach, S. 27 (31); *Muckel*, Kriterien des verfassungsrechtlichen Vertrauensschutzes bei Gesetzesänderungen, S. 70 f.; *Pieroth*, Rückwirkung und Übergangsrecht, S. 83 f.; *Schwarz*, Vertrauensschutz als Verfassungsprinzip, S. 110 f.; zuletzt *Birk*, Der Schutz vermögenswerter Positionen bei der Änderung von Steuergesetzen, FR 2011, S. 1 (5). Auch das Bundesverfassungsgericht geht von dem Präjudiz aus, indem es einen einheitlichen Rückwirkungsbegriff mit der Begründung ablehnt, es sei nicht sinnvoll, beide Varianten unter einen einheitlichen Oberbegriff zu fassen, weil ein solcher Oberbegriff, die „Rückwirkung im weitesten Sinne“, keinerlei verfassungsrechtliche Maßstäbe aufzuzeigen vermöchte, BVerfGE 72, 200 (243).

eine echte Rückwirkung grundsätzlich verboten ist, ist eine unechte Rückwirkung grundsätzlich zulässig. Die vorgelagerte Qualifizierung einer Gesetzesänderung gibt somit das Prüfungsergebnis vor. Besonders deutlich zeigt sich das im Bereich des Steuerrechts: Hier führen die schwachen Anforderungen an die Zulässigkeit unechter Rückwirkung in Kombination mit der streng formalrechtlichen Abgrenzung anhand des Veranlagungszeitraums zum Ausfall des Vertrauensschutzes. So hat das Bundesverfassungsgericht bis zur Neuorientierung des Zweiten Senats im Jahr 2010[751] keine einzige unechte Rückwirkung im Steuerrecht für verfassungswidrig erklärt.[752]

Der bundesverfassungsgerichtliche Ansatz verkennt, dass es sich verfassungsrechtlich bei der echten wie bei der unechten Rückwirkung um dasselbe Problem handelt, nämlich um den Vertrauensschutz des Normadressaten. Die auf dem formaljuristischen Rückwirkungsbegriff basierende Rückwirkungsdogmatik würde daher dem Vertrauensschutz nicht in gebotener Weise gerecht.[753] Zwar greife eine echte Rückwirkung in abgeschlossene Sachverhalte ein, während eine unechte Rückwirkung in die Zukunft wirke. Dieser graduelle Unterschied werde jedoch durch die unterschiedlichen Rechtsfolgen nicht adäquat umgesetzt. Ausgangspunkt für die Bestimmung der Reichweite des verfassungsrechtlichen Vertrauensschutzes müsse vielmehr das Vertrauen des Normadressaten sein. Die Rückwirkungskategorien liefern hingegen keine Anhaltspunkte für die Beurteilung der Schutzwürdigkeit des Vertrauens. Der verfassungsrechtlich gebotene Vertrauensschutz würde mithin auf die formalen Kriterien reduziert.[754] Da die Einordnung selbst auf einer methodisch höchst fragwürdigen Abgrenzung gründet, ist die Unterscheidung zwischen den Rückwirkungsarten im Schrifttum auf Ablehnung gestoßen.

Kritisiert wurden auch die einzelnen vom Bundesverfassungsgericht entwickelten Ausnahmen vom Verbot echter Rückwirkung.[755] Die Fallgruppen würden den Vertrauensschutz übermäßig relativieren, der Katalog sei zu sehr

---

751 Dazu Kapitel 5.A.

752 Nachweise aus der Spruchpraxis des Bundesverfassungsgerichts bei *Desens*, Die neue Vertrauensschutzdogmatik des Bundesverfassungsgerichts für das Steuerrecht, StuW 2011, S. 113 (114).

753 Z.B. *Albert*, Vertrauensschutz und rückwirkende Besteuerung, S. 10; *Hahn*, Zur Rückwirkung im Steuerrecht, S. 32; *Tipke*, Die Steuerrechtsordnung I, S. 156; *Stötzel*, Vertrauensschutz und Gesetzesrückwirkung, S. 112 ff.; ähnlich *Muckel*, Kriterien des verfassungsrechtlichen Vertrauensschutzes bei Gesetzesänderungen, S. 72.

754 Z.B. *Berger*, Zulässigkeitsgrenzen der Rückwirkung von Gesetzen, S. 61.

755 Dazu oben D.I.

„staatsorganisatorisch auf die Rückwirkungsdogmatik fixiert, nicht grundrechtlich auf den vertrauenden Bürger gerichtet".[756] Das Gericht muss sich hier vor allem den Vorwurf der Willkür bei der Bestimmung des Zeitpunktes der Vorhersehbarkeit einer Neuregelung gefallen lassen.[757] Im Bereich der unechten Rückwirkung wird die zur Unsicherheit führende, von subjektiven Gerechtigkeitsvorstellungen geleitete Einzelfallkasuistik bemängelt.[758] Zudem sei die defizitäre und konturlose Abwägung, wenn eine solche überhaupt stattfindet, der Grund für ein niedriges Schutzniveau bei der prinzipiell zulässigen Rückwirkung.[759] Insgesamt wird die Rechtsprechung zum Vertrauensschutz gegen Akte der Legislative als widersprüchlich und unvorhersehbar bewertet.[760] Das Rechtsinstitut, welches Vertrauensschutz und Rechtssicherheit gewährleisten soll, bewirke in Wirklichkeit das Gegenteil und schaffe Rechtsunsicherheit.[761]

In Konsequenz der Kritik wird die Forderung nach Aufgabe der überkommenen Rückwirkungsdogmatik laut.[762] Es gibt aber auch Stimmen, die sich für die Beibehaltung der Differenzierung zwischen den Rückwirkungsarten

---

756 *Leisner*, Das Gesetzesvertrauen des Bürgers, in: Festschrift für F. Berber, S. 273 (289); *Spindler*, Rückwirkung von Steuergesetzen, in: DStJG 27 (2004), S. 69 (86 f.), fordert eine Beschränkung der Zulässigkeit auf die Fälle zwingender Gründe des Gemeinwohls.

757 Dazu oben D.I.1.

758 So z.B. *Bauer*, Bundesverfassungsgericht und Rückwirkungsverbot, JuS 1984, S. 241 (247 f.).

759 *Hey*, Steuerplanungssicherheit als Rechtsproblem, S. 210 f.

760 Siehe etwa *Schwarz*, Vertrauensschutz als Verfassungsprinzip, S. 133; *Spindler*, Rückwirkung von Steuergesetzen, in: DStJG 27 (2004), S. 69 (73).

761 *Bauer*, Bundesverfassungsgericht und Rückwirkungsverbot, JuS 1984, S. 241 (249); *Schwarz*, Vertrauensschutz als Verfassungsprinzip, S. 133. Zuletzt bemerken *Maciejewski/Theilen*, Die aktuelle bundesverfassungsgerichtliche Spruchpraxis zu rückwirkenden Gesetzen, DÖV 2015, S. 271 (278), dass es nicht einer gewissen Ironie entbehrt, dass ausgerechnet in einem von Rechtssicherheit und Vertrauensschutz geprägten Bereich eine so große Unklarheit herrscht.

762 Etwa *Berger*, Zulässigkeitsgrenzen der Rückwirkung von Gesetzen, S. 58; *Friauf*, Gesetzesankündigung und rückwirkende Gesetzgebung im Steuer- und Wirtschaftsrecht, BB 1972, S. 669 (675); *Hey*, Steuerplanungssicherheit als Rechtsproblem, S. 103 ff., 265; *P. Kirchhof*, Rückwirkung von Steuergesetzen, StuW 2000, S. 221 (223 f.); *Lang*, Verfassungsrechtliche Zulässigkeit rückwirkender Steuergesetze, WPg 1998, S. 163 (172); *Muckel*, Kriterien des verfassungsrechtlichen Vertrauensschutzes bei Gesetzesänderungen, S. 74 ff.; *Steinberger*, Sondervotum, BVerfGE 48, 23 (23 ff.); aus jüngster Zeit *P. Kirchhof*, Die verfassungsrechtlichen Grenzen rückwirkender Steuergesetze, DStR 2015, S. 717 (718).

aussprechen.[763] Als Argument wird die Gefahr der Verwässerung des verfassungsrechtlichen Schutzes im Bereich echter Rückwirkung angeführt.[764] Die nur in bestimmten Fällen ausnahmsweise zulässige echte Rückwirkung gelte für die Gesetzgebungspraxis als absolute Grenze und sichere somit einen Kernbestand des Vertrauensschutzes.[765] Für den Steuergesetzgeber bestehe nach Abschluss des Veranlagungszeitraums ein eindeutiger Tabubereich. Der Verzicht darauf würde die rechtliche Beurteilung einer Rückwirkung ganz der Abwägung ausliefern. Um die damit einhergehende Einzelfallkasuistik zu vermeiden, soll an dem seit Jahrzehnten gepflegten Dualismus von echter und unechter Rückwirkung festgehalten werden.[766] Die Differenzierung nach Rückwirkungsformen biete erste rationalisierende Richtpunkte für die Beurteilung der Rückwirkungsfälle.[767] Die Einstufung habe lediglich einen vorläufigen und keinen definitiven Charakter.[768] Sie entbinde nicht von der konkreten Einzelabwägung. An der Zweiteilung könne daher nur unter dem Vorbehalt festgehalten werden, dass dadurch kein Abwägungsautomatismus mit schematischen Ergebnissen ausgelöst werde.[769]

---

763 *Brüning*, Die Rückwirkung von Legislativakten, NJW 1998, S. 1525 (1528); *Fiedler*, Neuorientierung der Verfassungsrechtsprechung zum Rückwirkungsverbot und zum Vertrauensschutz?, NJW 1988, S. 1624 (1626 f.); *Desens*, Vertrauen in das Steuergesetz, in: Rensen/Brink (Hrsg.), Linien der Rechtsprechung des Bundesverfassungsgerichts, S. 329 (337 f.), der auch die Abgrenzung anhand des Veranlagungszeitraums befürwortet; siehe auch *Helbich*, Vertrauensschutz in Verwaltungsvorschriften des Steuerrechts, S. 128 f., 153; *Leisner*, Kontinuität als Verfassungsprinzip, S. 481 f.; *Wernsmann*, in: Hübschmann/Hepp/Spitaler (Hrsg.), AO/FGO, § 4 Rn. 739.

764 Z.B. *Helbich*, Vertrauensschutz in Verwaltungsvorschriften des Steuerrechts, S. 129; *El Mourabit/Seufer*, Die zeitliche Reichweite des Vertrauensschutzes im Ertragsteuerrecht, FR 2012, S. 355 (340).

765 *Leisner*, Kontinuität als Verfassungsprinzip, S. 481; *Wernsmann*, in: Hübschmann/Hepp/Spitaler (Hrsg.), AO/FGO, § 4 Rn. 739.

766 *Maurer*, Kontinuitätsgewähr und Vertrauensschutz, in: Isensee/Kirchhof (Hrsg.), HdStR Bd. IV, § 79 Rn. 27; *Mellinghoff*, Vertrauen in das Steuergesetz, in: DStJG 27 (2004), S. 25 (41 f.).

767 *Maurer*, Kontinuitätsgewähr und Vertrauensschutz, in: Isensee/Kirchhof (Hrsg.), HdStR Bd. IV, § 79 Rn. 27, 31; zur heuristischen Funktion der Unterscheidung zwischen echter und unechter Rückwirkung, die nur der erste, vorläufige Schritt im Abwägungsprozess ist, *Osterloh*, Neuere Entwicklungen zum verfassungsrechtlichen Vertrauensschutz im Steuerrecht, StuW 2015, S. 201 (209).

768 *Drüen*, Rechtsschutz gegen rückwirkende Gesetze, StuW 2006, S. 358 (363).

769 *Drüen*, Rechtsschutz gegen rückwirkende Gesetze, StuW 2006, S. 358 (363 f.).

G. Alternativkonzepte im Schrifttum

In Reaktion auf die unbefriedigende Rückwirkungsdogmatik des Bundesverfassungsgerichts bemüht sich das Schrifttum um die Entwicklung alternativer Konzepte. Eine erschöpfende Auseinandersetzung mit den einzelnen Lösungsansätzen ist für diese Arbeit nicht weiterführend. Daher soll an dieser Stelle ein Überblick über die verbreiteten Alternativvorschläge verschafft werden. Diese lassen sich danach unterteilen, wo die Lösung jeweils ansetzt. Zum einen wird dem dualistischen Rückwirkungsbegriff ein einheitlicher Rückwirkungsbegriff entgegengesetzt. Zum anderen wird versucht, unter Beibehaltung der tradierten Differenzierung zwischen den beiden Rückwirkungsarten die bundesverfassungsgerichtliche Rückwirkungsdogmatik in den kritischen Punkten zu modifizieren. Dabei geht es einerseits um neue Abgrenzungsmethoden, andererseits um die Revision der Zulässigkeitsprüfung auf der Abwägungsebene. Schließlich werden selbstständige materiell-rechtliche Ansätze verfolgt. Diesen liegt die Erkenntnis zugrunde, dass das Vertrauen des Bürgers in das Fortwirken einer Rechtsnorm sowohl Grund als auch Grenze des Rückwirkungsverbotes bildet. Anhänger dieses Konzepts beschäftigen sich folglich mit den Kriterien des Vertrauensschutzes.

Bei der Begriffsbildung werden in Überwindung der herkömmlichen Terminologie verschiedene Richtungen eingeschlagen. Der formal-rechtliche, normativbezogene Begriff knüpft an die Wirkung des neuen Gesetzes für einen Zeitraum vor seiner Verkündung an.[770] Diese Feststellung ist anhand der gesetzgeberischen Anordnung des Zeitpunktes des Inkrafttretens mühelos möglich. Wenngleich dieser an der Gesetzestechnik orientierte Ansatz den Vorteil einer klaren und rechtssicheren Abgrenzung zwischen Rückwirkung und Nichtrückwirkung hat, vermag er nicht zu überzeugen. Denn eine Rückwirkung in diesem Sinne erfasst lediglich einen Teil vertrauensschutzrelevanter Gesetze mit Vergangenheitsbezug. Sie ist mithin nicht geeignet, die Vertrauensschutzproblematik zu lösen.[771] Daher wird dieser ältere Ansatz nicht weiterverfolgt.

---

770 *Iliopoulos-Strangas*, Rückwirkung und Sofortwirkung von Gesetzen, S. 288 ff.; siehe auch *Klein/Barbey*, Bundesverfassungsgericht und Rückwirkung von Gesetzen, S. 41 ff.

771 Zum Rückwirkungsbegriff bereits oben Kapitel 2.A. Siehe zum Ganzen auch *Hey*, Steuerplanungssicherheit als Rechtsproblem, S. 234 ff., die die These vom absoluten Rückwirkungsverbot auch für den engen, nach der formaljuristischen Begriffsbildung ermittelten Bereich der Rückwirkungsfälle ablehnt.

Verbreitet ist hingegen ein dispositionsbezogener Rückwirkungsbegriff, der ebenfalls auf eine Dichotomie verzichtet. Entwickelt wurde er von der Steuerrechtswissenschaft in Reaktion auf das durch die Veranlagungszeitraum-Rechtsprechung bedingte Vertrauensschutzdefizit im Bereich unechter Rückwirkung. Da der Steuerpflichtige seine Entscheidungen auf die in diesem Zeitpunkt geltende Gesetzeslage stütze, dürfe diesen durch die nachträgliche Gesetzesänderung nicht die Grundlage entzogen werden. Ob eine Rückwirkung vorliegt, sei daher aus der Perspektive des handelnden Steuerpflichtigen zu beurteilen. Abzustellen ist somit nicht auf den Zeitpunkt der steuerlichen Belastung mit Ablauf der Besteuerungsperiode, sondern auf das die Steuerfolgen auslösende Verhalten des Steuerpflichtigen.[772] Maßgeblich seien mithin Handlungen des Steuerpflichtigen, in denen sich sein Vertrauen manifestiere. Nach der von *J. Lang* vorgeschlagenen Definition liegt eine Rückwirkung im Sinne des Rückwirkungsverbotes vor, „wenn ein Gesetz Rechtsfolgen für Vertrauensbetätigungen ändert, die vor dem endgültigen Änderungsbeschluss des Gesetzgebers (oder: vor der Verkündung des Gesetzes) als abgeschlossen zu beurteilen sind".[773] Die Abgeschlossenheit einer Vertrauensbetätigung könne nur durch genaue Betrachtung des konkreten Rechtsverhältnisses bestimmt werden und sei mit ihrer Irreversibilität anzunehmen. Eine Disposition ist also in dem Zeitpunkt abgeschlossen, in dem sie aus rechtlichen oder wirtschaftlichen Gründen nicht mehr rückgängig gemacht werden kann.[774] Die Zulässigkeit eines in

772 So z.B. *Hahn*, Zur Rückwirkung im Steuerrecht, S. 31, 52; *P. Kirchhof*, Vertrauensschutz im Steuerrecht, in: DStJG 27 (2004), S. 1 (4); *P. Kirchhof*, Rückwirkung von Steuergesetzen, StuW 2000, S. 221 (223), der jüngst, *P. Kirchhof*, Die verfassungsrechtlichen Grenzen rückwirkender Steuergesetze, DStR 2015, S. 717 (717 ff.), für den Übergang vom Dispositionsschutz zum Schutz gesetzlich gewährter Rechte plädiert; *Lang*, Verfassungsrechtliche Zulässigkeit rückwirkender Steuergesetze, WPg 1998, S. 163 (170); *Schaumburg*, Rückwirkung und Planungssicherheit im Steuerrecht, DB 2000, S. 1884 (1887 ff.); *Weber-Grellet*, Steuern im modernen Verfassungsstaat, S. 244; schon früher *Friauf*, Gesetzesankündigung und rückwirkende Gesetzgebung im Steuer- und Wirtschaftsrecht, BB 1972, S. 669 (675 f.).

773 *Lang*, Verfassungsrechtliche Zulässigkeit rückwirkender Steuergesetze, WPg 1998, S. 163 (172); ähnlich *Albert*, Vertrauensschutz und rückwirkende Besteuerung, S. 89, der eine verfassungsrelevante Rückwirkung bejaht, wenn ein Gesetz Rechtsfolgen für wirtschaftliche Dispositionen verschärft, die vor der Gesetzesverkündung als abgeschlossen zu werten sind.

774 *P. Kirchhof*, Rückwirkung von Steuergesetzen, StuW 2000, S. 221 (223); *Lang*, Verfassungsrechtliche Zulässigkeit rückwirkender Steuergesetze, WPg 1998, S. 163 (170); *El Mourabit/Seufer*, Die zeitliche Reichweite des Vertrauensschutzes im

abgeschlossene Dispositionen eingreifenden Gesetzes soll einheitlich anhand einer Abwägung des Dispositionsschutzes gegen das gesetzgeberische Anliegen für das Gemeinwohl beurteilt werden.[775]

Allerdings stößt auch dieser Ansatz nicht nur auf Zustimmung. Es wird eingewendet, dass eine auf die Abgeschlossenheit der Disposition gründende Rückwirkungsdogmatik den Grundsatz der Abschnittsbesteuerung als eine Grundentscheidung des Steuergesetzgebers negiere. Das Veranlagungsprinzip sorge für eine verstetigte Einnahmeplanung des Staates, diene zusammen mit dem Rechtsinstitut der Bestandskraft dem Rechtsfrieden und markiere eine verfassungsrechtliche Zäsur zwischen Bestands- und Änderungsinteressen.[776] Zudem ließe sich die relevante Disposition nicht immer genau ermitteln.[777] Nicht alle Dispositionen seien gleich verbindlich oder gleich schützenswert.[778] Ein dispositionsbezogener Rückwirkungsbegriff würde zu einem periodenübergreifenden Vertrauensschutz führen und im Ergebnis zusätzliche Probleme hervorrufen.[779] Es sei Aufgabe der Abwägungsdogmatik, eine hinreichende Berücksichtigung der Belange des Dispositionsschutzes bei der Beurteilung der

---

Ertragsteuerrecht, FR 2012, S. 335 (339); *Schaumburg*, Rückwirkung und Planungssicherheit im Steuerrecht, DB 2000, S. 1884 (1888); *Schönfeld/Bergmann*, Das Ende rückwirkend „klarstellender" Gesetze im Steuerrecht, DStR 2015, S. 257 (259), stellen klar, dass es immer nur um die generalisierende Annahme einer schutzwürdigen Disposition geht, eine konkrete Disposition wird gerade nicht gefordert.

775 *Hey*, Steuerplanungssicherheit als Rechtsproblem, S. 103 ff.; *Lang*, Verfassungsrechtliche Zulässigkeit rückwirkender Steuergesetze, WPg 1998, S. 163 (172 f.), der eine Abwägung nach der normativen Qualität der Gesetzesänderung ausrichtet; siehe auch *Schaumburg*, Rückwirkung und Planungssicherheit im Steuerrecht, DB 2000, S. 1884 (1888).

776 Instruktiv *Helbich*, Vertrauensschutz in Verwaltungsvorschriften des Steuerrechts, S. 128 f.

777 Dies gilt insbesondere für gestreckte Steuertatbestände, die durch mehrere Dispositionen verwirklicht werden. So kommen in dem vom Bundesverfassungsgericht entschiedenen Fall zur rückwirkenden Verlängerung der Spekulationsfrist des § 23 EStG sowohl der Erwerb als auch die Veräußerung des Grundstücks als relevante Disposition in Betracht, siehe dazu *Albert*, Vertrauensschutz und rückwirkende Besteuerung, S. 85 ff., der auf den Zeitpunkt der Veräußerung als tatbestandsabschließende Disposition abstellt; siehe auch *Fiedler*, Neuorientierung der Verfassungsrechtsprechung zum Rückwirkungsverbot und zum Vertrauensschutz?, NJW 1988, S. 1624 (1627).

778 *Desens*, Vertrauen in das Steuergesetz, in: Rensen/Brink (Hrsg.), Linien der Rechtsprechung des Bundesverfassungsgerichts, S. 329 (336).

779 *Helbich*, Vertrauensschutz in Verwaltungsvorschriften des Steuerrechts, S. 129.

Schutzwürdigkeit des Vertrauens sicherzustellen.[780] Schließlich erschöpfe sich der Vertrauensschutz nicht im Dispositionsschutz, sondern gehe über diesen hinaus.[781]

In letzter Zeit lässt sich im Schrifttum eine Tendenz vom Dispositionsschutz hin zum Schutz des allgemeinen Vertrauens in die gesetzlich gewährten Rechte beobachten.[782] Zum Teil wird unter Aufrechterhaltung von Rückwirkungskategorien bei der Abgrenzung auf die Disposition abgestellt: Ein abgeschlossener Tatbestand und damit eine grundsätzlich unzulässige echte Rückwirkung liege vor, wenn der Steuerpflichtige die Disposition nicht mehr rückgängig machen kann.[783] Andere Autoren schlagen vor, die Abgrenzung zwischen den Rückwirkungsarten danach auszurichten, ob die gesetzlichen Tatbestandsvoraussetzungen ausschließlich vor Verkündung des neuen Gesetzes erfüllt worden sind.[784]

---

780 *Helbich*, a.a.O; auch *Maurer*, Kontinuitätsgewähr und Vertrauensschutz, in: Isensee/Kirchhof (Hrsg.), HdStR Bd. IV, § 79 Rn. 30, siedelt die Problematik des Dispositionsschutzes nicht auf der begrifflichen Ebene, sondern auf der Zulässigkeitsebene an.

781 Der Dispositionsschutz würde etwa in den Fällen versagen, in denen wie etwa bei Dividendenausschüttungen der Betroffene die Ausschüttungen passiv empfängt, ohne eine schützenswerte Disposition getroffen zu haben. Siehe auch *Muckel*, Kriterien des verfassungsrechtlichen Vertrauensschutzes bei Gesetzesänderungen, S. 98; *Musil*, Die Sicht der Steuerrechtswissenschaft auf das Verfassungsrecht, in: Schön/Röder (Hrsg.), Zukunftsfragen des deutschen Steuerrechts II, S. 129 (142 f.).

782 So stellt *Hey*, Verbot rückwirkender Klarstellung als Weg zu besserer Gesetzgebung?, NJW 2014, S. 1564 (1566), auf das abstrakte Gesetzesvertrauen ab; siehe ferner *Hey*, Rückwirkende Klarstellung und rückwirkende Nichtanwendungsgesetzgebung, JZ 2014, S. 500 (504 f.). Auch *P. Kirchhof*, Die verfassungsrechtlichen Grenzen rückwirkender Steuergesetze, DStR 2015, S. 717 (718 ff.), sieht neuerdings die Disposition nicht als Voraussetzung, sondern als Folge eines Rechtsvertrauens und will das Rückwirkungsverbot zum Schutz einer auf Dauer gefestigten Rechtsposition gelten lassen. Zu den Fällen einer gefestigten Rechtsposition zählt er neben dem Entstehen der Steuerschuld etwa den Zufluss der Einkünfte, die Realisierung von Wertsteigerungen durch Veräußerung oder die Verortung eines Wirtschafsgutes jenseits der Steuerverstrickung.

783 *El Mourabit/Seufer*, Die zeitliche Reichweite des Vertrauensschutzes im Ertragsteuerrecht, FR 2012, S. 355 (340); *Lang*, Verfassungsrechtliche Zulässigkeit rückwirkender Steuergesetze, WPg 1998, S. 163 (173).

784 Anknüpfend an *Vogel*, Rückwirkung: eine festgefahrene Diskussion, in: Festschrift für M. Heckel, S. 875 (878), *Mellinghoff*, Vertrauen in das Steuergesetz, in: DStJG 27 (2004), S. 25 (43 ff.); *Spindler*, Rückwirkung von Steuergesetzen, in: DStJG 27 (2004), S. 69 (85 ff.), modifiziert die Rückwirkungsrechtsprechung auf der Abwägungsebene; siehe auch *Jachmann*, Wenn die Rückwirkung zur gesetzgeberischen Routine wird…, in: Festschrift für A. Raupach, S. 27 (29 f.); *Englisch/Plum*, Schutz des Vertrauens auf

Ein wirksamerer Vertrauensschutz soll zudem durch Implementierung eines offenen Abwägungsprozesses in die herkömmliche Rückwirkungsdogmatik erreicht werden.[785]

Die materiell-rechtlichen Ansätze zielen darauf ab, die Bewertungsmaßstäbe für die Gewährung verfassungsrechtlichen Vertrauensschutzes festzulegen. Diese werden auf der Grundlage eines Abwägungsmodells bzw. durch Aufstellung tatbestandlicher Voraussetzungen des Vertrauensschutzprinzips entwickelt. Als Tatbestandsmerkmal wird im Schrifttum übereinstimmend die vom Staat geschaffene oder von ihm gebilligte Vertrauensgrundlage als normativer Anknüpfungspunkt des Vertrauens genannt.[786] Dies ist in erster Linie das Gesetz als Handlungsform der Legislative. Teilweise wird ein hierauf beruhendes Vertrauen gefordert.[787] Ferner bedürfe es einer Vertrauensbetätigung, in der sich

---

Steuergesetze, Finanzrechtsprechung und Regelungen der Finanzverwaltung, StuW 2004, S. 342 (356); kritisch zur Abgrenzung anhand der Verwirklichung der Tatbestandsvoraussetzungen *Desens*, Vertrauen in das Steuergesetz, in: Rensen/Brink (Hrsg.), Linien der Rechtsprechung des Bundesverfassungsgerichts, S. 329 (336), der darauf hinweist, dass es in diesem Fall zu einer fragwürdigen Differenzierung anhand der jeweiligen Einkunftsart kommen würde.

785 Siehe *Drüen*, Rechtsschutz gegen rückwirkende Gesetze, StuW 2006, S. 358 (363 f.); *Fischer*, Die Verfassungsmäßigkeit rückwirkender Normen, NJW 2001, S. 861 (866), schlägt vor, im Rahmen eines variablen Systems mit einer einheitlichen Abwägungsentscheidung im Fall der echten Rückwirkung eine widerlegbare Vermutung für die verfassungsrechtliche Unzulässigkeit der rückwirkenden Norm, im Fall der unechten Rückwirkung hingegen eine Vermutung für die Zulässigkeit aufzustellen.

786 Zum Vertrauenstatbestand z.B. *Hey*, Steuerplanungssicherheit als Rechtsproblem, S. 126 ff.; *Mellinghoff*, Vertrauen in das Steuergesetz, in: DStJG 27 (2004), S. 25 (34 ff.); *Muckel*, Kriterien des verfassungsrechtlichen Vertrauensschutzes bei Gesetzesänderungen, S. 80 ff.; *Schwarz*, Vertrauensschutz als Verfassungsprinzip, S. 295 ff., der ausgehend von der grundrechtlichen Vertrauensschutzkonzeption die tatbestandlichen Voraussetzungen in die Bahnen der herkömmlichen Grundrechtsdogmatik lenkt.

787 So z.B. *Muckel*, Kriterien des verfassungsrechtlichen Vertrauensschutzes bei Gesetzesänderungen, S. 89 ff., der die Vertrauensbetätigung hingegen für keine notwendige Bedingung des Vertrauensschutzes hält; *Mellinghoff*, Vertrauen in das Steuergesetz, in: DStJG 27 (2004), S. 25 (38); *Schwarz*, Vertrauensschutz als Verfassungsprinzip, S. 302 ff.; a.A. *Helbich*, Vertrauensschutz in Verwaltungsvorschriften des Steuerrechts, S. 123. *Englisch/Plum*, Schutz des Vertrauens auf Steuergesetze, Finanzrechtsprechung und Regelungen der Finanzverwaltung, StuW 2004, S. 342 (353 f.), halten ausgehend von einem freiheitsrechtlichen, subjektiven Dispositionsschutz das subjektive Element des Vertrauens zwar für erforderlich, aber als innere Einstellung für nicht überprüfbar. Zur Bestimmung des Vertrauens stellen sie daher auf die Vertrauensbetätigung als ein auf das Vertrauen gründendes, nach außen tretendes Merkmal ab.

das Vertrauen manifestiert.[788] Schließlich müsse das Vertrauen schutzwürdig sein. Dies sei durch eine Interessenabwägung zu ermitteln. Die Sorge um die auf den Einzelfall zugeschnittene Abwägung ist indes groß: Die Einzelfallkasuistik mache die Prüfungsergebnisse unvorhersehbar und führe zu noch mehr Rechtsunsicherheit.[789] Vielfach wurde daher der Versuch unternommen, Leitlinien bzw. materielle Kriterien für den Interessenausgleich zu erarbeiten.[790] Die Systematisierung des Abwägungsvorgangs und verlässliche Abwägungsmuster sollen die Vertrauensschutzprüfung für die Anwendungspraxis ausformen und zuverlässige Prognosen ermöglichen.

H. Zusammenfassung

Beeinflusst vom gesetzespositivistischen Dogma hielt das Bundesverfassungsgericht die Rückwirkung von Gesetzen in den Anfangsjahren seiner Rechtsprechung für unbedenklich. Mit dem Bekenntnis des Grundgesetzes zum materiellen Rechtsstaatsprinzip vollzog sich allmählich eine Abkehr von der

788 Nach *Mellinghoff*, Vertrauen in das Steuergesetz, in: DStJG 27 (2004), S. 25 (39), wird das Vertrauen bereits mit den ersten steuerrechtlich relevanten Handlungen bestätigt, auch wenn zur vollständigen Erfüllung des Steuertatbestandes weitere Handlungen erforderlich sind.

789 Siehe z.B. *Bauer*, Bundesverfassungsgericht und Rückwirkungsverbot, JuS 1984, S. 241 (249); *Fiedler*, Neuorientierung der Verfassungsrechtsprechung zum Rückwirkungsverbot und zum Vertrauensschutz?, NJW 1988, S. 1624 (1626); *Pieroth*, Rückwirkung und Übergangsrecht, S. 147 f.

790 *Muckel*, Kriterien des verfassungsrechtlichen Vertrauensschutzes bei Gesetzesänderungen, S. 108 ff. *Hey*, Steuerplanungssicherheit als Rechtsproblem, S. 245 ff., sieht das Abwägungsmodell als logische Folge der Aufgabe einer formalen Unterscheidung nach Rückwirkungsarten. Ein allgemeines Abwägungsschema hält sie für zu abstrakt und für die Entscheidung des Einzelfalles nicht hilfreich. Konkrete Maßstäbe könnten nur für einzelne Rechtsgebiete unter Berücksichtigung ihrer Besonderheiten erarbeitet werden. Ausgehend vom Konzept materieller Typisierung entwickelt sie abgestufte Kriterien für die Beurteilung der Zulässigkeit rückwirkender Gesetze für den Bereich des Steuerrechts. *Stötzel*, Vertrauensschutz und Gesetzesrückwirkung, S. 139 ff., 162 ff., leitet Grundtypen abgestufter Vertrauenspositionen aus den der Rückwirkungsjudikatur des Bundesverfassungsgerichts zugrundeliegenden Sachverhaltsgestaltungen ab. Seine Zielsetzung ist es, ein Raster abgestufter Vertrauenspositionen zu entwickeln, die einen Rückschluss auf das Maß und die Bedeutung des individuellen Bestandinteresses im jeweiligen Einzelfall zulassen. Den Versuch, Abwägungsmaßstäbe zu entwickeln, unternahm auch *Pieroth*, Rückwirkung und Übergangsrecht, S. 165 ff., 349 ff.

grundsätzlichen Zulässigkeit der Rückwirkung hin zur Anerkennung eines Rückwirkungsverbots.

Seit 1961 unterscheidet das Bundesverfassungsgericht zwischen echter und unechter Rückwirkung. Eine echte Rückwirkung liegt vor, wenn das Gesetz nachträglich ändernd in bereits abgeschlossene, der Vergangenheit angehörende Tatbestände eingreift. Demgegenüber entfaltet ein Gesetz lediglich eine unechte Rückwirkung, wenn es auf gegenwärtige, noch nicht abgeschossene Sachverhalte und Rechtsbeziehungen für die Zukunft einwirkt und damit zugleich eine bestehende Rechtsposition entwertet. Dieser dualistische Rückwirkungsbegriff liegt bis heute der Rückwirkungslehre zugrunde.

Nach der Einführung der Rückwirkungskategorien legte das Bundesverfassungsgericht auch die Zulässigkeitsgrenzen fest. Da ein Eingriff in einen abgeschlossenen Sachverhalt besonders einschneidend ist, geht es vom Grundsatz der Verfassungswidrigkeit echt rückwirkender Gesetze aus. Abgestellt wurde dabei auf die rechtsstaatlichen Grundsätze des Vertrauensschutzes und der Rechtssicherheit, die inzwischen erheblich an Bedeutung gewonnen haben.

Das grundsätzliche Rückwirkungsverbot, das seinen Grund im Vertrauensschutz hat, gilt jedoch nicht absolut. Es reicht nur so weit wie das Vertrauen des Bürgers in den Fortbestand der Rechtslage. Dementsprechend greift das Rückwirkungsverbot nicht, wenn kein schützenswertes Vertrauen vorhanden ist. Die Hauptanwendungsfälle, in denen ein Vertrauensschutz entfällt, hat das Bundesverfassungsgericht in Fallgruppen typisiert. Eine echte Rückwirkung ist etwa dann zulässig, wenn das geltende Recht unklar und verworren war oder eine ungültige Norm ersetzt wird. Die in der Praxis wichtigste Fallgruppe bildet die Vorhersehbarkeit der Gesetzesänderung. Streitig ist, welcher Zeitpunkt die Vertrauenszerstörung bewirkt. Die Rechtsprechung stellt überwiegend auf den Zeitpunkt des Gesetzesbeschlusses im Bundestag ab. Gebilligt wurde aber auch die Rückbeziehung der Neuregelung auf den Zeitpunkt des Bekanntwerdens der Gesetzesänderung zur Vermeidung von Mitnahme- und Ankündigungseffekten. Nach der in der Literatur herrschenden Ansicht entfällt das Vertrauen erst mit der Gesetzesverkündung. Ein Vertrauensschutz kommt ferner nicht in Betracht, wenn zwingende, dem Gebot der Rechtssicherheit übergeordnete Gründe des Allgemeinwohls die Rückwirkung rechtfertigen. Diese vom Bundesverfassungsgericht entwickelten Ausnahmetatbestände sind nicht abschließend.

Unecht rückwirkende Gesetze galten zunächst als uneingeschränkt zulässig. Allerdings war diese Auffassung nicht lange haltbar. Die anfangs lediglich als Abgrenzungskriterium dienende unechte Rückwirkung hat sich zur eigenständigen zweiten Kategorie entwickelt. Das Bundesverfassungsgericht hält sie für grundsätzlich zulässig. Bei einem Eingriff in einen in der Entwicklung befindlichen Sachverhalt wird das Vertrauen als weniger geschützt angesehen. Der Gesetzgeber hat aber auch hier verfassungsrechtliche Grenzen zu beachten. Diese können sich im Einzelfall aus der Abwägung zwischen dem Vertrauensschutz und dem gesetzgeberischen Anliegen für das Gemeinwohl ergeben. Eine unechte Rückwirkung ist unzulässig, wenn das Vertrauen des Bürgers das Interesse des Gesetzgebers an der Rechtsänderung überwiegt. Bisher hat das Bundesverfassungsgericht jedoch nur in wenigen Ausnahmefällen eine unechte Rückwirkung für verfassungswidrig erklärt.

Unter dem Druck der Kritik entwickelte der Zweite Senat des Bundesverfassungsgerichts in den 1980er Jahren einen normenbezogenen Rückwirkungsbegriff. Anknüpfungspunkt der neuen Systembildung ist der zeitliche und der sachliche Anwendungsbereich einer Norm. Eine grundsätzlich unzulässige Rückbewirkung von Rechtsfolgen ist durch Rückdatierung des Gesetzes auf den Zeitpunkt vor seiner Verkündung gekennzeichnet. Die tatbestandliche Rückanknüpfung betrifft hingegen lediglich den sachlichen Anwendungsbereich der Norm und ist grundsätzlich zulässig. Diese terminologische Abweichung brachte jedoch nicht die erhoffte Wende in der Rückwirkungsfrage. Beiden dogmatischen Ansätzen liegt ein dualistisches Rückwirkungskonzept zugrunde. Da auch der Tenor der früheren Rechtsprechung bezüglich der Zulässigkeitsmaßstäbe aufrechterhalten wurde, hat sich keine Änderung im Schutzniveau ergeben. Dies zeigt sich besonders deutlich daran, dass die beiden Senate die Begriffspaare mittlerweile parallel verwenden.

Im Fall periodischer Steuern knüpft das Bundesverfassungsgericht an die steuergesetzliche Annuitätstechnik an. Da der Steuertatbestand erst mit der Entstehung der Steuerschuld nach Ablauf der Besteuerungsperiode abgeschlossen ist, unterliegen dem strengeren Prüfungsmaßstab der echten Rückwirkung nur solche Steuergesetze, die für abgeschlossene Veranlagungszeiträume gelten. Belastende Änderungen von Steuergesetzen im laufenden Veranlagungszeitraum stellen hingegen eine grundsätzlich zulässige unechte Rückwirkung dar. Die Veranlagungszeitraum-Rechtsprechung mit ihrer streng formalistischen Abgrenzung führt zu einer gegenüber anderen Rechtsgebieten deutlich restriktiveren Definition echter Rückwirkung. Der Steuerpflichtige, der während des Kalenderjahres gestützt auf das geltende Recht Dispositionen tätigt, ist praktisch schutzlos.

Die Reaktionen auf die Rechtsprechung des Bundesverfassungsgerichts sind erschlagend. Von der Unzulänglichkeit der Rückwirkungsdogmatik zeugt auch die fehlende Einigkeit innerhalb des Bundesverfassungsgerichts, was sich in zahlreichen abweichenden Voten niederschlägt. Im Kern richtet sich die Kritik gegen die Unterscheidung zwischen den beiden Rückwirkungsarten. Die formale

Differenzierung präjudiziert das verfassungsrechtliche Prüfungsergebnis. Dabei entspricht die Typisierung der Vertrauenstatbestände nicht den Anforderungen des Vertrauensschutzes. Die Abwägung im Bereich der unechten Rückwirkung geht regelmäßig zu Lasten des Bürgers aus und erweist sich in der Praxis oft als inhaltslose Formel. Verbunden mit der formalen Abgrenzung anhand des Veranlagungszeitraums führt dies insbesondere im Steuerrecht zu unbilligen Ergebnissen. Insgesamt genießt die Vertrauensschutzdogmatik den Ruf, ihr Ziel verfehlt zu haben.

Der Rückwirkungsdogmatik des Bundesverfassungsgerichts werden im Schrifttum Alternativkonzepte entgegengesetzt, die unterschiedliche Ansätze verfolgen. Sowohl durch einen einheitlichen Rückwirkungsbegriff als auch durch die Strukturierung des Abwägungsprozesses bzw. die Entwicklung greifbarer Entscheidungsmaßstäbe wird versucht, das Rückwirkungsproblem zu bewältigen. Jedoch ist es bis heute nicht gelungen, eine allgemein einsehbare Vertrauensschutzdogmatik zu entwickeln.

Trotz massiver Kritik und zahlreicher Alternativvorschläge hielt das Bundesverfassungsgericht seit den 1960er Jahren – abgesehen von den punktuellen Abweichungen – an seiner Rechtsprechung fest. Erst durch eine Reihe von Entscheidungen im letzten Jahrzehnt wurde die herkömmliche Rückwirkungsdogmatik modifiziert. Im folgenden Kapitel wird zu untersuchen sein, ob die neue Rückwirkungsrechtsprechung die nachdrückliche Forderung nach mehr Vertrauensschutz erfüllt.

Kapitel 5 – Die neuen Maßstäbe der Rückwirkungsrechtsprechung

Nachdem die Rückwirkungsrechtsprechung seit über 60 Jahren bis auf einzelne nicht verallgemeinerungsfähige Judikate konstant geblieben ist, hat sie seit 2010 grundlegende Änderungen erfahren.

Mit drei gleichzeitig veröffentlichten Beschlüssen des Zweiten Senats vom 07.07.2010[791] hat das Bundesverfassungsgericht die Maßstäbe des verfassungsrechtlichen Vertrauensschutzes im Bereich der unechten Rückwirkung neu bestimmt. Der Erste Senat bestätigte und entwickelte diese Rechtsprechung in seiner Entscheidung vom 10.10.2012[792] fort.

In diesem Kapitel ist darzustellen, inwiefern die tradierte Rückwirkungsdogmatik durch die Grundsatzentscheidungen modifiziert wurde. Hierzu sind die Judikate in die bisherige Dogmatik einzuordnen und zu bewerten. Anschließend ist anhand des aktuellen Urteils des Ersten Senats vom 10.04.2018[793] zu untersuchen, ob sich diese Rechtsprechungsänderung gefestigt hat.

Um die Entwicklung der Rückwirkungsrechtsprechung auch im Bereich der echten Rückwirkung abzubilden, ist der vieldiskutierte KAGG-Beschluss des Ersten Senats vom 17.12.2013[794] zu erörtern. Dieser erging zu vermeintlich klarstellenden Gesetzesänderungen und löste erneut eine Grundsatzdiskussion über den Grund und die Grenzen des Vertrauensschutzes[795] und speziell über die gerade im Steuerrecht verbreitete Nichtanwendungsgesetzgebung[796] aus.

791 BVerfGE 127, 1 (1 ff.); 127, 31 (31 ff.); 127, 61 (61 ff.).

792 BVerfGE 132, 302 (302 ff.).

793 BVerfGE 148, 217 (217 ff.).

794 BVerfGE 135, 1 (1 ff.).

795 *Masing*, Sondervotum, BVerfGE 135, 29 (29 ff.); *Lepsius*, Zur Neubegründung des Rückwirkungsverbotes aus der Gewaltenteilung, JZ 2014, S. 488 (488 ff.); *Michael*, Das Verbot echter Rückwirkung als Schutz des abstrakten Vertrauens in die Geltung von Gesetzen und eines Kernbereichs der Judikative, JZ 2015, S. 425 (425 ff.), sowie als Replik *Lepsius*, Brauchen wir einen Schutz des abstrakten Vertrauens in die Geltung von Gesetzen?, JZ 2015, S. 435 (435 ff.).

796 *Drüen*, Rückwirkende Nichtanwendungsgesetze im Steuerrecht, StuW 2015, S. 210 (215 ff.); *Hey*, Rückwirkende Klarstellung und rückwirkende Nichtanwendungsgesetzgebung, JZ 2014, S. 500 (500 ff.).

Abschließend gilt es, die Entwicklung der Rechtsprechung zur rückwirkenden Gesetzgebung einer kritischen Würdigung zu unterziehen und die Ergebnisse zusammenzufassen.

A. Entscheidungen des Bundesverfassungsgerichts vom 07.07.2010 und vom 10.10.2012

Die drei Entscheidungen des Zweiten Senats vom 07.07.2010[797] sowie der Beschluss des Ersten Senats vom 10.10.2012[798] hatten steuerrechtliche Rückwirkungen zum Gegenstand. In allen Konstellationen handelte es sich um unechte Rückwirkungen. Zum ersten Mal seit Beginn seiner Spruchtätigkeit hat das Bundesverfassungsgericht eine unechte Rückwirkung im Steuerrecht zumindest teilweise für verfassungswidrig erklärt.[799] Damit wurde eine neue Ära der Rückwirkungsrechtsprechung eingeleitet. Im Folgenden sind die Anlassfälle und die neu gesetzten Vertrauensschutzmaßstäbe darzustellen.

I. Beschlüsse des Zweiten Senats vom 07.07.2010

Allen drei Entscheidungen vom 07.07.2010, die insgesamt neun Richtervorlagen und Verfassungsbeschwerden behandelten, lagen die durch das Steuerentlastungsgesetz 1999/2000/2002 vom 24.03.1999, verkündet am 31.03.1999[800], herbeigeführte Verschärfungen des Einkommensteuergesetzes zugrunde.[801] Nachfolgend sind zunächst die streitigen Sachverhaltskonstellationen näher zu erörtern.

1. *Anlassfälle*

Der Zweite Senat hatte über die Verfassungsmäßigkeit der rückwirkenden Verlängerung der Spekulationsfrist (§ 23 EStG), der rückwirkenden Beschränkung der Steuervergünstigung beim Sondertarif (§ 34 EStG) sowie der rückwirkenden

797 BVerfGE 127, 1 (1 ff.); 127, 31 (31 ff.); 127, 61 (61 ff.).

798 BVerfGE 132, 302 (302 ff.).

799 Nachweise bei *Desens*, Die neue Vertrauensschutzdogmatik des Bundesverfassungsgerichts für das Steuerrecht, StuW 2011, S. 113 (114).

800 BGBl. I 1999, S. 402.

801 Zur formellen und materiellen Verfassungsmäßigkeit des Steuerentlastungsgesetzes *Birk/Kulosa*, Verfassungsrechtliche Aspekte des Steuerentlastungsgesetzes 1999/2000/2002, FR 1999, S. 433 (433 ff.).

Absenkung der Wesentlichkeitsgrenze von Beteiligungen bei der Veräußerung von Kapitalanteilen (§ 17 EStG) zu entscheiden.

a) Verlängerung der Spekulationsfrist, § 23 EStG

Die erste Entscheidung betraf die Besteuerung von Einkünften aus privaten Veräußerungsgeschäften.[802] Durch das Steuerentlastungsgesetz 1999/2000/2002 wurde die Spekulationsfrist für private Grundstücksveräußerungsgeschäfte im Sinne des § 23 Abs. 1 Satz 1 Nr. 1 EStG zum Nachteil des Steuerpflichtigen von zwei auf zehn Jahre verlängert. Die am 31.03.1999 verkündete Neuregelung erfasste alle Veräußerungen ab dem 01.01.1999, § 52 Abs. 39 Satz 1 EStG. Wie bereits die Vorgängerregelung knüpft auch sie an den Zeitpunkt der Anschaffung an. Mithin wurden auch in der Vergangenheit liegende Anschaffungsvorgänge in den Geltungsbereich der neuen Norm einbezogen.

Dem Bundesverfassungsgericht lagen drei konkrete Normenkontrollverfahren nach Art. 100 GG vor.[803] In zwei Fällen wurde das Grundstück noch vor der Verkündung der Neuregelung, in einem Fall erst danach, aber noch im Laufe des Veranlagungszeitraums 1999, veräußert. In allen drei Fällen war die früher geltende Zweijahresfrist bereits abgelaufen. Da die Veräußerung aber im Zeitraum der rückwirkenden Geltung der Neureglung erfolgte und die neue Zehnjahresfrist zu diesem Zeitpunkt noch nicht abgelaufen war, besteuerte die Finanzverwaltung die Veräußerungsgewinne nach Maßgabe der neuen Rechtslage.

Das Bundesverfassungsgericht erklärte § 23 Abs. 1 Satz 1 Nr. 1 EStG in Verbindung mit § 52 Abs. 39 Satz 1 EStG wegen Verstoßes gegen die verfassungsrechtlichen Grundsätze des Vertrauensschutzes teilweise für verfassungswidrig. Die Norm sei nichtig, soweit in einem Veräußerungsgewinn Wertsteigerungen steuerlich erfasst werden, die bis zur Verkündung des Steuerentlastungsgesetzes entstanden sind und nach der zuvor geltenden Rechtslage bis zum Zeitpunkt der Verkündung steuerfrei realisiert worden sind oder steuerfrei hätten realisiert werden können.[804] Nach Auffassung des Gerichts begründen Wertsteigerungen, die unter Geltung der alten Rechtslage entstanden sind, als konkret gefestigte Vermögenspositionen einen schutzwürdigen Vertrauenstatbestand. Die nachträgliche Entwertung dieses Vertrauenstatbestandes hielt es für verfassungswidrig.

---

802 BVerfGE 127, 1 (1 ff.).

803 FG Köln vom 25.07.2002 – 13 K 460/01; FG Köln vom 24.08.2005 – 14 K 6187/04; BFH vom 16.12.2003 – IX R 46/02.

804 BVerfGE 127, 1 (21).

Somit durften die Veräußerungsgewinne in den ersten zwei Fällen überhaupt nicht erfasst werden, denn sie sind nach Ablauf der alten Zweijahresfrist und bis zum Zeitpunkt der Verkündung der Neuregelung realisiert worden. Im dritten Fall durften zwar die nach der Gesetzesverkündung entstandenen Veräußerungsgewinne steuerlich erfasst werden. In den zu ermittelnden Veräußerungsgewinn durften aber Wertsteigerungen nicht einfließen, die bis zur Verkündung entstanden waren und nach der alten Rechtslage hätten steuerfrei realisiert werden können.

b) Mehrbelastung von Entschädigungszahlungen, §§ 24 Nr. 1a, 34 EStG

Im zweiten Verfahren hatte das Bundesverfassungsgericht über die Verfassungsmäßigkeit der rückwirkenden Beschränkung der Steuervergünstigung beim Sondertarif zu entscheiden.[805] Prüfungsgegenstand war die mit dem Steuerentlastungsgesetz 1999/2000/2002 erfolgte Umstellung der Steuerermäßigung für außerordentliche Einkünfte im Sinne des § 24 Nr. 1a EStG vom halben durchschnittlichen Steuersatz auf die für hohe Einkünfte ungünstigere sogenannte Fünftel-Regelung, § 34 Abs. 1 EStG. Der Gesetzentwurf der Bundesregierung zum Steuerentlastungsgesetz 1999/2000/2002 wurde am 09.11.1998 im Bundestag eingebracht. Die neue Regelung wurde nach Zustimmung des Bundesrates am 31.03.1999 verkündet. Der frühere ermäßigte Steuersatz fiel rückwirkend für alle ab dem 01.01.1999 zufließende Entschädigungen zugunsten der neuen Fünftel-Regelung weg.

Der Senat hatte drei Anträge des Bundesfinanzhofs auf konkrete Normenkontrollen zu beurteilen.[806] In allen drei zugrunde liegenden Fallkonstellationen erhielten die Kläger als Arbeitnehmer wegen der Aufhebung ihrer Arbeitsverhältnisse im Veranlagungszeitraum 1999 Abfindungen ausgezahlt.

Das Arbeitsverhältnis des Klägers des ersten Ausgangsverfahrens wurde durch Aufhebungsvereinbarung vom 24.07.1998 mit Wirkung zum 31.03.1999 gegen eine Abfindungszahlung beendet. Die vereinbarte Abfindung floss dem Kläger am 30.03.1999 zu. In der dem zweiten Ausgangsverfahren zugrunde liegenden Konstellation wurde das Arbeitsverhältnis aufgrund der bereits am 21.10.1996 getroffenen Vereinbarung zum 31.12.1998 aufgelöst. Die Entschädigungsauszahlung erfolgte vereinbarungsgemäß im Januar 1999. Im dritten Fall war das Arbeitsverhältnis zum 30.06.1999 aufgehoben worden. Die am

805 BVerfGE 127, 31 (31 ff.).

806 BFH vom 02.08.2006 – XI R 30/03; BFH vom 06.11.2002 – XI R 42/01; BFH vom 02.08.2006 – XI R 34/02.

22.11.1998 vereinbarte Entschädigungszahlung ist am 22.03.1999 zugeflossen. Die Abfindungen waren auf Basis des im Zeitpunkt der Abfindungsvereinbarung geltenden halben Steuersatzes festgelegt. In allen drei Fällen setzte die Finanzverwaltung die Einkommensteuer unter Anwendung der ungünstigeren Fünftel-Regelung gemäß § 34 Abs. 1 EStG in der Fassung des Steuerentlastungsgesetzes 1999/2000/2002 fest.

Das Bundesverfassungsgericht hielt § 34 Abs. 1 in Verbindung mit § 52 Abs. 47 und § 39b Abs. 3 Satz 9 in Verbindung mit § 52 Abs. 1 Satz 2 EStG in der Fassung des Steuerentlastungsgesetzes wegen Verstoßes gegen die verfassungsrechtlichen Grundsätze des Vertrauensschutzes für nichtig, soweit danach für Entschädigungen im Sinne des § 24 Nr. 1a EStG die sogenannte Fünftel-Regelung anstelle des zuvor geltenden halben durchschnittlichen Steuersatzes auch dann zur Anwendung kommt, wenn diese im Jahr 1998, aber noch vor der Einbringung der Neuregelung in den Bundestag am 09.11.1998 verbindlich vereinbart und im Jahr 1999 ausgezahlt wurden[807], oder – unabhängig vom Zeitpunkt der Vereinbarung – noch vor der Verkündung der Neuregelung am 31.03.1999 ausgezahlt wurden[808]. Zum einen sieht das Gericht in der verbindlichen Vereinbarung über die Abfindung eine schutzwürdige Disposition. Zum anderen ist mit dem Zufluss der Abfindungszahlung das letzte Merkmal des materiellen Steuertatbestandes verwirklicht, was ebenfalls einen Vertrauenstatbestand begründet. Die Entwertung dieser schutzwürdigen Vertrauenstatbestände durch rückwirkende Neuregelung ist vorliegend nicht gerechtfertigt.

c) Absenkung der Beteiligungsgrenze, § 17 EStG

Der dritten Entscheidung des Bundesverfassungsgerichts vom selben Tag lagen drei Verfassungsbeschwerden zugrunde, die zu einem gemeinsamen Verfahren verbunden wurden.[809] Streitgegenständlich war die rückwirkende Absenkung der Beteiligungsquote bei der Besteuerung privater Veräußerungsgewinne durch § 17 Abs. 1 EStG in der Fassung des Steuerentlastungsgesetzes 1999/2000/2002. Die Beteiligungsgrenze bei der Veräußerung von Kapitalanteilen wurde von 25 auf 10 Prozent gesenkt. Die am 31.03.1999 verkündete Neuregelung entfaltete gemäß § 52 Abs. 1 Satz 1 EStG für den gesamten noch laufenden Veranlagungszeitraum 1999 Wirkung. In den Regelungsbereich waren damit auch

807 Dies trifft nur auf den zweiten Fall zu.
808 Dies war in allen drei Konstellationen gegeben.
809 BVerfGE 127, 61 (61 ff.).

solche Beteiligungsverhältnisse einbezogen, die bereits vor dem Gesetzeserlass begründet waren.

Im ersten Fall wurde eine sich am 29.12.1998 auf 9,92 Prozent verringerte Beteiligung am 28.06.1999 veräußert, so dass die 10 Prozent-Grenze innerhalb der letzten fünf Jahren vor der Veräußerung überschritten war. Das Finanzamt rechnete den Veräußerungsgewinn dem zu versteuernden Einkommen zu. Im zweiten Fall veräußerte der Beschwerdeführer einen Teil seiner sich auf ca. 14 Prozent belaufenden GmbH-Beteiligung am 11.03.1999 und damit noch vor Verkündung der Neuregelung. Den Veräußerungsgewinn unterwarf die Finanzverwaltung der Besteuerung. Im dritten Fall betrug der GmbH-Anteil innerhalb der letzten fünf Jahre 24,02 Prozent und wurde erst am 23.07.2001 veräußert. Auch in diesem Fall wurde der Veräußerungsgewinn gemäß der Neuregelung besteuert.

Der Senat stellte fest, dass § 17 Abs. 1 Satz 4 in Verbindung mit § 52 Abs. 1 Satz 1 EStG mit belastenden Folgen einer unechten Rückwirkung verbunden war, die zum Teil den Grundsätzen des verfassungsrechtlichen Vertrauensschutzes widerspricht. Die Neuregelung ist nichtig, soweit in einem Veräußerungsgewinn Wertsteigerungen steuerlich erfasst werden, die bis zur Gesetzesverkündung entstanden sind und entweder – bei einer Veräußerung bis zu diesem Zeitpunkt – nach der zuvor geltenden Rechtslage steuerfrei realisiert worden sind oder – bei einer Veräußerung nach Verkündung des Gesetzes – sowohl zum Zeitpunkt der Verkündung als auch zum Zeitpunkt der Veräußerung nach der zuvor geltenden Rechtslage steuerfrei hätten realisiert werden können.[810] Der Senat differenziert also in ähnlicher Weise wie im Beschluss zur Verlängerung der Spekulationsfrist, ob bei Anwendung der Neuregelung Wertsteigerungen der Kapitalbeteiligungen erfasst werden, die im Zeitpunkt der Gesetzesverkündung steuerentstrickt waren.

Demnach dürfen Wertsteigerungen, die bei einer Beteiligung unter 25 Prozent innerhalb der letzten fünf Jahre bis zur Verkündung der Neuregelung entstanden und bis zu diesem Zeitpunkt realisiert worden sind, nicht nachträglich besteuert werden. Bei einer Veräußerung nach Verkündung des Gesetzes dürfen Wertsteigerungen nicht steuerlich erfasst werden, die sowohl zu diesem Zeitpunkt als auch zum Zeitpunkt der Verkündung nach der zuvor geltenden Rechtslage steuerfrei hätten realisiert werden können. In beiden Fällen sind die Wertsteigerungen im Zeitpunkt der Verkündung nicht mehr steuerverstrickt. Soweit hingegen aufgrund der Gesetzesänderung Wertsteigerungen steuererheblich

810 BVerfGE 127, 61 (62).

werden, die erst nach der Verkündung eintreten, begegnet die darin liegende gesetzgeberische Neubewertung der „Wesentlichkeit" einer Beteiligung im Sinne des § 17 Abs. 1 Satz 1 EStG unter Gesichtspunkten des Vertrauensschutzes keinen verfassungsrechtlichen Bedenken. Der Steuerpflichtige, der eine nach Maßgabe alten Rechts als „unwesentlich" angesehene Beteiligung erworben hat, hat keinen Anspruch darauf, dass der Gesetzgeber diese Bewertung für alle Zeiten unverändert lässt.[811] Da es auf die Beteiligungsquote am Tag der Veräußerung ankommt, kann eine Beteiligung bei Überschreitung der Grenze von 25 Prozent nach der Verkündung in die Steuerpflicht hineinwachsen. Im Falle der Veräußerung ist der Gewinn voll zu versteuern.[812] Bleibt der Steuerpflichtige mit seiner Beteiligung unterhalb der 25 Prozent-Grenze, handelt es sich bei den im steuerfreien Bereich entstandenen Wertzuwächsen um konkret vorhandenen Vermögensbestand im grundrechtlich geschützten Bereich[813], der nicht nachträglich entwertet werden darf.

2. Die neue Rückwirkungsdogmatik

Die drei am gleichen Tag veröffentlichten Beschlüsse des Zweiten Senats des Bundesverfassungsgerichts bringen entscheidende Änderungen bei der Beurteilung der Zulässigkeit rückwirkender Gesetze. Im Folgenden sind die Entscheidungsgründe und die neu statuierten Vertrauensschutzmaßstäbe näher zu erörtern.

a) Beibehaltung des dualistischen Rückwirkungskonzepts

Nicht neu ist die Unterscheidung zwischen echter und unechter Rückwirkung. In Auseinandersetzung mit vielfach geäußerter Kritik differenziert das Bundesverfassungsgericht nach wie vor zwischen zwei Rückwirkungsarten[814] und hält auch an seiner Veranlagungszeitraum-Rechtsprechung fest[815]. Mit diesem erneuten Bekenntnis macht das Gericht deutlich, dass die sich Ende der 1990er Jahre abzeichnende Zuwendung hin zum einheitlichen dispositionsbezogenen Rückwirkungsbegriff[816] nicht weiterverfolgt wird. Durch die Anknüpfung an Dispositionen des Steuerpflichtigen bei der Beurteilung der Zulässigkeit einer

811 BVerfGE 127, 61 (78).
812 Dazu *Desens*, Die neue Vertrauensschutzdogmatik des Bundesverfassungsgerichts für das Steuerrecht, StuW 2011, S. 113 (115 Fn. 32).
813 BVerfGE 127, 61 (80).
814 BVerfGE 127, 1 (16 ff.); 127, 31 (46 ff.); 127, 61 (75 f.).
815 BVerfGE 127, 1 (18 f.); 127, 31 (48 f.); 127, 61 (77 f.).
816 BVerfGE 97, 67 (81).

Rückwirkung haben sich die Verfechter dieses Ansatzes mehr Vertrauensschutz versprochen.

Seinen Standpunkt begründet der Senat damit, dass mit der Abschaffung der Rückwirkungskategorien das bisherige besonders hohe Schutzniveau bei den echten Rückwirkungen aufgegeben würde.[817] Mit der Kategorie der echten Rückwirkung, die anhand der formalen Abgrenzungskriterien einfach und eindeutig bestimmt werden kann[818], sei eine Fallgruppe gekennzeichnet, in der der Vertrauensschutz regelmäßig Vorrang hat. Mit dem Eintritt der Rechtsfolge kraft gesetzlicher Anordnung habe der in der Vergangenheit liegende Sachverhalt einen Grad an Abgeschlossenheit erreicht, über den sich der Gesetzgeber vorbehaltlich besonders schwerwiegender Gründe nicht mehr hinwegsetzen darf.[819] Insofern bildet die tradierte Abgrenzung eine stabile Säule verfassungsrechtlichen Schutzes gegenüber Gesetzesrückwirkungen.[820] Unter Anwendung des veranlagungszeitraumbezogenen Rückwirkungsbegriffs stuft das Gericht die Rückanknüpfung in allen drei Entscheidungen als unechte Rückwirkungen ein.

Wie das Bundesverfassungsgericht zutreffend festgestellt hat, bestehen Vertrauensschutzdefizite primär im Bereich unechter Rückwirkungen.[821] Denn hier hatte die mit dieser Rückwirkungsart einhergehende Präjudizwirkung hinsichtlich der verfassungsrechtlichen Zulässigkeit in der Praxis dazu geführt, dass die Gesetzesrückwirkungen für zulässig erklärt wurden. Der Senat setzt auf der Rechtsfolgenebene an und verschärft die verfassungsrechtlichen Anforderungen an eine unechte Rückwirkung. Er hat drei selbstständige Vertrauenstatbestände herausgearbeitet, deren nachträgliche Entwertung nur am Maßstab einer strikten Verhältnismäßigkeitsprüfung gerechtfertigt werden kann. Durch diese Fortentwicklung der Vertrauensschutzdogmatik auf der Rechtsfolgenseite wurde der

---

817 BVerfGE 127, 1 (19); 127, 61 (77); zustimmend *Desens*, Die neue Vertrauensschutzdogmatik des Bundesverfassungsgerichts für das Steuerrecht, StuW 2011, S. 113 (117); *Maciejewski/Theilen*, Die aktuelle bundesverfassungsgerichtliche Spruchpraxis zu rückwirkenden Gesetzen, DÖV 2015, S. 271 (275 f.); *Musil/Lammers*, Die verfassungsrechtlichen Grenzen der Rückwirkung von Steuergesetzen am Beispiel der §§ 17, 23 EStG, BB 2011, S. 155 (156); kritisch hingegen *El Mourabit/Seufer*, Die zeitliche Reichweite des Vertrauensschutzes im Ertragsteuerrecht, FR 2012, S. 335 (338).

818 Dies hervorhebend *Desens*, Vertrauen in das Steuergesetz, in: Rensen/Brink (Hrsg.), Linien der Rechtsprechung des Bundesverfassungsgerichts, S. 329 (336).

819 BVerfGE 127, 1 (19); 127, 61 (77).

820 So die Argumentation derjenigen, die für die Aufrechterhaltung der bisherigen Differenzierung plädieren, Nachweise in Fn. 763.

821 BVerfGE 127, 1 (19).

Vertrauensschutz für den Bürger signifikant gestärkt.[822] Dies zeigt sich dadurch, dass das Gericht unter Anwendung neuer Maßstäbe unechte Rückwirkungen im Steuerrecht erstmalig für verfassungswidrig erklärte. Trotz der Aufrechterhaltung der herkömmlichen Dogmatik auf der Tatbestandsseite kommt das Gericht der nachdrücklichen Forderung des Schrifttums, den Vertrauensschutz in Fällen der unechten Rückwirkung aufzuwerten, im Wesentlichen nach.[823]

b) Die neuen Vertrauenstatbestände

Nach der tradierten Rückwirkungsrechtsprechung ist eine unechte Rückwirkung grundsätzlich zulässig. Zwar ist im Rahmen der Abwägung zu ermitteln, ob die Bestandsinteressen des Bürgers das gesetzgeberische Änderungsinteresse überwiegen. Allerdings fiel diese Abwägung im Steuerrecht immer zu Gunsten des Gesetzgebers aus.[824] Mit den drei Grundsatzentscheidungen hat das Bundesverfassungsgericht für die Zulässigkeitsprüfung einer unechten Rückwirkung neue Maßstäbe gesetzt, die auch in der Praxis zu anderen Ergebnissen führen. Unechte Rückwirkung wird nun als „nicht grundsätzlich unzulässig" bezeichnet.[825] Die Rückwirkungsdogmatik wurde fortentwickelt, indem das Gericht drei voneinander unabhängige Vertrauenstatbestände geschaffen hat, die auf der Rechtfertigungsebene einer strengen Verhältnismäßigkeitsprüfung unterliegen. Dabei handelt es sich um den Vertrauenstatbestand konkret gefestigter Vermögenspositionen, verbindlicher Disposition sowie der Verwirklichung des letzten Merkmals des materiellen Steuertatbestandes. Im Folgenden sind diese drei Vertrauenstatbestände im Einzelnen darzustellen.

aa) Konkret gefestigte Vermögenspositionen

In den Fällen der Absenkung der Beteiligungsquote (§ 17 EStG) und der Verlängerung der Spekulationsfrist (§ 23 EStG) erkennt der Senat die bis zum Zeitpunkt der Gesetzesänderung nach der alten Rechtslage eingetretenen Wertzuwächse als konkret verfestigte Vermögenspositionen an. Sind die steuerfreien Wertzuwächse zumindest realisierbar, begründen sie als konkret gefestigte

---

822 Siehe *Gelsheimer/Meyen*, Verfassungsrechtliche Anforderungen an steuerverschärfende Vorschriften mit rückwirkendem Anwendungsbereich, DStR 2011, S. 193 (198); *Desens*, Die neue Vertrauensschutzdogmatik des Bundesverfassungsgerichts für das Steuerrecht, StuW 2011, S. 113 (117), mit weiteren Nachweisen in Fn. 47.

823 So auch *Wernsmann*, in: Hübschmann/Hepp/Spitaler (Hrsg.), AO/FGO, § 4 Rn. 740.

824 Zum Ganzen oben Kapitel 4.D.II.

825 BVerfGE 127, 1 (17); 127, 31 (47); 127, 61 (76).

Vermögenspositionen[826] bzw. als konkret vorhandener Vermögensbestand[827] einen schutzwürdigen Vertrauenstatbestand, dessen nachträgliche Entwertung nur unter Beachtung des Verhältnismäßigkeitsgrundsatzes gerechtfertigt sein kann.

Die Dispositionen des Steuerpflichtigen, die in dem Erwerb der Beteiligung oder eines Grundstückes liegen, bilden hier hingegen keinen Vertrauenstatbestand. Das Gericht betont, dass das Vertrauen beim Erwerb eines Gegenstandes, diesen nach gegenwärtiger Gesetzeslage zukünftig steuerfrei veräußern zu können, nicht über das allgemeine Vertrauen in den Fortbestand des Rechts hinausgeht.[828] Im Zeitpunkt des Erwerbs könne nämlich noch nicht sicher mit Wertsteigerungen gerechnet werden. Mithin sei auch die enttäuschte Hoffnung auf eine künftige Steuerfreiheit der Vermögenszuwächse noch keine Beeinträchtigung greifbarer und schutzwürdiger Wertsteigerungen.[829] Das Gericht stellt klar, dass die allgemeine Erwartung, das geltende Recht werde unverändert bleiben, keinen besonderen verfassungsrechtlichen Schutz genießt.[830] Insbesondere begründe die bloße Möglichkeit, Gewinne später steuerfrei vereinnahmen zu können, noch keine vertrauensrechtlich geschützte Position.[831] Demnach gewährleistet Vertrauensschutz keine allgemeine Investitions- und Planungssicherheit.[832] Damit sich das in den Dispositionsentscheidungen manifestierte Vertrauen gegen das gesetzgeberische Änderungsinteresse durchsetzen kann, müssen weitere Umstände hinzutreten, die dessen besondere Schutzwürdigkeit begründen. Daran fehlte es in den vorliegenden Fällen.[833]

Keinen verfassungsrechtlichen Bedenken begegnet also die Verlängerung der Spekulationsfrist, soweit die alte Frist bis zur Gesetzesänderung noch nicht abgelaufen war. Es fehlen in diesem Fall die besonderen Momente der

---

826 BVerfGE 127, 1 (21).

827 BVerfGE 127, 61 (80).

828 BVerfGE 127, 1 (20); 127, 61 (79).

829 BVerfGE 127, 1 (21); 127, 61 (79).

830 BVerfGE 127, 1 (17); 127, 31 (47); 127, 61 (76).

831 BVerfGE 127, 1 (21); 127, 61 (79); nach *Desens*, Die neue Vertrauensschutzdogmatik des Bundesverfassungsgerichts für das Steuerrecht, StuW 2011, S. 113 (121), kompensiert der Vertrauenstatbestand der konkret verfestigten Vermögensposition die grundsätzliche Schutzlosigkeit verbindlicher Dispositionen; ähnlich *Birk*, Der Schutz vermögenswerter Positionen bei der Änderung von Steuergesetzen, FR 2011, S. 1 (5).

832 *Desens*, Die neue Vertrauensschutzdogmatik des Bundesverfassungsgerichts für das Steuerrecht, StuW 2011, S. 113 (118).

833 Zum Vertrauenstatbestand verbindlicher Dispositionen sogleich unter bb).

Schutzbedürftigkeit, deretwegen der Gesetzgeber verpflichtet sein könnte, bei der Gesetzesänderung auf Erwartungen der Steuerpflichtigen bei zurückliegenden Dispositionen Rücksicht zu nehmen.[834] War also ein Vermögensgegenstand nach der alten Rechtslage im Zeitpunkt der Gesetzesänderung „steuerverstrickt“[835], ist es dem Gesetzgeber nicht untersagt, die Dauer der Steuerverstrickung für die Zukunft zu ändern. Waren Wertzuwächse hingegen nach der alten Rechtslage in den nicht steuerbaren Bereich gelangt und damit vor Gesetzesverkündung „steuerentstrickt“[836], muss der Gesetzgeber bei der Änderung der Rechtslage sicherstellen, dass sie auch zukünftig steuerfrei bleiben. Denn durch den Fristablauf sind die ursprünglich beim Grundstückserwerb vertrauensrechtlich nicht besonders geschützten Erwartungen zu einer geschützten Vertrauensposition verdichtet worden.[837] Dasselbe gilt für Anteile an Kapitalgesellschaften: Die bis zur Gesetzesänderung nicht realisierten Wertzuwächse dürfen nicht erfasst werden, da „die rückwirkende Absenkung der Wesentlichkeitsgrenze die Entwertung konkret vorhandener Vermögensbestände zur Folge hat“.[838] Unschädlich ist dabei, dass die Wertzuwächse erst nach der Gesetzesverkündung realisiert worden sind, denn nach Auffassung des Gerichts kommt es nicht auf den Zeitpunkt der Realisierung, sondern der Entstehung des Wertzuwachses an.[839] Geschützt sind demnach alle bis zur Verkündung der Neuregelung vorhandenen Vermögenspositionen in Form von entstandenen Wertzuwächsen. Aus der für die Verfassungsmäßigkeit maßgeblichen generalisierenden Sicht ist allein entscheidend, ob die konkret verfestigte Vermögensposition vor der Gesetzesverkündung objektiv entstanden war. Die subjektiven Vorstellungen des Steuerpflichtigen, seine Motivations- und Entscheidungslage sind dabei irrelevant.[840] Ebenso wenig kommt es darauf an, ob und inwieweit der einzelne Steuerpflichtige im Vertrauen auf die Steuerfreiheit des eingetretenen Wertzuwachses weitere Dispositionen getroffen hat. Der erhöhte Rechtfertigungsbedarf folgt daraus, dass durch Zeitablauf ein konkreter Vermögensbestand entsteht.

---

834 BVerfGE 127, 1 (20).

835 Zur Steuerverstrickung siehe *Birk/Kulosa*, Verfassungsrechtliche Aspekte des Steuerentlastungsgesetzes 1999/2000/2002, FR 1999, S. 433 (438).

836 Nach *Wernsmann*, in: Hübschmann/Hepp/Spitaler (Hrsg.), AO/FGO, § 4 Rn. 769, greift das Gericht damit der Sache nach auf das die echte Rückwirkung kennzeichnende Abgeschlossenheitskriterium zurück.

837 BVerfGE 127, 1 (21).

838 BVerfGE 127, 61 (80).

839 BVerfGE 127, 1 (22).

840 BVerfGE 127, 1 (22); 127, 61 (80).

Hieran kann auch das zwischenzeitlich eingeleitete und abgeschlossene Gesetzgebungsverfahren nichts ändern.[841]

In die Ermittlung des nach der Gesetzesänderung realisierten Veräußerungsgewinns dürfen demnach Wertzuwächse nicht einbezogen werden, die unter Geltung der Altregelung entstanden sind. Angesichts der praktischen Schwierigkeiten der Feststellung der Höhe der Wertzuwächse zum Zeitpunkt der Gesetzesverkündung hält es der Senat für zulässig, die steuerfreien Wertzuwächse typisierend zu ermitteln.[842] So ermittelt die Finanzverwaltung die anteilig steuerfreien Wertzuwächse aus Vereinfachungsgründen linear anhand der gesamten Haltedauer, wobei der Steuerpflichtige Widerlegungsmöglichkeit hat.[843]

Der Vertrauenstatbestand der konkret gefestigten Vermögenspositionen erfasst realisierbare Wertzuwächse bei Wirtschaftsgütern bzw. privaten Vermögensgegenständen. Im Falle der Verlängerung der Spekulationsfrist war der nach Ablauf der alten Frist bereits steuerentstrickte Vermögenszuwachs erneut steuerverstrickt, im Falle der Absenkung der Beteiligungsgrenze nach § 17 EStG waren die bis dahin steuerfrei realisierbaren Wertsteigerungen erstmalig der Besteuerung unterworfen. Vor einer rückwirkenden steuerlichen Erfassung werden damit zuvor steuerfrei realisierbare Wertzuwächse geschützt. Nach einer im Schrifttum vertretenen Ansicht ist der Vertrauenstatbestand konkret verfestigter Vermögenspositionen darüber hinaus auch dann einschlägig, wenn Vermögensgegenstände, die bereits vor der Gesetzesänderung verstrickt waren,

841 BVerfGE 127, 1 (22); 127, 61 (81). Zur Gleichstellung realisierter und nicht realisierter Wertveränderungen *Schön*, Rückwirkungsschutz bei negativen Aktiengewinnen, DStZ 2018, S. 653 (663 f.).

842 BVerfGE 127, 1 (27); 127, 61 (85).

843 BMF vom 20.12.2010, BStBl. I 2011, S. 14 (14 f.) zu § 23 EStG sowie vom 20.12.2010, BStBl. I 2011, S. 16 (17) zu § 17 EStG in Umsetzung der Entscheidungen des Bundesverfassungsgerichts vom 07.07.2010; siehe dazu *Gelsheimer/Meyen*, Verfassungsrechtliche Anforderungen an steuerverschärfende Vorschriften mit rückwirkendem Anwendungsbereich, DStR 2011, S. 193 (196 f). In der Literatur wird vorgeschlagen, verfahrensrechtlich zu regeln, dass der gemeine Wert der nicht realisierten Wertsteigerungen („stille Reserven") auf den Zeitpunkt der Verkündung gesondert festgestellt wird, siehe *Desens*, Die neue Vertrauensschutzdogmatik des Bundesverfassungsgerichts für das Steuerrecht, StuW 2011, S. 113 (121 f.); vgl. auch *Musil/Lammers*, Die verfassungsrechtlichen Grenzen der Rückwirkung von Steuergesetzen am Beispiel der §§ 17, 23 EStG, BB 2011, S. 155 (160), die alternative Lösung in den Übergangsregelungen sehen, die eine zutreffende Abgrenzung der Wertsteigerungen – auch pauschaliert – gewährleisten.

rückwirkend einer höheren Steuerbelastung unterworfen werden.[844] Eine vollständige Steuerentstrickung ist demnach keine Voraussetzung für die Gewährung des Vertrauensschutzes. *M. Desens* differenziert zwischen den allgemeinen und punktuellen Tariferhöhungen. Punktuelle Steuererhöhungen weisen einen unmittelbaren Bezug zur konkret gefestigten Vermögensposition auf, denn für den Vertrauensschutz macht es keinen Unterschied, ob bis zur Verkündung einer Neuregelung gänzlich steuerfreie oder steuerermäßigte Wertzuwächse entstanden sind. Allgemeine Tariferhöhungen müssen hingegen hingenommen werden.[845]

bb) Verbindliche Dispositionen

Auch eine verbindlich getätigte Disposition kann einen Vertrauenstatbestand begründen, wenn besondere Momente der Schutzbedürftigkeit hinzutreten. Eine solche Schutzbedürftigkeit hat das Gericht bei Vereinbarungen über Entschädigungszahlungen vor der Reduzierung der Vergünstigung beim Steuertarif (§ 34 EStG) anerkannt.[846] Die steuerlichen Auswirkungen der Abfindungsvereinbarung waren für die Arbeitnehmer mitentscheidend. Die bisherige steuerliche Begünstigung bestimmte also wesentlich den Inhalt der Vereinbarung. Das betätigte Vertrauen verdient grundsätzlich verfassungsrechtlichen Schutz, weil für den Steuerpflichtigen die Frage, welcher Steuersatz auf eine künftig zufließende Entschädigung anzuwenden ist, eine erhebliche Bedeutung hat.[847] Erst nach Steuerabzug ergibt sich der für ihn letztlich entscheidende Nettoertrag.[848] Somit resultiert die besondere Schutzbedürftigkeit nach Ansicht des Gerichts zum einen daraus, dass die effektive Steuerbelastung in die Vereinbarung eingepreist war. Zum anderen fielen die Entschädigungsvereinbarung und deren Auszahlung nahezu zwangsläufig zeitlich auseinander, so dass sich die Entscheidung erst in den zukünftigen Veranlagungszeiträumen auswirkte. Schließlich bestand für die Empfänger der Entschädigung eine gewisse wirtschaftliche

---

844 *Birk*, Der Schutz vermögenswerter Positionen bei der Änderung von Steuergesetzen, FR 2011, S. 1 (7 f.); *Hey*, in: Tipke/Lang (Hrsg.), Steuerrecht, § 3 Rn. 268; *Musil/Lammers*, Die verfassungsrechtlichen Grenzen der Rückwirkung von Steuergesetzen am Beispiel der §§ 17, 23 EStG, BB 2011, S. 155 (159 f.).

845 *Desens*, Die neue Vertrauensschutzdogmatik des Bundesverfassungsgerichts für das Steuerrecht, StuW 2011, S. 113 (123 f.).

846 BVerfGE 127, 31 (49).

847 BVerfGE 127, 31 (49 f.).

848 BVerfGE, a.a.O.

Zwangslage.[849] Diese besonderen Umstände des Falles begründeten den Vertrauenstatbestand der verbindlichen Disposition, was zur Unzulässigkeit der Rückwirkung geführt hat.

Die Reichweite des Dispositionsschutzes schränkt der Senat jedoch zugleich ein. Denn im Hinblick auf das stets in Rechnung zu stellende (mindestens potentielle) Änderungsbedürfnis des Gesetzgebers könne der Steuerpflichtige nicht auf den zeitlich unbegrenzten Fortbestand der einmal geltenden Rechtslage vertrauen. Einen absoluten verfassungsrechtlichen Schutz könne er daher nicht beanspruchen.[850]

Vor diesem Hintergrund erachtet der Senat zunächst solche Dispositionsentscheidungen als weniger schutzbedürftig, die nach der Einbringung des Gesetzentwurfs in den Bundestag durch ein initiativberechtigtes Organ getroffen wurden. Ab diesem Zeitpunkt seien geplante Gesetzesänderungen öffentlich und mögliche zukünftige Gesetzesänderungen in konkreten Umrissen allgemein vorhersehbar. Daher konnten sich nach Ansicht des Gerichts die an der Entschädigungsvereinbarung Beteiligten in gewissem Umfang auf eine Änderung der Rechtslage einstellen.[851] Es sei ihnen zumutbar, die Informationen über das in Gang gesetzte Gesetzgebungsverfahren – bei Vertragsabschlüssen von einigem wirtschaftlichen Gewicht gegebenenfalls unter Inanspruchnahme professioneller Beratung – zu beschaffen. Durch entsprechende vertragliche Anpassungsklauseln könnten wirtschaftliche Dispositionen auf mögliche zukünftige Gesetzesänderungen eingestellt werden.[852] Eine nach der Gesetzesinitiative getroffene Disposition soll daher nicht schutzwürdig sein. Der Hintergrund dieser Einschränkung ist die Vermeidung von Ankündigungs- und Mitnahmeeffekten.[853]

Aber auch eine vor der Gesetzesinitiative erfolgte, grundsätzlich schutzwürdige Disposition ist nach Auffassung des Gerichts zeitlich nicht unbegrenzt

849 BVerfGE 127, 31 (52 f.).

850 BVerfGE 127, 31 (50).

851 BVerfGE, a.a.O.

852 BVerfGE, a.a.O.; kritisch zum einschränkenden Kriterium der Einbringung eines Gesetzentwurfs in den Bundestag *Helbich*, Vertrauensschutz in Verwaltungsvorschriften des Steuerrechts, S. 140 f.; *El Mourabit/Seufer*, Die zeitliche Reichweite des Vertrauensschutzes im Ertragsteuerrecht, FR 2012, S. 335 (341), die alle Vereinbarungen vor Gesetzesverkündung als geschützt ansehen.

853 In der Schiffsbausubventionsentscheidung ließ das Bundesverfassungsgericht den Dispositionsschutz zur Vermeidung von Ankündigungseffekten bereits ab dem Zeitpunkt der politischen Ankündigung des Gesetzesvorhabens durch die Bundesregierung entfallen, BVerfGE 97, 67 (81 f.).

geschützt. Je größer der Zeitraum zwischen Entschädigungsvereinbarung und vorgesehenem Auszahlungstermin ist, umso eher müsse der Steuerpflichtige mit etwaigen Rechtsänderungen rechnen und gegebenenfalls durch Vereinbarung entsprechender Anpassungsklauseln dem Risiko künftiger Steuerverschärfungen begegnen.[854] Die Schutzwürdigkeit des Vertrauens schwindet also mit dem zeitlichen Abstand zwischen der verbindlichen Entscheidung und deren steuerlicher Wirkung. Unter Berücksichtigung der beiderseitigen Interessen der Beteiligten an einem gewissen zeitlichen Abstand zwischen Entschädigungsvereinbarung und Auszahlung beschränkte das Gericht den Dispositionsschutz auf zwei aufeinander folgende Veranlagungszeiträume.[855] Deshalb gewährte es in der zur Entscheidung vorliegenden Konstellation, in der die bereits 1996 vereinbarte Entschädigung erst im Jahr 1999 ausgezahlt wurde, keinen Vertrauensschutz. Zur Begründung verwies es darauf, dass der Gesetzgeber das Einkommensteuerrecht – dem Periodizitätsprinzip entsprechend – typischerweise veranlagungszeitraumbezogen ändert.[856] Daher könne über mehr als einen Veranlagungszeitraumwechsel weniger vertraut werden, auch wenn der absolute Zeitraum im einzelnen Fall kürzer sei als in Fällen, in denen nur ein Veranlagungszeitraumwechsel zwischen Vereinbarung und Auszahlung liege.[857]

Der Vertrauenstatbestand der verbindlichen Dispositionen schützt somit die vor einer Gesetzesinitiative getätigten verbindlichen Dispositionen innerhalb eines Zeitraums von zwei Veranlagungszeiträumen. Solche Dispositionen bleiben auch dann schutzwürdig, wenn innerhalb dieses Zeitraums eine Gesetzesänderung verkündet wird.[858] Darüber hinaus bestehenden Risiken einer Gesetzesänderung müssen die Steuerpflichtigen durch entsprechende Steueranpassungsklauseln begegnen.

---

854 BVerfGE 127, 31 (51); ablehnend *El Mourabit/Seufer*, Die zeitliche Reichweite des Vertrauensschutzes im Ertragsteuerrecht, FR 2012, S. 335 (341 f.).

855 BVerfGE 127, 31 (53).

856 BVerfGE, a.a.O.; die Orientierung an Veranlagungszeiträumen kritisiert *Hey*, in: Tipke/Lang (Hrsg.), Steuerrecht, § 3 Rn. 268.

857 BVerfGE 127, 31 (53).

858 Vgl. *Desens*, Die neue Vertrauensschutzdogmatik des Bundesverfassungsgerichts für das Steuerrecht, StuW 2011, S. 113 (119).

cc) *Verwirklichung des letzten Merkmals des materiellen Steuertatbestandes*

Als dritten, eigenständigen Vertrauenstatbestand erkennt das Bundesverfassungsgericht die vollständige Verwirklichung des materiellen Steuertatbestandes an. Im Beschluss zur Reduzierung des Vergünstigungstarifs (§ 34 EStG) hat es einen besonders schutzwürdigen Vertrauenstatbestand unabhängig vom Ablauf des Veranlagungszeitraums mit dem Zufluss von Entschädigungszahlungen angenommen.[859] Damit habe der Sachverhalt einen „gesteigerten Grad an Abgeschlossenheit" erreicht.[860] In der vorliegenden Konstellation handelte es sich um Einkommen, das noch unter der Geltung des alten Rechts erzielt wurde. Obwohl der Zeitpunkt der Einnahmenerzielung durch die vorangegangene Entschädigungsvereinbarung bestimmt und deshalb vom Empfänger regelmäßig nicht mehr beeinflussbar ist, könnten sich die Steuerpflichtigen unabhängig von der Schutzwürdigkeit zuvor getätigter Dispositionen und damit unabhängig von der Kenntnis der Änderung der Rechtslage „auf die Gewährleistungsfunktion des zum Zeitpunkt des Mittelzuflusses geltenden Rechts berufen".[861] Sie dürfen bei ihren Entscheidungen über Sparen, Konsum oder Investition der erzielten Einnahmen darauf vertrauen, dass der Steuergesetzgeber nicht ohne sachlichen Grund von hinreichendem Gewicht die Rechtslage rückwirkend zu ihren Lasten verändert und dadurch den Nettoertrag der erhaltenen Entschädigung erheblich mindert.[862] Auch das im Zeitpunkt des Mittelzuflusses bereits schwebende Gesetzgebungsverfahren ändert daran nichts. Zwar kann die Vorhersehbarkeit zukünftiger Gesetzesänderung zum Zeitpunkt der Disposition zur Minderung der Schutzwürdigkeit des Vertrauens führen. Die Gewährleistungsfunktion geltenden Rechts kann sie aber nicht von vornherein suspendieren.[863]

Während also das Bundesverfassungsgericht in den Fällen echter Rückwirkung regelmäßig den Zeitpunkt des endgültigen Gesetzesbeschlusses als

---

859 BVerfGE 127, 31 (57 ff.); *Helbich*, Vertrauensschutz in Verwaltungsvorschriften des Steuerrechts, S. 147, bemängelt die Widersprüchlichkeit der den Beschlüssen zugrunde liegenden Dogmatik, denn einerseits erachtet das Gericht verbindliche Dispositionen zum Zeitpunkt ihrer Vereinbarung unter Hinweis auf die ständig mögliche Rechtsänderung sowie gesetzgeberische Gestaltungsbefugnis für weniger schutzwürdig, privilegiert jedoch andererseits den schnell handelnden Bürger bei tatsächlicher Realisierung seines Vorhabens.

860 BVerfGE 127, 31 (59).

861 BVerfGE 127, 31 (57).

862 BVerfGE 127, 31 (57 f.).

863 BVerfGE 127, 31 (58).

vertrauenszerstörend ansieht[864], nimmt es in den Fällen der unechten Rückwirkung eine differenzierende Betrachtung vor: Für den Dispositionsschutz (Abschluss der Entschädigungsvereinbarung) stellt es auf den Zeitpunkt der Einbringung der Neuregelung in den Bundestag ab[865], für den Vertrauensschutz bei der Verwirklichung des letzten Tatbestandsmerkmals des besonderen Steuertatbestandes hält es den Zeitpunkt der Verkündung der Neuregelung für maßgeblich[866]. Dies ist das Ergebnis der erforderlichen Abwägung unter den Gesichtspunkten der Verhältnismäßigkeit und der Zumutbarkeit. Das Gericht berücksichtigt hier einerseits, dass das Vertrauen in die Fortgeltung des bestehenden Rechts schon vor dem endgültigen Gesetzesbeschluss bereits mit der Einbringung der Gesetzesinitiative in den Bundestag abgeschwächt sein kann. Dadurch erhöhe sich die Zumutbarkeitsschwelle für tatbestandlich rückanknüpfende Rechtsänderungen.[867] Von einem aktiv tätigen Steuerpflichtigen wird also erwartet, dass er die Rechtsentwicklungen verfolgt und die bereits eingeleiteten Gesetzesänderungen bei seinen Dispositionsentscheidungen berücksichtigt. Andererseits kann aus der ursprünglichen Disposition noch vor der Verkündung der Neuregelung ein konkreter Vermögenstatbestand erwachsen. Greift also der Gesetzgeber auf einen Sachverhalt zu, der nach Maßgabe alten Rechts einen gesteigerten Grad an Abgeschlossenheit erreicht hat, bedarf er besonderer Rechtfertigungsgründe. Solche Rechtfertigungsgründe lagen im konkreten Fall nicht vor.

Bedingt durch die formale Abgrenzung im Steuerrecht anhand des Veranlagungszeitraums ist die Rückwirkung auch im Falle des Entschädigungszuflusses als unechte Rückwirkung einzuordnen. Gleichwohl wird das Schutzniveau dem der echten Rückwirkung angenähert. Mit der abschließenden Verwirklichung des materiellen Tatbestands vor Gesetzesverkündung entsteht ein besonders schutzwürdiges Vertrauen. Die nachträgliche Entwertung dieses Vertrauenstatbestandes ist – wie Eingriffe in abgeschlossene Tatbestände bei

864 Dazu bereits oben Kapitel 4.D.I.1.a).

865 BVerfGE 127, 31 (57); vgl. auch 127, 61 (79 ff.); *Desens*, Die neue Vertrauensschutzdogmatik des Bundesverfassungsgerichts für das Steuerrecht, StuW 2011, S. 113 (119), hält es für folgerichtig, die Schutzwürdigkeit zu diesem früheren Zeitpunkt allein für solche Vertrauenstatbestände entfallen zu lassen, die vom Steuerpflichtigen gestaltbar sind; ablehnend hingegen *Helbich*, Vertrauensschutz in Verwaltungsvorschriften des Steuerrechts, S. 140 f., der auch Dispositionsschutz erst im Zeitpunkt des Gesetzesbeschlusses entfallen lassen will.

866 BVerfGE 127, 31 (57 ff.).

867 BVerfGE 127, 31 (59).

echten Rückwirkungen – auch während des laufenden Veranlagungszeitraums grundsätzlich unzulässig. Der Gesetzgeber ist hier an besonders strenge Rechtfertigungsanforderungen gebunden.

c) Strenge Rechtfertigungsanforderungen

Die vom Bundesverfassungsgericht herausgearbeiteten schutzwürdigen Vertrauenstatbestände sind zwar nicht abwägungsresistent, ihre Entwertung unterliegt aber einer strengen Rechtfertigungsprüfung und Verhältnismäßigkeitskontrolle. Eine unechte Rückwirkung bezeichnet der Senat nicht wie bisher als „grundsätzlich zulässig", sondern hält sie für „nicht grundsätzlich unzulässig"[868]. Mit den grundrechtlichen und rechtsstaatlichen Grundsätzen des Vertrauensschutzes ist die unechte Rückwirkung jedoch nur vereinbar, „wenn sie zur Förderung des Gesetzeszwecks geeignet und erforderlich ist und wenn bei einer Gesamtabwägung zwischen dem Gewicht des enttäuschten Vertrauens und dem Gewicht und der Dringlichkeit der die Rechtsänderung rechtfertigenden Gründe die Grenze der Zumutbarkeit gewahrt bleibt".[869]

Zwar waren die widerstreitenden Interessen bereits nach der früheren Rechtsprechung gegeneinander abzuwägen. Der Abwägungsvorgang hatte jedoch keine klare Struktur. In der überwiegenden Anzahl der Entscheidungen blieb eine differenzierte Prüfung der Verhältnismäßigkeit sogar aus. Wenn sie denn überhaupt stattfand, fiel sie im Steuerrecht immer zu Lasten des Bürgers aus.[870] Die neue Rechtsprechung verlangt bei der Beurteilung der verfassungsrechtlichen Zulässigkeit unechter Rückwirkungen eine Abwägung, die sich streng am Verhältnismäßigkeitsgrundsatz orientiert.[871] Danach muss der Normadressat eine Enttäuschung seines schutzwürdigen Vertrauens in die alte Rechtslage nur hinnehmen, soweit dies aufgrund besonderer, gerade die Rückanknüpfung rechtfertigender öffentlicher Interessen unter Wahrung der Verhältnismäßigkeit gerechtfertigt ist.[872] Es bedarf also hinreichend gewichtiger Gründe speziell für die Dringlichkeit der rückwirkenden Anordnung.

Solche hinreichend gewichtigen, gerade die Enttäuschung einer Vertrauensposition rechtfertigenden Gründe sah das Gericht in keinem der zu entscheidenden

---

868 BVerfGE 127, 1 (17); 127, 31 (47); 127, 61 (76).

869 BVerfGE 127, 1 (18); 127, 31 (48); 127, 61 (77).

870 Dazu bereits oben Kapitel 4.D.II.

871 Zur Verschiebung der Abwägungsmaßstäbe siehe *Birk*, Der Schutz vermögenswerter Positionen bei der Änderung von Steuergesetzen, FR 2011, S. 1 (5).

872 BVerfGE 127, 1 (18, 20); 127, 31 (48 f.); 127, 61 (78).

Fälle als gegeben an. So stellt das an sich legitime Ziel, die Rechtslage zu verbessern, keinen solchen spezifischen Rechtfertigungsgrund dar. Es handelt sich dabei lediglich um das allgemeine Änderungsinteresse des Gesetzgebers, welches die Einbeziehung gerade von Altfällen nicht rechtfertigen kann.[873] Gleiches gilt für das Ziel einer Verbreiterung der Besteuerungsgrundlage.[874] Die bloße Absicht, staatliche Mehreinkünfte zu erzielen, erkennt das Gericht nach wie vor nicht als ein den Vertrauensschutz überwiegendes Gemeinwohlinteresse an, denn dies würde bedeuten, dass der Vertrauensschutz gegenüber rückwirkenden Verschärfungen des Steuerrechts praktisch leerliefe.[875] Auch das Bedürfnis nach Gegenfinanzierung bezeichne nur einen allgemeinen Änderungsbedarf. Die Gegenfinanzierung bedeute nichts anderes als Umverteilung von Steuerlasten und sei daher als typischer Gegenstand politischer Gestaltung grundsätzlich zukunftsgerichtet.[876] Solche Umverteilungsmaßnahmen können angesichts der Möglichkeit, auf Steuerentlastungen zu verzichten, auch nicht zu unerwarteten Mindereinnahmen führen oder einen sonstigen außerordentlichen Finanzbedarf begründen.[877] Weder rein haushaltspolitische Erwägungen noch Umverteilungsinteressen gehen über den allgemeinen Änderungsbedarf hinaus und können daher rückwirkende Eingriffe in Rechtspositionen der Steuerpflichtigen nicht legitimieren. Auch der Aspekt der Missbrauchsbekämpfung sei nicht geeignet, die Einbeziehung von Altfällen zu rechtfertigen. Dieser bezeichnet ein in erster Linie in die Zukunft gerichtetes Änderungsinteresse.[878]

Die Entwertung schutzwürdiger Vertrauenstatbestände kann nach Auffassung des Gerichts auch nicht mit dem Hinweis auf Praktikabilität und Vereinfachung gerechtfertigt werden.[879] Das Erfordernis eines praktikablen Vollzugs kann allenfalls grobe Schätzungslösungen bei der Wertermittlung rechtfertigen, dem Gesetzgeber wird dabei ein Typisierungsspielraum zugestanden.[880] Hinsichtlich des Abbaus von zweckwidrig überschießenden Vergünstigungseffekten fordert das Gericht eine Dringlichkeit der Realisierung dieses Ziels im Sinne einer zeitnahen gesetzgeberischen Notwendigkeit. Diese ist im zu entscheidenden Fall

873 BVerfGE 127, 1 (25 f.); 127, 61 (82 f.).
874 BVerfGE 127, 61 (82).
875 BVerfGE 127, 1 (26); 127, 61 (83) unter Hinweis auf BVerfGE 105, 17 (45).
876 BVerfGE 127, 1 (26); 127, 31 (54); 127, 61 (83).
877 BVerfGE 127, 1 (26 f.); 127, 31 (49); 127, 61 (83).
878 BVerfGE 127, 61 (83 f.).
879 BVerfGE 127, 1 (27); 127, 61 (85).
880 BVerfGE, a.a.O.

aufgrund des gesetzgeberischen Kennens bzw. Kennenmüssens der bestehenden Missstände verneint worden.[881]

Unter Hinweis auf frühere Entscheidungen zur Mietpreisbindung[882] und zu Schiffsbausubventionen[883] betont das Gericht, dass die Vorverlegung des Anwendungsbereichs einer steuerverschärfenden Regelung zur Vermeidung von Ankündigungs- und Mitnahmeeffekten gerechtfertigt sein kann.[884] Im Hinblick auf die allgemeine wirtschaftliche Handlungsfreiheit des Steuerpflichtigen aus Art. 2 Abs. 1 GG stelle es keinen Missbrauch dar, wenn er die Gestaltungsmöglichkeiten des geltenden Rechts ausnutze, um nachteiligen Gesetzesänderungen entgegenzuwirken.[885] Im vorliegenden Fall seien jedoch keine Sondersituationen gegeben, in denen etwa missbräuchliche steuerliche Gestaltungen möglichst ohne Verzögerung unterbunden werden sollten oder es zu verhindern galt, dass zukünftige Ansprüche auf offenkundig zweckwidrig gestaltete Subventionen in erheblicher Größenordnung begründet werden. Daher war hier ein „Wettlauf" zwischen Steuerpflichtigen und Gesetzgeber nicht zu befürchten.[886]

Die Berücksichtigung und Gewichtung einzelner Rechtfertigungsgründe entspricht weitgehend den Maßstäben, die das Gericht an die Abwägungsprüfung im Falle der echten Rückwirkung aufgestellt hat. Echte Rückwirkungen, die in bereits abgeschlossene, der Vergangenheit angehörende Tatbestände eingreifen, beeinträchtigen einen schutzwürdigen Vertrauenstatbestand und sind daher grundsätzlich verboten. Sie sind ausnahmsweise nur dann zulässig, wenn sich kein schutzwürdiges Vertrauen bilden konnte oder später entfallen ist.[887] Schutzwürdiges Vertrauen kann ausnahmsweise durch ein echt rückwirkendes Gesetz nur dann entwertet werden, wenn überwiegende zwingende Gründe des Gemeinwohls vorliegen. An die insofern erforderliche Abwägung zwischen Vertrauens- und Änderungsinteressen stellt das Gericht strenge Anforderungen. Diesen Standards ist die Abwägung, die nun bei der unechten Rückwirkung im Falle des Vorliegens eines der drei Vertrauenstatbestände verlangt wird, stark angenähert.

881 BVerfGE 127, 31 (55).
882 BVerfGE 95, 64 (88 f.).
883 BVerfGE 97, 67 (81 f.).
884 BVerfGE 127, 31 (59 f.).
885 BVerfGE 127, 31 (60).
886 BVerfGE, 127, 31 (60).
887 Konstellationen, in denen das typischerweise der Fall ist, hat das Gericht – nicht abschließend – entwickelt, ausführlich dazu oben Kapitel 4.D.I.

d) Neues zur dogmatischen Verortung des Vertrauensschutzprinzips?

Mit seiner Vertrauensschutzdogmatik setzt das Bundesverfassungsgericht zwar neue Maßstäbe für die Zulässigkeitsprüfung rückwirkender Gesetze. Seine Ausführungen zur verfassungsrechtlichen Herleitung des Vertrauensschutzprinzips sind allerdings unkonkret[888] und bringen keine neuen Erkenntnisse. Das Gericht verweist allgemein auf die Grundrechte und das Rechtsstaatsprinzip, die im Zusammenwirken die Verlässlichkeit der Rechtsordnung garantieren. Diese ist wesentliche Voraussetzung für die Selbstbestimmung über den eigenen Lebensentwurf und damit eine Grundbedingung freiheitlicher Verfassungen.[889] Das Gericht spricht vom grundrechtlich und rechtsstaatlich begründeten Rückwirkungsverbot[890] bzw. von den Grundsätzen grundrechtlichen und rechtsstaatlichen Vertrauensschutzes[891] und geht mithin vom kumulativen Ansatz aus.[892] Wenngleich das Bundesverfassungsgericht bei der konkreten Zulässigkeitsprüfung rückwirkender Gesetze keine konsequente Grundrechtsprüfung durchführt, ist der Entscheidungsbegründung primär eine grundrechtliche Herleitung zu entnehmen.[893]

Zur Begründung des Vertrauenstatbestandes einer konkret verfestigten Vermögensposition verweist das Gericht auf einen „konkret vorhandenen Vermögensbestand im grundrechtlich geschützten Verfügungsbereich".[894] Obwohl diese Argumentation für eine Verankerung in dem Grundrecht der Eigentumsfreiheit spricht, wird Art. 14 Abs. 1 GG nicht ausdrücklich erwähnt.[895] Stattdessen wird

888 *Desens*, Die neue Vertrauensschutzdogmatik des Bundesverfassungsgerichts für das Steuerrecht, StuW 2011, S. 113 (126); siehe auch *Maciejewski/Theilen*, Die aktuelle bundesverfassungsgerichtliche Spruchpraxis zu rückwirkenden Gesetzen, DÖV 2015, S. 271 (277).

889 BVerfGE 127, 1 (16); 127, 61 (75).

890 BVerfGE 127, 31 (46).

891 BVerfGE 127, 1 (18); 127, 31 (48); 127, 61 (77).

892 Dazu oben Kapitel 3.E.

893 *Desens*, Die neue Vertrauensschutzdogmatik des Bundesverfassungsgerichts für das Steuerrecht, StuW 2011, S. 113 (127 ff.); *Helbich*, Vertrauensschutz in Verwaltungsvorschriften des Steuerrechts, S. 149 ff.; siehe auch *Maciejewski/Theilen*, Die aktuelle bundesverfassungsgerichtliche Spruchpraxis zu rückwirkenden Gesetzen, DÖV 2015, S. 271 (277).

894 BVerfGE 127, 1 (21); 127, 61 (80); dogmatische Unsicherheiten der verfassungsrechtlichen Herleitung kritisiert *Helbich*, Vertrauensschutz in Verwaltungsvorschriften des Steuerrechts, S. 136.

895 Insbesondere *Birk*, Der Schutz vermögenswerter Positionen bei der Änderung von Steuergesetzen, FR 2011, S. 1 (5). *Helbich*, Vertrauensschutz in Verwaltungsvorschriften

der Gleichheitssatz in seiner Ausprägung als Gebot der Folgerichtigkeit[896] und als Gebot der Besteuerung nach der Leistungsfähigkeit[897] herangezogen.

In dem Beschluss zur Verlängerung der Spekulationsfrist führt das Gericht aus, dass der einkommensteuerrechtliche Zugriff auf die steuerfrei erworbenen Vermögenszugänge dem Gebot einer folgerichtigen Ausgestaltung der einkommensteuerrechtlichen Belastungsentscheidung zuwiderläuft.[898] Nach der Grundentscheidung des Steuergesetzgebers wird die Einkommensteuer nach der Höhe des Jahreseinkommens bemessen. Die Erfassung von Wertsteigerungen an einzelnen Gegenständen erst im Zeitpunkt ihrer Realisation findet ihren Grund allein im Prinzip einer vorsichtigen, substanzschonenden Besteuerung. Die Besteuerung wird nicht deshalb auf den Zeitpunkt der Realisierung bezogen, weil erst zu diesem Zeitpunkt der Wertzuwachs entstehe, sondern obwohl er bereits vorher beim Steuerpflichtigen entstanden ist.[899] Auch wenn die Besteuerung früherer Vermögenszuwächse zum Zeitpunkt der Veräußerung nachgeholt wird, bleibt das Jahreseinkommen grundsätzlich Maßstab der finanziellen Leistungsfähigkeit, an der die Einkommensteuer auszurichten ist. Die Besteuerung und die Ermittlung von Veräußerungsgewinnen durch periodenübergreifenden Vermögensvergleich sei deshalb keine Durchbrechung des Periodizitätsprinzips. Werden jedoch in die Ermittlung des Veräußerungsgewinns Wertzuwächse einbezogen, die zum Zeitpunkt ihrer Entstehung nicht steuerbar gewesen sind, handele es sich nicht mehr um ein schonendes "Nachholen" der Besteuerung erst zum Veräußerungszeitpunkt.[900] Vielmehr werden in diesem

---

des Steuerrechts, S. 132 f., lehnt eine verfassungsrechtliche Herleitung des konkret vorhandenen Vermögensbestands aus Art. 14 Abs. 1 GG ab; kritisch auch *Desens*, Die neue Vertrauensschutzdogmatik des Bundesverfassungsgerichts für das Steuerrecht, StuW 2011, S. 113 (127 f.), der die Zurückhaltung des Gerichts im Hinblick auf die zwischen den beiden Senaten bestehende Divergenz zum Schutzumfang der Eigentumsgarantie bei Steuereingriffen für kein Versehen hält.

896 BVerfGE 127, 1 (22 ff.).

897 BVerfGE 127, 61 (81 ff.).

898 BVerfGE 127, 1 (22 ff.).

899 BVerfGE 127, 1 (24).

900 BVerfGE 127, 1 (24 f.). Auf widersprüchliche Ausführungen des Gerichts hinsichtlich der Periodenbesteuerung weist *Helbich*, Vertrauensschutz in Verwaltungsvorschriften des Steuerrechts, S. 136, hin; kritisch vor allem im Hinblick auf die dem Bundesverfassungsgericht zugewiesene Kompetenz der Verfassungsinterpretation *Desens*, Die neue Vertrauensschutzdogmatik des Bundesverfassungsgerichts für das Steuerrecht, StuW 2011, S. 113 (128); *Musil/Lammers*, Die verfassungsrechtlichen Grenzen der

Fall steuerfrei entstandene Vermögensbestände nachträglich steuerlich erfasst. Da dies der Bemessung der Einkommensteuer nach der Höhe des Jahreseinkommens widerspräche, bedürfe es vor dem Hintergrund des Gleichheitssatzes sachlich tragfähiger besonderer Rechtfertigungsründe.[901]

In seiner Entscheidung zur Absenkung der Beteiligungsgrenze bejaht das Gericht einen Verstoß gegen das aus Art. 3 Abs. 1 GG abgeleitete Prinzip der Besteuerung nach der finanziellen Leistungsfähigkeit.[902] Die Neuregelung erfasst die nach Maßgabe alten Rechts steuerfrei erzielten Wertsteigerungen nur, wenn der Veräußerungsgewinn ab dem Jahr 1999 entstanden ist. Die erzielten Wertsteigerungen blieben hingegen steuerfrei, wenn der Steuerpflichtige seine Beteiligung bereits bis Ende des Jahres 1998 veräußert hatte und der Veräußerungsgewinn in diesem Zeitraum entstanden war.[903] Zwar wird die Leistungsfähigkeit nach Veranlagungszeiträumen bemessen. In dieser Perspektive liegt bezogen auf die Jahre bis 1998 keine Ungleichbehandlung vor, wenn der Veräußerungsgewinn erst in einem anderen, späteren Veranlagungszeitraum entsteht.[904] Wie bereits in der Entscheidung zur Verlängerung der Spekulationsfrist verweist das Gericht auch hier darauf, dass die steuerliche Erfassung von Wertsteigerungen erst im Zeitpunkt ihrer Realisation einer vorsichtigen, substanzschonenden Besteuerung dient.[905] Es wird also im Zeitpunkt der Realisation ein über den vorangegangenen Zeitraum akkumulierter Zuwachs an Leistungsfähigkeit nachholend der Besteuerung unterworfen. Auf die bloß formale Zuordnung des Veräußerungsgewinns zu einem bestimmten Veranlagungszeitraum kommt es daher nicht an. Maßgeblich ist, dass sich die höhere Leistungsfähigkeit, auf die mit der steuerlichen Erfassung des Veräußerungsgewinns zugegriffen wird, materiell auf den gesamten Zeitraum zwischen Anschaffung und Veräußerung bezieht.[906] Hängt die Besteuerung des unter der Geltung der alten Rechtslage entstandenen und steuerfrei realisierbaren Wertzuwachses davon ab, ob der Veräußerungsgewinn vor oder nach dem Stichtag – hier 01.01.1999 – angefallen

Rückwirkung von Steuergesetzen am Beispiel der §§ 17, 23 EStG, BB 2011, S. 155 (160), finden hingegen die zusätzliche Verankerung im Gleichheitssatz überzeugend.

901 BVerfGE 127, 1 (24 f.).

902 BVerfGE 127, 61 (81 f.).

903 BVerfGE 127, 61 (81).

904 BVerfGE 127, 61 (81 f.).

905 BVerfGE 127, 61 (82).

906 BVerfGE, a.a.O.

ist, liegt darin eine ungleiche Bemessung steuerlicher Leistungsfähigkeit.[907] Zur Rechtfertigung der nachträglichen einkommensteuerrechtlichen Belastung bereits entstandener, steuerfrei erworbener Wertzuwächse bedarf es hinreichend gewichtiger Gründe. Solche waren vorliegend nach Ansicht des Gerichts nicht gegeben.

Ausführungen des Gerichts zur dogmatischen Herleitung des verfassungsrechtlichen Dispositionsschutzes lassen sich vermissen.[908] Lediglich im Rahmen der Rechtfertigungsprüfung wird beiläufig erwähnt, dass es zu den legitimen Dispositionen im grundrechtlich geschützten Bereich der allgemeinen (wirtschaftlichen) Handlungsfreiheit gehöre, wenn Steuerpflichtige darum bemüht sind, die Vorteile geltenden Rechts mit Blick auf mögliche Nachteile einer zukünftigen Gesetzeslage für sich zu nutzen.[909] Somit betrachtet das Gericht die Dispositionsentscheidungen wohl als Ausdruck allgemeiner Handlungsfreiheit.

Zur Begründung des Vertrauenstatbestandes der vollständigen Verwirklichung des materiellen Steuertatbestandes verweist das Gericht auf die „Gewährleistungsfunktionen des geltenden Rechts“ [910], was auf eine Ableitung aus dem Rechtsstaatsprinzip hindeutet.[911] Im Ergebnis hat die neue Rückwirkungsrechtsprechung keine Klarheit hinsichtlich der verfassungsrechtlichen Verortung des Vertrauensschutzprinzips gebracht.

II. Beschluss des Ersten Senats vom 10.10.2012

Mit seinem Beschluss vom 10.10.2012[912] schloss sich der Erste Senat der vom Zweiten Senat in seinen Beschlüssen vom 07.07.2010 eingeschlagenen Linie an.[913] Er bestätigte die neue Rückwirkungsrechtsprechung und

---

907 BVerfGE 127, 61 (82); kritisch dazu *Helbich*, Vertrauensschutz in Verwaltungsvorschriften des Steuerrechts, S. 134 f.

908 Kritisch insofern *Helbich*, Vertrauensschutz in Verwaltungsvorschriften des Steuerrechts, S. 139.

909 BVerfGE 127, 31 (60).

910 BVerfGE 127, 31 (57 f.).

911 So *Desens*, Die neue Vertrauensschutzdogmatik des Bundesverfassungsgerichts für das Steuerrecht, StuW 2011, S. 113 (127); ähnlich *Wernsmann*, in: Hübschmann/Hepp/Spitaler (Hrsg.), AO/FGO, § 4 Rn. 770; siehe dazu auch *Helbich*, Vertrauensschutz in Verwaltungsvorschriften des Steuerrechts, S. 146, der einen Bezug auf die objektive Kontinuitätsgewähr vermutet.

912 BVerfGE 132, 302 (302 ff.).

913 Zu divergierenden Kammerbeschlüssen des Ersten Senats in dem Zeitraum zwischen 07.07.2010 und 10.10.2012 siehe *Maciejewski/Theilen*, Die aktuelle

entwickelte die verfassungsrechtlichen Maßstäbe der Zulässigkeitsprüfung fort.[914]

1. Vorlagegegenstand

Gegenstand der Entscheidung war die Frage, ob die rückwirkende Anwendung von § 8 Nr. 5 GewStG in der Fassung des Unternehmenssteuerfortentwicklungsgesetzes (UntStFG)[915] mit dem verfassungsrechtlichen Vertrauensschutzgrundsatz vereinbar ist. Mit der Neuregelung wurde die Gewerbesteuerpflicht für Steuerbesitzdividenden eingeführt. Der ursprüngliche Gesetzentwurf der Bundesregierung vom 17.08.2001[916] sah noch keine dem späteren § 8 Nr. 5 GewStG entsprechende Bestimmung vor. Entgegen der Anregung des Bundesrates vom 27.09.2001[917], alle Gewinnausschüttungen und Veräußerungsgewinne gewerbesteuerlich zu erfassen, beschloss der Bundestag das Gesetz am 09.11.2001 in der Fassung des Gesetzentwurfs. Daraufhin wurde auf Initiative des Bundesrates das Vermittlungsverfahren eingeleitet. Das UntStFG wurde schließlich in der Fassung der Beschlussempfehlung des Vermittlungsausschusses vom 11.12.2001[918], die nunmehr den Formulierungsvorschlag zum neuen § 8 Nr. 5 GewStG enthielt, am 14.12.2001 vom Bundestag beschlossen. Die am 24.12.2001 verkündete Neuregelung war gemäß § 36 Abs. 4 GewStG für den noch nicht abgeschlossenen Erhebungszeitraum 2001 anzuwenden.

Die Klägerin des Ausgangsverfahrens, eine Beteiligungs-GmbH, hielt eine unter 10 Prozent liegende Steuerbesitzbeteiligung an einer anderen GmbH, deren Gesellschafterversammlung eine Vorabausschüttung am 15.12.2001 – und damit nach der Beschlussempfehlung des Vermittlungsausschusses – beschloss. Die Vorabausschüttung floss am 19.12.2001, also vor der Gesetzesverkündung, zu. Die Finanzverwaltung erfasste diese gemäß § 8 Nr. 5 in Verbindung mit § 36 Abs. 4 GewStG in der Fassung des UntStFG im Gewerbesteuerbescheid 2001. Im Rahmen der Streitigkeit über die steuerliche Behandlung der Ausschüttung bei der Beteiligungs-GmbH legte das FG Münster[919] dem Bundesverfassungsgericht

---

bundesverfassungsgerichtliche Spruchpraxis zu rückwirkenden Gesetzen, DÖV 2015, S. 271 (276).

914 Siehe zum Ganzen *Desens*, Echter Vertrauensschutz bei „unechten“ Rückwirkungen im Steuerrecht, FR 2013, S. 148 (148 ff.).

915 BGBl. I 2001, S. 3858.

916 BT-Drs. 14/6882.

917 BT-Drs. 14/7084, S. 4 f.

918 BT-Drs. 14/7780, S. 5 f.

919 Vorlagebeschluss vom 02.03.2007 in der Fassung des Beschlusses vom 01.09.2011 – 9 K 5772/03 G in Reaktion auf die am 07.07.2010 ergangene Rechtsprechung.

gemäß Art. 100 GG die Frage der Verfassungskonformität der rückwirkenden Regelung zur Entscheidung vor. Das Bundesverfassungsgericht hielt § 36 Abs. 4 GewStG in der Fassung des UntStFG für nichtig, soweit er § 8 Nr. 5 GewStG auf Dividendenvorabausschüttungen für anwendbar erklärt, die von der ausschüttenden Gesellschaft vor dem 12.12.2001 verbindlich beschlossen wurden und dem Anteilseigner einer Steuerbesitzbeteiligung vor diesem Zeitpunkt auch zugeflossen waren. Soweit hingegen Dividendenvorabausschüttungen gewerbesteuerlich erfasst werden, die nach dem Vermittlungsvorschlag vom 11.12.2001 zugeflossen waren, ist die Neuregelung mit dem Grundgesetz vereinbar.

2. *Entscheidung des Ersten Senats*

Auch der Erste Senat differenziert weiterhin zwischen echter und unechter Rückwirkung[920] und nimmt die Abgrenzung im Steuerrecht anhand des Veranlagungszeitraums vor[921]. Echte Rückwirkungen seien grundsätzlich unzulässig. Der Vertrauensschutz ende dabei grundsätzlich erst im Zeitpunkt der Verkündung. Gleichzeitig stellt der Senat jedoch klar, dass der Vertrauensschutz bei echten Rückwirkungen bereits mit dem endgültigen Gesetzesbeschluss entfallen kann.[922] Während die unechte Rückwirkung vom Zweiten Senat in seinen Beschlüssen aus dem Jahr 2010 als „nicht grundsätzlich unzulässig" bezeichnet wurde[923], hält sie der Erste Senat wie schon die frühere Rechtsprechung für „grundsätzlich zulässig"[924]. Gleichwohl geht mittlerweile auch der Erste Senat davon aus, dass rückwirkende Änderungen von Steuergesetzen für einen noch laufenden Veranlagungs- oder Erhebungszeitraum im Verhältnis zu sonstigen Fällen unechter Rückwirkung gesteigerten Anforderungen unterliegen.[925] Solche Steuerrechtsänderungen stünden „in vielerlei Hinsicht den Fällen echter Rückwirkung nahe", was freilich nicht zur grundsätzlichen Unzulässigkeit solcher Regelungen führe.[926]

---

920 BVerfGE 132, 302 (Rn. 42 f.).
921 BVerfGE 132, 302 (Rn. 44).
922 BVerfGE 132, 302 (Rn. 42).
923 BVerfGE 127, 1 (17); 127, 31 (47); 127, 61 (76).
924 BVerfGE 132, 302 (Rn. 43).
925 BVerfGE 132, 302 (Rn. 45).
926 BVerfGE, a.a.O. Im Schrifttum wird zum Teil davon ausgegangen, dass zwischen den beiden Senaten bezüglich der Rechtsfolgen der unechten Rückwirkung nur im Fall von periodischen Steuern Einigkeit besteht, denn beide Senate sehen eine unechte Rückwirkung im Rahmen des laufenden Veranlagungszeitraums als „nicht grundsätzlich unzulässig" an, wohingegen unechte Rückwirkung als solche vom Ersten Senat

a) Vertrauenstatbestände

Von den vom Zweiten Senat anerkannten Vertrauenstatbeständen kamen im vorliegenden Fall jener der verbindlichen Disposition und der vollständigen Verwirklichung des besonderen Steuertatbestandes in Betracht. Diese hat der Erste Senat in seinem Beschluss als gegeben angenommen und die Rechtsprechung teilweise fortentwickelt.

Die Einschränkungen bei der Gewährung des Dispositionsschutzes werden bestätigt und sogar weiter verschärft. Als maßgebliche Disposition betrachtete das Gericht im vorliegenden Fall allein die Entscheidung des gewerbesteuerpflichtigen Minderheitsgesellschafters. Der Beschluss der Gesellschafterversammlung über die Vorabausschüttung von Erträgen aus einer Beteiligung verdiene hingegen keinen besonderen Vertrauensschutz. Der Steuerbesitzbeteiligte treffe in diesen Fällen im Allgemeinen keine von ihm maßgeblich verantwortete Dispositionsentscheidung über die Gewinnausschüttung. Sein Einfluss in der Gesellschafterversammlung dürfte allenfalls gering sein. Die Entscheidung der Gesellschafterversammlung über das Ob und Wie einer Vorabausschüttung werde er daher regelmäßig lediglich hinnehmen.[927] Vorabausschüttungen bei Steuerbesitzbeteiligungen seien daher typischerweise nicht Ausfluss einer Dispositionsentscheidung des Dividendenempfängers, die einen besonderen Vertrauensschutz begründe.[928]

Schutzwürdige Dispositionen schränkt der Erste Senat somit dahingehend ein, dass er die Beeinflussbarkeit bzw. Gestaltbarkeit einer Dispositionsentscheidung seitens des Bürgers voraussetzt.[929] Zusätzlich wird darauf verwiesen, dass die Entscheidung über eine Gewinnausschüttung per se keine Maßnahme sei, die – wie etwa eine Investitionsentscheidung – im Vertrauen auf die Beständigkeit einer Rechtslage erfolgt.[930] Somit lehnt das Gericht vorliegend den Vertrauenstatbestand der

---

nach wie vor als grundsätzlich zulässig bezeichnet wird, dazu *Maciejewski/Theilen*, Die aktuelle bundesverfassungsgerichtliche Spruchpraxis zu rückwirkenden Gesetzen, DÖV 2015, S. 271 (276); vgl. hierzu auch *Scharfenberg*, Grenzen der „unechten" Rückwirkung von Steuergesetzen nach der neueren Rechtsprechung des BVerfG, DB 2013, S. 85 (86).

927 BVerfGE 132, 302 (Rn. 53).

928 BVerfGE, a.a.O.

929 Siehe auch *Helbich*, Vertrauensschutz in Verwaltungsvorschriften des Steuerrechts, S. 139, 143, der die fehlende dogmatische Begründung dieser Einschränkung bemängelt.

930 BVerfGE 132, 302 (Rn. 53); kritisch zu dieser Differenzierung *Desens*, Echter Vertrauensschutz bei „unechten" Rückwirkungen im Steuerrecht, FR 2013, S. 148 (150); *Helbich*, Vertrauensschutz in Verwaltungsvorschriften des Steuerrechts, S. 143.

verbindlichen schutzwürdigen Disposition ab. Anschließend führt es aus, dass das berechtigte Vertrauen für den Minderheitsgesellschafter vorrangig im Hinblick auf die Gewährleistungsfunktion der Rechtsordnung besteht. Steuerpflichtige müssten grundsätzlich darauf vertrauen dürfen, dass die zum Zeitpunkt des tatsächlichen Abschlusses eines steuerrelevanten Geschäftsvorgangs geltende Steuerrechtslage nicht ohne hinreichend gewichtigen Rechtfertigungsgrund rückwirkend geändert wird. Anderenfalls wäre das Vertrauen in die Rechtssicherheit und Rechtsbeständigkeit der Rechtsordnung als Garanten einer freiheitlichen Wirtschaftsordnung ernsthaft gefährdet.[931]

Sodann werden Ausführungen zur Reichweite des Vertrauensschutzes in zeitlicher Hinsicht gemacht: Eine vertrauenszerstörende Wirkung des Gesetzentwurfs wurde vorliegend verneint, weil dieser noch keine den späteren § 8 Nr. 5 GewStG und § 36 Abs. 4 GewStG a.F. entsprechenden Bestimmungen enthielt.[932] Auch die Anregung der neuen Regelung durch den Bundesrat und deren Ablehnung durch die Bundesregierung ließen das Vertrauen der potenziell Betroffenen nicht entfallen.[933] Ob die Einbringung eines Gesetzentwurfs in den Bundestag durch ein initiativberechtigtes Organ stets der maßgebliche vertrauenszerstörende Zeitpunkt ist, ließ das Gericht ausdrücklich offen.[934] Die Schutzwürdigkeit des Vertrauens sei hier jedenfalls mit dem Vorschlag des Vermittlungsausschusses beseitigt.[935] Dies folge aus der hohen Wahrscheinlichkeit der Annahme des Vermittlungsvorschlags durch den Bundestag[936] auf der einen Seite und der geringen Schutzwürdigkeit des Minderheitsgesellschafters im Hinblick auf einen Gewinnausschüttungsbeschluss der Gesellschaft auf der anderen Seite. Schutzwürdiges Vertrauen in den Fortbestand der bisherigen Rechtslage bestehe erst recht nicht mehr ab dem Zeitpunkt der Zustimmung des Bundestages zum Vermittlungsvorschlag des Vermittlungsausschusses (vgl. Art. 77 Abs. 2

931 BVerfGE 132, 302 (Rn. 54).
932 BVerfGE 132, 302 (Rn. 58).
933 BVerfGE, a.a.O.
934 BVerfGE 132, 302 (Rn. 60).
935 BVerfGE, a.a.O.
936 Die Annahme eines Vermittlungsvorschlags durch den Bundestag sei regelmäßig erheblich wahrscheinlicher als die Verwirklichungschancen eines Gesetzentwurfs zu Beginn der parlamentarischen Beratungen, weil der Vermittlungsvorschlag am Ende des parlamentarischen Entscheidungsfindungsprozesses einschließlich der Kompromissbemühungen des Vermittlungsausschusses stehe und deren Ergebnis markiere, BVerfGE 132, 302 (Rn. 59).

Satz 5 GG).[937] Dieser Zeitpunkt entspreche in jeder Hinsicht dem des endgültigen Gesetzesbeschlusses. Die Beseitigung des Vertrauens durch den Vorschlag des Vermittlungsausschusses führe dazu, dass die nach diesem Zeitpunkt gefassten Vorabausschüttungsbeschlüsse keinen verfassungsrechtlichen Schutz vor steuerlicher Erfassung nach der später eingeführten Neuregelung genießen.[938] Da es insoweit schon an einem schutzwürdigen Vertrauen auf das Nichtbestehen einer solchen Hinzurechnungsvorschrift fehle, komme eine Interessenabwägung nicht in Betracht.[939] Während der Zweite Senat beim Dispositionsschutz auf den Zeitpunkt der Einbringung des Gesetzentwurfs abstellt, hält der Erste Senat den Vorschlag des Vermittlungsausschusses für maßgeblich. Dies ist jedoch allein dem Umstand geschuldet, dass die Einführung der Gewerbesteuerpflicht für Steuerbesitzdividenden nicht im ursprünglichen Gesetzentwurf, sondern erstmals in der Empfehlung des Vermittlungsausschusses enthalten war.[940]

In Anknüpfung an die Rechtsprechung des Zweiten Senats erkennt der Erste Senat in der vollständigen Verwirklichung des materiellen Steuertatbestandes einen schutzwürdigen Vertrauenstatbestand. Zunächst wiederholt er die Ausführungen hierzu aus dem Beschluss vom 07.07.2010 zur Entschädigungsregelung des § 34 EStG. In dieser Entscheidung hat das Gericht die Schutzwürdigkeit des Vertrauens der Betroffenen in die Gewährleistungsfunktion des geltenden Rechts unabhängig von der Schutzwürdigkeit ihrer Dispositionen zum Zeitpunkt der zugrunde liegenden Vereinbarung für den Fall bejaht, dass der Mittelzufluss vor Verkündung der Neuregelung erfolgt ist.[941] Sodann stellt der Erste Senat jedoch fest, dass die Grundsätze dieser Fallgruppe auf den zur Entscheidung vorliegenden Fall nicht übertragbar sind. Eine vergleichbare Situation wie die der Arbeitnehmer bei der Abfindungsvereinbarung liege bei Ausschüttung von Gewinnanteilen an Steuerbesitzbeteiligte nicht vor.[942] Eine Vertrauensschutz erfordernde Disposition

937 BVerfGE 132, 302 (Rn. 61).

938 BVerfGE 132, 302 (Rn. 62).

939 BVerfGE, a.a.O.

940 *El Mourabit/Seufer*, Die zeitliche Reichweite des Vertrauensschutzes im Ertragsteuerrecht, FR 2012, S. 335 (342 f.), plädieren im Ergebnis für einen Dispositionsschutz bis zur Gesetzesverkündung.

941 Siehe dazu oben A.I.2.b).cc).

942 BVerfGE 132, 302 (Rn. 66). Die besonderen, die Schutzwürdigkeit begründenden Umstände der Entschädigungsvereinbarung, die der Zweite Senat in seiner Entscheidung herausgearbeitet hat, waren im Rahmen des Vertrauenstatbestandes der vollständigen Verwirklichung des Steuertatbestandes irrelevant. Auf die rechtsmethodischen

über Teile seines Vermögens habe der Minderheitsgesellschafter hier nicht in einer dem Arbeitnehmer vergleichbaren Weise getätigt.[943] Als Streubesitzbeteiligter sei er im Fall einer Ausschüttung im Wesentlichen auf deren Entgegennahme beschränkt.[944] Im vorliegenden Fall konnten sich die Begünstigten eines Vorabausschüttungsbeschlusses nach dem Vorschlag des Vermittlungsausschusses zur rückwirkenden Einführung der Hinzurechnungsregelung, erst recht nach dem endgültigen Beschluss des Bundestages, ohne Weiteres auf die sich konkret abzeichnende neue Rechtslage einstellen. Durch die Abwicklung dieses Beschlusses vor der Gesetzesverkündung erreichte der Sachverhalt einen „gesteigerten Grad an Abgeschlossenheit". Dies ändere jedoch nichts am Fehlen schutzwürdigen Vertrauens in den Bestand der noch geltenden Steuerrechtslage für die Vorabausschüttung.[945]

Anders als der Zweite Senat lässt der Erste Senat den Vertrauenstatbestand der Verwirklichung des besonderen Steuertatbestandes nicht erst mit der Gesetzesverkündung, sondern bereits mit der Beschlussempfehlung des Vermittlungsausschusses entfallen.[946] Der Zweite Senat hat mit dem Mittelzufluss

---

Defizite der Entscheidung weist *Desens*, Echter Vertrauensschutz bei „unechten" Rückwirkungen im Steuerrecht, FR 2013, S. 148 (153 f.), hin.

943 BVerfGE 132, 302 (Rn. 67). In seiner Entscheidung zur Entschädigungsregelung sah der Zweite Senat den besonderen Schutz darin begründet, dass der Arbeitnehmer auf die Gültigkeit der mit dem Arbeitgeber getroffenen Vereinbarung unter Umständen existenziell angewiesen war. Mit der Zustimmung zu einer Abfindungsvereinbarung disponiere der Arbeitnehmer über den Bestand seines Arbeitsvertrags und damit über Teile seiner wirtschaftlichen Existenz. Dabei handele er in einer gewissen Zwangslage. In dieser besonderen Situation verdiene sein Interesse am Erhalt des verfügbaren Wertes einer solchen Vereinbarung in weitergehendem Umfang Schutz, siehe BVerfGE 127, 31 (58 f.).

944 BVerfGE, 132, 302 (Rn. 67).

945 BVerfGE, a.a.O.

946 Darin liegt jedoch keine Abweichung von den Maßstäben des Zweiten Senats. Vielmehr wurde hier die unterschiedliche Beurteilung mit der Unübertragbarkeit dieser Maßstäbe auf den zu entscheidenden Fall begründet, kritisch dazu *Desens*, Echter Vertrauensschutz bei „unechten" Rückwirkungen im Steuerrecht, FR 2013, S. 148 (153 f.). *El Mourabit/Seufer*, Die zeitliche Reichweite des Vertrauensschutzes im Ertragsteuerrecht, FR 2012, S. 335 (343), gehen in Übereinstimmung mit dem Vorlagebeschluss des FG Münster vom 02.03.2007 – 9 K 5772/03 G von der Verfassungswidrigkeit des § 8 Nr. 5 GewStG in Verbindung mit § 36 Abs. 4 GewStG aus, soweit solche Gewinnanteile gewerbesteuerlich erfasst werden, die vor Gesetzesverkündung beschlossen und ausgezahlt wurden.

als letztverwirklichtem Merkmal des Steuertatbestandes einen selbstständigen Vertrauenstatbestand angenommen, der gerade unabhängig von der Schutzwürdigkeit der zugrunde liegenden Disposition ist.[947] Der Erste Senat vermengt nun die beiden Vertrauenstatbestände, indem er die zeitlichen Grenzen des Vertrauensschutzes, die der Zweite Senat für den jeweiligen Vertrauenstatbestand gesondert bestimmt hat[948], für beide Tatbestände dispositionsbezogen begründet. Während im Beschluss vom 07.07.2010 im Falle der vollständigen Tatbestandsverwirklichung auf den Zeitpunkt der Gesetzesverkündung unter dem Hinweis auf die Gewährleistungsfunktion der Rechtsordnung abgestellt wurde, lässt das Gericht hier das Vertrauen bereits im Zeitpunkt des Vorschlags des Vermittlungsausschusses entfallen. Es argumentiert, dass allein die Gewährleistungsfunktion des zum Zeitpunkt des Mittelzuflusses geltenden Rechts das Fehlen schutzwürdigen Vertrauens wegen der bereits konkret absehbaren Neuregelung nicht zu kompensieren vermag.[949] Die zeitliche Reichweite des Vertrauensschutzes im Falle der Verwirklichung des vollständigen Steuertatbestandes wird also eingeschränkt. Dementsprechend bejaht das Gericht im vorliegenden Fall einen Verstoß gegen den Grundsatz des Vertrauensschutzes, soweit die Neuregelung die bis zum Zeitpunkt des Vorschlages des Vermittlungsausschusses beschlossenen und zugeflossenen Vorabausschüttungen erfasst.[950] In der Begründung hierzu werden die vom Zweiten Senat aufgestellten Vertrauenstatbestände nicht konsequent auseinandergehalten.[951] Die Entscheidung zeigt, dass der Vertrauenstatbestand der vollständigen Tatbestandsverwirklichung nach

947 BVerfGE 127, 31 (57 ff.); kritisch insofern *Desens*, Echter Vertrauensschutz bei „unechten" Rückwirkungen im Steuerrecht, FR 2013, S. 148 (151), der überdies das Abstellen auf den Zeitpunkt des Zuflusses der Ausschüttung auch bei einem bilanzierenden Steuerpflichtigen und damit die einheitliche Handhabung trotz der unterschiedlichen Methoden der Einkünfteermittlung für höchst fragwürdig hält; die Schwächung des Vertrauenstatbestandes der Verwirklichung des Steuertatbestandes kritisiert auch *Scharfenberg*, Grenzen der „unechten" Rückwirkung von Steuergesetzen nach der neueren Rechtsprechung des BVerfG, DB 2013, S. 85 (89 f.).

948 Zeitpunkt der Gesetzesinitiative für Dispositionsschutz sowie Zeitpunkt der Verkündung der Neuregelung für den Vertrauenstatbestand der vollständigen Verwirklichung des Steuertatbestandes.

949 BVerfGE 132, 302 (Rn. 67).

950 BVerfGE 132, 302 (Rn. 69 ff.).

951 Dies kritisiert auch *Helbich*, Vertrauensschutz in Verwaltungsvorschriften des Steuerrechts, S. 143.

Einbringung der Änderung in den Bundestag nur dann relevant wird, wenn das Vertrauen des Steuerpflichtigen unter sozialen oder wirtschaftlichen Aspekten besonders schutzbedürftig erscheint.[952]

b) Rechtfertigungsprüfung

Unter Wiederholung der entsprechenden Ausführungen aus den Beschlüssen vom 07.07.2010 wird die unechte Rückwirkung strengeren Rechtfertigungsanforderungen unterworfen. Wenn der Gesetzgeber das Gewerbesteuerrecht während des laufenden Erhebungszeitraums umgestaltet und die Rechtsänderungen auf dessen Beginn bezieht, bedürfen die belastenden Wirkungen stets einer hinreichenden Begründung nach den Maßstäben der Verhältnismäßigkeit. Hier müsse der Normadressat eine Enttäuschung seines Vertrauens in die alte Rechtslage nur hinnehmen, soweit dies aufgrund besonderer, gerade die Rückanknüpfung rechtfertigender öffentlicher Interessen unter Wahrung des Verhältnismäßigkeitsgrundsatzes gerechtfertigt sei.[953] Der Erste Senat schließt sich damit dem verschärften Rechtfertigungsmaßstab des Zweiten Senats an. Auch hinsichtlich der einzelnen Rechtfertigungsgründe wird das bereits in den Beschlüssen aus dem Jahr 2010 Ausgeführte bestätigt.[954] Im zu entscheidenden Fall verneint das Gericht eine Systemwidrigkeit der Rechtslage, die eine Fehlerkorrektur erfordern und somit die Rückanknüpfung rechtfertigen könnte.[955]

Da nach den Feststellungen des Gerichts keine Rechtfertigungsgründe vorliegen, hält es eine Prüfung, ob eine darauf gestützte Rückwirkungsanordnung verhältnismäßig ist, für nicht (mehr) erforderlich. Eine Interessenabwägung kommt nicht in Betracht, wenn verfassungsrechtlich bereits kein für die Rückwirkung sprechendes Interesse anzuerkennen ist.[956] Einer Abwägung bedarf es auch dann nicht, wenn kein schutzwürdiges Vertrauen vorhandenen ist.[957] Die Rückwirkung ist in diesem Fall verfassungskonform.

---

952 *Scharfenberg*, Grenzen der „unechten“ Rückwirkung von Steuergesetzen nach der neueren Rechtsprechung des BVerfG, DB 2013, S. 85 (88).

953 BVerfGE 132, 302 (Rn. 70).

954 BVerfGE 132, 302 (Rn. 72 ff.).

955 BVerfGE 132, 302 (Rn. 75).

956 BVerfGE 132, 302 (Rn. 76).

957 BVerfGE 132, 302 (Rn. 68).

c) *Verfassungsrechtliche Herleitung*

In der Entscheidungsformel[958] und in der Begründung[959] ist allein vom verfassungsrechtlichen Grundsatz des Vertrauensschutzes aus Art. 20 Abs. 3 GG (Rechtsstaatsprinzip) die Rede. An anderer Stelle wird ausgeführt, dass das grundsätzliche Verbot rückwirkender belastender Gesetze auf den Prinzipien der Rechtssicherheit und des Vertrauensschutzes beruht und die nachträgliche belastende Gesetzesänderung einer besonderen Rechtfertigung vor dem Rechtsstaatsprinzip und den Grundrechten bedarf.[960] Sodann wird unter Bezugnahme auf die frühere Rechtsprechung ausgeführt, dass die Grundrechte wie auch das Rechtsstaatsprinzip im Zusammenwirken die Verlässlichkeit der Rechtsordnung garantieren.[961] Wie bereits der Zweite Senat im Beschluss zum § 34 EStG[962] stützt auch der Erste Senat die dogmatische Herleitung des Vertrauenstatbestandes der vollständigen Tatbestandsverwirklichung auf die „Gewährleistungsfunktionen der Rechtsordnung“[963]. Die dogmatische Begründung einzelner Vertrauenstatbestände bleibt auch nach dieser Entscheidung unklar.

d) *Fortführung der Rechtsprechung des Zweiten Senats*

Die vom Zweiten Senat mit den drei Beschlüssen im Jahr 2010 eingeschlagene Rechtsprechungslinie hat der Erste Senat in seiner Entscheidung vom 10.10.2012 bestätigt und differenzierend weiterentwickelt. Er schließt sich der Rechtsprechung des Zweiten Senats insoweit an, als er seine Grundaussagen wiederholt und die Fälle unechter Rückwirkung besonderen Rechtfertigungsanforderungen unterwirft. Betont wird die Nähe unechter Rückwirkung auf den Beginn des laufenden Veranlagungszeitraums zu den Fällen einer echten Rückwirkung. Im Verhältnis zu sonstigen Fällen unechter Rückwirkung gelten für solche Steuergesetze gesteigerte Anforderungen.

Kritisch zu bewerten ist hingegen die Einschränkung des durch Verwirklichung des vollständigen Steuertatbestandes entstehenden Vertrauensschutzes. Im Hinblick auf die Gewährleistungsfunktion des Rechts bejahte der Zweite Senat diesen Vertrauenstatbestand, wenn das letzte Merkmal des materiellen

---

958 BVerfGE 132, 302 (303).
959 BVerfGE 132, 302 (Rn. 69).
960 BVerfGE 132, 302 (Rn. 41).
961 BVerfGE, a.a.O.
962 BVerfGE 127, 31 (57 f.).
963 BVerfGE 132, 302 (Rn. 54).

Steuertatbestandes im Zeitpunkt der Gesetzesverkündung verwirklicht ist. Der Erste Senat versagt jedoch den Schutz, wenn das Vertrauen auf den Fortbestand der Rechtslage mit der Veröffentlichung des Gesetzentwurfs und damit bereits vor Gesetzesverkündung entfallen ist. Während der Zweite Senat mit der vollständigen Verwirklichung des Steuertatbestandes eine selbstständige Fallgruppe schutzwürdigen Vertrauens postuliert hat, will der Erste Senat den Vertrauensschutz nur dann gewähren, wenn die zugrundeliegende Disposition schutzwürdig ist. In der konkreten Argumentation werden dabei die vom Zweiten Senat herausgearbeiteten Vertrauenstatbestände vermischt.

III. Zusammenfassende Bewertung

Abschließend sind die dargestellten Entscheidungen des Bundesverfassungsgerichts aus 2010 und 2012 zusammenfassend zu betrachten. Mit diesen wurde die verfassungsrechtliche Rechtsprechung im Bereich der unechten Rückwirkung nicht unwesentlich modifiziert. Im Schrifttum hat die Rechtsprechungsänderung zum größten Teil eine positive Resonanz erfahren, weil sie den Vertrauensschutz signifikant stärkt.[964] Das Bundesverfassungsgericht habe seine Vertrauensschutzdogmatik grundlegend weiterentwickelt[965], es handele sich um einen Wendepunkt in der Rückwirkungsrechtsprechung[966]. Für den Gesetzgeber haben die Entscheidungen kaum zu überschätzende Auswirkungen, die weit über die Rückwirkungsfälle hinausgehen.[967]

Die neue Vertrauensschutzdogmatik gleicht die im Bereich der unechten Rückwirkung bestehenden Vertrauensschutzdefizite aus. Zwar war der Vertrauensschutz auch im Fall einer unechten Rückwirkung grundsätzlich anerkannt. Jedoch musste im Falle der Rückwirkung von Steuergesetzen das Vertrauensinteresse des Bürgers im Rahmen der Abwägung stets hinter dem

---

964 *Wissenschaftlicher Beirat Steuern der Ernst & Young GmbH*, Zur Rückwirkung von Normen des Steuerrechts, DB 2012, 761 (768), hält die Ergebnisse der Beschlüsse vom 07.07.2010 für weitgehend vertretbar, die Begründungen indessen für kompliziert und widersprüchlich.

965 *Desens*, Die neue Vertrauensschutzdogmatik des Bundesverfassungsgerichts für das Steuerrecht, StuW 2011, S. 113 (113).

966 *Musil/Lammers*, Die verfassungsrechtlichen Grenzen der Rückwirkung von Steuergesetzen am Beispiel der §§ 17, 23 EStG, BB 2011, S. 155 (160); *Hey*, Steuerrecht und Staatsrecht im Dialog: Nimmt das Steuerrecht in der Judikatur des BVerfG eine Sonderrolle ein?, StuW 2015, S. 3 (13), spricht von einem Quantensprung.

967 *Birk*, Der Schutz vermögenswerter Positionen bei der Änderung von Steuergesetzen, FR 2011, S. 1 (5).

Änderungsinteresse des Gesetzgebers zurücktreten. Der Steuerpflichtige war vor Gesetzesänderungen, die während einer Veranlagungsperiode mit Wirkung für diese in Kraft treten, praktisch schutzlos. Erstmals in der 60-jährigen Geschichte der Verfassungsrechtsprechung wurden unecht rückwirkende Steuerrechtsänderungen für verfassungswidrig erklärt. Mit der neuen Rechtsprechung korrigiert das Gericht letztlich die durch seine Veranlagungszeitraum-Rechtsprechung bedingte Schieflage[968] und etabliert erstmals einen echten Vertrauensschutz auch bei „unechten" Rückwirkungen[969].

Das Bundesverfassungsgericht setzt sich in den Entscheidungen mit der nachdrücklichen Kritik an seiner Rückwirkungsrechtsprechung auseinander, hält aber an seinem Standpunkt fest. Es behält den eingebürgerten richterrechtlich entwickelten Dualismus des Rückwirkungsbegriffs und die vertraute Terminologie bei. Auch die Veranlagungszeitraum-Rechtsprechung wird bestätigt. Die Abgrenzung bei periodischen Steuern erfolgt nach wie vor anhand der Entstehung des Steueranspruchs mit Abgeschlossenheit der Erhebungsperiode. Danach sind während des laufenden Veranlagungszeitraums erlassene Steuergesetze mit Wirkung für diesen der Kategorie der unechten Rückwirkung zuzuordnen. Solche Steuergesetze hielt die Rechtsprechung stets für verfassungskonform. Dies war auf einen defizitären Abwägungsvorgang zurückzuführen.

Zu anderen Ergebnissen gelangt das Gericht nun durch die Anerkennung von Vertrauenstatbeständen, die eine erhöhte Schutzbedürftigkeit indizieren. Ist einer dieser Vertrauenstatbestände erfüllt, unterliegt das rückwirkende Gesetz einer strengen, am Verhältnismäßigkeitsprinzip orientierten Rechtfertigungsprüfung. Somit wird unter Aufrechterhaltung des hohen Schutzniveaus von echten Rückwirkungen das Vertrauensschutzniveau im Bereich unechter Rückwirkungen deutlich angehoben.

Einen schutzwürdigen Vertrauenstatbestand können konkret gefestigte Vermögenspositionen begründen. Dies hat das Gericht bei Wertzuwächsen anerkannt, die bis zur Verkündung der Neuregelung nach der alten Rechtslage steuerfrei realisierbar waren. Zwar ist es zulässig, die nach der

968 *Hey*, Steuerrecht und Staatsrecht im Dialog: Nimmt das Steuerrecht in der Judikatur des BVerfG eine Sonderrolle ein?, StuW 2015, S. 3 (13), macht der neuen Rechtsprechung insofern einen Vorwurf, als diese eine Sonderdogmatik zur unechten Rückwirkung entwickeln muss, um die Folgen der bestehenden Sonderdogmatik im Rahmen der Abgrenzung wieder einzufangen.

969 *Desens*, Echter Vertrauensschutz bei „unechten" Rückwirkungen im Steuerrecht, FR 2013, S. 148 (148, 150).

Gesetzesverkündung realisierten Veräußerungsgewinne der Steuerpflicht zu unterwerfen. Das Gericht hält das Vertrauen auf zukünftig zu erwartende, steuerfreie Wertzuwächse für nicht schutzwürdig. Die nach altem Recht steuerfrei entstandenen Wertzuwächse wurden hingegen als schutzwürdig anerkannt. Bei der Gewinnermittlung dürfen daher die in der Vergangenheit steuerneutral entstandenen Wertzuwächse nicht erfasst werden. Es ist also zwischen Wertsteigerungen vor und nach der Gesetzesänderung zu differenzieren. Dieser Vertrauenstatbestand schützt auch einen passiven, nicht handelnden Steuerpflichtigen und garantiert mithin einen Bestandsschutz.

Nach der neuen Rechtsprechung können auch verbindliche Dispositionen einen schutzwürdigen Vertrauenstatbestand begründen. Das Gericht stellt klar, dass nicht jede Disposition vor rückwirkenden Gesetzesänderungen geschützt ist. Denn die Erwartung, das geltende Recht werde unverändert fortbestehen, geht nicht über das allgemeine Vertrauensinteresse hinaus. Um die besondere Schutzwürdigkeit einer Disposition zu begründen, müssen weitere Umstände hinzutreten. Das Gericht schränkt jedoch zugleich den Tatbestand verbindlicher Dispositionen ein: Kein Vertrauensschutz besteht, wenn die Dispositionsentscheidung zeitlich nach der Einbringung des Gesetzentwurfs in den Bundestag erfolgt. Dabei wird auf die Vorhersehbarkeit einer Rechtsänderung ab diesem Zeitpunkt und die Möglichkeit der Gestaltbarkeit durch eine vertragliche Anpassungsklausel verwiesen. Außerdem wird Dispositionsschutz zeitlich begrenzt gewährt und zwar – angesichts der notwendigen Flexibilität des Gesetzgebers – maximal über zwei Veranlagungszeiträume bzw. einen Veranlagungszeitraumwechsel. Der Erste Senat fordert zusätzlich, dass der Bürger die Dispositionsentscheidung maßgeblich beeinflusst und gestaltet.

Mit dem Vertrauenstatbestand verbindlicher Disposition greift die Rechtsprechung die Forderung des Schrifttums nach verfassungsrechtlichem Dispositionsschutz auf[970] und trägt der besonderen Schutzbedürftigkeit von Planungsentscheidungen Rechnung. Zu einem gänzlichen Dispositionsschutz konnte sich das Bundesverfassungsgericht dennoch nicht durchringen.[971] Zur

970 So auch *Desens*, Die neue Vertrauensschutzdogmatik des Bundesverfassungsgerichts für das Steuerrecht, StuW 2011, S. 113 (117); ferner *Musil*, Die Sicht der Steuerrechtswissenschaft auf das Verfassungsrecht, in: Schön/Röder (Hrsg.), Zukunftsfragen des deutschen Steuerrechts II, S. 129 (148). Dispositionsschutz wird jedoch nicht wie vorgeschlagen durch Einführung eines einheitlichen dispositionsbezogenen Rückwirkungsbegriffs verwirklicht.

971 Vgl. *Helbich*, Vertrauensschutz in Verwaltungsvorschriften des Steuerrechts, S. 144.

Bestimmung der Schutzwürdigkeit betätigten Vertrauens stellt die Rechtsprechung restriktive Kriterien auf. Dispositionsschutz ist auch in der neuen Vertrauensschutzdogmatik mit erheblichen Unsicherheiten behaftet.[972] Der neue, durch die nachfolgende Rechtsprechung des Ersten Senats abgeschwächte Vertrauenstatbestand bleibt somit deutlich hinter der Forderung des steuerrechtlichen Schrifttums zurück.[973]

Schließlich hat das Gericht mit der Verwirklichung des letzten Merkmals des materiellen Steuertatbestandes einen weiteren Vertrauenstatbestand anerkannt. Eine besondere Schutzbedürftigkeit resultiert hier daraus, dass ein nach Maßgabe alten Rechts vollständig verwirklichter Sachverhalt einen gesteigerten Grad an Abgeschlossenheit erreicht hat. Nach der Rechtsprechung des Zweiten Senats handelt es sich um einen selbstständigen Vertrauenstatbestand, der unabhängig von der Schutzwürdigkeit der zugrunde liegenden Disposition entsteht.[974] Das letzte Tatbestandsmerkmal muss allerdings im Zeitpunkt der Gesetzesverkündung verwirklicht sein.

In der Literatur wurde die Verwirklichung des letzten Merkmals des materiellen Steuertatbestandes im Rahmen der Rückwirkungsproblematik bereits diskutiert. Es wurde vorgeschlagen, die Abgrenzung zwischen den beiden Rückwirkungsarten anhand dieses Kriteriums vorzunehmen.[975] Zwar erfolgt die Abgrenzung in der Praxis nach wie vor veranlagungszeitraumbezogen. Das Bundesverfassungsgericht erkennt aber die vollständige Verwirklichung des Steuertatbestandes als einen besonders schutzwürdigen Vertrauenstatbestand an und integriert damit das Abgeschlossenheitskriterium in die Rückwirkungsdogmatik.[976] Auf diese Weise wirkt es dem durch die Veranlagungszeitraum-Rechtsprechung bedingten Ausfall des Vertrauensschutzes entgegen. Allerdings ist auch dieser Vertrauenstatbestand durch die Rechtsprechung des Ersten Senats deutlich abgeschwächt.

---

972 Siehe dazu *Wissenschaftlicher Beirat Steuern der Ernst & Young GmbH*, Zur Rückwirkung von Normen des Steuerrechts, DB 2012, S. 761 (767); *Wernsmann*, in: Hübschmann/Hepp/Spitaler (Hrsg.), AO/FGO, § 4 Rn. 769.

973 Siehe *Desens*, Echter Vertrauensschutz bei „unechten" Rückwirkungen im Steuerrecht, FR 2013, S. 148 (150).

974 So auch *Desens*, Die neue Vertrauensschutzdogmatik des Bundesverfassungsgerichts für das Steuerrecht, StuW 2011, S. 113 (120).

975 *Mellinghoff*, Vertrauen in das Steuergesetz, in: DStJG 27 (2004), S. 25 (43 ff.); *Spindler*, Rückwirkung von Steuergesetzen, in: DStJG 27 (2004), S. 69 (85 ff.).

976 Vgl. *Musil/Lammers*, Die verfassungsrechtlichen Grenzen der Rückwirkung von Steuergesetzen am Beispiel der §§ 17, 23 EStG, BB 2011, S. 156 (158).

Ist einer der drei anerkannten schutzwürdigen Vertrauenstatbestände einschlägig, findet eine Abwägung auf der Rechtfertigungsebene statt. Das Gericht verlangt hier eine konsequente Verhältnismäßigkeitsprüfung. Die besonderen Gründe, die eine Enttäuschung des Vertrauens rechtfertigen können, sind restriktiv zu handhaben. Weder das allgemeine Änderungsinteresse des Gesetzgebers noch das Ziel, Mehreinkünfte zu erzielen, können das Vertrauensinteresse überwiegen. Insofern ist die Rechtfertigungsprüfung derjenigen bei der echten Rückwirkung angenähert.[977] Die Formulierungen der beiden Senate zur potenziellen Rechtfertigung der Rückwirkung lassen zudem eine völlige Umkehr der Argumentationslast vermuten, die nun dem Staat auferlegt ist.[978] Während die Rechtsprechung früher regelmäßig von der Zulässigkeit belastender Gesetze mit unechter Rückwirkung ausging, wurde dieses Regel-Ausnahme-Verhältnis umgekehrt, sofern ein Vertrauenstatbestand vorliegt. Nunmehr müssen besondere Gründe vorliegen, welche die Einbeziehung der Altfälle in den Regelungsbereich eines neuen Gesetzes rechtfertigen. Das Gewicht der Abwägung wurde mithin ganz generell verschoben.[979]

Durch die Verhältnismäßigkeitsprüfung wird eine differenzierte Betrachtung des Einzelfalls unter Berücksichtigung vielfältiger Faktoren ermöglicht. Wegen dieses wertenden Ansatzes erlaubt die neue Rückwirkungsdogmatik keine klaren Prognosen.[980] Bemängelt wird daher das Fehlen hinreichend bestimmter Kriterien für eine derartige Grundsatzthematik, die dem Gesetzgeber von vornherein klare Grenzen aufzeigen und Gewissheit für den Steuerpflichtigen schaffen würden.[981] Die Unvorhersehbarkeit des Prüfungsergebnisses ist jedoch einem Konzept einzelfallbezogener Abwägung immanent. Jedenfalls ist durch die Herausarbeitung von einzelnen Vertrauenstatbeständen und das Aufstellen strenger Rechtfertigungsanforderungen der bisherige Abwägungsautomatismus im Bereich der unechten steuerrechtlichen Rückwirkungen überwunden.[982] Die

---

977 Der Rechtfertigungsmaßstab und das Schutzniveau bei beiden Rückwirkungsarten gleichen sich mithin auf der Rechtfertigungsebene an, dazu *Desens*, Die neue Vertrauensschutzdogmatik des Bundesverfassungsgerichts für das Steuerrecht, StuW 2011, S. 113 (117, 126).

978 *Maciejewski/Theilen*, Die aktuelle bundesverfassungsgerichtliche Spruchpraxis zu rückwirkenden Gesetzen, DÖV 2015, S. 271 (276).

979 *Hey*, Steuerrecht und Staatsrecht im Dialog: Nimmt das Steuerrecht in der Judikatur des BVerfG eine Sonderrolle ein?, StuW 2015, S. 3 (13).

980 Siehe etwa *Schulze-Fielitz*, in: Dreier (Hrsg.), GG II, Art. 20 Rn. 168 a.E.

981 *Wissenschaftlicher Beirat Steuern der Ernst & Young GmbH*, Zur Rückwirkung von Normen des Steuerrechts, DB 2012, S. 761 (761, 768).

982 Ähnlich *Wernsmann*, in: Hübschmann/Hepp/Spitaler (Hrsg.), AO/FGO, § 4 Rn. 767.

Modifizierung der Rückwirkungsrechtsprechung hat somit im Ergebnis den Vertrauensschutz des Bürgers substantiell gestärkt.[983]

Bedenken werden zudem im Hinblick auf die Einschränkung der Gestaltungsfreiheit des demokratisch legitimierten Gesetzgebers und die damit einhergehende Erschwernis von Reformen des Steuerrechts geäußert.[984] Insbesondere bei Steuertatbeständen, die an längere Wertsteigerungszeiträume anknüpfen, müssten komplexe Übergangsregelungen geschaffen werden, um bereits entstandene Wertsteigerungen zu sichern.[985] Die Einschränkung der gesetzgeberischen Handlungsfreiheit ist dabei die Kehrseite der Stärkung des Vertrauensschutzes und ist als Ergebnis des Ausgleichs widerstreitender Interessen hinzunehmen.

Die genaue verfassungsrechtliche Herleitung einzelner Vertrauenstatbestände bleibt unklar. Vertrauensschutz bei Verwirklichung des letzten Merkmals des materiellen Steuertatbestandes begründet das Gericht mit der Gewährleistungsfunktion des Rechts. Dies lässt die Herleitung aus dem Rechtsstaatsprinzip vermuten. Im Zusammenhang mit dem Dispositionsschutz wird an einer versteckten Stelle – und zwar im Rahmen der Rechtfertigungsprüfung – die allgemeine Handlungsfreiheit des Art. 2 Abs. 1 GG erwähnt. Die Relevanz der grundrechtlichen Eigentumsgarantie bei der konkret gefestigten Vermögensposition wird lediglich angedeutet, ohne diesen Vertrauenstatbestand ausdrücklich in Art. 14 GG zu verankern. Auch die Heranziehung des Gebots der Folgerichtigkeit und des Leistungsfähigkeitsprinzips als Ausprägungen des allgemeinen Gleichheitssatzes ist nicht überzeugend.

Zusammenfassend ist festzuhalten, dass die dargestellte Verfassungsrechtsprechung eine neue Ära in der Rückwirkungsdogmatik eingeleitet hat. Zwar ist die Systematik der Zulässigkeitsprüfung verkompliziert worden. Sie ermöglicht auch keine sichere Prognose über die Beurteilung einzelner Fälle. Im Ergebnis verdient sie jedoch Zustimmung, weil das Schutzniveau unechter Rückwirkung an das der echten Rückwirkung angenähert wurde, was den Vertrauensschutz

---

983 Z.B. *Birk*, Der Schutz vermögenswerter Positionen bei der Änderung von Steuergesetzen, FR 2011, S. 1 (5); siehe auch *Desens*, Die neue Vertrauensschutzdogmatik des Bundesverfassungsgerichts für das Steuerrecht, StuW 2011, S. 113 (124); *Schön*, Rückwirkungsschutz bei negativen Aktiengewinnen, DStZ 2018, S. 653 (659).

984 *Helbich*, Vertrauensschutz in Verwaltungsvorschriften des Steuerrechts, S. 151 f.; *Musil/Lammers*, Die verfassungsrechtlichen Grenzen der Rückwirkung von Steuergesetzen am Beispiel der §§ 17, 23 EStG, BB 2011, S. 155 (159 f.).

985 *Musil*, Die Sicht der Steuerrechtswissenschaft auf das Verfassungsrecht, in: Schön/Röder (Hrsg.), Zukunftsfragen des deutschen Steuerrechts II, S. 129 (148).

des Bürgers deutlich stärkt. Insgesamt sind die Judikate des Bundesverfassungsgerichts als Fortschritt in der Vertrauensschutzfrage zu werten.

B. Die Entscheidung des Bundesverfassungsgerichts vom 10.04.2018

In dem Urteil vom 10.04.2018[986] hat sich der Erste Senat mit der Verfassungsmäßigkeit von § 7 Satz 2 GewStG beschäftigt. Mit dieser Vorschrift wurde die Gewerbesteuerpflicht auf Gewinne aus der Veräußerung von Anteilen an einer Mitunternehmerschaft erweitert. Neben der Gleichheitsproblematik der Neuregelung bildete deren rückwirkende Inkraftsetzung für den Erhebungszeitraum 2002 den Schwerpunkt der Entscheidung. Nachfolgend ist zu untersuchen, ob diese Rückwirkungsrechtsprechung die im Jahr 2010 vom Zweiten Senat vollzogene Rechtsprechungsänderung gefestigt hat.

I. Streitgegenstand

Anlass des Verfahrens war die Verfassungsbeschwerde einer gewerblich tätigen Kommanditgesellschaft. Diese wendete sich gegen die Festsetzung der Gewerbesteuer, die auf Gewinne aus der Veräußerung der Mitunternehmeranteile durch die Kommanditisten von der Finanzverwaltung unter Anwendung des § 7 Satz 2 GewStG n.F. berechnet wurde. Nach erfolglosem Vorverfahren leitete die Kommanditgesellschaft ein Gerichtsverfahren ein. Die zum FG Bremen erhobene Klage[987] hatte nur teilweise Erfolg. Gemäß dem Hilfsantrag der Klägerin wurde der Veräußerungsgewinn nicht in voller Höhe besteuert. Ihrer Auffassung, § 7 Satz 2 GewStG verstoße gegen die Verfassung, folgte das Gericht hingegen nicht. Der Bundesfinanzhof wies die Revision zurück.[988]

Der Erste Senat des Bundesverfassungsgerichts hatte über die Verfassungsmäßigkeit des mittelbar angegriffenen § 7 Satz 2 GewStG zu entscheiden. Dieser wurde durch das Fünfte Gesetz zur Änderung des Steuerbeamten-Ausbildungsgesetzes und zur Änderung von Steuergesetzen (StBAÄG)[989] eingeführt. Die Neuregelung unterwirft Gewinne aus der Veräußerung eines Betriebs, eines Teilbetriebs oder Anteilen eines Gesellschafters, der als Mitunternehmer anzusehen ist, der Gewerbesteuer. Ausgenommen sind Veräußerungsgewinne,

---

986 BVerfGE 148, 217 (217 ff.).

987 FG Bremen, Urteil vom 07.02.2007 – 3 K 73/05 (5).

988 BFH, Urteil vom 22.07.2010 – IV R 29/07, BStBl. II 2011, S. 511.

989 BGBl. I 2002, S. 2715.

soweit sie auf eine natürliche Person als unmittelbar beteiligte Mitunternehmerin entfallen.

Aufgrund eines redaktionellen Versehens des Gesetzgebers liegt der neuen Vorschrift eine ungewöhnliche Gesetzgebungsgeschichte zugrunde. Ein Entwurf zur Änderung des § 7 GewStG wurde bereits zuvor im Rahmen des Gesetzes zur Fortentwicklung des Unternehmenssteuerrechts (UntStFG) am 17.08.2001 dem Bundesrat zugeleitet[990] und am 10.09.2001 in den Bundestag eingebracht. Die damalige Entwurfsfassung des neuen § 7 Satz 2 GewStG stimmte bereits weitestgehend mit der im Jahr 2002 eingefügten Neuregelung überein. Auf Vorschlag des Finanzausschusses vom 07.11.2001[991] wurde lediglich eine Änderung dahingehend vorgenommen, dass im letzten Halbsatz des zweiten Satzes vor Mitunternehmer „unmittelbar beteiligte" eingefügt wurde, so dass von der Steuerpflicht natürliche Personen als unmittelbar beteiligte Mitunternehmer befreit waren.

Der Bundestag verabschiedete das UntStFG in seiner Sitzung am 14.12.2001. Nach Zustimmung des Bundesrates wurde es am 24.12.2001 im Bundesgesetzblatt veröffentlicht.[992] Die Neuregelung des § 7 Satz 2 GewStG trat am Tag nach der Verkündung in Kraft und war erstmals für den Erhebungszeitraum 2002 anzuwenden.

Zwischenzeitlich hatte der Bundestag im Rahmen des Solidarpaktfortführungsgesetzes (SFG) ebenfalls eine Neufassung des § 7 Satz 2 GewStG beschlossen. Sie stand in keinem inhaltlichen Zusammenhang mit der gewerbesteuerlichen Behandlung von Veräußerungsgewinnen, die Gegenstand der Regelung des UntStFG war. Das SFG vom 20.12.2001 wurde am 27.12.2001 verkündet[993] und ordnete die Neufassung des § 7 Satz 2 GewStG mit dem Entwurfsinhalt nach dem SFG an. Aufgrund dieser zeitlichen Verkündungsabfolge wurde § 7 Satz 2 GewStG in der Fassung des UntStFG durch eine erneute Änderung im Rahmen des SFG „überschrieben". Die durch das UntStFG geplante Neuregelung des § 7 Satz 2 GewStG war nur wenige Tage in Kraft. Infolge der Verkündung des SFG wurde sie noch vor dem Zeitpunkt ihrer erstmaligen Anwendung abgeschafft.

Um das redaktionelle Versehen zu beseitigen, wurde die gewünschte Regelung, die den Wortlaut des § 7 Satz 2 GewStG in der Fassung des UntStFG wieder aufgriff und damit der „überschriebenen" Vorschrift entsprach, auf Vorschlag des Finanzausschusses durch das StBAÄG wieder eingeführt.[994] Das am 23.07.2002

990 BR-Drs. 638/01.
991 BT-Drs. 14/7343, S. 40.
992 BGBl. I 2001, S. 3858.
993 BGBl. I 2001, S. 3955.
994 BT-Drs. 14/8887, S. 26.

beschlossene Gesetz wurde am 26.07.2002 verkündet.[995] Die Neufassung des § 7 Satz 2 GewStG war erstmals für den Erhebungszeitraum 2002 anzuwenden.

In den Jahren 2001 und 2002 veräußerten alle an der Beschwerdeführerin beteiligten Kommanditisten mit Ausnahme einer GmbH ihre Kommanditanteile. Zur Vorbereitung auf den angestrebten Verkauf schlossen die Gesellschafter im Juli 2001 eine Gesellschaftervereinbarung. Mit dem Abschluss eines Anteilskaufvertrages wurde ein Lenkungsausschuss beauftragt. Am 05.08.2001 kam es zwischen dem Lenkungsausschuss im Namen der veräußernden Kommanditisten, der Beschwerdeführerin und dem Erwerber zum Abschluss eines Kauf- und Abtretungsvertrages („Sale Agreement"). Der Übergang des wirtschaftlichen Eigentums sowie die dingliche Abtretung der Kommanditanteile, die unter der aufschiebenden Bedingung einer mehrheitlichen Zustimmung der Gesellschafter stand, waren frühestens für den 01.02.2002 vorgesehen. Am 01.09.2001 genehmigte eine außerordentliche Gesellschafterversammlung der Beschwerdeführerin das Sale Agreement und stimmte der beabsichtigten Abtretung zu. Die dingliche Anteilsübertragung erfolgte vertragsgemäß am 01.02.2002. Die Finanzverwaltung unterwarf diesen Veräußerungsvorgang im Erhebungszeitraum 2002 der Gewerbesteuer unter Anwendung des § 7 Satz 2 GewStG in der Fassung des StBAÄG.

Zur besseren Übersicht ist der Sachverhalt chronologisch zusammenzufassen:

Juli 2001	Gesellschaftervereinbarung zur Vorbereitung des angestrebten Verkaufs
05.08.2001	Abschluss des Sale Agreements
17.08.2001	Zuleitung des Entwurfs des UntStFG an den Bundesrat
01.09.2001	Zustimmung der Gesellschafterversammlung
14.12.2001	Gesetzesbeschluss im Bundestag
20.12.2001	Änderung des § 7 GewStG im Rahmen des SFG
24.12.2001	Verkündung des UntStFG
27.12.2001	Verkündung des SFG
01.02.2002	Abtretung der Gesellschafteranteile
20.02.2002	Einbringung des Gesetzentwurfs zum StBAÄG in den Bundestag
24.04.2002	Aufnahme des § 7 GewStG in das StBAÄG
23.07.2002	Beschluss im Bundestag
26.07.2002	Verkündung des StBAÄG

995 BGBl. I 2002, S. 2715.

Der Erste Senat des Bundesverfassungsgerichts hielt § 7 Satz 2 GewStG im Einklang mit der Auffassung des Bundesfinanzhofs für verfassungskonform. Die Verfassungsbeschwerde wurde als unbegründet zurückgewiesen. Die Neuregelung verstoße weder gegen den Gleichheitsgrundsatz des Art. 3 Abs. 1 GG noch gegen das verfassungsrechtliche Rückwirkungsverbot.

II. Entscheidungsgründe

Ausführungen des Gerichts, die sich auf den möglichen Verstoß gegen das Leistungsfähigkeitsprinzip[996] sowie auf die Verletzung von prozessualen grundrechtsgleichen Rechten[997] beziehen, sind für die hier im Fokus stehende Rückwirkungsproblematik nicht relevant und werden daher nicht näher erörtert.

Im Rahmen der Prüfung der Verfassungsmäßigkeit der rückwirkenden Geltungsanordnung der streitigen Norm wiederholte das Gericht zunächst die Kernaussagen der Rückwirkungsrechtsprechung unter Bezugnahme auf die

996 Das Bundesverfassungsgericht verneinte die Verletzung des allgemeinen Gleichheitssatzes des Art. 3 Abs. 1 GG. Ein „durchgreifender Konflikt mit dem Leistungsfähigkeitsprinzip" liegt aus seiner Sicht nicht vor, weil der beim veräußernden Gesellschafter verbleibende Erlös durch erhöhte Anschaffungskosten beim einrückenden Erwerber abgebildet wird und damit die Leistungsfähigkeit der Gesellschaft als Steuerschuldnerin unverändert erhalten bleibt. Im Übrigen verwies der Senat darauf, dass es Sache der Gesellschaft sei, die interne Verteilung der Steuerlast zu regeln, BVerfGE 148, 217 (Rn. 110 f.). Auch die Privilegierung des auf natürliche Personen als unmittelbar beteiligte Mitunternehmer entfallenden Veräußerungsgewinns hat das Gericht als gerechtfertigt angesehen. Als hinreichend gewichtigen Grund der Ungleichbehandlung sieht es die Bekämpfung der Steuergestaltung zur Umgehung der Gewerbesteuerpflicht. Denn nach der früheren Rechtslage bestand für Kapitalgesellschaften die Möglichkeit, Wirtschaftsgüter zunächst erfolgsneutral in eine Personengesellschaft einzubringen und sie anschließend durch Verkauf der Beteiligung hieran gewerbesteuerfrei zu veräußern. Durch Einführung des § 7 Satz 2 GewStG habe der Gesetzgeber solche Umgehungsstrategien unterbinden wollen. Insbesondere durfte der Gesetzgeber bei unmittelbar beteiligten natürlichen Personen ein von vornherein geringeres Umgehungspotenzial als bei Kapitalgesellschaften oder Personengesellschaften annehmen, zum Ganzen BVerfGE 148, 217 (Rn. 112 ff.); kritisch hierzu *Siebert/Sommer/Grün*, Verfassungsmäßigkeit des § 7 S. 2 Nr. 2 GewStG, DStR 2019, S. 367 (368 ff.); *Schreiber*, Gewerbesteuerliche Veräußerung von Mitunternehmeranteilen, FuS 2018, S. 172 (173); *Roser*, Gewerbesteuerpflichtige Mitunternehmeranteilsveräußerung nach § 7 Satz 2 GewStG, FR 2018, S. 421 (422 f.).

997 BVerfGE 148, 217 (Rn. 158).

Beschlüsse aus den Jahren 2010 und 2012.[998] Unter Zugrundelegung der Dichotomie des Rückwirkungsbegriffs stufte es § 7 Satz 2 GewStG als unechte Rückwirkung ein. Die Abgrenzung erfolgte auch hier anhand der Veranlagungsperiode. Eine echte Rückwirkung liege nur dann vor, wenn der Gesetzgeber eine bereits entstandene Steuerschuld nachträglich abändert.[999] Für den Bereich des Gewerbesteuerrechts bedeute dies, dass die Änderung von Normen mit Wirkung für den laufenden Erhebungszeitraum der Kategorie der unechten Rückwirkung zuzuordnen ist.[1000] Die Gewerbesteuerpflicht der Beschwerdeführerin aus der Veräußerung der Geschäftsanteile ihrer Mitunternehmer ist erst am Ende des Erhebungszeitraums 2002 für den in diesem Zeitraum realisierten Veräußerungsgewinn entstanden.[1001] Demnach entfalte die am 26.07.2002 verkündete Neuregelung des § 7 Satz 2 GewStG, die erstmals für den Erhebungszeitraum 2002 anzuwenden war und damit auf den Anfang des Erhebungszeitraums zurückwirkte, unechte Rückwirkung.

Unter Verweis auf die Entscheidung desselben Senats aus dem Jahr 2012[1002] stellte das Gericht fest, dass für die Beurteilung der Verfassungsmäßigkeit einer Steuernorm, sofern sie nach diesen Grundsätzen innerhalb eines Veranlagungs- oder Erhebungszeitraumes unechte Rückwirkung entfaltet, im Verhältnis zu sonstigen Fällen unechter Rückwirkung gesteigerte Anforderungen gelten. Allerdings sei auch in diesem Fall eine unechte Rückwirkung nicht grundsätzlich unzulässig.[1003] Die unechte Rückwirkung sei mit den Grundsätzen des verfassungsrechtlichen Vertrauensschutzes nur vereinbar, wenn sie zur Förderung des Gesetzeszwecks geeignet und erforderlich sei und wenn bei einer Gesamtabwägung zwischen dem Gewicht des enttäuschten Vertrauens und dem Gewicht

998 BVerfGE 148, 217 (Rn. 134 ff.). Hinsichtlich der Herleitung des Rückwirkungsverbotes stellt das Gericht ohne nähere Begründung fest, es beruhe auf den Prinzipien der Rechtssicherheit und des Vertrauensschutzes, BVerfGE 148, 217 (Rn. 134). An einer anderen Stelle ist vom grundrechtlichen und rechtsstaatlichen Vertrauensschutz die Rede, BVerfGE 148, 217 (Rn. 139).

999 BVerfGE 148, 217 (Rn. 137).

1000 BVerfGE, a.a.O.

1001 BVerfGE 148, 217 (Rn. 142). Nicht maßgeblich für die verfassungsrechtliche Einordnung ist nach Auffassung des Gerichts das UntStFG, welches § 7 Satz 2 GewStG in der auch heute geltenden Fassung zwar bereits in das Gewerbesteuergesetz eingefügt hatte, jedoch zum Zeitpunkt seiner erstmaligen Anwendung bereits wieder außer Kraft gesetzt worden war.

1002 BVerfGE 132, 302 (Rn. 45).

1003 BVerfGE 148, 217 (Rn. 138).

und der Dringlichkeit der die Rechtsänderung rechtfertigenden Gründe die Grenze der Zumutbarkeit gewahrt bleibe.[1004] Eine Enttäuschung seines Vertrauens in die alte Rechtslage müsse der Normadressat nur hinnehmen, soweit dies aufgrund besonderer, gerade die Rückanknüpfung rechtfertigender öffentlicher Interessen unter Wahrung der Verhältnismäßigkeit gerechtfertigt sei.[1005] Bei der Beurteilung, wo demnach jeweils die verfassungsrechtlichen Zulässigkeitsgrenzen einer unechten Rückwirkung innerhalb eines Veranlagungs- oder Erhebungszeitraums liegen, komme es auf die Umstände des Einzelfalls an.[1006] Die einzelnen vom Zweiten Senat entwickelten Vertrauenstatbestände wurden aufgezählt, wobei der Zufluss von Leistungen vor Gesetzesverkündung als Unterfall der verfestigten Erwartung auf Vermögenszuwächse dargestellt wurde.[1007]

Anschließend an diese allgemeinen Aussagen prüfte das Gericht die verfassungsrechtliche Zulässigkeit der streitigen Rückwirkung. Ohne nach einzelnen Vertrauenstatbeständen zu differenzieren, wurde zunächst die Schutzwürdigkeit des Vertrauens der Beschwerdeführerin bewertet. Für die Beantwortung der Frage, ab welchem Zeitpunkt nicht mehr auf den Bestand der noch geltenden Rechtslage vertraut werden kann, seien in erster Linie der Gang des Gesetzgebungsverfahrens und dabei vor allem die öffentliche Bekanntgabe entsprechender Entwurfstexte entscheidend.[1008] Die Entstehungsgeschichte des § 7 Satz 2 GewStG kann hier nach Auffassung des Gerichts nicht außer Betracht bleiben. Es stellte nicht auf die Entstehung der Neuregelung im Rahmen des StBAÄG[1009], sondern auf das Gesetzgebungsverfahren zum UntStFG ab. Zwar handele es sich um zwei selbstständige Gesetzgebungsvorhaben mit unterschiedlichen Gegenständen und je eigenen Gesetzgebungsverfahren. Bei der Beurteilung der Vorhersehbarkeit der nachteiligen Änderungen der Rechtslage seien jedoch beide Verfahren als ein einheitliches zu behandeln, weil die ursprünglich im UntStFG geplante und schließlich erst durch das StBAÄG umgesetzte Neuregelung des § 7 Satz 2 GewStG ein und dasselbe Gesetzgebungsziel mit demselben

1004 BVerfGE 148, 217 (Rn. 139).
1005 BVerfGE, a.a.O.
1006 BVerfGE 148, 217 (Rn. 140).
1007 BVerfGE, a.a.O.
1008 BVerfGE 148, 217 (145 ff.).
1009 In diesem Fall wäre der Zeitpunkt der Beschlussempfehlung des Finanzausschusses vom 24.04.2002 zum Entwurf dieses Gesetzes maßgeblich. Durch diese Empfehlung wurde erstmals für das Gesetzgebungsvorhaben die erneute Einfügung des Satzes 2 in § 7 GewStG zur „Beseitigung eines redaktionellen Versehens“ vorgeschlagen, BVerfGE 148, 217 (Rn. 146).

Inhalt durch denselben Gesetzgeber betrifft.[1010] Angesichts der Besonderheiten im Ablauf dieses Gesetzgebungsverfahrens mussten die Gewerbetreibenden von einer alsbaldigen Reparatur des Redaktionsfehlers ausgehen.

Im Rahmen des Gesetzgebungsverfahrens hielt der Senat den Zeitpunkt der Zuleitung der Gesetzesvorlage durch die Bundesregierung zum Bundesrat für vertrauenszerstörend. Dabei nahm er Bezug auf die jüngste Rechtsprechung, die auf die Einbringung eines Gesetzentwurfs in den Bundestag abstellt.[1011] Die dort angestellten Erwägungen würden auch hier gelten. In beiden Fällen habe sich ein nach dem Grundgesetz initiativberechtigtes Verfassungsorgan entschlossen, ein Gesetzgebungsverfahren förmlich einzuleiten. Entscheidend sei ein ausformulierter Gesetzentwurf als Beschlussvorlage.[1012] Die Zuleitung der Gesetzesvorlage an den Bundesrat sei nicht mehr und nicht weniger verbindlich als die Einbringung in den Bundestag. Im Hinblick auf die vertrauenszerstörende Wirkung sei kein qualitativer Unterschied zur Einbringung einer Gesetzesvorlage in den Bundestag erkennbar. Eine Differenzierung würde vielmehr einen Wertungswiderspruch bedeuteten.[1013] Mit ihrer Veröffentlichung hätten die durch das Vorhaben Betroffenen die Möglichkeit, sich in ihrem Verhalten auf die etwaige Gesetzesänderung – etwa durch entsprechende Anpassungsklauseln – einzustellen.[1014]

Als verbindliche Entscheidungen über die Anteilsveräußerungen wertete der Senat nicht das bereits am 05.08.2001 beschlossene Sale Agreement, sondern erst die Zustimmung zu diesem durch die Gesellschafter der Beschwerdeführerin. Insofern schloss sich der Senat der fachgerichtlichen Deutung

---

1010 BVerfGE, 148, 217 (Rn. 147). Keine vertrauenszerstörende Wirkung sollen hingegen vergebliche Gesetzesinitiativen haben, die über mehrere Legislaturperioden immer wieder in Angriff genommen werden, ehe sie schließlich zu einem Gesetz führen. Es sei grundsätzlich nicht vorhersehbar, ob ein im parlamentarischen Verfahren gescheitertes Vorhaben von einem späteren Gesetzgeber wieder aufgegriffen wird. Vorliegend habe es keinerlei öffentliche Bekundungen oder sonstige Signale gegeben, die den Rückschluss zugelassen hätten, dass der (identische) Gesetzgeber nach dem versehentlichen Scheitern des § 7 Satz 2 GewStG im Dezember 2001 von diesem Gesetzgebungsvorhaben hätte Abstand nehmen wollen.

1011 BVerfGE 148, 217 (Rn. 151) unter Verweis auf BVerfGE 127, 31 (50); 143, 246 (Rn. 377).

1012 BVerfGE 148, 217 (Rn. 152).

1013 BVerfGE, a.a.O.

1014 BVerfGE, a.a.O.; kritisch hierzu *Siebert/Sommer/Grün*, Verfassungsmäßigkeit des § 7 S. 2 Nr. 2 GewStG, DStR 2019, S. 367 (371 f.), die die Folgen für die Praxis und die gesellschaftsrechtlichen Gestaltungsmöglichkeiten zur Verteilung der Steuerlast beleuchten.

der Veräußerungsvereinbarung durch den Bundesfinanzhof an, wonach erst die Zustimmung in der außerordentlichen Gesellschafterversammlung am 01.09.2001 zur rechtlich verbindlichen Disposition über die Geschäftsanteile geführt hat. Zu diesem Zeitpunkt war der Gesetzentwurf zum neuen § 7 Satz 2 GewStG in der Bundesratsdrucksache bereits veröffentlicht. Die Beschwerdeführerin hätte demzufolge nicht auf die Steuerfreiheit von Anteilsveräußerungen durch ihre Gesellschafter vertrauen können. Nach Auffassung des Gerichts erfasst die daraus folgende Einschränkung des Vertrauensschutzes angesichts der klaren Zielsetzung des Gesetzgebers auch die spätere Begrenzung des Ausnahmetatbestandes des § 7 Satz 2 Halbsatz 2 GewStG auf natürliche Personen als „unmittelbar beteiligte" Mitunternehmer.[1015]

Der Senat verneinte einen Verstoß gegen den Grundsatz des Vertrauensschutzes auch insoweit, als die Neuregelung Veräußerungsgewinne erfasst, die zwar vor Verkündung des Gesetzes im Juli 2002 den Verkäufern zugeflossen sind, aber auf Dispositionen beruhen, die erst nach der Zuleitung des Gesetzes an den Bundesrat verbindlich getroffen wurden.[1016] Ein etwaiges Vertrauen sei hier mit dem Einbringen und der Veröffentlichung des Gesetzentwurfs zerstört. Gewinne aus Dispositionen, die erst danach vorgenommen wurden, hindern den Gesetzgeber nicht an einer unecht rückwirkenden Steuerbelastung, selbst wenn die Erträge vor der Verkündung des Gesetzes zugeflossen sind.[1017] Elemente besonderer Schutzwürdigkeit, wie sie das Bundesverfassungsgericht in seinem Beschluss zur Entschädigungsregelung des § 34 Abs. 1 EStG mit Rücksicht auf damals betroffene Abfindungsvereinbarungen zwischen Arbeitgebern und Arbeitnehmern angenommen hatte, seien hier nicht erkennbar.[1018] Positiv wurde zudem bewertet, dass die im Juli 2002 verkündete Neuregelung nicht mit Rückwirkung auf den Zeitpunkt der Zuleitung des Gesetzentwurfs des UntStFG zum Bundesrat im August 2001, sondern – deutlich moderater – erst für den Erhebungszeitraum 2002 in Kraft gesetzt wurde.[1019] Übersehen wurde dabei, dass § 7 Satz 2 GewStG auch ohne redaktionelles Versehen des Gesetzgebers erst für den Erhebungszeitraum 2002 anwendbar gewesen wäre.

1015 BVerfGE 148, 217 (Rn. 156).

1016 BVerfGE 148, 217 (Rn. 157).

1017 BVerfGE, a.a.O. unter Bezugnahme auf BVerfGE 132, 302 (Rn. 64 ff.).

1018 BVerfGE, a.a.O.

1019 BVerfGE, a.a.O.

III. Entscheidungsbewertung

Die Entscheidungsbegründung wirft einige Fragen auf. Zwar nimmt der Erste Senat ausdrücklich Bezug auf die Rechtsprechung aus dem Jahr 2010. Auch die einzelnen, vom Zweiten Senat entwickelten Vertrauenstatbestände werden aufgezählt. Bei der Subsumtion des konkreten Falles werden die neuen Prüfungsmaßstäbe jedoch nicht konsequent angewandt. Während der Vertrauenstatbestand der vollständigen Verwirklichung des materiellen Steuertatbestandes nur oberflächlich behandelt wird, fehlt eine Auseinandersetzung mit dem Vertrauenstatbestand der konkret verfestigten Vermögensposition völlig. Unter Zugrundelegung der Rechtsprechung des Zweiten Senats hätte man hier zu anderen Ergebnissen kommen müssen.

1. Vertrauenstatbestand der verbindlichen Disposition

Eine Disposition liegt hier in der Entscheidung, die Mitunternehmeranteile zu veräußern. Das am 05.08.2001 abgeschlossene Sale Agreement hält das Gericht nicht für maßgeblich. Es stellt auf die Zustimmung der Gesellschafterversammlung am 01.09.2001 mit dem Argument ab, dass die schuldrechtliche Vereinbarung erst in diesem Zeitpunkt endgültig verbindlich geworden ist. Zwingend ist diese Beurteilung jedoch nicht. Denn mit dem Abschluss des Sale Agreements wurde der Veräußerungsentschluss manifestiert. Die wirtschaftliche Entscheidung des einzelnen veräußernden Kommanditisten war bereits ab diesem Zeitpunkt bindend.[1020] Der Umstand, dass manche Entscheidungen zu ihrer Wirksamkeit der Zustimmung bestimmter Gremien bedürfen, kann nicht über die Gewährung des Vertrauensschutzes entscheiden.

Bezüglich der Schutzwürdigkeit des Vertrauens stellt das Gericht klar, dass bereits die Veröffentlichung der Beschlussvorlage eines initiativberechtigten Verfassungsorgans das Vertrauen in den Fortbestand der geltenden Rechtslage zerstören kann. Dies liegt auf einer Linie mit der vorherigen Rechtsprechung zum Dispositionsschutz. Sie stellte auf den Zeitpunkt des öffentlichen Bekanntwerdens von geplanten Gesetzesänderungen ab. Ab diesem Zeitpunkt sind die möglichen zukünftigen Gesetzesänderungen allgemein vorhersehbar und von den Betroffenen bei ihren Entscheidungen zu berücksichtigen. Dementsprechend

---

1020 In Anwendung der Entscheidung des Zweiten Senats zu Entschädigungszahlungen sieht auch *Birk*, Der Schutz vermögenswerter Positionen bei der Änderung von Steuergesetzen, FR 2011, S. 1 (6), eine schutzwürdige Disposition in dem am 05.08.2001 geschlossenen Vertrag über die Veräußerung der Mitunternehmeranteile.

wurden solche Dispositionen als nicht mehr schutzwürdig angesehen, die nach Einbringung des Gesetzentwurfs in den Bundestag erfolgten.[1021] In dem vom Ersten Senat 2012 entschiedenen Fall, in dem die streitige Gesetzesänderung nicht im ursprünglichen Gesetzentwurf enthalten war, sondern erst auf Vorschlag des Vermittlungsausschusses aufgenommen wurde, stellte das Gericht auf diesen Zeitpunkt ab.[1022] In der vorliegenden Konstellation kommt der Zuleitung des Gesetzentwurfs der Bundesregierung zum Bundesrat vertrauenszerstörende Wirkung zu, weil damit das Gesetzesvorhaben erstmals publik wurde. Insofern hat der Senat den vertrauenszerstörenden Zeitpunkt fallbezogen konkretisiert.

Fragwürdig ist hingegen die Berücksichtigung des früheren Gesetzgebungsverfahrens bei der Beurteilung der Schutzwürdigkeit des Vertrauens. Die rückwirkend eingefügte Gewerbesteuerpflicht für Anteilsveräußerungen war bereits Gegenstand des Verfahrens zum UntStFG. Zwar hatte die Regelung des § 7 Satz 2 GewStG in beiden Verfahren denselben Inhalt[1023] und verfolgte das gleiche Gesetzgebungsziel. Jedoch war der erste Versuch wegen des Versehens des Gesetzgebers gescheitert. Dieser gesetzgeberische Fehler ging hier zu Lasten des Steuerpflichtigen. Nach Auffassung des Gerichts musste der Steuerpflichtige während der laufenden Legislaturperiode damit rechnen, dass das Gesetzesvorhaben wieder aufgegriffen wird.[1024] Dies führt zu erheblicher Unsicherheit und widerspricht gerade dem vom Vertrauensschutzgrundsatz verfolgten Zweck. In den Fällen eines gescheiterten Gesetzgebungsvorhabens, die nicht ungewöhnlich sind, könnte sich der Betroffene bis zum Wechsel des Parlaments nicht auf die geltende Rechtslage verlassen. Die in diesem Zeitraum getroffenen, am geltenden Recht ausgerichteten Dispositionen wären demnach völlig schutzlos. Außerdem kann dem Bürger nicht zugemutet werden, legislatorische Entwicklungen einschließlich früherer Gesetzgebungsverfahren zu verfolgen und diese auf eventuelle Fehler zu überprüfen. Damit sind die Anforderungen an seine Sorgfaltspflichten unverhältnismäßig ausgedehnt.[1025]

Würde man hier auf die Einbringung des § 7 Satz 2 GewStG in das Gesetzgebungsverfahren zum StBAÄG am 24.04.2002 abstellen, wäre eine schutzwürdige

---

1021 BVerfGE 127, 31 (50 f.).

1022 BVerfGE 132, 302 (Rn. 59 ff.).

1023 Kritisch zur Einbeziehung von Personengesellschaften, obwohl die erste Entwurfsfassung nur Kapitalgesellschaften erfasste, *Siebert/Sommer/Grün*, Verfassungsmäßigkeit des § 7 S. 2 Nr. 2 GewStG, DStR 2019, S. 367 (370 f.).

1024 BVerfGE 148, 217 (Rn. 148 f.).

1025 Dazu auch *Siebert/Sommer/Grün*, Verfassungsmäßigkeit des § 7 S. 2 Nr. 2 GewStG, DStR 2019, S. 367 (370).

verbindliche Disposition zu bejahen. Denn sowohl das Sale Agreement als auch die Zustimmung durch die Gesellschafterversammlung erfolgten bereits im Jahr 2001. Das Rechtsgeschäft wurde auch vollständig am 01.02.2002 durch Abtretung der Gesellschafteranteile und Zahlung des Kaufpreises abgewickelt. Somit hatte die Veräußerungsvereinbarung ihre steuerliche Wirkung innerhalb eines Veranlagungszeitraumwechsels. Auch beim Abstellen auf den Abschluss des Sale Agreements, welches hier bereits vor Zuleitung des Entwurfs des UntStFG an den Bundesrat am 05.08.2001 erfolgte, läge der Vertrauenstatbestand der verbindlichen Disposition vor.

2. *Verwirklichung des materiellen Steuertatbestandes*

In dem Beschluss zur Reduzierung des Vergünstigungstarifs (§ 34 EStG) postulierte der Zweite Senat den Vertrauenstatbestand der vollständigen Erfüllung des besonderen Steuertatbestandes.[1026] Mit der Verwirklichung des letzten Merkmals des materiellen Steuertatbestandes (im dortigen Fall mit dem Zufluss von Entschädigungszahlungen) erreicht der Sachverhalt einen gesteigerten Grad an Abgeschlossenheit. Nach Auffassung des Gerichts kann sich der Bürger unabhängig von der Schutzwürdigkeit der zugrundeliegenden Disposition auf die Gewährleistungsfunktion des in diesem Zeitpunkt geltenden Rechts berufen. Ist der materielle Steuertatbestand bis zur Verkündung der Neuregelung vollständig verwirklicht, kann eine rückwirkende Regelung nur unter strenger Einhaltung des Verhältnismäßigkeitsgrundsatzes gerechtfertigt sein.

Im vorliegenden Fall erfolgte die Abtretung der Gesellschaftsanteile und die Zahlung des Kaufpreises am 01.02.2002. Der Gewinn, der gemäß der Neuregelung des § 7 Satz 2 GewStG besteuert wurde, ist unter der Geltung der alten Rechtslage den veräußernden Gesellschaftern zugeflossen. Der die Steuerpflicht auslösende Tatbestand war mithin noch vor der Verkündung des hier maßgeblichen StBAÄG am 26.07.2002 vollständig verwirklicht. Die Betroffenen können sich somit auf die Gewährleistungsfunktion des Rechts berufen.

Dennoch sieht das Gericht keinen Verstoß gegen den Grundsatz des Vertrauensschutzes, soweit die Neuregelung Veräußerungsgewinne erfasst, die vor ihrer Verkündung zugeflossen sind. Wie schon in seiner Entscheidung aus dem Jahr 2012[1027], knüpft der Erste Senat an die zugrundeliegende Disposition an. Diese sei hier nicht schutzwürdig, weil sie erst nach der Zuleitung des Gesetzes an den

1026 BVerfGE 127, 31 (57 ff.); dazu oben A.I.2.b).cc).
1027 BVerfGE 132, 302 (Rn. 64 ff.).

Bundesrat verbindlich getroffen wurde.[1028] Auch die sonstigen Umstände des konkreten Falles begründen keine besondere Schutzwürdigkeit.

Obwohl der Zweite Senat den Vertrauenstatbestand der vollständigen Verwirklichung des Steuertatbestandes als einen eigenständigen, von der Disposition gerade unabhängigen Vertrauenstatbestand entwickelt hat, haben die beiden Folgeentscheidungen des Ersten Senats dies im Ergebnis nicht bestätigt. Danach greift dieser Vertrauenstatbestand nur dann ein, wenn die Disposition, die den Steuervorgang auslöst, schutzwürdig ist. In diesen Fällen ist jedoch bereits der Vertrauenstatbestand der verbindlichen Disposition erfüllt. Durch die Anknüpfung an die zugrundeliegende Disposition verliert der Vertrauenstatbestand der vollständigen Verwirklichung des materiellen Steuertatbestandes an Bedeutung.

3. *Konkret gefestigte Vermögensposition*

Der vom Zweiten Senat in den Entscheidungen zur Verlängerung der Spekulationsfrist und zur Absenkung der relevanten Beteiligungsquote entwickelte Vertrauenstatbestand der gefestigten Vermögensposition wurde in der vorliegenden Entscheidung völlig vernachlässigt. Die Auseinandersetzung des Ersten Senats mit diesem Vertrauenstatbestand erschöpft sich in einem Satz. Im Rahmen der Prüfung der Erheblichkeit des Gewinnzuflusses vor Gesetzesverkündung stellt das Gericht lapidar fest: „Eine besonders verfestigte Vermögensposition, die einem unecht rückwirkenden Zugriff des Steuergesetzgebers entzogen wäre, besteht hier zu Gunsten der Beschwerdeführerin nicht“.[1029]

Nach der Rechtsprechung des Zweiten Senats[1030] dürfen die im Zeitpunkt der Gesetzesverkündung vorhandenen Erwerbs- und Vermögenspositionen nicht in die Steuerbelastung einbezogen werden. Wertsteigerungen, die unter Geltung der alten Rechtslage entstanden sind und bis zur Gesetzesverkündung steuerfrei hätten realisiert werden können, erklärte das Gericht für schutzwürdig. Dies führt dazu, dass bezogen auf den Zeitpunkt der Verkündung des Änderungsgesetzes eine fiktive Wertermittlung erfolgen muss. Die Neuregelung darf nur diejenigen Vermögens- und Erwerbsteile erfassen, die nach ihrer Verkündung entstehen. Durch die Rechtsfigur der konkret gefestigten Vermögensposition hat der Zweite Senat den Vertrauensschutz des Steuerbürgers deutlich gestärkt.[1031]

1028 BVerfGE 148, 217 (Rn. 157).

1029 BVerfGE 148, 217 (Rn. 157).

1030 BVerfGE 127, 1 (21); 127, 61 (80); dazu oben unter A.I.2.b).aa).

1031 *Birk*, Der Schutz vermögenswerter Positionen bei der Änderung von Steuergesetzen, FR 2011, S. 1 (5).

Unter Anwendung dieser Grundsätze ist § 7 Satz 2 GewStG insoweit verfassungswidrig, als in einem Veräußerungsgewinn Wertsteigerungen (stille Reserven) steuerlich erfasst werden, die sich bis zur Verkündung des Gesetzes gebildet haben.[1032] Nach der alten Rechtslage hätten die durch Veräußerung des Gesellschaftsanteils aufgedeckten stillen Reserven gewerbesteuerfrei realisiert werden können. Denn Gewinne aus der Veräußerung eines Gewerbebetriebs, Teilbetriebs oder Mitunternehmeranteils unterlagen vor Einführung des § 7 Satz 2 GewStG grundsätzlich nicht der Gewerbesteuer. Dies galt nach der gefestigten finanzgerichtlichen Rechtsprechung auch bei Veräußerung durch eine Kapitalgesellschaft.

Die bis dahin nicht steuerverhafteten Wertzuwächse einer Beteiligung wurden durch die Neuregelung erstmalig steuerlich erfasst. Es handelt sich mithin um die erstmalige Verstrickung stiller Reserven aus (gewerbe-)steuerfreier Zeit.[1033] Daher kann bei im steuerfreien Bereich eingetretenen Wertsteigerungen von einem Nachholen der Besteuerung zum Veräußerungszeitpunkt keine Rede sein. Nach der Rechtsprechung des Zweiten Senats begründen solche Wertzuwächse eine konkret gefestigte Vermögensposition. Sie sind bis zum Zeitpunkt der Verkündung des belastenden Änderungsgesetzes geschützt. Deren nachträgliche Entwertung kann nur ausnahmsweise unter strenger Verhältnismäßigkeitsprüfung gerechtfertigt werden. Die jenseits der steuerlichen Verstrickung entstandenen Wertsteigerungen müssen weiterhin steuerfrei bleiben und dürfen daher bei späterer Veräußerung nicht in die Bemessungsgrundlage eingehen.

Die Besteuerung zukünftiger, also nach der Gesetzesverkündung entstehender Wertzuwächse, die mit der späteren Veräußerung der Gesellschaftsanteile realisiert werden, begegnet hingegen keinen verfassungsrechtlichen Bedenken. Somit muss sichergestellt werden, dass bei der Ermittlung des gewerbesteuerlichen Veräußerungsgewinns die unter der Geltung der alten Rechtslage entstandenen stillen Reserven ausgenommen sind. Selbst wenn man im vorliegenden

---

1032 Von einem Widerspruch zur Rechtsprechung des Zweiten Senats gehen auch *Siebert/Sommer/Grün*, Verfassungsmäßigkeit des § 7 S. 2 Nr. 2 GewStG, DStR 2019, S. 367 (371), aus. Bereits die vorangegangene Revisionsentscheidung des BFH kritisiert insofern *Birk*, Der Schutz vermögenswerter Positionen bei der Änderung von Steuergesetzen, FR 2011, S. 1 (6); auch *Desens*, Die neue Vertrauensschutzdogmatik des Bundesverfassungsgerichts für das Steuerrecht, StuW 2011, S. 113 (122 f.), hält die Rückwirkung des § 7 Satz 2 GewStG wegen ungerechtfertigter Entwertung gefestigter Vermögenspositionen für verfassungswidrig.

1033 Siehe auch *Roser*, Gewerbesteuerpflichtige Mitunternehmeranteilsveräußerung nach § 7 Satz 2 GewStG, FR 2018, S. 421 (424).

Fall auf den Zeitpunkt der Verkündung des UntStFG am 24.12.2001 abstellt, hätten nur die im Zeitraum zwischen Verkündung und Realisierung entstandenen Wertzuwächse besteuert werden dürfen.[1034]

4. *Interessenabwägung*

Die Interessenabwägung fällt im vorliegenden Fall zugunsten der Beschwerdeführerin aus. Nach der neuen Rechtsprechung des Bundesverfassungsgerichts muss der Normadressat eine Enttäuschung seines Vertrauens in die alte Rechtslage auch bei unechter Rückwirkung nur hinnehmen, soweit dies aufgrund besonderer, gerade die Rückanknüpfung rechtfertigender öffentlicher Interessen unter Wahrung des Verhältnismäßigkeitsprinzips gerechtfertigt ist.[1035] Diesen Anforderungen hält die Rückwirkungsanordnung des § 7 Satz 2 GewStG nicht stand.

Das Argument der Missbrauchsbekämpfung mag hier zwar die Ungleichbehandlung rechtfertigen[1036], eignet sich jedoch zur Rechtfertigung einer Rückwirkung nicht.[1037] Ausweislich der Gesetzesmaterialien sollte durch die Einführung von § 7 Satz 2 GewStG die bis dahin mögliche und auch genutzte steuerliche Umgehungsgestaltung ausgeschlossen werden. Nach der alten Rechtslage waren Kapitalgesellschaften für Gewinne aus der Veräußerung einzelner Wirtschaftsgüter, aber auch aus der Veräußerung von Betrieben oder Teilbetrieben uneingeschränkt gewerbesteuerpflichtig. Ihre Gewinne aus der Veräußerung eines Anteils an einer Personengesellschaft waren hingegen nicht steuerbar. Mithin bestand die Möglichkeit, die Wirtschaftsgüter zunächst steuerneutral in eine Personengesellschaft nach § 6 Abs. 5 Satz 3 EStG einzubringen und sie anschließend durch den Verkauf der Beteiligung hieran gewerbesteuerfrei zu veräußern.[1038] Die durch die Neuregelung in § 7 Satz 2 Nr. 2 GewStG auch für solche Veräußerungsgewinne eingeführte Gewerbesteuerpflicht hält der Gesetzgeber zur Vermeidung der als missbräuchlich angesehenen Gestaltungen „für unverzichtbar“.[1039]

1034 So auch *Birk*, Der Schutz vermögenswerter Positionen bei der Änderung von Steuergesetzen, FR 2011, S. 1 (6).

1035 BVerfGE 127, 1 (20); 127, 31 (48 f.); 127, 61 (78).

1036 BVerfGE 148, 217 (Rn. 123 ff.).

1037 Da der Senat bereits das Vorliegen schutzwürdigen Vertrauens verneint, findet keine Abwägung zwischen dem Änderungs- und dem Fortbestandsinteresse unter Gesichtspunkten der Verhältnismäßigkeit und Zumutbarkeit statt.

1038 Vgl. BT-Drs. 14/6882, S. 41.

1039 BT-Drs. 14/6882, S. 41.

Zwar verfolgt der Gesetzgeber mit der Bekämpfung von Steuergestaltung zur Umgehung der Gewerbesteuerpflicht ein legitimes Ziel. Dennoch stellt es keinen hinreichend gewichtigen Rechtfertigungsgrund für die Rückbeziehung der Neuregelung auf den Beginn des Veranlagungszeitraums dar. Grundsätzlich handelt es sich nicht um Missbrauch, wenn Steuerpflichtige darum bemüht sind, die Vorteile geltenden Rechts für sich zu nutzen.[1040] Vielmehr gehört dies zu den legitimen Dispositionen im grundrechtlich geschützten Bereich der allgemeinen (wirtschaftlichen) Handlungsfreiheit. Hält der Gesetzgeber die bestehenden gesetzlichen Gestaltungsmöglichkeiten für missbräuchlich, ist er nicht daran gehindert, diese für die Zukunft zu unterbinden. Die nachträgliche Entwertung von Entscheidungen des Steuerpflichtigen, die an der geltenden Rechtslage ausgerichtet sind, ist ihm jedoch nicht gestattet. Die Missbrauchsbekämpfung kann daher die Einbeziehung der Altfälle nicht rechtfertigen. Vorliegend ist auch keine Sondersituation gegeben, in der etwa missbräuchliche steuerliche Gestaltungen möglichst ohne Verzögerung verhindert werden müssen. Weder waren größere Steuerausfälle ohne rückwirkende Geltungsanordnung zu befürchten noch hat der Gesetzgeber solche tatsächlich befürchtet.

Das redaktionelle Versehen bei der Einführung des SFG, im Rahmen dessen die Regelung des § 7 GewStG ohne Absicht überschrieben wurde, ist ebenfalls kein hinreichend gewichtiger Rechtfertigungsgrund für die angeordnete Rückwirkung. Auch eine unverzüglich erfolgte Reparatur eines Redaktionsfehlers kann einen Eingriff in Dispositionen des Bürgers nicht legitimieren.[1041] Das redaktionelle Versehen des Gesetzgebers als Folge zunehmend nachlassender Gesetzesqualität darf nicht zu Lasten des Bürgers gehen und erlaubt somit keine rückwirkende Gesetzgebung.

Da auch sonst keine Rechtfertigungsgründe erkennbar sind, ist die rückwirkende Erweiterung der Gewerbesteuerpflicht in § 7 Satz 2 Nr. 2 GewStG nicht zulässig.

IV. Zusammenfassung

Insgesamt bleibt festzuhalten, dass die aktuelle Rechtsprechung des Ersten Senats die vom Zweiten Senat im Jahr 2010 eingeschlagene Linie nicht konsequent fortsetzt. Während das Gericht den vertrauenszerstörenden Zeitpunkt bei verbindlichen Dispositionen fallbezogen konkretisierte, hat es den Vertrauenstatbestand

1040 Siehe BVerfGE 127, 31 (59 f.).

1041 Vgl. dazu auch *Roser*, Gewerbesteuerpflichtige Mitunternehmeranteilsveräußerung nach § 7 Satz 2 GewStG, FR 2018, S. 421 (424).

gefestigter Vermögenspositionen gar nicht geprüft. Den Vertrauenstatbestand der Verwirklichung des materiellen Steuertatbestandes, der vom Zweiten Senat als ein eigenständiger Tatbestand konzipiert wurde, macht der Erste Senat im Anschluss an seine Entscheidung aus dem Jahr 2012 von der zugrundeliegenden Disposition abhängig. Nach den Maßstäben des Zweiten Senats hätte die Entscheidung anders ausfallen müssen.[1042] Die Rechtsprechung des Ersten Senats ist restriktiver und schränkt den Vertrauensschutz des Bürgers wieder ein. Zudem erzeugt die inkonsequente Umsetzung der Rückwirkungsrechtsprechung des Zweiten Senats erhebliche Unsicherheit im Hinblick auf die Bewertung künftiger Fallgestaltungen.[1043] Eine sichere Prognose über die Verfassungsmäßigkeit einer Rückwirkung ist nicht möglich.

C. KAGG-Beschluss des Bundesverfassungsgerichts vom 17.12.2013

Die Entscheidung des Ersten Senats vom 17.12.2013[1044] setzt sich grundlegend mit dem Sonderfall einer klarstellenden Gesetzgebung auseinander. Bestehen Auslegungs- und Anwendungsprobleme hinsichtlich einer bestimmten gesetzlichen Regelung oder entsprechen die Auslegungsergebnisse nicht den Vorstellungen und Erwartungen des Gesetzgebers, versucht er häufig mit Hilfe einer „Klarstellung" die eigene Rechtsauffassung durchzusetzen und damit seiner ursprünglichen Intention zum Durchbruch zu verhelfen. Neben den Auslegungsdivergenzen ist die schlechte Qualität der Gesetzgebung für den Nachbesserungs- und Reparaturbedarf ursächlich. Derartige Reparaturgesetze werden oft mit ex-tunc Wirkung erlassen. Dabei gibt der Gesetzgeber die Neuregelung als bloße „Klarstellung" aus oder verweist auf die Befugnis zur authentischen Interpretation.[1045] Besonders häufig bedient sich die Legislative dieser Technik

1042 Siehe *Birk*, Der Schutz vermögenswerter Positionen bei der Änderung von Steuergesetzen, FR 2011, S. 1 (5 f.), zur Entscheidung der Vorinstanz.

1043 Ähnlich *Siebert/Sommer/Grün*, Verfassungsmäßigkeit des § 7 S. 2 Nr. 2 GewStG, DStR 2019, S. 367 (371, 373), die ebenfalls von einem Widerspruch zur Rechtsprechung des Zweiten Senats ausgehen.

1044 BVerfGE 135, 1 (1 ff.).

1045 Näher zur Problematik der authentischen Interpretation von Gesetzen, die im gewaltenteilenden Verfassungsstaat des Grundgesetzes keinen Platz hat, *Schnapp*, Unbegrenzte Nachbesserung von Gesetzen bei unklarer und verworrener Rechtslage?, JZ 2011, S. 1125 (1128 ff.); zum Problemkreis der „klarstellenden" Gesetzgebung siehe etwa *Schön*, „Rückwirkende Klarstellungen" des Steuergesetzgebers als Verfassungsproblem, in: Festschrift für J. Lang, S. 221 (221 ff.).

im Bereich der regelmäßig von Fiskalinteressen geleiteten Steuergesetzgebung. Hier führen solche Änderungen in der Regel zur Mehrbelastung des Bürgers. Als Legitimationsgrund für die Rückwirkung wird der Ausnahmetatbestand einer unklaren und verworrenen Rechtslage angeführt. Zur verfassungsrechtlichen Zulässigkeit solcher Gesetzesklarstellungen für die Vergangenheit nahm das Bundesverfassungsgericht in seinem Beschluss ausführlich Stellung. Die hier getroffenen grundsätzlichen Aussagen zur gesetzgeberischen Gestaltungsbefugnis für unklare, offene Rechtsfragen reichen weit über den entschiedenen Fall hinaus.

I. Der Anlassfall

Auch dieser Entscheidung lag eine steuergesetzliche Rückwirkung zugrunde. In der Überzeugung der Verfassungswidrigkeit eines „klarstellenden" Gesetzes rief das FG Münster das Bundesverfassungsgericht an.[1046] In dem Vorlagebeschluss ging es um die Frage, ab wann das im Rahmen des Steuersenkungsgesetzes vom 23.10.2000[1047] eingeführte Verbot von Teilwertabschreibungen (§ 8b Abs. 3 KStG) auch auf Kapitalanlagegesellschaften anwendbar ist. § 40a Abs. 1 Satz 1 KAGG verwies in seiner ursprünglichen Fassung des Steuersenkungsgesetzes nur auf § 8b Abs. 2 KStG, der die Steuerfreiheit für Gewinne aus Anteilsveräußerungen anordnet. Eine ausdrückliche Verweisung auf Absatz 3 des § 8b KStG, der korrespondierend zu der Steuerfreiheit die Berücksichtigung von Gewinnminderungen (Teilwertabschreibungen, Veräußerungsverlusten) ausschließt, enthielt er hingegen nicht. Zur Anwendbarkeit dieser Regelung konnte man im Wege der Auslegung gelangen.[1048] Eine solche Auslegung vertraten die Finanzverwaltung und einzelne Finanzgerichte, unumstritten war sie jedoch nicht. Bereits im Vorfeld der Klärung dieser Auslegungsfrage auf der Ebene der obersten Gerichte ergänzte der Gesetzgeber den § 40a Abs. 1 KAGG um einen weiteren Satz 2, der das Abzugsverbot des § 8b Abs. 3 KStG nun ausdrücklich

1046 Beschluss vom 22.02.2008, Az.: 9 K 5096/07 K.

1047 BGBl. I 2000, S. 1433.

1048 Dies vor allem mit dem Argument, dass bei wörtlicher Anwendung der Norm eine Asymmetrie entsteht, weil die steuerliche Freistellung von Gewinnen aus Anteilen an Investmentfonds bei gleichzeitiger steuerlicher Berücksichtigung von hiermit verbundenen Verlusten einen Wertungswiderspruch darstellt (Kehrseitenbetrachtung). Der fehlende Verweis konnte somit mit guten Gründen als Redaktionsfehler angesehen werden.

für anwendbar erklärte.[1049] Diese Gesetzesänderung bezeichnete er als „redaktionelle Klarstellung".[1050] Die Geltung dieser Neuregelung erstreckte sich gemäß § 43 Abs. 18 KAGG auf alle vergangenen Veranlagungszeiträume, soweit Festsetzungen noch nicht bestandskräftig waren. Entgegen der Begründung des Regierungsentwurfs sprach das FG Münster der Neuregelung den deklaratorischen Charakter ab und stufte diese als konstitutive Änderung ein. Es hielt die rückwirkende Anordnung für eine unzulässige echte Rückwirkung.

II. Entscheidung des Bundesverfassungsgerichts

Der Erste Senat des Bundesverfassungsgerichts bestätigte die Auffassung des vorlegenden Finanzgerichts und erklärte § 43 Abs. 18 KAGG wegen Verletzung des rechtsstaatlichen Rückwirkungsverbots für nichtig, soweit dieser die Anwendung des § 40a Abs. 1 Satz 2 KAGG auf die Veranlagungszeiträume 2001 und 2002 anordnete.[1051]

1. Rückwirkung im materiellen und formellen Sinne

Der verfassungsrechtlichen Beurteilung legt das Gericht das herkömmliche dualistische Rückwirkungskonzept zugrunde. Im ersten Schritt stellt es daher fest, dass die streitgegenständliche Vorschrift, die abgeschlossene Veranlagungszeiträume erfasst, jedenfalls in formaler Hinsicht echte Rückwirkung entfalte.[1052] Die verfassungsrechtlichen Grundsätze des Verbots echt rückwirkender Gesetze beanspruchen hier auch in materiell-rechtlicher Hinsicht Geltung, weil die Neuregelung gegenüber der alten Rechtslage als konstitutive Änderung zu behandeln sei.[1053]

1049 Einführung des § 40a Abs. 1 Satz 2 KAGG durch das Gesetz zur Umsetzung der Protokollerklärung der Bundesregierung zur Vermittlungsempfehlung zum Steuervergünstigungsabbaugesetz vom 22.12.2003 (das sogenannte „Korb II"-Gesetz), BGBl. I 2003, S. 2840.

1050 BT-Drs. 15/1518, S. 17.

1051 *Schön*, Rückwirkungsschutz bei negativen Aktiengewinnen, DStZ 2018, S. 653 (658 ff.), untersucht, ob es sich bei der Erstreckung der Neuregelung auf die bis zu ihrer Verkündung am 27.12.2003 bzw. bis zum Gesetzesbeschluss am 22.12.2003 eingetretenen Wertminderungen um eine zulässige (unechte) Rückwirkung für den Veranlagungszeitraum 2003 handelt.

1052 BVerfGE 135, 1 (Rn. 40).

1053 BVerfGE 135, 1 (Rn. 41).

Eine solche Differenzierung zwischen Rückwirkung in formeller und materieller Hinsicht gehört zwar nicht zum festen Repertoire der Rückwirkungsrechtsprechung. Mit ihr wird aber keine neue Terminologie eingeführt. Im vorliegenden Fall soll diese Differenzierung lediglich verdeutlichen, dass die Neuregelung eine Änderung der Rechtslage herbeiführt. Damit liegt hier auch bei materieller Betrachtung eine Rückwirkung vor. Würde sich die Neuregelung hingegen – wie in der Gesetzesbegründung angenommen – in einer bloßen Wiederholung der ohnehin bestehenden Rechtslage erschöpfen, bedürfte sie, trotz formaler Anknüpfung an die Vergangenheit, keiner besonderen Rechtfertigung.[1054] Das Vertrauen in das geltende Recht ist von vornherein nicht berührt, wenn das geltende Recht keine materielle Änderung erfahren hat.[1055]

2. *Abgrenzung zwischen konstitutiver und deklaratorischer Gesetzesänderung*

Um die Rückwirkungsproblematik zu umgehen, bezeichnet der Gesetzgeber eine Änderung gerne als „rein klarstellend", „bloß deklaratorisch" oder spricht ihr „lediglich redaktionellen Charakter" zu.[1056] Fraglich ist, wann es sich tatsächlich um eine lediglich deklaratorische Regelung ohne materiellen Änderungsgehalt und damit um eine „Klarstellung" der wahren Rechtslage handelt. Aus vertrauensschutzrechtlicher Sicht ist die Abgrenzung zwischen nachträglichen konstitutiven und lediglich deklaratorischen Gesetzesänderungen von immenser Bedeutung. Denn das Rückwirkungsverbot gilt nur für konstitutive Gesetzesänderungen. Rückwirkende Neuregelungen deklaratorischer Art, die die Rechtslage nicht ändern, sondern nur formulierungstechnisch klarstellen bzw. bestätigen, was die ursprünglich verkündete Norm von Anfang an anordnete[1057],

---

1054 *Maciejewski/Theilen*, Die aktuelle bundesverfassungsgerichtliche Spruchpraxis zu rückwirkenden Gesetzen, DÖV 2015, S. 271 (273 f.), sehen in der vorgenommenen Differenzierung eine bloß terminologische Präzisierung; *Wiese/Berner*, Rückwirkende Gesetzesklarstellungen und ihre verfassungsrechtliche Zulässigkeit, DStR 2014, S. 1260 (1262), plädieren für die Aufgabe dieser Unterscheidung, weil sie keinen Mehrwert darstellt.

1055 BVerfGE 135, 1 (Rn. 42).

1056 Siehe z.B. die Gesetzesbegründung zur Neufassung von § 50d Abs. 10 EStG, BT-Drs. 16/11108, S. 23; ferner BT-Drs. 16/7076, S. 186; 17/7524, S. 10; BR-Drs. 184/14, S. 98; kritisch zur Bagatellisierung in Gesetzesbegründungen mit weiteren Nachweisen aus der Praxis *Hey*, Steuerplanungssicherheit als Rechtsproblem, S. 368.

1057 BVerfGE 135, 1 (Rn. 42); siehe schon früher BVerfGE 131, 20 (37); 126, 369 (393); 18, 429 (436); 50, 177 (193).

sind verfassungsrechtlich unproblematisch. Solche Gesetzesänderungen unterliegen gerade nicht den für Rückwirkungen geltenden verfassungsrechtlichen Einschränkungen.

Vor diesem Hintergrund geht der Senat instruktiv auf die Abgrenzungsfrage ein und erörtert, ob die streitgegenständliche Regelung gegenüber dem alten Recht deklaratorisch oder konstitutiv wirkt. Dabei ist nach Auffassung des Gerichts die in der Gesetzesbegründung vertretene Auffassung des Gesetzgebers nicht verbindlich.[1058] Sie schränke weder die Kontrollrechte und -pflichten der Judikative ein, noch relativiere sie die für diese maßgeblichen verfassungsrechtlichen Maßstäbe.[1059] Zur verbindlichen Auslegung von Normen seien die für die Rechtsanwendung zuständigen Gerichte berufen. Dazu gehöre auch die Frage, ob eine Norm konstitutiven oder deklaratorischen Charakter habe.[1060] Unter Hinweis auf die frühere Rechtsprechung bestätigt das Gericht, dass der Gesetzgeber keine Befugnis zur authentischen Interpretation gesetzlicher Vorschriften hat.[1061]

Eine „Klarstellung" sei aus verfassungsrechtlicher Sicht stets schon dann als konstitutiv anzusehen, wenn sie sich bei einer auslegungsbedürftigen Norm für oder gegen eine vertretbare Auslegung entscheidet und damit ernstliche Auslegungszweifel im geltenden Recht beseitigt.[1062] Konkretisiert wird diese Aussage dahingehend, dass für die Einordnung einer rückwirkenden Regelung als konstitutiv die Feststellung genügt, dass die geänderte Norm in ihrer ursprünglichen Fassung von den Gerichten in einem Sinn ausgelegt werden konnte und ausgelegt worden ist, der mit der Neuregelung ausgeschlossen werden soll.[1063] Eine rückwirkende Klärung der Rechtslage sei in jedem Fall dann als konstitutiv rückwirkende Regelung anzusehen, „wenn der Gesetzgeber damit nachträglich einer höchstrichterlich geklärten Auslegung des Gesetzes den Boden zu entziehen sucht".[1064] Eine nachträgliche klarstellende Regelung habe aber grundsätzlich auch dann konstitutive Wirkung, wenn sie eine in der Fachgerichtsbarkeit kontroverse Auslegungsfrage entscheidet, die noch nicht höchstrichterlich geklärt ist.[1065] Die konstitutive Wirkung einer Gesetzesänderung sei

1058 BVerfGE 135, 1 (Rn. 47).
1059 BVerfGE, a.a.O.
1060 BVerfGE 135, 1 (Rn. 48).
1061 BVerfGE 135, a.a.O. unter Hinweis auf BVerfGE 126, 369 (392); 131, 20 (37).
1062 BVerfGE 135, 1 (Rn. 49 ff.).
1063 BVerfGE 135, 1 (Rn. 49) unter Verweis auf BVerfGE 131, 20 (37 f.).
1064 BVerfGE 135, 1 (Rn. 55).
1065 BVerfGE 135, 1 (Rn. 56).

daher anzunehmen, wenn dadurch eine – auch unterinstanzliche – fachgerichtliche Auslegung nachträglich ausgeschlossen werden soll.[1066]

Ausgehend von diesen Abgrenzungsmaßstäben ordnete das Gericht die rückwirkende „Klarstellung“ der Anwendbarkeit des Abzugsverbots als konstitutiv ein, weil § 40a Abs. 1 KAGG vor der Anfügung des Satzes 2 in jeweils vertretbarer Weise im Sinne der Anwendung des § 8b Abs. 3 KStG a.F. wie auch im Sinne seiner Nichtanwendung ausgelegt werden konnte.[1067] Dass bis zu der Verkündung des Korb II-Gesetzes im Bundesgesetzblatt noch keine gerichtliche Entscheidung zu dieser Frage ergangen war, rechtfertige keine andere Betrachtung. Denn der Gesetzgeber werde auch dann gestalterisch tätig, wenn er in einen noch offenen Auslegungsprozess eingreift.[1068]

3. *Fallgruppe der unklaren und verworrenen Rechtslage*

Nachdem der Senat die konstitutive Wirkung der streitgegenständlichen Norm bejaht hatte, prüfte er die Zulässigkeit der angeordneten echten Rückwirkung.[1069] Von den anerkannten Fallgruppen, die eine echte Rückwirkung ausnahmsweise rechtfertigen können, kommt hier vor allem diejenige der Unklarheit und Verworrenheit der ursprünglichen Gesetzeslage in Betracht. Dieser Ausnahmetatbestand wird, bezogen auf den Fall gesetzgeberischer „Klarstellungen“, präzisiert.

Das Bundesverfassungsgericht betont die verfassungsrechtlich der rechtsprechenden Gewalt vorbehaltene Befugnis zur verbindlichen Auslegung von Gesetzen und stellt der Unklarheit der Rechtslage die bloße Auslegungsoffenheit gegenüber. Die bloße Auslegungsbedürftigkeit einer Norm reiche nicht aus, um deren rückwirkende Änderung zu rechtfertigen; erst wenn die Auslegungsoffenheit ein Maß erreiche, das zur Verworrenheit der Rechtslage führt, dürfe der Gesetzgeber eine klärende Neuregelung auf die Vergangenheit erstrecken.[1070]

1066 BVerfGE, a.a.O.

1067 BVerfGE 135, 1 (Rn. 59). Das Bundesverfassungsgericht hat dabei allein über die Verfassungsmäßigkeit der Rückwirkung entschieden. Es ist nach eigener Auffassung nicht verpflichtet, die in diesen Fällen noch nicht höchstrichterlich entschiedene aber umstrittene Auslegung des einfachen Rechts selbst vorzunehmen. Angezeigt ist dies etwa dann, wenn der vom vorlegenden Gericht zum einfachen Recht vertretene Rechtsstandpunkt auf verfassungsrechtliche Bedenken stoße. Dies sei hier nicht der Fall, so dass es weiterhin der Fachgerichtsbarkeit aufgegeben ist, den Inhalt der alten Rechtslage durch Auslegung zu klären.

1068 BVerfGE 135, 1 (Rn. 59).

1069 BVerfGE 135, 1 (Rn. 60 ff.).

1070 BVerfGE 135, 1 (Rn. 67).

Hervorgehoben wird das grundsätzliche Verbot echter Rückwirkung. Eine Ausnahme hiervon erfordere das Vorliegen besonderer Umstände, die ein Vertrauen in die bestehende Rechtslage nicht entstehen lassen oder entstandenes Vertrauen wieder zerstören. Die schlichte Auslegungsoffenheit und Auslegungsbedürftigkeit einer Norm und die damit bestehende Unsicherheit über deren Inhalt sei keine solche Besonderheit.[1071] Andernfalls bestünde gerade in den Anfangsjahren einer gesetzlichen Regelung die Möglichkeit einer rückwirkenden Korrektur, weil sich mangels gefestigter Rechtsprechung nie ein schutzwürdiges Vertrauen entwickeln könnte.[1072] Würde jede erkennbare Auslegungsproblematik ein Hindernis für das Entstehen schutzwürdigen Vertrauens darstellen, stünde es dem Gesetzgeber weitgehend frei, das geltende Recht immer schon dann rückwirkend zu ändern, wenn es ihm opportun erscheint.[1073] Zwar kann der Gesetzgeber, sollte die Anwendung des Rechts nicht seinen Vorstellungen und Erwartungen entsprechen, das geltende Recht für die Zukunft in seinem Sinne ändern; einen „Freibrief" für rückwirkende Gesetzesänderungen verschafft ihm eine schlicht auslegungsbedürftige und insofern unklare Rechtslage hingegen nicht.[1074]

Angesichts der sich gerade bei neuen Normen häufig stellenden Auslegungsfragen bestünde die Gefahr, dass das Regel-Ausnahme-Verhältnis bei der echten Rückwirkung in sein Gegenteil verkehrt würde.[1075] Daher erfordert die eine Rückwirkung rechtfertigende Unklarheit der Rechtslage zusätzliche qualifizierende Umstände, die das geltende Recht so verworren erscheinen lassen, dass es keine Vertrauensgrundlage mehr bilden kann.[1076] Nach Auffassung des Gerichts liegt eine solche Verworrenheit insbesondere dann vor, wenn auch unter Berücksichtigung von Wortlaut, Systematik und Normzweck völlig unverständlich ist, welche Bedeutung die fragliche Norm haben soll.[1077]

Angewendet auf den Streitfall stellte das Gericht fest, dass die höchstrichterlich noch nicht geklärte Auslegung des § 40a Abs. 1 KAGG und der insoweit auf der Ebene der Finanzgerichte fehlende Konsens noch keine verworrene

1071 BVerfGE 135, 1 (Rn. 68).
1072 BVerfGE, a.a.O.
1073 BVerfGE 135, 1 (Rn. 69).
1074 BVerfGE, a.a.O.
1075 BVerfGE 135, 1 (Rn. 71); siehe dazu auch *Schön*, „Rückwirkende Klarstellungen" des Steuergesetzgebers als Verfassungsproblem, in: Festschrift für J. Lang, S. 221 (228).
1076 BVerfGE 135, 1 (Rn. 72).
1077 BVerfGE, a.a.O.; kritisch hierzu *Osterloh*, Neuere Entwicklungen zum verfassungsrechtlichen Vertrauensschutz im Steuerrecht, StuW 2015, S. 201 (208 f.).

Rechtslage begründen.[1078] Die Auslegungsbedürftigkeit der Norm, die hier zu divergierenden, jedoch für sich genommen jeweils vertretbaren Standpunkten geführt hat, rechtfertige keine „Klarstellung" durch ein echt rückwirkendes Gesetz.[1079]

III. Reaktionen auf die Entscheidung

Die Entscheidung der Senatsmehrheit wurde bereits im Sondervotum von *J. Masing* aus mehreren Gründen scharf kritisiert.[1080] Die Meinungen im Schrifttum fielen unterschiedlich aus. Der Beschluss gab einen Anstoß zur Debatte über die Grundlagen der Vertrauensschutzdogmatik. Die äußerst gewagten abstrakten Äußerungen des Senats werfen die grundsätzliche Frage auf, ob es neben dem subjektivrechtlich orientierten Vertrauensschutz auch den Schutz des abstrakten objektiven Vertrauens gibt.[1081] Darüber hinaus bot der Beschluss Anlass,

---

1078 BVerfGE 135, 1 (Rn. 73). Nach *Schnapp*, Unbegrenzte Nachbesserung von Gesetzen bei unklarer und verworrener Rechtslage?, JZ 2011, S. 1125 (1131), begründen die Auslegungsdifferenzen zwischen verschiedenen Gerichten eines Rechtszuges oder zwischen den Senaten eines obersten Bundesgerichts keine Interventionsbefugnis des Gesetzgebers. Erst mit der Entscheidung des dann anzurufenden Revisionsgerichts oder dessen Großen Senats sei der Klarstellungsprozess abgeschlossen und die Rechtslage nicht mehr unklar. Das Gleiche gilt bei Auslegungsdifferenzen zwischen den obersten Gerichtshöfen des Bundes; in diesem Fall ist der Gemeinsame Senat der obersten Gerichtshöfe des Bundes anzurufen; vgl. zur Zusammensetzung des Gemeinsamen Senats der obersten Gerichtshöfe des Bundes allgemein *Silberzahn*, Das Konzept einer allgemeinen Prozessrechtslehre in Gesetzgebung und Rechtsdogmatik, S. 40.

1079 Anschließend prüft das Gericht, ob die Rückwirkung ausnahmsweise gerechtfertigt ist, weil ein Fall der Systemwidrigkeit und Unbilligkeit der Rechtslage vorliegt, BVerfGE 135, 1 (Rn. 74 ff.). Dies wurde im Ergebnis verneint, weil keine der vertretenen Sichtweisen evident systemwidrig und unbillig war, so dass bereits ernsthafte Zweifel an ihrer Verfassungsmäßigkeit bestünden. Diese Fallgruppe kann jedoch nicht allgemein für Reaktionsgesetze einschlägig sein.

1080 Sondervotum, BVerfGE 135, 29 (Rn. 85 ff.); anschließend *Lepsius*, Zur Neubegründung des Rückwirkungsverbotes aus der Gewaltenteilung, JZ 2014, S. 488 (488 ff.).

1081 Hierzu *Drüen*, Rückwirkende Nichtanwendungsgesetze im Steuerrecht, StuW 2015, S. 210 (213 ff.); *Lepsius*, Zur Neubegründung des Rückwirkungsverbotes aus der Gewaltenteilung, JZ 2014, S. 488 (492 ff.); *Michael*, Das Verbot echter Rückwirkung als Schutz des abstrakten Vertrauens in die Geltung von Gesetzen und eines Kernbereichs der Judikative, JZ 2015, S. 425 (426 ff.); *Osterloh*, Neuere Entwicklungen zum verfassungsrechtlichen Vertrauensschutz im Steuerrecht, StuW 2015, S. 201 (203 ff.).

erneut über die verfassungsrechtliche Zulässigkeit von rechtsprechungsbrechenden Reaktionsgesetzen zu diskutieren.[1082]

1. Kritik am KAGG-Beschluss im Sondervotum

Nach Ansicht von Richter *J. Masing* verändert die Senatsentscheidung „das Fundament der Rückwirkungsrechtsprechung".[1083] Obwohl die ursprüngliche Rechtslage im vorliegenden Fall kein Vertrauen begründe, werde dem Gesetzgeber prinzipiell verboten, eine Auslegungsfrage für die noch offenen Altfälle zu klären.[1084] Im Hinblick auf die demokratische Legitimation und Verantwortung des Parlaments hält er es für verfehlt, die gesetzgeberische Befugnis, korrigierend in dem Fall einzugreifen, dass die Gerichte den von ihm verfolgten Willen nicht erkennen, von vornherein auf die Zukunft zu beschränken. Die Entscheidung über die Auslegung einer Norm weise der Senat allein den Fachgerichten zu. Geschützt werde nicht mehr das Vertrauen zur Sicherung individueller Freiheitsgewährung, sondern lediglich die Chance einer für die Betreffenden günstigen Rechtsprechung.[1085] Damit werde in Umbewertung der bisherigen Rechtsprechung die Fundierung des Rückwirkungsverbots im Vertrauensschutz aufgegeben und durch eine abstrakte, in der Sache fehlgeleitete Vorstellung der Gewaltenteilung ersetzt.[1086] An die Stelle subjektiver Freiheitssicherung trete die Absicherung eines objektiv-rechtlichen Reservats der Fachgerichtsbarkeit. Hierin liege eine gravierende Störung der Balance zwischen Demokratie- und Rechtsstaatsprinzip.[1087]

In Auseinandersetzung mit der bisherigen Rückwirkungsrechtsprechung stellt *J. Masing* fest, dass der Schutz konkreten Vertrauens Kern der bisherigen Rechtsprechung war. Somit stelle die Entscheidung eine tiefgreifende Wende der Rechtsprechung und einen Bruch mit den diesbezüglichen Wertungen dar.[1088]

1082 *Drüen*, Rückwirkende Nichtanwendungsgesetze im Steuerrecht, StuW 2015, S. 210 (215 ff.); *Hey*, Rückwirkende Klarstellung und rückwirkende Nichtanwendungsgesetzgebung, JZ 2014, S. 500 (503 ff.).

1083 *Masing*, Sondervotum, BVerfGE 135, 29 (Rn. 86).

1084 Differenzierend zwischen erstmaligen Klarstellungen im Fall einer neu aufgetretenen komplexen Rechtsfrage und legislatorischer Revidierung der unliebsamen judiziellen Klärung einer zuvor diskutierten Auslegungsfrage *Drüen*, Rückwirkende Nichtanwendungsgesetze im Steuerrecht, StuW 2015, S. 210 (220 f.).

1085 *Masing*, Sondervotum, BVerfGE 135, 29 (Rn. 90).

1086 *Masing*, Sondervotum, BVerfGE 135, 29 (Rn. 86).

1087 *Masing*, Sondervotum, BVerfGE, a.a.O.

1088 *Masing*, Sondervotum, BVerfGE 135, 29 (Rn. 101).

Durch Ablösung des Rückwirkungsverbots von dem Vertrauensschutz werde es im Ergebnis zu einem apriorischen Prinzip der Gewaltenteilung verselbstständigt, das seinen Sinn darin habe, die rückwirkende Einmischung des Gesetzgebers in offene, noch ungeklärte Rechtsfragen schon prinzipiell auszuschalten.[1089] Das damit begründete Verhältnis von Gesetzgebung und Rechtsprechung lasse sich aus der Ordnung des Grundgesetzes nicht herleiten. Eine solche Abgrenzung zwischen den beiden Staatsgewalten sei weder funktional noch hinsichtlich der praktischen Konsequenzen einleuchtend.[1090] Er fordert daher ein konsequentes Abstellen auf ein berechtigtes Vertrauen in die bestehende Rechtslage, um den Charakter des Vertrauensschutzes als Schutz individueller Freiheit und Selbstbestimmung zu bewahren.[1091]

Diesen Ausführungen schließt sich *O. Lepsius* in seiner Entscheidungsbesprechung an.[1092] Auch er kritisiert den Übergang vom subjektiven zum objektiven Vertrauensschutz und wirft dem Senat eine doppelte Entsubjektivierung der Vertrauensschutzdogmatik vor.[1093] Der Senat trenne schablonenhaft zwischen Gesetzgebung und Gesetzesanwendung und gehe, geleitet von fehlverstandener Gewaltenteilung, von der Interpretationsherrschaft der Rechtsprechung aus. Der Beschluss sei eine camouflierte Privilegierung der Gerichtsbarkeit gegenüber der Legislative.[1094] Der Maßstab für die Rückwirkungsrechtsprechung werde von seinen subjektiv-rechtlichen Wurzeln abgeschnitten und kehre in völlig veränderter Form als objektiver Gewaltenteilungsgrundsatz wieder.[1095] Scharf kritisiert wird zudem die Heranziehung des Demokratieprinzips zur Begründung eines Zugriffsverbots des Gesetzgebers auf die Vergangenheit.[1096] Als Konsequenz

---

1089 *Masing*, Sondervotum, BVerfGE 135, 29 (Rn. 92).
1090 *Masing*, Sondervotum, BVerfGE 135, 29 (Rn. 96 ff.).
1091 *Masing*, Sondervotum, BVerfGE 135, 29 (Rn. 134).
1092 *Lepsius*, Zur Neubegründung des Rückwirkungsverbotes aus der Gewaltenteilung, JZ 2014, S. 488 (490 ff.).
1093 *Lepsius*, Zur Neubegründung des Rückwirkungsverbotes aus der Gewaltenteilung, JZ 2014, S. 488 (492); anknüpfend an diese Diskussion untersucht *Osterloh*, Neuere Entwicklungen zum verfassungsrechtlichen Vertrauensschutz im Steuerrecht, StuW 2015, S. 201 (204 ff.), ob es ein subjektives Recht auf objektive Rechtssicherheit gibt.
1094 *Lepsius*, Zur Neubegründung des Rückwirkungsverbotes aus der Gewaltenteilung, JZ 2014, S. 488 (492).
1095 *Lepsius*, Zur Neubegründung des Rückwirkungsverbotes aus der Gewaltenteilung, JZ 2014, S. 488 (497).
1096 *Lepsius*, Zur Neubegründung des Rückwirkungsverbotes aus der Gewaltenteilung, JZ 2014, S. 488 (494 ff.).

fordert *O. Lepsius* ein „Dogmatisierungsverbot“: Der Beschluss dürfe keine Weiterverarbeitung in zukünftigen Entscheidungen des Bundesverfassungsgerichts finden.[1097]

Anstatt kategorisch zwischen einem subjektiven grundrechtsorientierten Rückwirkungsschutz und einem rechtsstaatlich verankerten objektiven Prinzip zu differenzieren, zeigt *K.-D. Drüen* bestehende Unterschiede der Schutzstandards je nach Rückwirkungsart auf.[1098] Während bei unechten Rückwirkungen das konkrete Vertrauen geschützt wird, sei es im Fall echter Rückwirkung das abstrakte Vertrauen in die Gesetzesgrundlage. Der Schutz setze hier keine Vertrauensbetätigung voraus und werde unabhängig vom individuellen Vertrauen des Einzelnen gewährt.[1099] Jedenfalls bei echten steuerrechtlichen Rückwirkungen lasse sich der Schutz abstrakten Gesetzesvertrauens begründen.[1100] Die Besonderheiten des Steuereingriffs sowie Qualität der Steuernormen als Planungs- und Entscheidungsgrundlage sprächen für einen besonderen Rückwirkungsschutz. Die Betätigung individuellen Vertrauens müsse daher nicht positiv im Einzelfall festgestellt werden. Es bestehe ein allgemeiner Schutz ohne Rücksicht auf die konkrete Dispositionsbezogenheit der geänderten Norm.[1101]

1097 *Lepsius*, Zur Neubegründung des Rückwirkungsverbotes aus der Gewaltenteilung, JZ 2014, S. 488 (498); zur Antikritik *Michael*, Das Verbot echter Rückwirkung als Schutz des abstrakten Vertrauens in die Geltung von Gesetzen und eines Kernbereichs der Judikative, JZ 2015, S. 425 (429 ff.) sowie Replik *Lepsius*, Brauchen wir einen Schutz des abstrakten Vertrauens in die Geltung von Gesetzen?, JZ 2015, S. 435 (435 ff.).

1098 *Drüen*, Rückwirkende Nichtanwendungsgesetze im Steuerrecht, StuW 2015, S. 210 (213 f.).

1099 *Drüen*, Rückwirkende Nichtanwendungsgesetze im Steuerrecht, StuW 2015, S. 210 (213), mit weiteren Verweisen.

1100 *Drüen*, Rückwirkende Nichtanwendungsgesetze im Steuerrecht, StuW 2015, S. 210 (214); siehe auch *Michael*, Das Verbot echter Rückwirkung als Schutz des abstrakten Vertrauens in die Geltung von Gesetzen und eines Kernbereichs der Judikative, JZ 2015, S. 425 (428); auch nach *Hey*, Verbot rückwirkender Klarstellung als Weg zu besserer Gesetzgebung?, NJW 2014, S. 1564 (1566), die insofern nicht zwischen Rückwirkungsarten unterscheidet, kann Gesetzesvertrauen nicht individuell, sondern nur abstrakt und damit objektiv bestimmt werden.

1101 *Drüen*, Rückwirkende Nichtanwendungsgesetze im Steuerrecht, StuW 2015, S. 210 (214).

2. *Bewertungen im Schrifttum*

Im Schrifttum wurde die Entscheidung überwiegend positiv aufgenommen. Im Gegensatz zu der Bewertung von *J. Masing* und *O. Lepsius* wird kein Bruch mit der bisherigen Rechtsprechung festgestellt. Das Bundesverfassungsgericht habe den Boden der bisherigen Rückwirkungsrechtsprechung nicht verlassen[1102], sondern die verfassungsrechtliche Rückwirkungsdogmatik an einer für das Steuerrecht besonders relevanten Stelle wegweisend weiterentwickelt[1103]. Der KAGG-Beschluss mache deutlich, dass der Gesetzgeber, arbeite er ungenau, belastende Nachbesserungen grundsätzlich nur für die Zukunft durchsetzen kann. Es gehe dabei entgegen *J. Masing* nicht um übertriebene Anforderungen an die Legislative, sondern um eine längst überfällige Sanktion schlampiger Gesetzgebung[1104] und die Stärkung des Rechtsstaates[1105].

Das Gericht bestätigt jedenfalls seine schon früh eingenommene ablehnende Haltung gegenüber dem Recht des Gesetzgebers auf „authentische Interpretation"[1106] und entwickelt diese Rechtsprechungslinie fort[1107]. Es nimmt zum ersten Mal in dieser Deutlichkeit eine Grenzziehung zwischen deklaratorischen und konstitutiven Rechtsänderungen vor. Danach ist eine konstitutive Änderung bereits dann zu bejahen, wenn der Gesetzgeber bei einer auslegungsbedürftigen Norm eine der vertretbaren Interpretationen nachträglich verbindlich festschreibt. Indem der Gesetzgeber eine Auslegungsvariante durch nachträgliches Änderungsgesetz ausschließt, greift er gestaltend in den Auslegungsprozess

1102 *Buchheim/Lassahn*, Alles neu oder alles wie gehabt?, NVwZ 2014, S. 562 (565); *Schönfeld/Bergmann*, Das Ende rückwirkend „klarstellender" Gesetze im Steuerrecht, DStR 2015, S. 257 (259), sprechen von einer Neuausrichtung der verfassungsrechtlichen Beurteilung von Gesetzen mit echter Rückwirkung, die sich allerdings auch als Rückbesinnung auf das in ständiger Rechtsprechung aufgestellte Postulat verstehen lässt, wonach echt rückwirkende Gesetze nur im Ausnahmefall zulässig sind.

1103 *Wiese/Berner*, Rückwirkende Gesetzesklarstellungen und ihre verfassungsrechtliche Zulässigkeit, DStR 2014, S. 1260 (1261).

1104 *Hey*, Verbot rückwirkender Klarstellung als Weg zu besserer Gesetzgebung?, NJW 2014, S. 1564 (1567).

1105 *Schönfeld/Bergmann*, Das Ende rückwirkend „klarstellender" Gesetze im Steuerrecht, DStR 2015, S. 257 (257).

1106 BVerfGE 135, 1 (Rn. 48) mit Verweis auf BVerfGE 126, 369 (392); 131, 20 (37); schon früher 13, 261 (265, 267 f.); dies begrüßend *Drüen*, Rückwirkende Nichtanwendungsgesetze im Steuerrecht, StuW 2015, S. 210 (215).

1107 *Maciejewski/Theilen*, Die aktuelle bundesverfassungsgerichtliche Spruchpraxis zu rückwirkenden Gesetzen, DÖV 2015, S. 271 (272 f.).

ein. Dies ist jedenfalls dann gegeben, wenn die Neuregelung sich gegen die höchstrichterliche Rechtsprechung wendet.[1108] Konstitutive Wirkung wird auch in den Fällen angenommen, in denen höchstrichterliche Klärung noch aussteht, die Rechtsfrage aber auf unterinstanzlicher Ebene umstritten ist. Nachträgliche gesetzgeberische Eingriffe in einen noch offenen Auslegungsprozess unterliegen demnach Rückwirkungsgrenzen. Für rein deklaratorische Gesetzesänderungen verbleibt ein nur sehr enger Raum. Dies wäre nur im – eher theoretischen – Fall einer nicht auslegungsbedürftigen Vorschrift denkbar.[1109]

Mit der Entscheidung setzt der Erste Senat deutlich strengere Maßstäbe für den Ausnahmetatbestand der Unklarheit und Verworrenheit der Rechtslage. Früher wurde die Rückwirkung zugelassen, wenn die ursprüngliche Norm Anlass zu zahlreichen Auslegungsproblemen gab, deren Lösung nicht allein aus dem Wortlaut möglich war.[1110] Nun verlangt das Gericht, dass auch unter Berücksichtigung von Wortlaut, Systematik und Normzweck völlig unverständlich ist, welche Bedeutung die fragliche Norm hat.[1111] Nicht jede Streitfrage um die Norminterpretation begründet die Unklarheit der Rechtslage im Sinne des Ausnahmetatbestandes.[1112] Demnach können bloße Auslegungsschwierigkeiten und die bestehenden Auslegungsdivergenzen das Entstehen des Vertrauens nicht hindern.[1113] Um einen rückwirkenden Eingriff zu rechtfertigen, muss die

---

1108 Siehe schon früher BVerfGE 126, 369 (392 f.); 131, 20 (37 ff.).

1109 *Hey*, Rückwirkende Klarstellung und rückwirkende Nichtanwendungsgesetzgebung, JZ 2014, S. 500 (502), die darauf hinweist, dass im Falle einer nicht auslegungsbedürftigen Norm ohnehin kein Klarstellungsbedürfnis besteht. Eine deklaratorische Wirkung wäre daher nur dann anzunehmen, wenn ein höchstrichterliches, nicht weiter bestrittenes Auslegungsergebnis im Sinne einer Kodifikation des Richterrechts festgeschrieben wird. *Maciejewski/Theilen*, Die aktuelle bundesverfassungsgerichtliche Spruchpraxis zu rückwirkenden Gesetzen, DÖV 2015, S. 271 (273), gehen davon aus, dass der Beschluss die Frage offen lässt, ob es zwingend auf die unterinstanzliche Rechtsprechung ankommt oder lediglich im Schrifttum vertretene Auslegungsmöglichkeiten genügen, sowie inwiefern die „Auslegungsverhinderungsabsicht“ des Gesetzgebers erforderlich ist.

1110 BVerfGE 50, 177 (194).

1111 BVerfGE 135, 1 (Rn. 69).

1112 So schon früher *Schön*, „Rückwirkende Klarstellungen“ des Steuergesetzgebers als Verfassungsproblem, in: Festschrift für J. Lang, S. 221 (228).

1113 Insofern stellt sich die Frage, was bei interpretationsoffener Gesetzeslage die Vertrauensgrundlage bildet. Nach *Hey*, Rückwirkende Klarstellung und rückwirkende Nichtanwendungsgesetzgebung, JZ 2014, S. 500 (502 f.), ist in diesem Fall jede unter Anwendung anerkannter Auslegungsregeln gewonnene Auslegung Gegenstand des Vertrauens, wobei der Betroffene darauf vertrauen darf, dass sich die für

Norm schlechthin unverständlich sein. Zu Recht erkennt das Gericht, dass das Rückwirkungsverbot andernfalls ausgehöhlt würde, da sich Auslegungsfragen gerade bei neuen Normen häufig stellen.[1114] Das Bundesverfassungsgericht erteilt dem Bestreben des Gesetzgebers, eine seinen Regelungsabsichten widersprechende Gesetzesinterpretation auch für die Vergangenheit zu korrigieren, eine klare Absage. Auch als „klarstellend“ getarnte Gesetze müssen sich an den Rückwirkungsmaßstäben messen lassen. Somit wurde der Vertrauensschutz in den Fällen rückwirkender Gesetzesklarstellungen, die insbesondere im Steuerrecht häufig vorkommen, erheblich gestärkt.[1115]

Eine Angriffsfläche bieten in der Tat die Begründungspassagen des Senats zur Gewaltenteilung und zum Demokratieprinzip. Dieser verweist auf die demokratische Verantwortung des Parlaments, die sich auf Gegenwart und Zukunft beziehe. Früher getroffene legislative Entscheidungen verfügen über eine eigenständige demokratische Legitimation. Sie dürfen nicht ohne Weiteres durch den rückwirkenden Zugriff des heutigen Gesetzgebers ausgeschaltet werden.[1116] Zudem weist das Bundesverfassungsgericht die Interpretationshoheit allein den Gerichten zu[1117] und trifft damit Aussagen zur Gewaltenteilung. Diese Ausführungen sind indes nicht, wie im Sondervotum dargelegt, als den Beschluss tragende Überlegungen einzuordnen.[1118] Weder stellt der Senat damit abstrakte

---

ihn günstigste Auslegung durchsetzt. Erst wenn diese Auslegung höchstrichterlich widerlegt wurde, verengt sich der Vertrauensschutzbereich auf die richterrechtliche Konkretisierung. *Schönfeld/Bergmann*, Das Ende rückwirkend „klarstellender“ Gesetze im Steuerrecht, DStR 2015, S. 257 (259 f.), halten es für vorzugswürdig, das (auslegungsbedürftige) Gesetz selbst als Vertrauensgrundlage anzusehen. Somit kann sich Gesetzesvertrauen schon vor Begründung einer ständigen Rechtsprechung bilden; auch nach *Buchheim/Lassahn*, Alles neu oder alles wie gehabt?, NVwZ 2014, S. 562 (563 f.), bezieht sich das Vertrauen nicht auf ein bestimmtes Auslegungsergebnis, sondern auf die Integrität der Norm als Auslegungsgrundlage.

1114 Zustimmend *Hey*, Verbot rückwirkender Klarstellung als Weg zu besserer Gesetzgebung?, NJW 2014, S. 1564 (1566).

1115 Siehe *Drüen*, Verfassungsrechtliche Grenzen „klarstellender“ Gesetzesänderungen, Ubg 2014, S. 683 (692); *Hey*, Verbot rückwirkender Klarstellung als Weg zu besserer Gesetzgebung?, NJW 2014, S. 1564 (1564); *Schönfeld/Bergmann*, Das Ende rückwirkend „klarstellender“ Gesetze im Steuerrecht, DStR 2015, S. 257 (257).

1116 BVerfGE 135, 1 (Rn. 54).

1117 BVerfGE 135, 1 (Rn. 56); zustimmend etwa *Schönfeld/Bergmann*, Das Ende rückwirkend „klarstellender“ Gesetze im Steuerrecht, DStR 2015, S. 257 (258).

1118 So *Hey*, Verbot rückwirkender Klarstellung als Weg zu besserer Gesetzgebung?, NJW 2014, S. 1564 (1566), in Bezug auf Aussagen zur Gewaltenteilung; vgl. auch *Buchheim/Lassahn*, Alles neu oder alles wie gehabt?, NVwZ 2014, S. 562 (564 f.), die die

Grenzen der gesetzgeberischen Regelungsbefugnis auf noch begründet er das Rückwirkungsverbot neu.

Im Ergebnis hat die allgemeine Rückwirkungsdogmatik durch den KAGG-Beschluss keine Änderungen erfahren. Sie wurde an der entscheidenden Stelle fortentwickelt: Klarstellende Gesetzesänderung ist auch bei noch offenem Auslegungsprozess nur in den Rückwirkungsgrenzen zulässig. Dabei kann sich der Gesetzgeber nicht auf den Ausnahmetatbestand der unklaren und verworrenen Rechtslage berufen. Der Vertrauensschutz gegenüber den in der Praxis weit verbreiteten „klarstellenden" Gesetzen wird damit signifikant gestärkt.

3. *Rechtsprechungsbrechende Reaktionsgesetzgebung*

Der KAGG-Beschluss ist zu einem Fall ergangen, in dem sich zuvor zu der Streitfrage keine gefestigte höchstrichterliche Rechtsprechung gebildet hat. Die rückwirkende Klarstellung betraf hier eine Norm, deren Auslegung auf der Ebene der Instanzgerichte umstritten war. Es stellt sich die Frage, welche Konsequenzen die neuen bundesverfassungsgerichtlichen Wertungen für die Fälle rückwirkender rechtsprechungsbrechender Reaktionsgesetzgebung haben.[1119]

Schon früh sah das Bundesverfassungsgericht keinen Anlass, den Bereich einer verfassungsrechtlich zulässigen Rückwirkung zu erweitern, wenn die Rechtslage zwar zunächst von einigen Untergerichten verkannt, bis zum Inkrafttreten der Neuregelung aber höchstrichterlich geklärt war. In diesem Fall verneinte die Rechtsprechung den Ausnahmetatbestand einer unklaren und verworren Rechtslage.[1120] Eine rückwirkende Korrektur der Rechtsprechung hielt das Gericht daher für unzulässig.[1121] Auch dann, wenn in der Rechtsprechung keine Auslegungszweifel bestehen, darf der Gesetzgeber angesichts der klaren Rechtslage nicht die zutreffende Rechtsprechung rückwirkend korrigieren und sie gleichsam für die Vergangenheit ins Unrecht setzen.[1122]

Gewaltenteilungs- und demokratietheoretische Erwägungen des Senats im KAGG-Beschluss für nicht überzeugend halten, weil der Gewaltenteilungsgrundsatz für die Rückwirkungsfrage ebenso wenig hergibt, wie das Demokratieprinzip.

1119 Allgemein zur Thematik der Nichtanwendungsgesetze etwa *Desens*, Bindung der Finanzverwaltung an die Rechtsprechung, S. 65 ff., 261 ff.; zur Reaktionsgesetzgebung bereits oben Kapitel 1.C.

1120 BVerfGE 18, 429 (439, 437).

1121 BVerfGE 18, 429 (439).

1122 BVerfGE 30, 367 (389), mit Verweis auf BVerfGE 18, 429 (439).

Anders wurden hingegen bislang rückwirkende Gesetzesänderungen beurteilt, mit denen der Gesetzgeber auf die Änderung einer langjährigen Rechtsprechung reagiert. Eine rückwirkende Festschreibung der Rechtslage, die vor einer Rechtsprechungsänderung der gefestigten Rechtsprechung und einheitlichen Rechtspraxis entsprach, ist nach der bisherigen Auffassung des Gerichts zulässig.[1123] Nach seiner Argumentation kann kein schutzwürdiges Vertrauen entstehen, wenn der Gesetzgeber unverzüglich nach der Änderung der höchstrichterlichen Rechtsprechung erklärt, an der bis dahin gefestigten Rechtspraxis festhalten zu wollen.[1124] In einem solchen Fall kann nicht mit dem Fortbestand der geänderten Rechtslage gerechnet werden.[1125] Die Geltung der angekündigten Regelung ist im Hinblick auf die bisherige allgemeine Rechtsanwendungspraxis auch für die Vergangenheit gerechtfertigt.[1126] In einer Kammerentscheidung rechtfertigt das Bundesverfassungsgericht die rückwirkende Rückkehr zum bisherigen Rechtszustand mit einem Erst-Recht-Schluss. Da dem Gesetzgeber der Erlass rückwirkender Gesetze ausnahmsweise auch bei unklarer und verworrener Rechtslage gestattet ist, sei es ihm unter dem Gesichtspunkt des Vertrauensschutzes erst recht nicht verwehrt, die alte Rechtslage nach einem Rechtsprechungswechsel rückwirkend wiederherzustellen.[1127] Besteht eine gefestigte höchstrichterliche Rechtsprechung und einheitliche finanzbehördliche Praxis zu einer bestimmten Steuerrechtsfrage, könne der Steuerpflichtige gegenüber einer rückwirkenden gesetzlichen Festschreibung dieser Rechtsanwendungspraxis grundsätzlich kein schutzwürdiges Vertrauen für sich beanspruchen.[1128] Das Vertrauen in eine von der gefestigten Rechtsprechung und Anwendungspraxis abweichende Rechtslage ist demnach nicht geschützt.[1129] Vertrauensschutz gegen eine rückwirkende Bestätigung der Rechtsanwendungspraxis wäre ausnahmsweise aber dann zu gewähren, wenn erhebliche Änderungen der tatsächlichen oder rechtlichen Rahmenbedingungen der bisherigen Spruchpraxis in der Weise die Grundlage

1123 BVerfGE 81, 228 (239); 123, 111 (129 f.).

1124 BVerfGE, a.a.O.

1125 Vgl. BVerfGE 123, 111 (129).

1126 BVerfGE 81, 228 (239).

1127 BVerfG, Nichtannahmebeschluss vom 15.10.2008 – 1 BvR 1138/06 –, Rn. 19.

1128 BVerfG, Nichtannahmebeschluss vom 15.10.2008 – 1 BvR 1138/06 –, Rn. 17.

1129 Zum vom Vertrauensschutz bei legislativen Akten strikt zu trennenden Vertrauensschutz bei Akten der Judikative siehe etwa *Hey*, Steuerplanungssicherheit als Rechtsproblem, S. 620 ff.

entziehen, dass eine Rechtsprechungsänderung offensichtlich geboten und deshalb auch berechtigterweise zu erwarten war.[1130]

In zwei jüngeren Judikaten zu Reaktionsgesetzen aus den Jahren 2010[1131] und 2012[1132] hielt das Bundesverfassungsgericht die rückwirkende Gesetzesklarstellung für verfassungskonform. Beiden Entscheidungen lagen Konstellationen zugrunde, in denen eine Rechtsfrage erstmals höchstrichterlich beurteilt wurde. Die von den Bundesgerichten vertretenen Rechtsauffassungen wichen von der vorherigen Rechtspraxis ab. Die Verwaltung hielt weiterhin an der bisherigen für den Bürger ungünstigeren Auslegung fest. In der Literatur stieß die Rechtsprechungsänderung überwiegend auf Ablehnung. Die Instanzgerichte schlossen sich der höchstrichterlichen Rechtsprechung nur zum Teil an und judizierten uneinheitlich. Daraufhin schrieb der Gesetzgeber entgegen den höchstrichterlichen Entscheidungen die früher herrschenden Rechtsauffassungen rückwirkend fest. Zur Rechtfertigung dieser Rückwirkung weist das Bundesverfassungsgericht darauf hin, dass die Rechtslage auch nach der höchstrichterlichen Entscheidung weiterhin umstritten war. Die Rechtsprechung hat sich nicht verfestigen können. Das Gericht führte dazu wörtlich aus: „Schutzwürdiges Vertrauen in eine bestimmte Rechtslage aufgrund höchstrichterlicher Rechtsprechung kann allenfalls bei gefestigter, langjähriger Rechtsprechung entstehen.“[1133] Zwar würden Entscheidungen oberster Gerichte über den entschiedenen Einzelfall hinaus als richtungweisende Präjudizien für künftige Fälle wirken. Die höchstrichterliche Rechtsprechung erzeuge aber keine dem Gesetzesrecht gleichkommende Rechtsbindung.[1134]

1130 BVerfGE 123, 111 (130); vgl. auch BVerfG, Nichtannahmebeschluss vom 15.10.2008 – 1 BvL 1138/06, –, Rn. 18. Für gerechtfertigt wird eine echte Rückwirkung, die lediglich die alte Rechtslage festschreibt, zudem dann gehalten, wenn die Änderung der höchstrichterlichen Rechtsprechung im Einzelfall zu einer Destabilisierung der Rechtsordnung führt und damit eine unklare und verworrenen Rechtslage im Sinne des Ausnahmetatbestandes begründet, dazu *Drüen*, Verfassungsrechtliche Grenzen rückwirkender Rechtsprechungskorrektur, Ubg 2014, S. 747 (752).

1131 BVerfGE 126, 369 (393 ff.).

1132 BVerfGE 131, 20 (41 ff.).

1133 BVerfGE 126, 369 (395); 122, 248 (278); siehe auch 131, 20 (42). An dieser Bewertung ändert sich nichts dadurch, dass das Bundessozialgericht später seine Entscheidung bestätigt hat, denn eine Vertrauensbildung wurde durch ein zwischenzeitlich eingeleitetes Gesetzgebungsverfahren zur Gesetzesänderung ausgeschlossen, BVerfGE 126, 369 (396).

1134 BVerfGE 131, 20 (42).

In der Literatur wird diskutiert, ob angesichts der Betonung der vertrauensschutzrechtlichen Relevanz letztinstanzlicher Judikate und der Stärkung des Vertrauensschutzes gegenüber Reaktionsgesetzen im KAGG-Beschluss diese Rechtsprechung Bestand haben kann. Während in den beiden vorgenannten Entscheidungen aus den Jahren 2010 und 2012 die rückwirkende Korrektur höchstrichterlicher Rechtsprechung gebilligt wurde, ließ das Gericht die rückwirkende Klarstellung bei offenen, höchstrichterlich noch nicht entschiedenen Auslegungsfragen im KAGG-Beschluss nicht zu. Auf diese Diskrepanzen wies bereits *J. Masing* im Sondervotum hin.[1135] Mit der Entscheidung vollziehe der Senat eine grundlegende Umwertung der bisherigen Maßstäbe.[1136] Auch im Schrifttum wird hierin ein unauflösbarer Widerspruch gesehen.[1137]

Eine rückwirkende Klärung der Rechtslage durch den Gesetzgeber ist gemäß KAGG-Beschluss in jedem Fall als konstitutiv einzustufen, wenn der Gesetzgeber damit nachträglich einer höchstrichterlich geklärten Auslegung des Gesetzes den Boden zu entziehen sucht. Der Gesetzgeber habe es für die Vergangenheit grundsätzlich hinzunehmen, dass die Gerichte die Norm in den verfassungsrechtlichen Grenzen richterlicher Gesetzesauslegung und Rechtsfortbildung verbindlich auslegen. Ein zutreffend angewandtes Gesetz, dessen Auslegung nicht oder nicht mehr dem politischen Willen entspricht, kann er nur für die Zukunft ändern.[1138] In den späteren Ausführungen nimmt das Gericht jedoch Bezug auf die beiden bereits erwähnten Entscheidungen, in denen jeweils rückwirkende Klarstellungen als verfassungsgemäß erachtet wurden. Es bezeichnet die den damaligen Entscheidungen zugrunde liegenden Fälle als Sondersituationen, die mit dem zur Entscheidung vorliegenden Fall nicht vergleichbar sind.[1139]

Dieser Verweis darf indes nicht überschätzt werden.[1140] Nach den ganz eindeutigen Aussagen des KAGG-Beschlusses darf der Gesetzgeber durch die

---

1135 *Masing*, Sondervotum, BVerfGE 135, 29 (Rn. 29 ff.).

1136 *Masing*, Sondervotum, BVerfGE 135, 29 (Rn. 31).

1137 *Hey*, Rückwirkende Klarstellung und rückwirkende Nichtanwendungsgesetzgebung, JZ 2014, S. 500 (503); zustimmend *Drüen*, Rückwirkende Nichtanwendungsgesetze im Steuerrecht, StuW 2015, S. 210 (217) sowie *Drüen*, Verfassungsrechtliche Grenzen rückwirkender Rechtsprechungskorrektur, Ubg 2014, S. 747 (752); kritisch auch *Osterloh*, Neuere Entwicklungen zum verfassungsrechtlichen Vertrauensschutz im Steuerrecht, StuW 2015, S. 201 (208).

1138 BVerfGE 135, 1 (Rn. 52).

1139 BVerfGE 135, 1 (Rn. 76 ff.).

1140 *Drüen*, Rückwirkende Nichtanwendungsgesetze im Steuerrecht, StuW 2015, S. 210 (217), der in dem Verweis auf die frühere Rechtsprechung lediglich einen misslungenen Versuch des Gerichts sieht, den Einwand der Abweichung von seiner

rückwirkende Einführung einer klarstellenden Norm die höchstrichterliche Rechtsprechung nicht derogieren.[1141] Im Schrifttum wird daher die Auffassung vertreten, dass der KAGG-Beschluss die frühere Rechtsprechung überholt und auch für die Fälle rechtsprechungsbrechender Reaktionsgesetze neue Maßstäbe setzt. Bei folgerichtiger Umsetzung bundesverfassungsgerichtlicher Wertungen müsse zukünftig in Abweichung von den in Bezug genommenen früheren Entscheidungen das rückwirkende Zurückdrehen einer höchstrichterlichen Rechtsprechung sowie einer wohlerwogenen Rechtsprechungsänderung erst recht verboten sein.[1142] Die Aussagen des KAGG-Beschlusses gelten a maiore ad minus in allen Fällen rückwirkender Reaktionsgesetzgebung.[1143]

Als weiteres flankierendes Argument gegen die Zulässigkeit rückwirkender Rechtsprechungsbrechungen wird das doppelte Frustrationsverbot angeführt.[1144] Die verfassungsrechtliche Rechtsschutzgarantie des Art. 19 Abs. 4 GG wird substanziell beschränkt, indem der Gesetzgeber dem Klageverfahren und damit dem Rechtsschutzbegehren des Bürgers rückwirkend die gesetzliche Grundlage entzieht.[1145] Das Gebot effektiven Rechtsschutzes würde nämlich ausgehöhlt,

---

bisherigen Rechtsprechung zu entkräften; siehe auch *Masing*, Sondervotum, BVerfGE 135, 29 (Rn. 18 ff.); *Wiese/Berner*, Rückwirkende Gesetzesklarstellungen und ihre verfassungsrechtliche Zulässigkeit, DStR 2014, S. 1260 (1264), vertreten hingegen die Ansicht, das Bundesverfassungsgericht schaffe durch diesen Verweis im KAGG-Beschluss auf die beiden früheren Entscheidungen obiter dictum einen neuen Ausnahmetatbestand. Danach soll gesetzliche Wiederherstellung von kurzfristig geänderter, zuvor gefestigter höchstrichterlicher Rechtsprechung zulässig sein.

1141 Dazu etwa *Drüen*, Rückwirkende Nichtanwendungsgesetze im Steuerrecht, StuW 2015, S. 210 (218).

1142 *Drüen*, Rückwirkende Nichtanwendungsgesetze im Steuerrecht, StuW 2015, S. 210 (218).

1143 *Hey*, Rückwirkende Klarstellung und rückwirkende Nichtanwendungsgesetzgebung, JZ 2014, S. 500 (504); ebenso *Drüen*, Rückwirkende Nichtanwendungsgesetze im Steuerrecht, StuW 2015, S. 210 (218); *Drüen*, Verfassungsrechtliche Grenzen rückwirkender Rechtsprechungskorrektur, Ubg 2014, S. 747 (751 f.).

1144 Eingehend *Drüen*, Rückwirkende Nichtanwendungsgesetze im Steuerrecht, StuW 2015, S. 210 (218 ff.); siehe auch *Hey*, Rückwirkende Klarstellung und rückwirkende Nichtanwendungsgesetzgebung, JZ 2014, S. 500 (505); *Schönfeld/Bergmann*, Das Ende rückwirkend „klarstellender“ Gesetze im Steuerrecht, DStR 2015, S. 257 (260 f.).

1145 *Schönfeld/Bergmann*, Das Ende rückwirkend „klarstellender“ Gesetze im Steuerrecht, DStR 2015, S. 257 (261); schon früher *Schön*, „Rückwirkende Klarstellungen“ des Steuergesetzgebers als Verfassungsproblem, in: Festschrift für J. Lang, S. 221 (231 ff.).

wenn der Gesetzgeber die anhängigen Rechtsstreite nach Abschluss des Instanzenzuges im ersten Verfahren durch rückwirkende Rechtsprechungskorrektur für sich entscheiden könnte. Für den Bürger erscheint daher eine gerichtliche Kontrolle nachteiliger Gesetzesinterpretationen sinnlos. Damit entsteht faktisch eine erhebliche Zugangsschwelle zum durch Art. 19 Abs. 4 GG garantierten Rechtsschutz.[1146] Die gerichtliche Klärung einer Rechtslage, auch das erste, die bisherige Rechtsprechung ändernde Judikat, begründet ein schutzwürdiges Vertrauen in die günstige Interpretation des Gesetzes und hindert damit eine Rückwirkung.[1147] Nach der Änderung der Rechtsprechung muss der Steuerpflichtige nicht mit deren rückwirkender Außerkraftsetzung durch den Gesetzgeber rechnen, weil insoweit kein „Automatismus" besteht.[1148] Weder die umgehende Korrekturankündigung durch die Verwaltung noch die Entscheidungskritik aus dem Schrifttum können das Vertrauen erschüttern.[1149] Der rückwirkenden Rechtsprechungskorrektur steht daher das Gebot effektiven Rechtsschutzes nach Art. 19 Abs. 4 GG entgegen.[1150] Neben diesem individuellen wird auch das institutionelle Frustrationsverbot für einen Rückwirkungsschutz gegen Reaktionsgesetze vorgebracht.[1151] Das in einem gewaltengegliederten Verfassungsstaat zu beachtende Loyalitätsprinzip und das Gebot der Rücksichtnahme verlangen die Beachtung der letztinstanzlichen Auslegungshoheit der Gerichte. Vor diesem Hintergrund darf der Gesetzgeber die Rechtsprechung nur für die

---

1146 *Drüen*, Verfassungsrechtliche Grenzen „klarstellender" Gesetzesänderungen, Ubg 2014, S. 683 (692); *Schönfeld/Bergmann*, Das Ende rückwirkend „klarstellender" Gesetze im Steuerrecht, DStR 2015, S. 257 (261).

1147 *Hey*, Rückwirkende Klarstellung und rückwirkende Nichtanwendungsgesetzgebung, JZ 2014, S. 500 (504 f.); siehe auch *Schön*, „Rückwirkende Klarstellungen" des Steuergesetzgebers als Verfassungsproblem, in: Festschrift für J. Lang, S. 221 (234 f.); zustimmend *Drüen*, Verfassungsrechtliche Grenzen rückwirkender Rechtsprechungskorrektur, Ubg 2014, S. 747 (753 f.), der darstellt, dass keine der anerkannten Ausnahmetatbestände einschlägig ist, insbesondere ist die Vorhersehbarkeit der wiederherstellenden Neuregelung abzulehnen.

1148 *Hey*, Rückwirkende Klarstellung und rückwirkende Nichtanwendungsgesetzgebung, JZ 2014, S. 500 (504).

1149 *Hey*, Rückwirkende Klarstellung und rückwirkende Nichtanwendungsgesetzgebung, JZ 2014, S. 500 (505); *Drüen*, Verfassungsrechtliche Grenzen rückwirkender Rechtsprechungskorrektur, Ubg 2014, S. 747 (754).

1150 Siehe auch *Schönfeld/Bergmann*, Das Ende rückwirkend „klarstellender" Gesetze im Steuerrecht, DStR 2015, S. 257 (260 f.).

1151 *Drüen*, Rückwirkende Nichtanwendungsgesetze im Steuerrecht, StuW 2015, S. 210 (220 f.), in Auseinandersetzung mit der Kritik von *J. Masing* und *O. Lepsius*.

Zukunft korrigieren, nicht jedoch ohne einen besonderen Grund rückwirkend ändern.[1152] Die Wiederherstellung der vorherigen Rechtslage stellt gerade keinen solchen Rechtfertigungsgrund dar.[1153]

Angesichts der massiven Kritik an dem KAGG-Beschluss aus eigenen Reihen und der Literatur ist es schwer vorauszusehen, wie das Bundesverfassungsgericht in Fällen rückwirkender Wiederherstellung der früheren Rechtslage in Zukunft entscheiden wird. Die Gelegenheit hierzu bietet das seit 2014 anhängige Verfahren zur rückwirkenden Geltung des § 20 Abs. 1 Nr. 7 Satz 3 EStG. In dem Streitfall reagierte der Gesetzgeber mit der Einführung von § 20 Abs. 1 Nr. 7 Satz 3 EStG[1154] auf die neuere Rechtsprechung des Bundesfinanzhofs[1155], nach der die Erstattungszinsen nicht (mehr) der Einkommensteuer unterliegen. Mit dieser Entscheidung vollzog der Bundesfinanzhof eine Fortentwicklung seiner jahrelangen gefestigten Rechtsprechung zur Steuerpflicht von Erstattungszinsen nach § 233a AO. Durch den neuen Satz 3 ordnete der Gesetzgeber entgegen dem Urteil „klarstellend" an, dass Erstattungszinsen nach § 233a AO steuerpflichtige Einnahmen im Sinne des § 20 Abs. 1 Nr. 7 EStG darstellen. Seiner Ansicht nach wird mit der Anwendungsregelung kein Vertrauen der Steuerpflichtigen in bestehende Regelungen verletzt, da bis zum Rechtsprechungswechsel des Bundesfinanzhofs die Steuerbarkeit von Erstattungszinsen nicht strittig war.[1156] Gemäß § 52a Abs. 8 Satz 2 EStG ist die Neuregelung in allen Fällen anzuwenden, in denen die Steuer noch nicht bestandskräftig festgesetzt ist. Damit bezweckte der Gesetzgeber die Wiederherstellung des rechtlichen Zustandes vor der Rechtsprechungsänderung durch den Bundesfinanzhof. In seinem vor dem KAGG-Beschuss ergangenen Urteil lehnte der VIII. Senat des Bundesfinanzhofs[1157] die Verfassungswidrigkeit des § 20 Abs. 1 Nr. 7 Satz 3 EStG ab. Die Entscheidung über die hiergegen erhobene Verfassungsbeschwerde[1158] steht noch aus.[1159] Im

1152 *Drüen*, Rückwirkende Nichtanwendungsgesetze im Steuerrecht, StuW 2015, S. 210 (221).

1153 *Hey*, Rückwirkende Klarstellung und rückwirkende Nichtanwendungsgesetzgebung, JZ 2014, S. 500 (504 f.).

1154 Jahressteuergesetz 2010 vom 08.12.2010, BGBl. I 2010, S. 1768.

1155 Urteil vom 15.06.2010, Az.: VIII R 33/07, BStBl. II 2011, S. 503.

1156 BT-Drs. 17/3549, S. 23.

1157 Urteil vom 12.11.2013, Az.: VIII R 1/11, BFH/NV 2014, S. 830.

1158 Az.: 2 BvR 482/14.

1159 Weitere anhängige Verfahren zu rückwirkenden Reaktionsgesetzen betreffen die Abzugsfähigkeit von Erbbauzinsen gemäß § 11 Abs. 2 Satz 3 EStG, Az.: 2 BvL 1/11 sowie die Regelung des § 50d Abs. 10 EStG 2002/2009 und die dazu ergangenen Übergangsvorschriften, Az.: 2 BvL 15/14.

Schrifttum wird diese Rechtsprechungskorrektur kontrovers diskutiert und zum Teil unter Zugrundelegung der Maßstäbe des KAGG-Beschlusses für verfassungswidrig gehalten.

IV. Zusammenfassung

Der KAGG-Beschluss trifft allgemeine, weit über den steuerrechtlichen Bereich hinausgehende Aussagen. Es werden klare Regeln für die Abgrenzung zwischen lediglich deklaratorischen und konstitutiven Gesetzesänderungen aufgestellt. Der Gesetzgeber ist demnach nicht befugt, sich in einen offenen Interpretationsvorgang einzumischen und den Auslegungsstreit mit einer rückwirkenden Gesetzesänderung für sich zu entscheiden. Eine solche Gesetzesänderung wirkt konstitutiv. Mithin zieht der Senat eine zeitliche Kompetenzgrenze zwischen der gesetzgebenden und der rechtsprechenden Gewalt. Für rückwirkende Gesetzesklarstellungen gelten somit allgemeine Vertrauensschutzmaßstäbe. Dabei ist die „authentische Interpretation", auf die sich der Gesetzgeber beruft, kein eigenständiger Rechtfertigungsgrund. Das Vertrauensschutzniveau wird gegenüber den gerade im Steuerrecht weit verbreiteten, vermeintlich klarstellenden Gesetzesänderungen erheblich erhöht. Gewichtige Argumente sprechen dafür, die Wertungen des KAGG-Beschlusses auch auf die Fälle rückwirkender Reaktionsgesetzgebung zu übertragen.

Nicht unsubstantiiert ist jedoch die Kritik an der Entscheidung. Fragwürdig erscheint die Verschiebung der Legitimation des Vertrauensschutzes vom Schutz subjektiver Freiheit hin zu der Absicherung eines objektiv-rechtlichen Reservats der Fachgerichtsbarkeit. Nach Auffassung des Gerichts darf allein die Judikative ein auslegungsbedürftiges Gesetz interpretieren und eine unklare oder widersprüchliche Rechtslage klarstellen. Dem Parlament als Urheber des Gesetzes soll diese Befugnis abgeschnitten werden. Dies lässt eine Störung des Gleichgewichts zwischen Demokratie- und Rechtsstaatsprinzip befürchten.

Abschließende Zusammenfassung

Die Vertrauensschutzproblematik gehört zum festen Repertoire der Streitfragen des Verfassungsrechts. Ihre praktische Relevanz zeigt die Fülle der hierzu ergangenen gerichtlichen Entscheidungen, ihre Komplexität die zahlreichen Veröffentlichungen. Der in den Anfangsjahren der Bundesrepublik noch völlig unterschätzte Gedanke des Vertrauensschutzes hat trotz fehlender Kodifikation den Status eines Grundsatzes von Verfassungsrang erlangt.

Der Vertrauensschutz als zentrale Ausprägung der Rechtssicherheit bindet alle drei Staatsgewalten. Der Bürger ist genauso auf die Beständigkeit der Rechtslage wie auf die Verlässlichkeit der finanzbehördlichen Praxis oder der richterlichen Entscheidungen angewiesen. Am stärksten ausgeprägt ist der Vertrauensschutz im Bereich der Gesetzgebung. In Gestalt des Rückwirkungsverbots kommt er zur Anwendung, wenn der Gesetzgeber die bestehende Rechtslage rückwirkend zum Nachteil des Bürgers ändert.

Seit den 1950er Jahren entwickelte die Rechtsprechung des Bundesverfassungsgerichts die Dogmatik des Gesetzesvertrauens. Bis heute beschäftigt dieses Thema die Rechtswissenschaft und die Rechtsprechung. Seit 2010 sind mehrere bundesverfassungsgerichtliche Entscheidungen ergangen, die die bisherige Rechtsprechung modifizieren. Die vorliegende Arbeit untersucht und bewertet diese neuen Entwicklungen.

Im ersten Kapitel wurden die bereichsspezifischen Besonderheiten des Steuerrechts daraufhin untersucht, ob sie die Anfälligkeit dieses Rechtsgebiets für die Rückwirkungsproblematik erklären. Es hat sich gezeigt, dass die Besonderheiten des Steuerrechts das Problemfeld des Vertrauensschutzes berühren. Auf der einen Seite zeichnet sich das Steuerrecht durch eine besondere Dynamik aus. Als eine politisch hoch spannungsgeladene Rechtsmaterie und Lenkungsinstrument ist das Steuerrecht äußerst schnelllebig. Die Ursache für die permanente Änderung der Steuergesetze ist in erster Linie die rasante Entwicklung in allen Lebensbereichen, die zu einem stetigen Anpassungsbedarf führt. Ein weiterer Grund für ständige Nachjustierung ist die mangelnde Qualität von Steuergesetzen. Auf der anderen Seite besteht hier ein besonderes Bedürfnis nach Vertrauensschutz. Dieses resultiert daraus, dass die meisten Steuerrechtsverhältnisse Dauerrechtsbeziehungen sind. Zudem greift der Steuerstaat durch die Abgabenerhebung besonders intensiv in die Handlungs- und Vermögenssphäre des Bürgers ein, was ebenfalls ein gesteigertes Bedürfnis nach Beständigkeit und Verlässlichkeit begründet. Auch die vom Steuergesetzgeber praktizierte, fiskalisch motivierte Reaktionsgesetzgebung löst Vertrauensschutzfragen aus. Somit steht der Änderungsdynamik des Steuerrechts das besondere Bedürfnis nach Vertrauensschutz und Stabilität der Rechtslage gegenüber. Das Steuerrecht als Massenfallrecht und das im Ertragsteuerrecht geltende Prinzip der Jahresabschnittsbesteuerung tragen ebenfalls dazu bei, dass das Steuerrecht Referenzgebiet der Rückwirkungsdogmatik ist.

Das zweite Kapitel behandelt die methodischen Grundfragen der Rückwirkungsproblematik. Die Auseinandersetzung mit dem Begriff der Rückwirkung hat gezeigt, dass die Auswirkungen von Gesetzesänderungen auf schutzwürdige Vertrauenspositionen nicht mit einem Begriff eingefangen werden können. Zudem erübrigt sich die Suche nach einem Rückwirkungsbegriff, wenn man auf den Vertrauensschutzgedanken als Grund des Rückwirkungsverbots abstellt.

Mit dem Grundsatz des Vertrauensschutzes ist das Gebot der Rechtskontinuität eng verwandt. Beide Rechtsinstitute haben die Verstetigung des Rechts zum Ziel. Allerdings unterscheiden sie sich erheblich. Während das Vertrauensschutzprinzip subjektiv ausgerichtet ist, handelt es sich bei dem Kontinuitätsgebot um ein objektives Prinzip. Die abwehrrechtliche Dimension des Vertrauensschutzes hat ihm zur Entwicklung verholfen, das Kontinuitätsgebot blieb hingegen rudimentär. Der Staat lässt sich nicht auf die Kontinuität des Rechts verpflichten, so dass eine stetige Fortentwicklung der Rechtslage ein verfassungspolitisches Postulat bleibt.

Die Rückwirkungsproblematik betrifft ein dem Recht inhärentes Spannungsverhältnis von Stabilität und Flexibilität. Hier kollidieren zwei Rechtsprinzipien von Verfassungsrang. Der Vertrauensschutz hat seine Wurzeln in der Rechtssicherheit als zentraler Ausprägung des Rechtsstaatsprinzips. Die Verlässlichkeit der Rechtsordnung ist eine Grundbedingung der Freiheitsentfaltung. Die gesetzgeberische Gestaltungsfreiheit ist im Demokratieprinzip verankert. Gesetzesänderungen sind angesichts des ständigen Reformbedarfs unausweichlich. Um handlungsfähig zu bleiben, muss der Staat auf die Anforderungen der Zeit reagieren können. Zur Neubewertung und Gestaltung der Rechtslage ist der demokratisch legitimierte Gesetzgeber nicht nur befugt, sondern auch verpflichtet.

Weder Änderungs- noch Bestandsinteressen können einen absoluten Vorrang beanspruchen. Die Vertrauensschutzproblematik ist somit die Suche nach einem Ausgleich zwischen den widerstreitenden Rechtspositionen. Das Spannungsverhältnis ist durch eine Abwägung aufzulösen. Anhand der Kriterien der Verhältnismäßigkeit und der Zumutbarkeit sind die konfligierenden Interessen unter Berücksichtigung der besonderen Umstände des Einzelfalls zu gewichten. Das Abwägungsergebnis entscheidet über die Zulässigkeit oder Unzulässigkeit einer Rückwirkung.

Dieser Grundgedanke liegt auch der Entscheidungspraxis des Bundesverfassungsgerichts zugrunde. Eine einzelfallbezogene Abwägung wird allerdings typisiert. Anknüpfend an die Intensität des Eingriffs in die Vertrauensschutzpositionen des Bürgers differenziert die Rechtsprechung zwischen zwei Formen der Rückwirkung, die zwei typisierende Vertrauenslagen widerspiegeln. Daran sind unterschiedliche Rechtsfolgen geknüpft. Grundsätzlich unzulässig ist die rückwirkende Änderung bereits eingetretener Rechtsfolgen. Das Schutzbedürfnis ist hingegen typischerweise niedriger, wenn neue Rechtsfolgen an einen noch offenen Tatbestand anknüpfen. In diesem Fall unterliegt der Gesetzgeber grundsätzlich keinen Beschränkungen. Mit diesem Modell ausdifferenzierter Maßstäbe hat das Bundesverfassungsgericht Vorrangbedingungen für den Abwägungsvorgang aufgestellt, die eine Tendenz bei der Beurteilung der Zulässigkeit rückwirkender Gesetze vorgeben.

Das dritte Kapitel beschäftigt sich mit dem verfassungsrechtlichen Standort des Vertrauensschutzprinzips. Eine unter allen Gesichtspunkten überzeugende dogmatische Fundierung ist jedoch nur schwer möglich.

Ein Verbot rückwirkender Gesetzgebung ist im Normtext des Grundgesetzes explizit nur für den Fall rückwirkender Strafgesetze in Art. 103 Abs. 2 GG vorgesehen. Aus dieser speziellen Regelung lässt sich jedoch weder im Wege der Analogie noch des Umkehrschlusses eine Folgerung für ein allgemeines Rückwirkungsverbot ziehen.

Der Ansatz, den zivilrechtlichen Grundsatz von Treu und Glauben zur Begründung eines allgemeinen Vertrauensschutzprinzips heranzuziehen, ist abzulehnen. Um sich gegenüber staatlichen Änderungsinteressen durchsetzen zu können, muss das Prinzip des Vertrauensschutzes Verfassungsrang aufweisen. Auch die Begründungsansätze, das Vertrauensschutzprinzip aus dem Sozialstaats- oder Demokratieprinzip abzuleiten, haben sich als ungeeignet herausgestellt.

In der Rechtsprechung des Bundesverfassungsgerichts wird das Rückwirkungsverbot traditionell über die Argumentationskette „Rechtsstaatlichkeit – Rechtssicherheit – Vertrauensschutz“ hergeleitet. Die Rechtssicherheit ist ein elementarer Bestandteil der Rechtsstaatlichkeit. Für den Bürger bedeutet sie in erster Linie Vertrauensschutz. Diese Auffassung fand Zustimmung im Schrifttum und prägte lange Zeit die Rückwirkungsrechtsprechung.

Die Grundrechtsorientierung verspricht einen effektiveren Vertrauensschutz sowie klare, strukturierte Prüfungsmaßstäbe. Ein Eingriff in die grundrechtlich geschützten Rechtspositionen bedarf einer Rechtfertigung, was zur Umkehrung der Abwägungsperspektive führt. Angesichts dieser Vorteile, die ein grundrechtszentrierter Ansatz mit sich bringt, wird zunehmend versucht, das Vertrauensschutzprinzip in den Grundrechten zu verorten.

Vielen grundrechtlich gewährleisteten Freiheiten lässt sich eine vertrauensschützende Funktion entnehmen. Einzelnen Grundrechten, insbesondere Art. 14 Abs. 1 GG, Art. 12 Abs. 1 GG, aber auch Art. 2 Abs. 1 GG, ist Vertrauensschutz immanent. Der allgemeine Gleichheitssatz des Art. 3 Abs. 1 GG vermag hingegen keinen Vertrauensschutz zu vermitteln.

Eine verbreitete Auffassung geht davon aus, dass das Vertrauensschutzprinzip gleichermaßen auf dem Rechtsstaatsprinzip und auf den Freiheitsgrundrechten basiert, weil nur diese Symbiose dem Schutz des Vertrauens in erforderlichem Maße Rechnung trägt. Die einzelnen Grundrechte vermitteln zwar einen speziellen Vertrauensschutz, als Grundlage eines allgemeinen Vertrauensschutzes sind sie allerdings nicht geeignet. Der aus den einzelnen einschlägigen Freiheitsgrundrechten abgeleitete Vertrauensschutz ist an die Reichweite des sachlichen Schutzbereiches des jeweiligen Grundrechts gebunden. Ist eine schutzwürdige Rechtspositionen außerhalb des Schutzbereichs eines Grundrechts betroffen, kann der rein grundrechtliche Ansatz keinen Schutz bieten.

Um diese Vertrauensschutzlücke zu schließen, werden als verfassungsrechtliche Grundlagen des Vertrauensschutzes die Grundrechte in Verbindung mit dem Rechtsstaatsprinzip herangezogen. Danach stützt sich das Vertrauensschutzprinzip primär auf die subjektiv-abwehrrechtlichen Grundrechtsgewährleistungen. Subsidiär kommt der rechtsstaatlich fundierte Vertrauensschutz zum Tragen.

Im vierten Kapitel wurde die herkömmliche Rückwirkungsrechtsprechung des Bundesverfassungsgerichts dargestellt, die sich zu einer eigenständigen Systematik verdichtet hat. Der Rückwirkungslehre liegt ein dualistisches Rückwirkungskonzept zugrunde. Seit Anfang der 1960er Jahre unterscheidet das Bundesverfassungsgericht zwischen echter und unechter Rückwirkung und knüpft an diese Rückwirkungskategorien unterschiedliche Rechtsfolgen.

Eine echte Rückwirkung liegt vor, wenn der Gesetzgeber nachträglich ändernd in abgewickelte, der Vergangenheit angehörende Tatbestände eingreift. Demgegenüber wird die unechte Rückwirkung dadurch charakterisiert, dass auf gegenwärtige, noch nicht abgeschlossene Sachverhalte und Rechtsbeziehungen für die Zukunft eingewirkt wird und damit zugleich die Rechtspositionen nachträglich entwertet werden. Die grundsätzlich unzulässige echte Rückwirkung kann in Ausnahmefällen zulässig sein. Das Bundesverfassungsgericht hat hierzu typisierende Fallgruppen gebildet, in denen das Vertrauen des Bürgers nicht schutzwürdig ist.

Anders werden Gesetze mit unechter Rückwirkung beurteilt. Diese sind grundsätzlich zulässig. Hier ist durch Abwägung des Ausmaßes des Vertrauensschadens einerseits und der Bedeutung des gesetzgeberischen Anliegens für das Wohl der Allgemeinheit anderseits zu entscheiden, welches der konfligierenden Interessen zurückzutreten hat. In der Praxis zeigt sich jedoch die Durchsetzungsschwäche des Bestandsinteresses gegenüber mannigfaltigen Änderungsinteressen des Staates. Die Abwägungskriterien sind kasuistisch und undifferenziert, was in der Praxis dazu geführt hat, dass ein unecht rückwirkendes Gesetzt nur in extremen Ausnahmefällen für verfassungswidrig erklärt wurde.

Im Bereich des Steuerrechts wird dies durch die sogenannte Veranlagungszeitraum-Rechtsprechung verstärkt. Die Abgrenzung zwischen den Rückwirkungsarten wird hier rein formal anhand des Zeitpunktes der Entstehung des Steueranspruchs mit Ablauf der Besteuerungsperiode vorgenommen, ohne die Vertrauensschutzinteressen der Betroffenen zu berücksichtigen. In ständiger Rechtsprechung geht das Bundesverfassungsgericht davon aus, dass lediglich eine grundsätzlich zulässige unechte Rückwirkung vorliegt, wenn Gesetzesänderungen die Rechtsfolgen für den noch laufenden Veranlagungszeitraum ändern. Das Vertrauen in den Fortbestand der Rechtslage weist keinerlei Bezug zum einfachgesetzlich festgelegten Zeitpunkt der Entstehung der Steuerschuld auf. Dieser Zeitpunkt ist als Indikator für die Schutzwürdigkeit des Vertrauens völlig ungeeignet. Der schwache Schutz bei unechten Rückwirkungen in Verbindung mit der Veranlagungszeitraum-Rechtsprechung hinterlässt im Steuerrecht eine große Vertrauensschutzlücke.

Die Rückwirkungsrechtsprechung des Bundesverfassungsgerichts ist massiver Kritik ausgesetzt. Diese richtet sich in erster Linie gegen die starren Rückwirkungskategorien und die daran anknüpfende präjudizielle Wirkung. Der formale Ansatz trägt den Vertrauensschutzinteressen des Bürgers nicht ausreichend Rechnung. Ein Großteil der Literatur fordert daher mit Nachdruck die Aufgabe der Rückwirkungsrechtsprechung und plädiert für ein materielles Rückwirkungsverständnis.

Im Schrifttum mangelt es nicht an Alternativkonzepten. In Reaktion auf die verfehlte Veranlagungszeitraum-Rechtsprechung entwickelte die Steuerrechtswissenschaft einen dispositionsbezogenen Rückwirkungsbegriff. Im Bestreben, den Anspruch auf Planbarkeit zu verwirklichen, wird die Disposition des Bürgers, in der sich das Vertrauen manifestiert, für maßgeblich erachtet. Zudem wird vorgeschlagen, auf die vollständige Erfüllung des materiellen Steuertatbestandes abzustellen. Nachdem sich die Rückwirkungsproblematik, bei der es um den Ausgleich widerstreitender Interessen geht, nicht mithilfe eines Rückwirkungsbegriffs lösen lässt, bemüht sich die Literatur seit Jahren um die

Systematisierung und Konkretisierung von Abwägungsmaßstäben. In der Praxis konnte sich jedoch keines der vorgeschlagenen Konzepte durchsetzen. Dies zeigt die Schwierigkeit, eine allgemein einsehbare Rückwirkungsdogmatik zu entwickeln.

Besonders erhebliche Vertrauensschutzdefizite bestehen im Bereich des Steuerrechts. Infolge der Veranlagungszeitraum-Rechtsprechung ist der Bürger hier im Falle unechter Rückwirkungen praktisch schutzlos gestellt. Die Abwägung zwischen dem Vertrauensinteresse des Bürgers und dem gesetzgeberischen Anliegen für das Gemeinwohl ging immer zu Lasten des Bürgers aus, so dass es sich bei der Abwägungsfigur letztlich um eine inhaltslose Formel handelt. Die bestehenden Vertrauensschutzlücken hat das Bundesverfassungsgericht erkannt und seine Rückwirkungsrechtsprechung im letzten Jahrzehnt entscheidend modifiziert. Diese jüngeren Entwicklungen wurden im fünften Kapitel dargestellt.

In gleich drei am 07.07.2010 veröffentlichten Entscheidungen erklärte der Zweite Senat erstmals unecht rückwirkende Steuerrechtsänderungen für verfassungswidrig. Zwar hält das Bundesverfassungsgericht in Auseinandersetzung mit der Kritik an der bisherigen Differenzierung zwischen echter und unechter Rückwirkung fest. Auch bekennt es sich ausdrücklich zu seiner Veranlagungszeitraum-Rechtsprechung. Gleichwohl hat die Differenzierung zwischen Rückwirkungsarten an Bedeutung verloren. Das Gericht hat die Anforderungen an die Zulässigkeit unechter Rückwirkungen signifikant angehoben. Es wurden drei abgrenzbare Vertrauenstatbestände statuiert, die eine besondere Schutzwürdigkeit des Vertrauens indizieren. Diese liegen dann vor, wenn durch die rückwirkende Gesetzesänderung eine konkret verfestigte Vermögensposition des Bürgers betroffen ist, eine verbindliche Disposition entwertet wird oder der materielle Steuertatbestand bis zur Gesetzesverkündung vollständig verwirklicht wurde. Damit haben die im Schrifttum vorgeschlagenen Konzepte Eingang in die neue Rechtsprechung gefunden.

Ist einer der Vertrauenstatbestände verwirklicht, bedarf es für die Zulässigkeit der Gesetzesrückwirkung einer besonderen Rechtfertigung. Die Rückwirkung muss einer strengen Verhältnismäßigkeitsprüfung standhalten. Dadurch haben sich die Gewichtungen im Rahmen der Abwägung grundlegend verschoben. Unter Aufrechterhaltung des hohen Schutzniveaus bei echten Rückwirkungen wird das Schutzniveau bei unechten Rückwirkungen deutlich angehoben. Die Zulässigkeitsmaßstäbe der beiden Rückwirkungsarten sind mithin einander angenähert.

Der Erste Senat schloss sich 2012 dieser Neuausrichtung der Rückwirkungsdogmatik an und entwickelte diese fallbezogen fort. Er betont die Nähe der Fälle echter und unechter Rückwirkung bei innerhalb des Veranlagungszeitraums erlassenen Steuergesetzen, relativiert jedoch die als voneinander unabhängig konzipierten Vertrauenstatbestände. Eine weitere Einschränkung erfuhr die Rechtsprechung durch die Entscheidung des Ersten Senats aus dem Jahr 2018, welche die Judikatur des Zweiten Senats nicht konsequent umsetzte. Die Bewertung zukünftiger Fälle bleibt somit unsicher.

Mit dem KAGG-Beschluss aus dem Jahr 2013 hat das Bundesverfassungsgericht die Anforderungen auch an die Zulässigkeit echt rückwirkender Gesetze deutlich verschärft. Einer rückwirkenden „klarstellenden" Gesetzesänderung wurden klare Grenzen gesetzt. Nach dieser wegweisenden Entscheidung verbietet sich ein pauschaler Hinweis auf den Ausnahmetatbestand der unklaren und verworrenen Rechtslage. Die bloße Auslegungsoffenheit bzw. Auslegungsbedürftigkeit einer Norm und damit einhergehende Unsicherheit kann eine Rückwirkung nicht rechtfertigen. Gesetzgeberische Interventionen in einen offenen Auslegungsprozess mit Wirkung für die Vergangenheit hat das Bundesverfassungsgericht mit dem Hinweis auf die Gewaltenteilung verboten. Mit dieser Entscheidung wurde der Vertrauensschutz im Bereich der echten Rückwirkung aufgewertet. Unklar bleibt, welche Konsequenzen diese Rechtsprechung für die Bewertung der Fälle rückwirkender rechtsprechungsbrechender Reaktionsgesetzgebung hat.

Die neuen Entwicklungen in der Rechtsprechung des Bundesverfassungsgerichts haben die bisherige Rückwirkungsdogmatik modifiziert und im Ergebnis zur Stärkung des Vertrauensschutzes geführt. Die Frage nach den genauen Zulässigkeitsgrenzen einer Gesetzesrückwirkung ist aber immer noch nicht endgültig geklärt.

Literaturverzeichnis

Albert, Markus, Vertrauensschutz und rückwirkende Besteuerung, Bonn, 2005.

Alexy, Robert, Theorie der Grundrechte, 3. Aufl., Frankfurt am Main, 1996.

Altmeyer, Sabine, Vertrauensschutz im Recht der Europäischen Union und im deutschen Recht. Analyse und Vergleich anhand der Rechtsprechung des EuGH und der deutschen Fachgerichte, Baden-Baden, 2003.

Arnauld, Andreas von, Rechtssicherheit. Perspektivische Annäherungen an eine "idée directrice" des Rechts, Tübingen, 2006.

Arndt, Hans-Wolfgang; Schumacher, Andreas, Echte Fortschritte bei der unechten Rückwirkung?, NJW 1998, S. 1538.

Aschke, Manfred, Übergangsregelungen als verfassungsrechtliches Problem, Frankfurt am Main, 1987.

Bauer, Hartmut, Bundesverfassungsgericht und Rückwirkungsverbot, JuS 1984, S. 241.

Bauer, Hartmut, Neue Tendenzen in der bundesverfassungsgerichtlichen Rechtsprechung zum Rückwirkungsverbot, NVwZ 1984, S. 220.

Berdesinski, Stephan, Die rückwirkende Änderung der Rechtsprechung, Heidelberg, 1993.

Berger, Thomas, Zulässigkeitsgrenzen der Rückwirkung von Gesetzen. Eine kritische Analyse der Rechtsprechung des Bundesverfassungsgerichts und des Gerichtshofs der Europäischen Gemeinschaften, Frankfurt am Main, 2002.

Birk, Dieter, Das Leistungsfähigkeitsprinzip als Maßstab der Steuernormen. Ein Beitrag zu den Grundfragen des Verhältnisses Steuerrecht und Verfassungsrecht, Köln, 1983.

Birk, Dieter, Kontinuitätsgewähr und Vertrauensschutz, in: Pezzer (Hrsg.), Vertrauensschutz im Steuerrecht, DStJG 27, Köln, 2004, S. 9.

Birk, Dieter, Der Schutz vermögenswerter Positionen bei der Änderung von Steuergesetzen, FR 2011, S. 1.

Birk, Dieter; Desens, Marc; Tappe, Henning, Steuerrecht, 19. Aufl., Heidelberg, 2016.

Birk, Dieter; Kulosa, Egmont, Verfassungsrechtliche Aspekte des Steuerentlastungsgesetzes 1999/2000/2002, FR 1999, S. 433.

Blanke, Hermann-Josef, Vertrauensschutz im deutschen und europäischen Verwaltungsrecht, Tübingen, 2000.

Brüning, Christoph, Die Rückwirkung von Legislativakten, NJW 1998, S. 1525.

Buchheim, Johannes; Lassahn, Philipp, Alles neu oder alles wie gehabt?, NVwZ 2014, S. 562.

Buchner, Silke, Die Rechtswidrigkeit der Taten von Mauerschützen im Lichte von Art. 103 II GG unter besonderer Berücksichtigung des Völkerrechts. Ein Beitrag zum Problem der Verfolgung von staatlich legitimiertem Unrecht nach Beseitigung des Unrechtssystems, Frankfurt am Main, 1996.

Ciftci, Engin, Übergangsfristen bei Gesetzes- und Verordnungsänderungen. Eine Untersuchung zu den verfassungsrechtlichen Vorgaben von Übergangsfristen anhand der deutschen Verfassungsrechtsprechung und der Rechtsprechung des Gerichtshofs der Europäischen Gemeinschaften, Baden-Baden, 2011.

Coing, Helmut, Grundsätzliches zur Rückwirkung von Gesetzen, BB 1954, S. 137.

Compes, Achim, Der gesetzgeberische Eingriff in nach altem Recht bestehende Rechtspositionen und deren weiche Überleitung in der Rechtsprechung des Bundesverfassungsgerichtes, Köln, 1993.

Dannecker, Gerhard, Das intertemporale Strafrecht, Tübingen, 1993.

Desens, Marc, Vertrauen in das Steuergesetz, in: Rensen/Brink (Hrsg.), Linien der Rechtsprechung des Bundesverfassungsgerichts, Band I, 2009, S. 329.

Desens, Marc, Bindung der Finanzverwaltung an die Rechtsprechung. Bedingungen und Grenzen für Nichtanwendungserlasse, Tübingen, 2011.

Desens, Marc, Der Verlust von Verlustvorträgen nach der Mindestbesteuerung, FR 2011, S. 745.

Desens, Marc, Die neue Vertrauensschutzdogmatik des Bundesverfassungsgerichts für das Steuerrecht, StuW 2011, S. 113.

Desens, Marc, Echter Vertrauensschutz bei „unechten" Rückwirkungen im Steuerrecht, FR 2013, S. 148.

Di Fabio, Udo, in: Maunz/Dürig/Herzog (Hrsg.), Grundgesetz-Kommentar, Loseblattwerk, München, 55. EL Januar 2009, Art. 2.

Drüen, Klaus-Dieter, Haushaltsvorbehalt bei der Verwerfung verfassungswidriger Steuergesetze?, FR 1999, S. 289.

Drüen, Klaus-Dieter, Periodengewinn und Totalgewinn. Zum Einfluß des Totalgewinngedankens auf die steuerrechtliche Gewinnermittlung, Berlin, 1999.

Drüen, Klaus-Dieter, Rechtsschutz gegen rückwirkende Gesetze, StuW 2006, S. 358.

Drüen, Klaus-Dieter, Verfassungsrechtliche Grenzen „klarstellender" Gesetzesänderungen, Ubg 2014, S. 683.

Drüen, Klaus-Dieter, Verfassungsrechtliche Grenzen rückwirkender Rechtsprechungskorrektur, Ubg 2014, S. 747.

Drüen, Klaus-Dieter, Rückwirkende Nichtanwendungsgesetze im Steuerrecht, StuW 2015, S. 210.

Ebner, Stephan, Vertrauensschutz und Kontinuitätsgewähr in der höchstrichterlichen Rechtsprechung am Beispiel des Steuerrechts. Eine Untersuchung unter besonderer Einbeziehung des Beschlusses des Großen Senats des BFH vom 17.12.2007, GrS 2/04 (Keine Vererblichkeit von Verlustvorträgen), Frankfurt am Main, 2010.

El Mourabit, Francis; Seufer, Ramona, Die zeitliche Reichweite des Vertrauensschutzes im Ertragsteuerrecht. Kritische Würdigung der Rückwirkungsdogmatik des BVerfG aus Anlass des jüngsten Vorlagebeschlusses des FG Münster v. 1.9.2011, FR 2012, S. 335.

Englisch, Joachim; Plum, Beate, Schutz des Vertrauens auf Steuergesetze, Finanzrechtsprechung und Regelungen der Finanzverwaltung, StuW 2004, S. 342.

Fiedler, Jürgen, Neuorientierung der Verfassungsrechtsprechung zum Rückwirkungsverbot und zum Vertrauensschutz?, NJW 1988, S. 1624.

Fischer, Kristian, Die Verfassungsmäßigkeit rückwirkender Normen, NJW 2001, S. 861.

Fischer, Michael, Rückwirkende Rechtsprechungsänderungen im Steuerrecht, DStR 2008, S. 697.

Friauf, Karl Heinrich, Gesetzesankündigung und rückwirkende Gesetzgebung im Steuer- und Wirtschaftsrecht, BB 1972, S. 669.

Friauf, Karl Heinrich, Steuervereinfachung versus Lenkungsnormen, in: Fischer (Hrsg.), Steuervereinfachung, DStJG 21, Köln, 1998, S. 85.

Gelsheimer, Bernd; Meyen, Thomas, Verfassungsrechtliche Anforderungen an steuerverschärfende Vorschriften mit rückwirkendem Anwendungsbereich, DStR 2011, S. 193.

Görisch, Christoph, Die Inhalte des Rechtsstaatsprinzips, JuS 1997, S. 988.

Götz, Volkmar, Bundesverfassungsgericht und Vertrauensschutz, in: Starck/Drath (Hrsg.), Bundesverfassungsgericht und Grundgesetz, Festgabe aus Anlaß des 25jährigen Bestehens des Bundesverfassungsgerichts, Band II, Tübingen, 1976, S. 421.

Grabitz, Eberhard, Vertrauensschutz als Freiheitsschutz, DVBl. 1973, S. 675.

Grüneberg, Christian, in: Palandt (Hrsg.), Bürgerliches Gesetzbuch (BGB), Kommentar, 78. Aufl., 2019.

Grzeszick, Bernd, in: Maunz/Dürig/Herzog (Hrsg.), Grundgesetz-Kommentar, Loseblattwerk, München, 86. EL August 2019, Art. 20.

Haas, Peter, Vertrauensschutz im Steuerrecht, Saarbrücken, 1988.

Hahn, Hartmut, Zur Rückwirkung im Steuerrecht. Zugleich eine Kritik am Beschluß des Bundesverfassungsgerichts vom 14. Mai 1986, Bonn, 1987.

Helbich, Julius, Vertrauensschutz in Verwaltungsvorschriften des Steuerrechts. Eine Untersuchung zur Bewältigung der Vertrauensschutzproblematik bei der rückwirkenden Aufhebung und Änderung steuerlicher Verwaltungsvorschriften, zugleich ein Beitrag zum besseren Verständnis der Wirkkraft von Verwaltungsvorschriften und der Maßgaben des Vertrauensschutzprinzips im Allgemeinen und für das Steuerrecht im Besonderen, Berlin, 2015.

Hesse, Konrad, Grundzüge des Verfassungsrechts der Bundesrepublik Deutschland, 20. Aufl., Heidelberg, 1995.

Heukels, Ton, Intertemporales Gemeinschaftsrecht: Rückwirkung, Sofortwirkung und Rechtsschutz in der Rechtsprechung des Gerichtshofes der Europäischen Gemeinschaften, Baden-Baden, 1990.

Hey, Johanna, Die rückwirkende Abschaffung der Sonderabschreibungen auf Schiffsbeteiligungen – Wider steuerliche Planungssicherheit: Anmerkungen zum Beschluss des Zweiten Senats des BVerfG vom 3.12.1997 – 2 BvR 882/97, BB 1998, S. 1444.

Hey, Johanna, Steuerplanungssicherheit als Rechtsproblem, Köln, 2002.

Hey, Johanna, Vertrauen in das fehlerhafte Steuergesetz, in: Pezzer (Hrsg.), Vertrauensschutz im Steuerrecht, DStJG 27, Köln, 2004, S. 91.

Hey, Johanna, Steuerplanung, in: Kube/Morgenthaler/Mellinghoff/Palm/Puhl/Seiler (Hrsg.), Leitgedanken des Rechts, Paul Kirchhof zum 70. Geburtstag, Band II, Heidelberg, 2013, S. 1657.

Hey, Johanna, Rückwirkende Klarstellung und rückwirkende Nichtanwendungsgesetzgebung – Eine Bewertung in vertrauensschutzrechtlicher Hinsicht nach dem Beschluss des BVerfG v. 17.12.2013 – 1 BvL 5/08, JZ 2014, S. 500.

Hey, Johanna, Verbot rückwirkender Klarstellung als Weg zu besserer Gesetzgebung?, NJW 2014, S. 1564.

Hey, Johanna, Steuerrecht und Staatsrecht im Dialog: Nimmt das Steuerrecht in der Judikatur des BVerfG eine Sonderrolle ein?, StuW 2015, S. 3.

Hey, Johanna, in: Tipke/Lang (Hrsg.), Steuerrecht, 23. Aufl., Köln, 2018.

Huep, Tobias, Beschränkung einer Rückwirkung neuer richterlicher Erkenntnisse auf ältere Sachverhalte. Am Beispiel der deutschen und europäischen Gleichbehandlungsrechtsprechung zur betrieblichen Altersversorgung, Berlin, 2001.

Iliopoulos-Strangas, Julia, Rückwirkung und Sofortwirkung von Gesetzen. Eine verfassungsrechtliche Untersuchung unter Berücksichtigung des deutschen und griechischen Steuerrechts, Baden-Baden, 1986.

Isensee, Josef, Steuerstaat als Staatsform, in: Stödter/Thieme (Hrsg.), Hamburg – Deutschland – Europa: Beiträge zum deutschen und europäischen Verfassungs-, Verwaltungs- und Wirtschaftsrecht, Festschrift für Hans Peter Ipsen zum 70. Geburtstag, Tübingen, 1977, S. 409.

Isensee, Josef, Vertrauensschutz für Steuervorteile. Ein Folgeproblem der Wirtschaftslenkung durch Steuer am Beispiel des § 3a EStG, in: Kirchhof/Offerhaus/Schöberle, Steuerrecht – Verfassungsrecht – Finanzpolitik, Festschrift für Franz Klein, Köln, 1994, S. 611.

Ismer, Roland, Prinzipien der Einkünfteermittlung – Periodizitätsprinzip, in: Hey (Hrsg.), Einkünfteermittlung, DStJG 34, Köln, 2011, S. 91.

Jachmann, Monika, Wenn die Rückwirkung zur gesetzgeberischen Routine wird…, in: Kirchhof/Schmidt/Schön/Vogel (Hrsg.), Steuer- und Gesellschaftsrecht zwischen Unternehmerfreiheit und Gemeinwohl, Festschrift für Arndt Raupach zum 70. Geburtstag, Köln, 2006, S. 27.

Jachmann, Monika, Steuergesetzgebung und Investitionssicherheit, JA 2000, S. 152.

Jarass, Hans D., in: Jarass/Pieroth (Hrsg.), GG Kommentar, Grundgesetz für die Bundesrepublik Deutschland, 15. Aufl., München, 2018.

Kirchhof, Ferdinand, Der Weg zur verfassungsgerechten Besteuerung, StuW 2002, S. 185.

Kirchhof, Paul, Kontinuität und Vertrauensschutz bei Änderungen der Rechtsprechung, DStR 1989, S. 263.

Kirchhof, Paul, Rückwirkung von Steuergesetzen, StuW 2000, S. 221.

Kirchhof, Paul, Vertrauensschutz im Steuerrecht – Eröffnung der 28. Jahrestagung und Rechtfertigung des Themas, in: Pezzer (Hrsg.), Vertrauensschutz im Steuerrecht, DStJG 27, Köln, 2004, S. 1.

Kirchhof, Paul, Leistungsfähigkeit und Erwerbseinkommen – Zur Rechtfertigung und gerechtfertigten Anwendung des Einkommensteuergesetzes, in: Tipke/Seer/Hey/Englisch (Hrsg.), Gestaltung der Steuerrechtsordnung, Festschrift für Joachim Lang zum 70. Geburtstag, Köln, 2010, S. 451.

Kirchhof, Paul, Gesetzgeben in der Zeit, in: Franzius/Lejeune/v. Lewinski/Meßerschmidt/ Michael/Rossi/Schilling/Wysk (Hrsg.), Beharren. Bewegen, Festschrift für Michael Klöpfer zum 70. Geburtstag, Berlin, 2013, S. 79.

Kirchhof, Paul, Die verfassungsrechtlichen Grenzen rückwirkender Steuergesetze, DStR 2015, S. 717.

Kirchhof, Paul, in: Kirchhof (Hrsg.), EStG Kommentar, 17. Aufl., Köln, 2018.

Klein, Friedrich; Barbey, Günther, Bundesverfassungsgericht und Rückwirkung von Gesetzen, Bonn, 1964.

Kreibich, Roland, Der Grundsatz von Treu und Glauben im Steuerrecht. Rechtsdogmatische Untersuchung seiner äußeren Bezüge und inneren Struktur, exemplarisch vertieft an den Grundsätzen der Verwirkung und des venire contra factum proprium, Heidelberg, 1992.

Kube, Hanno, Finanzgewalt in der Kompetenzordnung, Tübingen, 2004.

Kunig, Philip, Das Rechtsstaatsprinzip. Überlegungen zu seiner Bedeutung für das Verfassungsrecht der Bundesrepublik Deutschland, Tübingen, 1986.

Kunig, Philip, Rechtsstaatliches Rückwirkungsverbot, in: Merten/Papier (Hrsg.), Handbuch der Grundrechte in Deutschland und Europa, Band III: Grundrechte in Deutschland – Allgemeine Lehren II, Köln, 2009, § 69.

Lang, Joachim, Die Bemessungsgrundlage der Einkommensteuer. Rechtssystematische Grundlagen steuerlicher Leistungsfähigkeit im deutschen Einkommensteuerrecht, Köln, 1988.

Lang, Joachim, Reaktion der Finanzverwaltung auf mißliebige Entscheidungen des Bundesfinanzhofs, StuW 1992, S. 14.

Lang, Joachim, Verfassungsrechtliche Zulässigkeit rückwirkender Steuergesetze, WPg 1998, S. 163.

Lang, Joachim, Prinzipien und Systeme der Besteuerung von Einkommen, in: Ebling (Hrsg.), Besteuerung von Einkommen, DStJG 24, Köln, 2001, S. 49.

Larenz, Karl; Canaris, Claus-Wilhelm, Methodenlehre der Rechtswissenschaft, 3. Aufl., Berlin Heidelberg, 1995.

Lehner, Moris, Das Rückwirkungsproblem im Spiegel der Abschnittsbesteuerung, in: Kirchhof/Schmidt/Schön/Vogel (Hrsg.), Steuer- und Gesellschaftsrecht zwischen Unternehmerfreiheit und Gemeinwohl, Festschrift für Arndt Raupach zum 70. Geburtstag, Köln, 2006, S. 67.

Leisner, Anna, Vertrauen in staatliches Handeln – ein unkalkulierbares Risiko?, StuW 1998, S. 254.

Leisner, Anna, Kontinuität als Verfassungsprinzip. Unter besonderer Berücksichtigung des Steuerrechts, Tübingen, 2002.

Leisner-Egensperger, Anna, Kontinuitätsgewähr in der Finanzrechtsprechung, in: Pezzer (Hrsg.), Vertrauensschutz im Steuerrecht, DStJG 27, Köln, 2004, S. 191.

Leisner, Walter, Das Gesetzesvertrauen des Bürgers, in: Blumenwitz/Randelzhofer (Hrsg.), Festschrift für Friedrich Berber zum 75. Geburtstag, München, 1973, S. 273.

Lepsius, Oliver, Zur Neubegründung des Rückwirkungsverbotes aus der Gewaltenteilung, JZ 2014, S. 488.

Lepsius, Oliver, Brauchen wir einen Schutz des abstrakten Vertrauens in die Geltung von Gesetzen?, JZ 2015, S. 435.

Lübbe, Christine, Grenzen der Rückwirkung bei Rechtsprechungsänderungen. Dargestellt anhand der Judikatur des Bundesgerichtshofes und des Bundesarbeitsgerichtes unter besonderer Berücksichtigung langfristiger Verträge, Frankfurt am Main, 1998.

Luhmann, Niklas, Vertrauen. Ein Mechanismus der Reduktion sozialer Komplexität, 5. Aufl., Konstanz, 2014.

Maciejewski, Tim; Theilen, Jens, Die aktuelle bundesverfassungsgerichtliche Spruchpraxis zu rückwirkenden Gesetzen, DÖV 2015, S. 271.

Mainka, Johannes, Vertrauensschutz im öffentlichen Recht, Bonn, 1963.

Maurer, Hartmut, Kontinuitätsgewähr und Vertrauensschutz, in: Isensee/Kirchhof (Hrsg.), Handbuch des Staatsrechts der Bundesrepublik Deutschland, Band IV: Aufgaben des Staates, 3. Aufl., Heidelberg, 2006, § 79.

Meesenburg, Cliff, Das Vertrauensschutzprinzip im europäischen Finanzverwaltungsrecht. Ein Vergleich von vertrauensschützenden Normen des europäischen Zollkodex mit richterrechtlichen Verwaltungsgrundsätzen der EG und vertrauensschützenden Normen des deutschen Abgabenrechts, Baden-Baden, 1998.

Mellinghoff, Rudolf, Vertrauen in das Steuergesetz, in: Pezzer (Hrsg.), Vertrauensschutz im Steuerrecht, DStJG 27, Köln, 2004, S. 25.

Mellinghoff, Rudolf, Erneuerung des Steuerrechts – Reformüberlegungen am Beispiel der Besteuerung von Einkommen und Vermögen, in: Jachmann (Hrsg.), Erneuerung des Steuerrechts, DStJG 37, Köln, 2014, S. 1.

Meyer-Cording, Ulrich, Die Rückwirkung von Gesetzen, JZ 1952, S. 161.

Michael, Lothar, Das Verbot echter Rückwirkung als Schutz des abstrakten Vertrauens in die Geltung von Gesetzen und eines Kernbereichs der Judikative, JZ 2015, S. 425.

Mittag, Frank; Böttcher, Jana; Niklas, Vilma, Wasseranschlussbeiträge noch nach Jahrzehnten – Verfassungswidriger Vertrauensbruch in Brandenburg, NJ 2016, S. 364.

Mössner, Jörg Manfred, Prinzipien im Steuerrecht, in: Tipke/Seer/Hey/Englisch (Hrsg.), Gestaltung der Steuerrechtsordnung, Festschrift für Joachim Lang zum 70. Geburtstag, Köln, 2010, S. 83.

Möstl, Markus, Grundrechtliche Garantien im Strafverfahren, in: Isensee/Kirchhof (Hrsg.), Handbuch des Staatsrechts der Bundesrepublik Deutschland, Band VIII: Grundrechte: Wirtschaft, Verfahren, Gleichheit, 3. Aufl., Heidelberg, 2010, § 179.

Muckel, Stefan, Kriterien des verfassungsrechtlichen Vertrauensschutzes bei Gesetzesänderungen, Berlin, 1989.

Muckel, Stefan, Die Rückwirkung von Gesetzen in der neueren Rechtsprechung des Bundesverfassungsgerichts, JA 1994, S. 13.

Müller, Friedrich; Christensen, Ralph, Juristische Methodik. Band I: Grundlegung für die Arbeitsmethoden der Rechtspraxis, 11. Aufl., Berlin, 2013.

Musil, Andreas, in: Herrmann/Heuer/Raupach (Hrsg.), Kommentar zum Einkommen- und Körperschaftsteuergesetz, Loseblattwerk, Köln, 270. EL Juli 2015, § 2.

Musil, Andreas, Die Sicht der Steuerrechtswissenschaft auf das Verfassungsrecht, in: Schön/Röder (Hrsg.), Zukunftsfragen des deutschen Steuerrechts II, Berlin Heidelberg, 2014, S. 129.

Musil, Andreas; Lammers, Lutz, Die verfassungsrechtlichen Grenzen der Rückwirkung von Steuergesetzen am Beispiel der §§ 17, 23 EStG, BB 2011, S. 155.

Oechsle, Klaus, Die steuerlichen Grundrechte in der jüngeren deutschen Verfassungsgeschichte. Zugleich eine Untersuchung über das historische Verhältnis von Steuerverfassungsrecht und Finanzwissenschaft, Berlin, 1993.

Offerhaus, Klaus, Die Dreiteilung der Staatsgewalten, StbJb. 1995/96, S. 7.

Offerhaus, Klaus, Die Steuerreform – eine Herausforderung an den Rechtsstaat, DStZ 2000, S. 9.

Ossenbühl, Fritz, Vertrauensschutz im sozialen Rechtsstaat, DÖV 1972, S. 25.

Osterloh, Lerke, Lenkungsnormen im Einkommensteuerrecht, in: Ebling (Hrsg.), Besteuerung von Einkommen, DStJG 24, Köln, 2001, S. 383.

Osterloh, Lerke, Neuere Entwicklungen zum verfassungsrechtlichen Vertrauensschutz im Steuerrecht, StuW 2015, S. 201.

Papier, Hans-Jürgen, in: Maunz/Dürig/Herzog (Hrsg.), Grundgesetz-Kommentar, Loseblattwerk, München, 69. EL Mai 2013, Art. 14.

Pieroth, Bodo, Rückwirkung und Übergangsrecht. Verfassungsrechtliche Maßstäbe für intertemporale Gesetzgebung, Berlin, 1981.

Pieroth, Bodo, Die neue Rechtsprechung des Bundesverfassungsgerichts zum Grundsatz des Vertrauensschutzes, JZ 1990, S. 279.

Pieroth, Bodo, in: Jarass/Pieroth (Hrsg.), GG Kommentar, Grundgesetz für die Bundesrepublik Deutschland, 15. Aufl., München, 2018.

Reiher, Hannes, Der Vertragsbegriff im europäischen Internationalen Privatrecht. Ein Beitrag zur Abgrenzung der Verordnungen Rom I und Rom II, Baden-Baden, 2010.

Rensmann, Thilo, Reformdruck und Vertrauensschutz, JZ 1999, S. 168.

Riehm, Thomas, Abwägungsentscheidungen in der praktischen Rechtsanwendung. Argumentation, Beweis, Wertung, München, 2006.

Rodi, Michael, Bundesstaatliche Kompetenzausübungsschranken für Lenkungssteuern, StuW 1999, S. 105.

Röhl, Klaus F.; Röhl, Hans Christian, Allgemeine Rechtslehre. Ein Lehrbuch, 3. Aufl., Köln, 2008.

Rose, Gerd, Abschnittsbesteuerung und Beurteilungszeitraum, DB 1994, S. 851.

Rose, Gerd, Rückwirkende Steuerrechtsprechung und Steuerplanungssicherheit, Stbg 1999, S. 401.

Roser, Frank, Gewerbesteuerpflichtige Mitunternehmeranteilsveräußerung nach § 7 Satz 2 GewStG, FR 2018, S. 421.

Scharfenberg, Jens, Grenzen der „unechten" Rückwirkung von Steuergesetzen nach der neueren Rechtsprechung des BVerfG, DB 2013, S. 85.

Schaumburg, Heide, Rückwirkung und Planungssicherheit im Steuerrecht, DB 2000, S. 1884.

Schenke, Ralf Peter, Das Leistungsfähigkeitsprinzip im Steuerrecht und die zwei Phasen des Öffentlichen Rechts, in: Appel/Hermes/Schönberger (Hrsg.), Öffentliches Recht im offenen Staat, Festschrift für Rainer Wahl zum 70. Geburtstag, Berlin, 2011, S. 803.

Schenke, Ralf Peter, Die Rechtsfindung im Steuerrecht. Konstitutionalisierung, Europäisierung, Methodengesetzgebung, Tübingen, 2007.

Schenke, Ralf Peter, in: Kirchhof/Kulosa/Ratschow (Hrsg.), Beck'scher Online-Kommentar EStG, München, 2019, § 15.

Schenke, Ralf Peter; Schenke, Sabine, Abschied vom Steuerrecht als Lenkungsmittel?, NJW 1999, S. 2573.

Schenke, Wolf-Rüdiger, Gewährleistung bei Änderung staatlicher Wirtschaftsplanung, AöR Bd. 101, 1976, S. 337.

Schmidt, Rolf, Die verfassungsrechtliche Zulässigkeit rückwirkender Gesetze, DB 1993, S. 2250.

Schmidt-Aßmann, Eberhard, Der Rechtsstaat, in: Isensee/Kirchhof (Hrsg.), Handbuch des Staatsrechts der Bundesrepublik Deutschland, Band II: Verfassungsstaat, 3. Aufl., Heidelberg, 2004, § 26.

Schmidt-Aßmann, Eberhard, in: Maunz/Dürig/Herzog (Hrsg.), Grundgesetz-Kommentar, Loseblattwerk, München, 58. EL Januar 2010, Art. 103 Abs. 2.

Schnapp, Friedrich, Unbegrenzte Nachbesserung von Gesetzen bei unklarer und verworrener Rechtslage?, JZ 2011, S. 1125.

Schneider, Hans, Gesetzgebung. Ein Lehr- und Handbuch, 3. Aufl., Heidelberg, 2002.

Schön, Wolfgang, „Rückwirkende Klarstellungen" des Steuergesetzgebers als Verfassungsproblem, in: Tipke/Seer/Hey/Englisch (Hrsg.), Gestaltung der Steuerrechtsordnung, Festschrift für Joachim Lang zum 70. Geburtstag, Köln, 2010, S. 221.

Schön, Wolfgang, Rückwirkungsschutz bei negativen Aktiengewinnen, DStZ 2018, S. 653.

Schönfeld, Jens; Bergmann, Malte, Das Ende rückwirkend „klarstellender" Gesetze im Steuerrecht, DStR 2015, S. 257.

Schreiber, Christoph, Gewerbesteuerliche Veräußerung von Mitunternehmeranteilen, FuS 2018, S. 172.

Schulze-Fielitz, Heltmuth, in: Dreier (Hrsg.), Grundgesetz Kommentar, Band II: Artikel 20-82, 3. Aufl., Tübingen, 2015, Art. 20 II; Band III: Artikel 83-146, 3. Aufl., Tübingen, 2018, Art. 103 II.

Schwarz, Kyrill-Alexander, Vertrauensschutz als Verfassungsprinzip. Eine Analyse des nationalen Rechts, des Gemeinschaftsrechts und der Beziehungen zwischen beiden Rechtskreisen, Baden-Baden, 2002.

Seeger, Siegbert, in: Schmidt (Hrsg.), EStG Kommentar, 38. Aufl., München, 2019.

Seer, Roman, Die Unvereinbarkeitserklärung des BVerfG am Beispiel seiner Rechtsprechung zum Abgabenrecht, NJW 1996, S. 285.

Seer, Roman, in: Tipke/Lang (Hrsg.), Steuerrecht, 23. Aufl., Köln, 2018.

Seiler, Christian, in: Maunz/Dürig/Herzog (Hrsg.), Grundgesetz-Kommentar, Loseblattwerk, München, 84. EL August 2018, Art. 105.

Siebert, Arvid; Sommer, Josef; Grün, Karin, Verfassungsmäßigkeit des § 7 S. 2 Nr. 2 GewStG, DStR 2019, S. 367.

Silberzahn, Cathrin, Das Konzept einer allgemeinen Prozessrechtslehre in Gesetzgebung und Rechtsdogmatik. Eine Analyse ausgewählter prozessualer Institute, Berlin, im Erscheinen.

Sobota, Katharina, Das Prinzip Rechtsstaat. Verfassungs- und verwaltungsrechtliche Aspekte, Tübingen, 1997.

Spindler, Wolfgang, Rückwirkung von Steuergesetzen, in: Pezzer (Hrsg.), Vertrauensschutz im Steuerrecht, DStJG 27, Köln, 2004, S. 69.

Spindler, Wolfgang, Verfassungsrechtliche Grenzen einer Rückwirkung von Steuergesetzen, DStR 1998, S. 953.

Stober, Rolf, in: Wolff/Bachof/Stober/Kluth (Hrsg.), Verwaltungsrecht, Band I, 13. Aufl., München, 2017.

Stötzel, Martin, Vertrauensschutz und Gesetzesrückwirkung. Grundtypen abgestufter Vertrauensschutzpositionen, abgeleitet aus der Rückwirkungsrechtsprechung des Bundesverfassungsgerichts, Frankfurt am Main, 2002.

Tipke, Klaus, Die Steuerrechtsordnung I, 2. Aufl., Köln, 2000.

Tipke, Klaus, Der Karlsruher Entwurf zur Reform der Einkommensteuer, StuW 2002, S. 148.

Tipke, Klaus, Die Steuerrechtsordnung II, 2. Aufl., Köln, 2003.

Tipke, Klaus, Die Steuerrechtsordnung III, 2. Aufl., Köln, 2012.

Tipke, Klaus, Mehr oder weniger Gestaltungsfreiheit für den Steuergesetzgeber?, StuW 2014, S. 273.

Vogel, Klaus, Rechtssicherheit und Rückwirkung zwischen Vernunftrecht und Verfassungsrecht, JZ 1988, S. 833.

Vogel, Klaus, Rückwirkung: eine festgefahrene Diskussion. Ein Versuch, die Blockade zu lösen, in: Kästner/Nörr/Schlaich (Hrsg.), Festschrift für Martin Heckel zum 70. Geburtstag, Tübingen, 1999, S. 875.

Vogel, Klaus; Waldhoff, Christian, Grundlagen des Finanzverfassungsrechts. Sonderausgabe des Bonner Kommentars zum Grundgesetz (Vorbemerkungen zu Art. 104a bis 115 GG), Heidelberg, 1999.

Völker, Heidi, Vertrauensschutz und Entstehen sachlicher Beitragspflichten im Kommunalabgabenrecht, Halle, 2010.

Voßkuhle, Andreas; Kaufhold, Ann-Katrin, Grundwissen – Öffentliches Recht: Vertrauensschutz, JuS 2011, S. 794.

Waldhoff, Christian, Vertrauensschutz im Steuerrechtsverhältnis, in: Pezzer (Hrsg.), Vertrauensschutz im Steuerrecht, DStJG 27, Köln, 2004, S. 129.

Weber-Dürler, Beatrice, Vertrauensschutz im öffentlichen Recht, Basel, 1983.

Weber-Grellet, Heinrich, Die positive Bedeutung von Nichtanwendungserlassen – Der Nichtanwendungserlass als Element und Teil eines demokratischen Rechtsanwendungsdiskurses, in: Tipke/Seer/Hey/Englisch (Hrsg.), Gestaltung der Steuerrechtsordnung, Festschrift für Joachim Lang zum 70. Geburtstag, Köln, 2010, S. 927.

Weber-Grellet, Heinrich, Lenkungssteuern im Rechtssystem, NJW 2001, S. 3657.

Weber-Grellet, Heinrich, Steuern im modernen Verfassungsstaat. Funktionen, Prinzipien und Strukturen des Steuerstaats und des Steuerrechts, Köln, 2001.

Weinheimer, Stefan, Steuerliche Rückwirkung – ein umfassendes Problem. Bestandsaufnahme und Neuansatz, Augsburg, 1991.

Wendt, Michael, Prinzipien der Verlustberücksichtigung, in: Groll (Hrsg.), Verluste im Steuerrecht, DStJG 28, Köln, 2005, S. 41.

Werder, Alexander, Dispositionsschutz bei der Änderung von Steuergesetzen zwischen Rückwirkungsverbot und Kontinuitätsgebot, Berlin, 2005.

Wernsmann, Rainer, Grundfälle zur verfassungsrechtlichen Zulässigkeit rückwirkender Gesetze, JuS 1999, S. 1777.

Wernsmann, Rainer, Verhaltenslenkung in einem rationalen Steuersystem, Tübingen, 2005.

Wernsmann, Rainer, Die Steuer als Eigentumsbeeinträchtigung?, NJW 2006, S. 1169.

Wernsmann, Rainer, in: Hübschmann/Hepp/Spitaler (Hrsg.), Abgabenordnung – Finanzgerichtsordnung, Kommentar, Loseblattwerk, 249. EL August 2018, Köln, § 4.

Wieland, Joachim, in: Dreier (Hrsg.), Grundgesetz Kommentar, Band I: Präambel, Artikel 1-19, 3. Aufl., Tübingen, 2013, Art. 14.

Wiese, Götz; Berner, Hans-Joachim, Rückwirkende Gesetzesklarstellungen und ihre verfassungsrechtliche Zulässigkeit, DStR 2014, S. 1260.

Willibald, Franz, Vertrauensschutz bei verschärfender Rechtsprechung im Bereich des Steuerrechts, DStZ 1991, S. 442.

Wissenschaftlicher Beirat Steuern der Ernst & Young GmbH, Zur Rückwirkung von Normen des Steuerrechts, DB 2012, S. 761.

Zeug, Gerhard, Vertrauensschutz im Beamtenversorgungsrecht, Baden-Baden, 1991.

www.ingramcontent.com/pod-product-compliance
Ingram Content Group UK Ltd.
Pitfield, Milton Keynes, MK11 3LW, UK
UKHW020713041026
15590UKWH00002B/647

9 783631 866092